差距经济学
中美经济与省区经济的差距及走势

王宏广 等◎著

科学技术文献出版社
·北京·

图书在版编目（CIP）数据

差距经济学：中美经济与省区经济的差距及走势 / 王宏广等著. —北京：科学技术文献出版社，2019.12（2020.9重印）

ISBN 978-7-5189-6383-6

Ⅰ.①差… Ⅱ.①王… Ⅲ.①经济发展—对比研究—中国、美国 Ⅳ.①F124 ②F171.24

中国版本图书馆 CIP 数据核字（2019）第 293505 号

差距经济学：中美经济与省区经济的差距及走势

| 策划编辑：李 蕊 | 责任编辑：赵 斌 | 责任校对：王瑞瑞 | 责任出版：张志平 |

出 版 者	科学技术文献出版社
地　　址	北京市复兴路15号　邮编 100038
编 务 部	（010）58882938，58882087（传真）
发 行 部	（010）58882868，58882870（传真）
邮 购 部	（010）58882873
官方网址	www.stdp.com.cn
发 行 者	科学技术文献出版社发行　全国各地新华书店经销
印 刷 者	北京虎彩文化传播有限公司
版　　次	2019年12月第1版　2020年9月第2次印刷
开　　本	787×1092　1/16
字　　数	391千
印　　张	25.75
书　　号	ISBN 978-7-5189-6383-6
定　　价	128.00元

版权所有　违法必究

购买本社图书，凡字迹不清、缺页、倒页、脱页者，本社发行部负责调换

著者名单

王宏广　武德安　尹志欣　朱　姝
金　秋　张俊祥　由　雷　李文兰

内容简介

　　寻找差距产生根源、把握差距变化规律、调控差距走势是经济活动的重要内容。什么是经济差距？国家之间、地区之间、企业之间的经济差距，从哪里来？到哪里去？如何调控？本书探索了经济差距的理论与方法，分析了世界经济格局、科技格局、中美格局的演变趋势，总结了中国40年经济缩小差距、快速发展的经验与规律。构建了"经济质量差距模型"，用90个指标测算了31个省市区（暂不包括我国港澳台地区）的经济质量差距，针对性地提出了发展对策与措施。进行了中国经济质量分区，探讨了坚持六大创新、迎接"六期叠加"、三步走实现经济高质量发展的战略与对策。本书是各级政府寻找经济差距、制定经济政策的参考书，是科技人员研究经济质量、测算经济趋势的重要参考资料，对广大企业家管理企业也有重要的参考价值。

序一
第二大经济体应该对世界经济理论有新贡献
——为《差距经济学：中美经济与省区经济的差距及走势》作序

我在经济领域工作40多年，特别是在经济日报社工作期间，经历了中国经济发展最好、最快的时期之一，每天大量有关经济发展成就、经济理论探索的新闻与论文让我目不暇接。在中国经济快速发展、综合国力持续提升的同时，西方一些国家及学者对中国经济发展的怀疑、指责、遏制从来没有停止过。

1991年苏联解体之后，世界上许多国家政府与学者普遍不看好中国经济与社会的发展前景，甚至认为中国就是下一个苏联。30年来，中国社会稳定、经济增长、生态改善、文化繁荣，综合国力持续增强，先后成为世界农业大国、制造业大国、贸易大国，成为世界第二大经济体，告别了持续2000多年农民交农业税的历史。新中国70年名义GDP增长1971倍，人均预期寿命延长42岁，世界上人口最多的国家成为经济增长最快的国家，毫无疑问，中国是近40年对人类贡献最大的国家。在为巨大的经济成就欣慰的同时，我一直在思考几个经济理论问题。

首先，为什么西方国家政府与学者只承认中国的经济成就，却不认同中国社会主义经济制度？长期以来，经济学一直面临的现实问题就是如何使有形之手和无形之手高效协调？中国改革开放40年的经济发展就是"两只手"高效协调的成功模式，但西方社会承认中国经济发展取得的巨大成就，却拒不认同中国经济体制机制，这就是自相矛盾的事情，是意识形态作怪，是政治偏见，也是理论局限。

其次，为什么西方人认为"不好"的经济制度却连续40年发展速度世界最快？为什么号称经济体制最完善，并拥有世界一流的工业体系、金融体系、创新体系、

差距经济学：中美经济与省区经济的差距及走势

教育体系的美国，无论近40年，还是近70年的发展速度低于中国？有的说中国40年经济增长的原因是用了美国的市场经济体制，也有的说中国用了美国专利过期的技术，但问题是市场经济体制、专利过期技术任何国家都可以用，为什么只有中国成功了？

最后，为什么中国对世界经济增长的贡献率长期保持在30%左右，而对经济理论的贡献相对较少？是中国人经济理论创新不够，还是西方人不愿意承认中国的经济理论创新？为什么西方著名高校经济学教材中，近200年世界经济思想、理论、模型、方法的创立者中找不到中国人的名字？

看了该书，我感到十分惊喜，思考了几十年的问题，终于有学者从理论上进行探讨了，中国学者也开始攀登世界经济理论与模型的高峰了。王宏广教授及其团队创立的差距经济学在经济理论创新、指导经济实践方面，都做了令人振奋的重大探索与创新。

在市场机制、政府作用、科技创新"老三元"的基础上，在经济学模型中纳入了生态资源、社会和谐、全球化程度"新三元"，无疑是世界经济理论与模型的重大进步，是创举性的探索，是中国人对世界经济理论与模型的重要贡献。

第一，该书的选题非常好，抓住了当今经济发展的核心问题。政治家、企业家、经济学家几乎天天都在讨论经济差距、调控经济差距，人类围绕经济差距也开展了大量理论探索，积累了丰富的实践经验，但提出差距经济学在世界上还是第一次，说明作者具有不畏上、不畏书、只为实的创新精神，抓住了当今世界经济发展迫切需要解决，而又被忽视的重大理论与实践问题。经济质量差距选题非常好，是现代经济学的一个重要创新，经济质量差距调控的理论与方法研究，肯定能够引起更多政界、学术界、产业界的广泛关注与参与。

第二，提出均衡发展、差异化发展"双腿"走路是挑战性的理论创新。在经济学无形之手与有形之手"双手"的基础上，王宏广教授提出均衡发展、差异化发展"双腿"走路，是经济理论与实践的重大探索。差距就是潜力，经济活动中人们已经习惯了寻找差距、缩小差距、走均衡发展的道路。但经济实践中，往往没有条件补短板，均衡发展的路子走不通，必须走"差异化发展"道路。例如，青海省与广东省最大的差距是全球化的差距，但青海省缺乏庞大的华侨资源，没有条件补上短板，必须结合青海省的实际，创出"差异化发展"的道路。如何正确运用均衡发展、差异化发展"双腿"，差距经济学提出了一个很好的命题，值得深入研究，在经济活动中具有重要的指导意义，别人的路走不通，就走出一条自己的路，中国的经济发展就是成功的例子。

第三，"经济质量差距模型"是经济理论与模型的一个跨越式创新。通常经济学模型主要涉及市场机制、政府作用、科技创新等3个方面，作者引入了生态能否承受、社会能否接受、国际市场能否认同3个问题，将生态资源、社会和谐、全球化程度"新三元"纳入经济质量差距模型，使经济学模型由"三元"变为"六元"，能够更加科学、系统、实用地反映经济活动，无疑是经济理论与模型的创举性探索，是中国人对世界经济理论与模型的重要贡献。作者还对6类经济要素的作用进行了很有意义的理论探索：市场机制是经济活动的基础规律，正如"水往低处流"，是不可抗拒的自然规律；政府作用是经济活动的根本保障，正如"挖渠引水"，政府的作用必不可少；科技创新是经济发展的第一动力，资源有限、创新无限；生态资源是经济发展的自然屏障，经济发展受制于生态承受能力；社会和谐是经济活动的重要前提，没有社会稳定就没有经济稳定；全球化是现代经济的重要途径，全球化才能使市场最大化。

第四，90个指标的"动态模型"是差距经济学的难点也是创新点。该书的作者遴选市场机制、政府作用、科技创新、生态资源、社会和谐、全球化程度等6个一级指标、26个二级指标和90个三级指标，其中我认为最科学的一点是，这么多指标的权重不是通过人为干预设定，而是通过模型进行动态赋值，这极大地避免了人为因素的作用。此外，现实中的经济活动是动态变化的，而为了计算方便，经济学模型通常假设其他指标不变，只研究某一个变量对经济活动的影响。该书"经济质量差距模型"将通常的静态模型变成了动态模型，没有假定指标不变，用90个指标测算经济质量差距。之所以能够做到这一点，经济学与数学专家的结合是成功的关键。

第五，差距经济学具有很强的实用性，能够一目了然地看到差距、明确方向。经济学研究的最终目的是解决实际问题，近几十年来，我看到、听到地方官员、企业家面临的最实际问题是，与发达地区、优秀企业比较，差距在哪里？差距有多大？差距能否缩小？没有条件缩小差距怎么办？难能可贵的是差距经济学创新了定量测

差距经济学：中美经济与省区经济的差距及走势

算差距的方法，并用90个指标，对全国31个省市区的经济质量差距进行了定量分析，准确地展示了不同省市区经济质量的优势与短板，针对每个省市区都提出了提高经济质量的对策与措施。作者还用雷达图的方式展示经济差距，一目了然、一针见血、一看就懂，把深奥的经济理论用近乎"卡通"的方式表达出来，把复杂问题简单化的方法，值得赞赏。

第六，把握"高度、深度、广度、力度"是作者团队的方法论，十分可贵。作者在"战略与对策"篇中提出，中国经济未来的重要任务，一是有效应对美国发起的贸易战，二是加速经济高质量发展。应对贸易战，真相不误判、走向不幻想、应对不懈怠。要坚持并强化支撑40年经济快速发展的六大支柱，做好体制创新、机制创新、结构创新、科技创新、理念创新、市场创新等六大创新，抓住工业化中后期、信息化中中期、城镇化中前期、新科技革命前期、乡村振兴前期、美国遏制加速期等"六期叠加"新机遇，发展第三产业，跃居世界第一，发展新兴产业，巩固世界第一，建设科技强国，保持世界第一。这些建议与对策体现了把握"高度、深度、广度、力度"的思维方式与工作方法，是作者长期从事行政管理工作练就的工作方法，值得推荐。

总之，中国经济正在进入由高速增长阶段向高质量发展阶段转变的关键时期，如何转变？靠什么转变？是各地区、各行业，乃至各个企业都面临的现实问题。按照实现中华民族伟大复兴的总目标，按照法制化、现代化、国际化的大方向，建设现代化经济体系、提高经济发展治理能力，迫切需要研究差距的成因、把握差距的规律、制定调控差距的对策，差距经济学任重道远，许多经济差距问题才刚刚被提出，要解决问题还需要更多的政治家、科学家、企业家给予更多的关注与支持。我深信，中国能够为世界经济增长做出巨大贡献，中国同样能够在世界经济理论上做出重大创新。

《经济日报》原总编辑
中国企联原执行副会长

冯华

2019年12月

序二
为大型经济体和宏观经济调控增加了一个科学工具

世界处于百年未有之大变局之中。这个变局就是，人类经历了原始社会、农业社会，今天正在经历从工业社会向观念社会的社会基本形态的转型。所谓观念社会，是指社会劳动的主体、产品的主体、价值财富的主体、消费的主体，不再是物质形态的工农业产品，而是非物质形态的智能产品，统称观念产品。

在观念社会，在观念生产领域、观念经济形态中，相较于物质生产，其生产内容、生产目标、生产方式、流通供应、消费行为、经济规律、经济机制、经济治理方式、经济理论等，都将及正在发生革命性的变化。市场形态将由竞争性市场逐步向合作型市场演化。"看不见的手"的经济调节，逐步让位于由大数据、智能分析、数理模型等形成的"看得见的手"调节。经济不再完全依赖混沌的、分散的、无意识的、不可认识不可把握的、不能干预也不必干预的、必须服从试错结果的被动市场。一个可以被认识也正在被认识，可以把握也日益在把握，由智慧主动控制的新型市场和新型经济正在出现。人类经济的活动，由受不可知力量被动支配，向着由人类智慧主动选择、主动规划、自主策动、能动发展方向转化。这是一个多么激动人心的转变，从被掌控到掌控，从被支配到支配，未来的经济是一幅多么美好的图画。

这一根本的转变，首先在于经济进化为数字经济。数字经济一方面表现为许许多多的观念产品本身就是数字化的、可经网络传输的；另一方面表现为所有经济元素，特别是其价值形态，都可以通过数字表达。数字意味着可以定量，意味着可以进行数学化的分析，意味着可以精准把握。人类把握经济，首先需要经济发展到本身可以被把握，数字经济是可以被把握的经济。

经济对象发展到可以被把握，但是人类能不能把握，能不能把握好，还取决于人类的认知能力，取决于理论、认知工具、认知系统的开创和建立。

近些年来，蓬勃发展、不断涌现的风险控制模型、微观数学分析模型，是"看得见的手"在经济微观层面的发展。

在宏观层面，如货币政策和财政政策；在中观层面，如产业政策和信贷政策。这些"看得见的手"的调节不断强化，但多数还停留在逻辑分析阶段，极度缺乏有科学理论、能够精准定量、可实操实用的数理模型。"看得见的手"的发展，需要经济学家、数学家和其他技术专家努力开拓，最终才能成为美妙之手、可用之手。

王宏广教授经过多年研究，开创了差距经济学。这是一个针对大型经济体，可以是大型企业集团，可以是一个地区，也可以是一个国家，在发展过程中多因素的综合数学分析。它定量给出各要素的水平、影响和作用，从而达到对经济体解构性的精准认识，为发现问题、解决问题、制定政策和行动方案提供了科学依据。

差距经济学的理论是自成体系的，方法是开创性的，应用是实践性的。从此，大型经济体和宏观经济调控增加了一个科学工具。我们有理由期望，人类借助这一科学工具在宏观治理方面会更上一个层次。

中国经济发展长期稳定位于世界前列，最重要的因素是体制优势，即计划指导下的市场经济体制，也就是用"看不见的手"与"看得见的手"两手调节的机制。我们今天的社会，还不是成熟的观念社会，是处于转型期的社会，人类的智慧还没有发展到对经济的全面把握，对许多领域、许多层面的认识还很肤浅，不具备把握经济对象的能力，因此需要大批王宏广教授这样的学者，在科学的道路上开创奋进，用自己的科学成果促进人类社会的发展。

著名经济学家
中国政法大学兼职教授
南方科技大学兼职教授

2019 年 12 月 20 日

序三
差距经济学在实证经济学领域进行了开创性探索

在过去几个月，我不仅阅读了王宏广教授的《差距经济学：中美经济与省区经济的差距及走势》，而且仔细听了他以该书为基础的几次报告。王宏广教授最打动我的是其认真和严谨的治学精神。

在我看来，该书有这样几点值得读者关注和思考。

一是提出了差距经济学。长期以来，经济学家对于国与国、区域与区域、部门与部门、行业与行业的经济发展和增长的差距，虽然多有涉及，却少有探索经济差距的概念与内涵。人类的经济历史是以差距作为前提，以改变差距作为内在动力的。王宏广教授将经济发展和增长的差距作为经济学的研究对象，迈出了重要一步。

二是阐述了关于形成经济发展和增长差距的理论框架。其中，均衡发展和非均衡发展关系、增长数量和质量关系、市场和政府关系、生产要素和经济制度关系、生态与社会关系，构成了理论框架的支点，对于解析经济发展和增长的差距至关重要。

三是建立了差距经济学计算模型。王宏广教授遴选了支持差距经济学模型的90个指标，并将人为定指标与权重的传统方法改变为模型选择指标、计算权重，构建了包含市场机制、政府作用、科技创新、生态资源、社会和谐、全球化程度等6个要素的六元动态"经济质量差距模型"。

四是实现了实证分析的突破。书中，王宏广教授以31个省市区的经济质量差距为案例，得到3007个衡量不同省市区经济质量差距的数据，并运用雷达图清晰

差距经济学：中美经济与省区经济的差距及走势

地表达了各省市区经济质量的优势与短板，进而探讨了中国现阶段经济发展的几个重要理论和现实问题，诸如经济增长的动力、经济增速下降的原因、经济发展的未来潜力、经济发展质量的指标，以及评估中美经济关系的方式和范围。思考和回答这些问题，无疑有助于认知处于演变和转型之中的中国经济。

特别值得肯定的是，王宏广教授按照中国 31 个省市区经济质量差距指数，将全国经济划分成高质量区、中高质量区、中等质量区、中低质量区及低质量区等 5 个区域，并对每个省市区的经济优势、劣势进行了定量分析，提出了经济高质量发展的差异化发展对策与措施。所以，差距经济学不仅对经济学理论和方法，特别是动态模型方面有所贡献，而且对于改善中国宏观经济和区域发展政策，甚至对于世界其他新兴市场经济国家都有重要的借鉴意义。

当然，差距经济学在创建一门新的经济学学科方面仅仅是开始。在 21 世纪背景下，任何一门新的经济学学科都要纳入"复杂科学"范围，差距经济学不仅涉及如何与众多的经济学科、数学和统计学，以及信息科学和其他科学的结合，涉及现实经济的验证，而且涉及新科学手段的运用，任重而道远。相信王宏广教授会将差距经济学的研究和试验继续下去，期待更多的学术、方法和应用成果。

著名经济学家
中国政法大学客座教授

2019 年 12 月 30 日

前 言

世界200多个国家或地区不可能只适用一种经济理论、一种发展方式，不同区域与企业更不可能采用同一种商业模式、创新模式、管理模式，差距普遍存在、永远存在。如何认识差距、调控差距，迫在眉睫。

导致不同国家、不同地区经济质量差距的根源是什么？什么是经济高质量发展？经济高质量发展、缩小差距的模式与路径是什么？1978—2018年，中国GDP增长了243.7倍，按照美元计算则由1496.4亿美元增加到131 289.2亿美元，增长了86.7倍，而同期美国只增长了7.2倍。美国是世界经济中心、科技中心、金融中心、人才中心、军事中心，并号称拥有当今世界上最完善的市场经济体制与机制，为什么过去40年中国GDP增速是美国的12倍？上海是我国重要的金融中心、科技中心、人才中心，处于中国改革开放、科技创新、金融创新、管理创新的最前沿，既有良好的工业基础，又有自由贸易区、自主创新示范区等政策优势，为什么改革开放40年上海经济增长倍数却位居全国倒数第三？

国家之间、地区之间、行业之间、企业之间，差距产生的原因是什么？变化的规律是什么？差距能不能调控？如何调控？谁来调控？这既是当代经济发展的重大理论问题，又是迫切需要解决的现实问题。

差距是客观世界同类事物之间的距离或区别，是主观世界理想与现实之间的距离，是矛盾双方的距离。

差距是客观存在的。差距始终充满世界，差距一直伴随人类。差距像空气一样伴随着人类的日常生活与工作，无论人类对差距采取何种态度，差距都是客观存在的。

差距经济学：中美经济与省区经济的差距及走势

差距是动态变化的。无论是自然界的客观差距，还是人为的主观差距，都始终处在动态变化之中。差距让世界五彩缤纷，差距让人类奋斗不止。

差距变化是有规律的。探索差距变化规律一直是人类社会活动、经济活动、日常生活的一个重要内容。差距经济学的主要目标就是创新经济差距研究理论与方法，探索经济差距产生的规律，研究调控经济差距的对策。

差距是有限可控的。消灭差距是理想、正视差距是文明、调控差距是进步、研究差距是使命。人类一切经济社会活动都在自觉不自觉地缩小差距，或者扩大差距，差异化发展应成为新的发展模式。

翻开人类经济学史，从前古典、古典、后古典经济学，到凯恩斯、后凯恩斯、新古典经济学，从微观经济学到宏观经济学，从市场经济学、政治经济学到制度经济学、创新经济学，从调研实证、案例分析到数学模型，每一个经济学思想、理论、方法、模型都不同程度地推动了经济发展和经济学理论完善，但每一个理论与模型都没有也不可能解决经济发展的全部理论与实践问题，经济学理论与方法始终在不断创新与完善之中。

中华民族对人类经济发展与经济学理论创新做出了重大贡献。中国经济总量曾在1700多年里位居世界经济总量第一。管仲变法"放活微观、管制宏观"，刺激商贸、鼓励消费；商鞅变法"废井田、重农耕、奖军功、统一度量衡"；汉武帝"放权让利"，造就了"文景之治"；李世民兴科举、重人才，"小政府"铸就了"大唐朝"；王安石变法"理财、整军"，扭转了北宋积贫积弱局面；康熙、乾隆为政宽仁、关心民众，使封建社会回光返照。新中国成立70年，名义GDP由1949年的466亿元增加到2019年的990 865亿元，增长了2125.3倍，大幅缩小了与发达国家的差距，2010年已成为世界第二大经济体。论十大关系、改革开放、科教兴国、科学发展、科技强国等重大战略方针相继出台，社会主义市场经济体制不断完善，创新、协调、绿色、开放、共享成为新发展理念，推进供给侧结构性改革，新中国对世界经济发展与经济理论的完善做出了新贡献。拥有14亿人口的大国，告别了饥饿，告别了绝对贫困，告别了短缺经济，建成第一农业大国、第一制造业大国、第一贸易大国，创造了新中国经济发展模式、经济发展理论，成就举世瞩目。

缩小经济差距一直是人类追求的重要目标。什么是经济差距？为什么会产生经济差距？如何才能缩小差距？中国缩小与发达国家经济差距的原因是什么？数量差距缩小了，质量差距能不能缩小，能不能实现高质量发展？贫富差距缩小了，区域差距能不能缩小？这既是经济发展的重大理论问题，又是十分紧迫的现实问题，差距经济学应运而生。

差距经济学就是研究经济差距相关理论与方法、成因与对策的学科，主要包括经济理论水平与市场机制的差距、治理能力与政府作用的差距、创新能力与发展方式的差距、生态文明与发展质量的差距、社会承受能力与贫困的差距、国际协同与合作能力的差距等。

用数据说话、用模型表述、用文字补充是差距经济学的基本方法与明显特点。本书分4篇16章，逾40万字，近200张图表，测算了3007个反映我国省区经济差距的数据。

第一篇，格局与趋势。预测分析世界经济格局、科技格局、中美竞争格局演变趋势。当今世界经济的四大格局正在迎来百年剧变，中国有望成为第一大经济体；世界科技格局出现新变化，信息科技革命方兴未艾，新科技革命有望在2040年前后形成，中国有望成为世界创新第三极；中美竞争将常态化，美国实力强、中国增长快。美国不会容忍超越，中国不会放弃发展，中美竞争将是一个长期、复杂、反复的过程。经济高质量发展必然要正确把握大格局、大背景、大趋势，研究新理论、新方法、新战略。

第二篇，方法与模型。在继承经济学增长模型的理论与方法的基础上，总结了中国40年经济高速发展"六大创新"的基本经验，探索了差异化发展作为新的发展方式，在经济学模型涉及市场机制、政府作用、科技创新等"老三元"的基础上，结合"生态能否承受、社会能否接受、国际市场能否开拓"三大问题，引入生态资源、社会和谐、全球化程度等"新三元"，构建了包括市场机制、政府作用、科技创新、生态资源、社会和谐、全球化程度等六元"经济质量差距模型"。提出经济高质量发展就是指市场机制强、政府作用好、创新能力强、生态友好、社会和谐、开放共赢、全要素生产率高的持续、均衡、协调的发展。经济高质量发展的主要特征是稳、高、强、好，即"四稳"：投资稳、就业稳、增速稳、消费稳；"四高"：劳动生产率高、土地生产率高、资本生产率高、全要素生产率高；"两强"：市场机制强、创新能力强;"四好":政府作用好、生态环境好、社会和谐好、国际协同好。

第三篇,差距与成因。构建经济高质量差距指标体系,用市场机制、政府作用、科技创新、生态资源、社会和谐、全球化程度等6个一级指标、26个二级指标、90个三级指标,测算了31个省市区经济质量差距指数,定量分析了不同省市区经济发展的主要动力与限制因素,并用雷达图显示。我国省区之间经济质量差距十分明显,经济质量差距指数最高的为100,最低的仅为14,相差7倍。按照经济质量差距指数,进行了全国经济质量区划,将31个省市区分为高质量区、中高质量区、中等质量区、中低质量区和低质量区。

第四篇,战略与对策。中美贸易摩擦真相不误判,全社会动员填平第二经济大国陷阱。大国竞争走向不幻想,美国不容忍超越,不会放弃遏制。应对贸易战不懈怠,坚持和完善社会主义市场经济体制,坚持六大创新,迎接"六期叠加",实施创新驱动发展战略,采取均衡发展、差异化发展方式,三步走实现经济高质量发展。2019年经济发展压力增大,需要采取更加积极的财政政策,创新货币政策,增强民间投资的效益与信心,防止经济增速"破6"。

"经济质量差距模型"能够图文并茂地展示不同省市区经济发展的优势与短板,在经济发展理论、方法与指导实践方面做了大量的探索,难免有不妥、不足之处,敬请同行批评指正,以不断完善。我们将每年发布各省市区的经济质量差距指数,并研究发布世界80多个国家或地区及世界经济质量500强企业的经济质量差距指数。

目 录

第一篇 格局与趋势

第一章 缩小经济差距，中国改变了世界 ······ 3
一、缩小经济差距，中国成为第二经济大国 ······ 3
二、世界经济格局变化：中国有望成为第一经济大国 ······ 4
 （一）世界经济的四大格局 ······ 4
 （二）世界经济格局变化的基本规律 ······ 8
 （三）世界经济正在迎来百年剧变 ······ 9
三、世界科技格局变化：中国有望成为"第三创新中心" ······ 14
 （一）科技中心总是推动经济中心的转移 ······ 14
 （二）当今世界科技的四大格局 ······ 15
 （三）智能化推动信息革命进入高级阶段 ······ 20
 （四）生物技术将引领新科技革命 ······ 21
 （五）中国有望共同引领新科技革命 ······ 26
 （六）全球创新多极化，中国有望成"第三极" ······ 27

第二章 中美经济差距变化，将改变世界格局 ······ 29
一、国力差距：发达国家与发展中国家的差距 ······ 31
二、经济差距：总量有望超美国、人均量差距巨大 ······ 33
三、创新差距：数量指标接近、质量差距明显 ······ 36

四、教育差距：中美差距巨大、短期难以赶上 ………………………………… 38

第二篇　方法与模型

第三章　差距经济学的概念、模型与方法 ……………………………………… 43

一、国内外有关经济差距研究的主要结果 …………………………………… 43

（一）经济差距还没有国际公认的概念 ………………………………… 44

（二）经济高质量发展的概念仍在探索之中 …………………………… 45

（三）经济质量差距的测算方法亟待创新 ……………………………… 46

二、经济差距、高质量发展的概念与内涵 …………………………………… 49

（一）经济差距的内涵及其变化规律 …………………………………… 49

（二）差距经济学的概念与内涵 ………………………………………… 51

（三）经济高质量发展的概念与内涵 …………………………………… 51

三、构建经济质量差距模型的基本原则 ……………………………………… 52

四、经济质量差距模型的理论与方法 ………………………………………… 53

（一）经济质量差距模型的理论构想 …………………………………… 53

（二）差距经济学评价模型及计算方法 ………………………………… 54

（三）经济质量差距模型及计算方法 …………………………………… 70

五、经济质量差距指数的指标体系 …………………………………………… 71

（一）指标体系 …………………………………………………………… 71

（二）数据来源 …………………………………………………………… 72

（三）数据处理 …………………………………………………………… 72

参考文献 …………………………………………………………………………… 72

第三篇　差距与成因

第四章　中国经济质量分区 ……………………………………………………… 77

一、经济质量差距指数测算 ·· 77
　　二、中国经济质量区划 ·· 79

第五章　经济高质量区 ·· 82
　　一、广东省经济质量差距指数 100，全国第 1 位 ·················· 83
　　　　（一）"广东模式"及其 4 个发展阶段 ······························ 83
　　　　（二）经济结构特点是一产萎缩、二产过剩、三产增长快 ······ 85
　　　　（三）经济质量差距指数居第 1 位，但仍有许多不足之处 ······ 86
　　二、江苏省经济质量差距指数 88.10，全国第 2 位 ··············· 87
　　　　（一）"江苏模式"及其 4 个发展阶段 ······························ 88
　　　　（二）经济结构的特点是制造业、高新技术产业占比高 ········ 90
　　　　（三）经济质量差距指数居全国第 2 位，发展短板仍然很多 ··· 91
　　三、浙江省经济质量差距指数 82.38，全国第 3 位 ··············· 92
　　　　（一）"浙江模式"及其 4 个发展阶段 ······························ 93
　　　　（二）经济结构的特点是"一低、二高、三平" ··················· 94
　　　　（三）经济质量差距指数居第 3 位，但经济质量短板仍然不少 · 94
　　四、上海市经济质量差距指数 80.51，全国第 4 位 ··············· 96
　　　　（一）"上海模式"的困惑及其 4 个发展阶段 ····················· 96
　　　　（二）经济结构已具有发达国家的主要特征 ······················ 98
　　　　（三）提高经济质量要均衡发展、差异化发展相结合 ·········· 98

第六章　经济中高质量区 ·· 101
　　一、山东省经济质量差距指数 76.10，全国第 5 位 ············· 102
　　　　（一）"山东模式"及其 5 个发展阶段 ···························· 102
　　　　（二）经济结构的特点是"三产弱""二产重" ··················· 103
　　　　（三）缩小经济差距的任务重、潜力大 ·························· 104
　　二、北京市经济质量差距指数 74.55，全国第 6 位 ············· 106

（一）"首都经济"及其阶段特征 ·· 107
（二）经济结构与美国相近，第三产业占比达80% ···················· 108
（三）首都经济再创新辉煌需要战略创新与技术创新 ················ 110

三、福建省经济质量差距指数71.19，全国第7位 ························· 111
（一）"福建模式"及其4个发展阶段 ······································· 112
（二）经济结构接近全国平均值 ··· 113
（三）经济高质量发展既要念好"山海经"，又要念好"创新经" ···· 114

四、天津市经济质量差距指数64.33，全国第8位 ························· 116
（一）经济发展的3个难点与4个阶段 ······································ 116
（二）优化经济结构潜力巨大 ·· 117
（三）缩小经济差距的对策与路径 ·· 118

五、河南省经济质量差距指数63.41，全国第9位 ························· 120
（一）经济"中原崛起"及其4个重要特征 ································· 120
（二）经济结构仍然保持农业大省的特征 ································ 122
（三）缩小经济差距要双管齐下 ··· 123

六、湖北省经济质量差距指数60.55，全国第10位 ······················· 124
（一）经济"中部崛起"及其阶段特征 ······································ 124
（二）第三产业占比滞后全国约5年，优化结构潜力大 ·············· 126
（三）经济质量差距指数呈现"三长三短" ································ 126

第七章 经济中等质量区 ·· 129

一、江西省经济质量差距指数58.83，全国第11位 ······················· 130
（一）"革命老区经济"及其阶段特征 ······································ 130
（二）调整经济结构的任务仍然很重 ······································ 131
（三）补短板、立长板是缩小经济质量差距的关键 ·················· 132

二、安徽省经济质量差距指数54.22，全国第12位 ······················· 134
（一）经济发展"低、中高、高"阶段及特征 ···························· 134

（二）优化经济结构，发展第三产业的任务很重 …………… 135

　　（三）经济高质量发展的短板与对策 …………………………… 136

三、湖南省经济质量差距指数53.87，全国第13位 ……………… 138

　　（一）经济发展"先低后高"特征及其4个发展阶段 ………… 139

　　（二）第二产业升级潜力大、第三产业发展潜力大 …………… 140

　　（三）缩小经济质量差距的对策与措施 ………………………… 141

四、重庆市经济质量差距指数53.80，全国第14位 ……………… 143

　　（一）经济发展"慢、中、快"三步曲与4个阶段 …………… 143

　　（二）第三产业占比明显低于全国平均值 ……………………… 145

　　（三）经济高质量发展面临许多难题 …………………………… 145

五、辽宁省经济质量差距指数51.70，全国第15位 ……………… 147

　　（一）经济"失速"及其阶段特征 ……………………………… 147

　　（二）经济结构接近全国平均值 ………………………………… 149

　　（三）缩小经济差距面临的新旧难题 …………………………… 150

六、四川省经济质量差距指数51.59，全国第16位 ……………… 152

　　（一）经济发展"中、低、中、高"阶段及特征 ……………… 152

　　（二）产业结构中农业比重仍然较大 …………………………… 153

　　（三）亟待培育"震后经济"的增长点 ………………………… 154

七、广西壮族自治区经济质量差距指数51.18，全国第17位 …… 156

　　（一）经济发展"低、中、中高"阶段及特征 ………………… 157

　　（二）发展第三产业潜力巨大 …………………………………… 157

　　（三）缩小经济差距要在差异化发展上做文章 ………………… 158

八、河北省经济质量差距指数49.90，全国第18位 ……………… 160

　　（一）经济发展"低、高、低"阶段及特征 …………………… 161

　　（二）经济结构亟待优化 ………………………………………… 161

　　（三）经济发展要找突破口差异化发展 ………………………… 162

九、海南省经济质量差距指数 49.09，全国第 19 位 ········· 164
 （一）经济发展"低、高、低、中"阶段及特征 ········· 164
 （二）第一产业具有优势，第三产业潜力大 ········· 165
 （三）建立"人类命运共同体试验区"的战略思考 ········· 166

十、陕西省经济质量差距指数 45.72，全国第 20 位 ········· 169
 （一）经济发展"低、高、中"阶段及特征 ········· 169
 （二）经济结构优化空间很大 ········· 170
 （三）经济差异化发展再创辉煌的对策 ········· 171

第八章 经济中低质量区 ········· 174

一、黑龙江省经济质量差距指数 41.96，全国第 21 位 ········· 175
 （一）经济发展"低、中、低"阶段及特征 ········· 175
 （二）经济结构中农业占比全国最高 ········· 176
 （三）经济差异化发展的对策与路径 ········· 177

二、山西省经济质量差距指数 41.34，全国第 22 位 ········· 179
 （一）经济发展"三起三落"及其特征 ········· 180
 （二）产业结构与全国平均值接近 ········· 181
 （三）缩小经济差距要找到后煤炭经济的新动能 ········· 182

三、吉林省经济质量差距指数 39.31，全国第 23 位 ········· 184
 （一）经济发展"中开低走"及阶段特征 ········· 184
 （二）经济结构的短板是第三产业占比明显偏低 ········· 186
 （三）缩小经济差距首先需要战略创新 ········· 187

四、内蒙古自治区经济质量差距指数 37.90，全国第 24 位 ········· 189
 （一）经济发展"中、高、低"阶段及特征 ········· 189
 （二）经济结构是典型的"一四五" ········· 190
 （三）经济高质量发展的优势与短板 ········· 191

五、宁夏回族自治区经济质量差距指数 32.97，全国第 25 位 ········· 193

（一）经济"中速发展"及其阶段特征 ··· 193

　　（二）调整经济结构，第三产业发展潜力大 ····································· 194

　　（三）经济要素短缺，要走差异化发展道路 ····································· 196

第九章　经济低质量区 ··· 198

一、贵州省经济质量差距指数 29.58，全国第 26 位 ······························· 199

　　（一）经济发展"中、低、高"阶段及特征 ······································· 200

　　（二）经济结构中农业占比仍然较高 ··· 201

　　（三）经济差异化、高质量发展的对策与措施 ··································· 201

二、云南省经济质量差距指数 29.48，全国第 27 位 ······························· 204

　　（一）经济发展"中、低、快"阶段及特征 ······································· 204

　　（二）经济结构第一产业占比偏高，第三产业潜力巨大 ························· 205

　　（三）把生物经济作为差异化发展的突破口 ····································· 206

三、甘肃省经济质量差距指数 22.01，全国第 28 位 ······························· 208

　　（一）经济发展"反弹琵琶"及其阶段特征 ····································· 209

　　（二）第三产业占 GDP 的 54.13%，居全国第 6 位 ······························· 210

　　（三）第三产业及生物经济是差异化发展的突破口 ······························· 211

四、新疆维吾尔自治区经济质量差距指数 16.53，全国第 29 位 ······················ 214

　　（一）经济发展"中、低、中高"阶段及特征 ··································· 215

　　（二）调整经济结构，发展第三产业潜力巨大 ··································· 216

　　（三）经济差异化、多元化的对策与措施 ··· 217

五、西藏自治区经济质量差距指数 15.97，全国第 30 位 ······························ 219

　　（一）高原经济"低速、高速"发展阶段及特征 ··································· 219

　　（二）经济结构接近全国平均值 ··· 220

　　（三）高原经济是差异化发展的突破口 ··· 221

六、青海省经济质量差距指数 14.49，全国第 31 位 ······························· 223

　　（一）经济发展"20 年滞后、20 年追赶"阶段及特征 ····························· 223

（二）产业结构优化潜力巨大 ………………………………………………… 224
（三）经济差异化发展需要全面创新 …………………………………………… 225

第十章　6类经济要素差距指数的省区比较 ……………………………………… 228
一、市场机制指数 ……………………………………………………………… 228
（一）影响市场指数的主要指标 ………………………………………………… 230
（二）不同省市区市场指数比较 ………………………………………………… 230
二、政府作用指数 ……………………………………………………………… 234
（一）影响政府指数的主要指标 ………………………………………………… 235
（二）不同省市区政府指数比较 ………………………………………………… 236
三、科技创新指数 ……………………………………………………………… 240
（一）影响科技指数的主要指标 ………………………………………………… 241
（二）不同省市区科技指数比较 ………………………………………………… 242
四、生态资源指数 ……………………………………………………………… 246
（一）影响生态指数的主要指标 ………………………………………………… 247
（二）不同省市区生态指数比较 ………………………………………………… 248
五、社会和谐指数 ……………………………………………………………… 252
（一）影响社会指数的主要指标 ………………………………………………… 253
（二）不同省市区社会指数比较 ………………………………………………… 254
六、全球化程度指数 …………………………………………………………… 258
（一）影响全球化指数的主要指标 ……………………………………………… 259
（二）不同省市区全球化指数比较 ……………………………………………… 259

第四篇　战略与对策

第十一章　不误判，全社会动员填平陷阱 ……………………………………… 267
一、贸易摩擦真相不误判 ……………………………………………………… 267

二、贸易摩擦走向不幻想 ·· 269
　　三、贸易摩擦应对不懈怠 ·· 271
　　　　（一）完善社会主义市场经济体制及其理论，打赢体制战 ·········· 272
　　　　（二）力争贸易不锐减、经济不滑坡，打赢贸易战 ················ 272
　　　　（三）设立"国家应急技术专项"，打赢科技战 ···················· 273
　　　　（四）打造国际顶尖人才队伍，打赢人才战 ······················ 273
　　　　（五）保障网络安全，打赢网络战 ······························ 273
　　　　（六）防止系统性金融风险，打赢金融战 ························ 274
　　　　（七）建立海外基地，藏粮于技，打赢粮食战 ···················· 274
　　　　（八）应对石油封锁或涨价造成的危机，打赢石油战 ·············· 274
　　　　（九）建立生物盾牌，打赢生物战 ······························ 275
　　　　（十）突破空间技术，打赢空间战，防止"头顶悬剑" ·············· 275
　　四、应对贸易摩擦已经迈出关键三步 ···································· 276

第十二章　不动摇，强化支撑40年发展的六大支柱 ·········· 278
　　一、强化制度创新，以经济建设为中心毫不动摇 ·························· 279
　　二、体制机制创新，完善社会主义市场经济体制 ·························· 280
　　三、产业结构创新，农业大国建成了制造业大国 ·························· 283
　　四、强化科技创新，依靠科技创新驱动经济发展 ·························· 285
　　　　（一）创新能力迅速提升，已成为重要的创新大国 ················ 285
　　　　（二）科技在经济社会发展中发挥了不可替代的作用 ·············· 286
　　　　（三）创新驱动已成为国家发展战略 ···························· 287
　　五、强化理论创新，创新经济发展理念及其方式 ·························· 288
　　六、强化市场创新，加速推进全球化新时代 ······························ 290

第十三章　抓机遇，用好"六期叠加" ······················ 293
　　一、工业化中后期 ·· 293
　　　　（一）产业结构：进入工业化后期 ······························ 293

（二）产业规模：超过工业化后期国家 ··· 294

　　（三）发展速度：具有工业化后期特征 ··· 295

　　（四）城镇化率：处于工业化中期 ··· 296

　　（五）供求关系：处于工业化中期 ··· 296

　　（六）技术水平：处于工业化中后期 ·· 297

二、信息化中中期 ··· 297

　　（一）计算机基本普及，增速下降 ··· 298

　　（二）互联网普及率超60%，物联网正在崛起 ···································· 298

　　（三）智能化不断突破，信息化迈向高级阶段 ···································· 299

三、城镇化中前期 ··· 299

四、新科技革命前期 ·· 301

五、乡村振兴加速期 ·· 302

六、美国遏制加速期 ·· 303

第十四章　找差距，寻找经济质量短板 ·· 304

一、供需不平衡，第二产业过剩、第三产业滞后 ····································· 304

　　（一）农业产能明显不足 ··· 305

　　（二）工业产能相对过剩 ··· 306

　　（三）服务业发展明显滞后 ·· 306

　　（四）新兴产业巨大潜力未能释放 ··· 307

二、区域不协调，省区差距仍然在扩大 ·· 307

　　（一）经济要素过多集中在东部 ·· 307

　　（二）西部与东部差距仍在扩大 ·· 310

　　（三）东北振兴遭遇发展瓶颈 ··· 311

三、原始创新能力弱，新产品开发弱 ··· 311

　　（一）论文和专利数量多、质量低的问题仍然很突出 ························· 311

　　（二）企业创新能力弱，大量技术仍然受制于人 ································ 312

四、经济要素配置不合理，浪费导致低效 ... 313
　　（一）产业结构不合理 ... 314
　　（二）产品结构不合理 ... 314
　　（三）要素配置不合理 ... 314

五、贸易增速下滑、贸易收入下降 ... 315
　　（一）贸易增速下降 ... 315
　　（二）贸易秩序受破坏 ... 315
　　（三）贸易体系面临重构 ... 316

第十五章　"新三步"，跃居巩固保持世界第一 ... 317

一、发展第三产业，跃居世界第一 ... 317
　　（一）增长最快、比重最大 ... 318
　　（二）政府关注度高、民众需求量大 ... 318
　　（三）有望支撑经济增长 15～20 年 ... 319
　　（四）能够支撑中国成为第一大经济体 ... 319
　　（五）第三产业差异化发展对策与措施 ... 320

二、发展新兴产业，巩固世界第一 ... 323

三、建成科技强国，保持世界第一 ... 325
　　（一）第一经济大国都曾经是科技强国 ... 326
　　（二）完善世界科技强国的指标体系 ... 326
　　（三）当今世界科技发展的十大热点领域 ... 327
　　（四）当今世界科技发展的十大热点技术 ... 330
　　（五）国外技术预测中关注度最高的 100 项技术 ... 333
　　（六）广泛关注的 20 项颠覆性技术 ... 334
　　（七）建设科技强国的主要措施 ... 338

第十六章 均衡发展、差异化发展"双腿"走路 ……………………………… 353

一、经济发展要均衡发展与差异化发展"双腿"走路 ……………………… 353
（一）均衡发展的概念与类型 ………………………………………… 353
（二）差异化发展的概念与内涵 ……………………………………… 354
（三）经济高质量发展的关键是用好"双手"与"双腿" ………… 355
（四）用好"双腿"是社会主义市场经济体制的组成部分 ………… 355

二、均衡发展应成为新的国策，缓解"不平衡" …………………………… 357
（一）研究均衡发展、差异化发展战略是差距经济学的使命 ……… 357
（二）区域均衡发展要成为新国策 …………………………………… 358
（三）实现均衡发展需市场、政策、技术、文明"四管齐下" …… 359

三、差异化发展应成为新发展理念，减少"不协调" ……………………… 360
（一）差异化发展应成为新发展理念 ………………………………… 361
（二）差异化发展需要找准发展短板与突破口 ……………………… 361
（三）允许欠发达地区把发达地区优惠政策使用 5~10 年 ………… 363
（四）不同区域干部考核既要统一，又要差异化 …………………… 364

四、产业差异化发展满足不同需求，缓解"不充分" ……………………… 364
（一）产业差异化发展是当今世界经济发展的重要命题 …………… 365
（二）产业差异化发展要改变"一缺、二多、三滞后"的产业格局 …… 365
（三）第一产业要完成四大任务 ……………………………………… 366
（四）第二产业要加速实现制造业大国向强国的战略性转变 ……… 367
（五）补上第三产业短板，改善民生、发展经济一举两得 ………… 368

五、创新驱动四大新经济崛起，努力根除"不高效" ……………………… 368
（一）当前创新管理需要抓住 4 个着力点 …………………………… 369
（二）攻克经济高质量发展关键技术 ………………………………… 371
（三）创新驱动"四大新经济"崛起，缓解"不高效" …………… 373

后　记 ………………………………………………………………………… 379

第一篇

格局与趋势

大国兴衰，差距何在？规律何在？方向何在？对策何在？

差距就是潜力、差距更是动力。

世界经济坦荡起伏、人类文明与时俱进。2000多年经济发展史表明，第一经济大国都曾经引领一次科技革命，以科技竞争为核心的经济竞争、综合国力竞争从来没有停止过，也不会停止。农业经济时代，中国农业科技领先，经济总量最大。工业经济时代，欧洲凭借工业科技领跑世界。当今信息时代，美国引领信息科技革命，成为唯一超级大国。信息科技革命、产业革命方兴未艾，新的科技革命正在孕育之中，经济大国间的经济差距在变、世界经济格局在变，且将出现百年剧变。

中国经济数量差距缩小了，改变了中国，影响了世界。中国如何缩小经济质量差距，能不能实现？

党的十九大报告指出，中国经济已由高速度发展转向高质量发展阶段，处在转变发展方式、优化经济结构、转换发展动力的关键时期。什么是经济高质量？为什么发展质量不高？如何实现高质量发展？特别是在中美贸易战、科技战、人才战日趋激烈的背景下，中国的经济质量决定着中国经济的未来，也影响着世界经济的持续发展。

第一章

缩小经济差距，中国改变了世界

改革开放40年，中国缩小了与发达国家的经济差距，改变了中国，也改变了世界，正在改变着世界经济格局、科技格局、文化格局。

缩小经济总量差距，实现了由发展中的穷国向世界第二大经济体的根本性转变；缩小经济体制差距，实现了计划经济向社会主义市场经济的根本性转变；缩小经济结构差距，第一产业缩小、第三产业变大，实现了农业大国向工业大国的不可逆转的转变，实现了由短缺经济向过剩经济的根本性转变；缩小科技创新差距，正在实现由跟踪、引进技术为主向自主创新为主的战略性转变；缩小国际合作差距，成为第二贸易大国，中国产品惠及世界，共建人类命运共同体，广受赞誉。

中国经济将进一步缩小差距，加速由高速度向高质量发展的战略性转变，力争15～20年进一步改变世界经济格局、科技格局、文化格局。世界经济、科技、文化的基本格局现在在哪？将来去哪？美国发起的贸易战、科技战、人才战等非常规战，能否遏制中国与发达国家差距缩小的趋势？

一、缩小经济差距，中国成为第二经济大国

回顾历史，由于科学技术，特别是农业技术长期处于世界领先水平，中国在长达1700多年的农业经济时代，一直是世界第一经济大国，经济总量长期徘徊在世界经济总量的25%左右，1820年高达32.8%。直到1890年，美国GDP超过中国成为世界第一，中国逐年衰退，1949年中国经济总量仅占世界的4.0%，1980年降到1.7%，居世界第12位，处于历史最低点。

差距经济学：中美经济与省区经济的差距及走势

40 年改革开放，中国不仅改变了自己，也改变了世界。中国成为世界第二经济大国；中国解决了吃饭问题，实现了丰衣足食；取消了农业税，减轻了农民负担；告别了耕地"二牛抬杠"的历史，实现了农业机械化，成为世界第一农业大国。人口增加 10 亿，人均预期寿命增加 42 岁，GDP 由 1978 年的 3678.7 亿元增长到 2019 年的 990 865 亿元，增长了 268.4 倍，年均增速高达 9.5%，创造了经济大国持续增长的奇迹，已成为世界第二大经济体，占世界经济总量的 15.9%，占世界经济增量的 30% 左右。建成世界第一农业大国、第一制造业大国、第一贸易大国、第一外汇储备大国……"站起来、富起来"，正在"强起来"。

展望未来，中国经济提高发展质量、缩小差距，不仅决定着中国经济能否持续中高速增长，而且必然影响世界经济的增长。在中美贸易战风云突变的今天，中国经济能否高质量、中高速、稳定发展，更是举世瞩目。2018 年，中国 GDP 是美国的 66.4%，增速为 6.6%。2017 年、2018 年中国 GDP 增速分别是美国的 3.0 倍和 2.3 倍。2017 年，中国第一、第二、第三产业增加值分别是美国的 5.4 倍、1.4 倍和 0.4 倍，可见中美经济总量差距主要是第三产业的差距，中国近 14 亿人口的服务业还不足美国 3 亿人口的一半，因此仅仅依靠发展第三产业，中国经济总量就可以超过美国。但是中美经济质量差距巨大，提高经济发展质量是中国未来很长一段时期的艰巨任务与目标。

二、世界经济格局变化：中国有望成为第一经济大国

世界第一大国的格局迎来了百年剧变，世界经济也正迎来百年不遇的大变局，民粹主义、单边保护主义对经济全球化形成了剧烈冲击。面对这些变局，我们将重点研究 3 个问题：当前经济的基本定位、世界经济的基本格局及世界经济的主要趋势。

（一）世界经济的四大格局

我们将世界经济分为四大格局，其中，美国独占 1/4，美国 GDP 占世界 GDP 总量的 23.9%，中国、日本、德国 3 个国家 GDP 加起来占世界 GDP 总量

的 26.3%，法国、英国、印度等 11 个经济较强国家 GDP 总量占世界 GDP 总量的 24.9%，其余 209 个以发展中国家为主的国家 GDP 总量加起来只占世界 GDP 总量的 24.9%。可以看出，美国的经济实力相当于经济较落后的 209 个国家经济的总和（图 1-1）。

2018 年，世界 GDP 总量达到 85.8 万亿美元，如果把世界经济分成 4 份，则呈现四大格局。

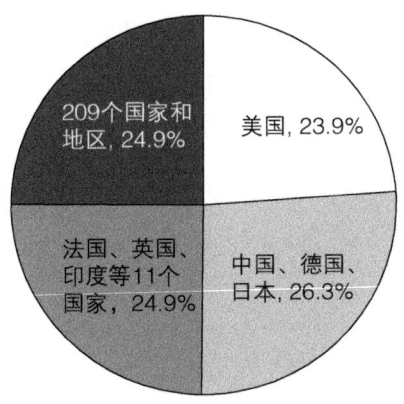

图 1-1　2018 年世界经济四大格局

1. 美国独占 1/4

美国是当今世界的超级大国，但是只有 200 多年的历史，是一个快速发展、没有经历过大的内战的国家，是一个多民族优秀人才汇集的国家。但是"美国优先"的竞争文化是美国文化的核心，这与中华文化的"和谐"正好相反。美国目前的国土面积居全球第 4 位，人口居世界第 3 位，在外交上依靠北约和国际结盟来形成美国霸权，经济地位居第 1 位，占世界 GDP 的 23.9%，经济增速是 2.9%（2018 年），增速不到中国的 1/2，目前的科技实力处于世界绝对第 1 位，是世界科学中心。从军事上来讲，美国的军人数量居世界第 3 位，但是军费开支居世界第 1 位，军事综合实力居世界第 1 位。美国的军费支出是第 2 位到第 14 位国家军费支出的总和，大量的军费支出奠定了美国军事的实力。长远来看，美国经济发展的趋势可能会出现"退一还二"的局面，从第一经济大国的地位退到第 2 位。

2. 中国、日本、德国约占 1/4

日本是世界第三经济大国，是第二次世界大战的发起国、战败国，曾对亚洲国

差距经济学：中美经济与省区经济的差距及走势

家进行了血腥的侵略。日本是东西文化的合璧，在明治维新之前所用的是中华文化，而明治维新吸收了西方自由民主的文化。因此，日本是东西方文化的交融，但是这种交融使日本民族的性格出现了某种裂变，导致日本既有中华文化谦和的一面，又有西方列强习惯侵略、死不认罪的一面。日本国土面积居世界第26位，人口居第11位，在外交上是美国的盟国，同时又是不能够独立自主的国家。第二次世界大战以后，日本的宪法是由美国主导制定的，且美国至今还在日本驻军，实际上日本的外交、军事都是不独立的。目前，日本的经济总量居世界第3位，但经济增速只有0.8%，低于世界平均增速，占世界GDP的比例仍在不断下降。但是由于日本大量的海外投资，使日本GNP在国际上仍然占有重要地位，甚至有的专家认为，"日本之外还有一个日本"，日本的经济、科技实力不容小视。在军事方面，日本没有正规军，只有自卫队，但是日本在军事技术储备上还有一定的实力。日本综合国力的发展趋势是"艰难保三"。

德国曾经两次发动世界大战，具有非常不光彩的历史。但是从文化讲，日耳曼民族的文化既有高傲的一面，又有谦和的一面。第二次世界大战结束后，德国人深深意识到发起战争的灾难性错误，因此，战争认罪的态度明显好于日本。目前，德国的国土面积居世界第64位，人口居第19位，外交上是美国的盟国，不能独立，经常受到美国的干预与指挥。经济地位上，德国居世界第4位，占世界GDP的4.7%，增速为1.4%，不到世界平均增速的一半。科技实力上，目前德国创新指数居世界第7位。在军事上，作为第二次世界大战战败国，美国在德国大量驻军，德国的军事和自卫能力高度依赖北约。在综合国力上，德国已经出现了"保四争三"的局面，由于德国制造业基础非常雄厚，使德国经济持续发展，特别是在发达国家里面是少有的经济比较稳定、能够持续发展的国家。

3. 法国、英国、印度等11个国家约占1/4

法国、英国、印度、巴西、加拿大、韩国、意大利、澳大利亚、俄罗斯、西班牙、墨西哥11个国家的经济总量占世界总量的1/4左右。法国是欧洲第二大经济体，但近年来的经济表现却差强人意，经济增长落后于欧盟平均水平。2018年法国经济增速1.7%，而欧元区增速达到2.0%。法国失业率也曾一度高于欧元区平均水平，高达两位数。英国作为一个重要的贸易实体、经济强国及金融中心，是世界第五大经济体，也是全球最富裕、经济最发达和生活水准最高的国家之一。韩国是一个较为发达的资本主义国家，作为亚洲四小龙之一的韩国，通过30多年的发展快速实现了工业化，已成为人均收入较高的国家。印度是世界上经济发展最快的国家之一，经济的高速发展提升了印度的经济实力。巴西经济实力居拉美首位，在2006年成为世界第九大经济体。

科技创新能力方面，法国在航天、能源、材料科学、空间技术等领域具有世界领先水平，在尖端工业、农产品加工业及服务业具有较大优势。英国以全世界1%的人口、3%的研究经费，发表了全球8%的科研论文，在科技创新领域处于世界领先地位。韩国能在短短数十年间跻身发达国家行列，离不开其科技体系的引导和支撑。从发展历史看，韩国通过前期引进技术，迅速建立起现代化的工业体系，并调整本国的产业技术水平和出口结构，缩短了与发达国家之间的技术差距。

4. 其余209个国家占1/4

除美国、中国、德国、日本、法国、英国、印度等15个国家外，其他209个以发展中国家为主的国家GDP总量占世界GDP总量的1/4。因为长期的种族冲突、热带疾病丛生、工业化引发的环境破坏，使非洲成为发展中国家最集中的大陆，成为世界经济发展水平最低的一个洲。其中，南非是非洲最发达的国家，国内生产总值达到5957亿美元，拥有发达的财经、法律、通信、能源、交通业，以及完备的硬件基础设施和股票交易市场，黄金生产量居世界首位。埃及国内生产总值达5514亿美元，是中东人口最多的国家，也是非洲人口第二大国，在经济、科技领域方面长期处于非洲领先，各项重要产业，如旅游业、农业、工业和服务业有着几乎同等的发展比重，但埃及的经济却不乐观，全国大部分人比较贫穷。阿尔及利亚国内生产总值达2847亿美元，陆地面积居非洲国家之冠、地中海国家之冠和阿拉伯国家之冠，石油与天然气是阿尔及利亚国民经济的支柱，天然气储量为世界第5位，是全世界第二大天然气出口国，石油储量为全世界第14位。尼日利亚国内生产总值达4785亿美元，是非洲人口最多的国家，制造业居非洲第3位，其占据世界石油储量相当的份额，考虑到该国的1.7亿人口，尼日利亚有望在2020年成为世界20个最大经济体之一。

（二）世界经济格局变化的基本规律

世界经济格局一直处于不断变化之中，其变化规律是多方面的，但有3个基本规律。

一是经济格局取决于科技格局，财富向科技强国聚集。科技发达、经济高效、国家富强，反之，科技落后、经济低效、国家贫穷。1996—2018年，美国、中国、日本、德国是GDP排名前4位的国家，GDP总量一直占世界GDP总量的1/2左右，范围为45.1%～54.6%，而以发展中国家为主的209个国家GDP总量只占1/4左右，为19.9%～25.9%。2011年，美国、中国、日本、德国四国GDP总量占世界GDP总量的45.1%，到2018年则占50.2%。尽管美国、中国、日本、德国四国GDP总量占世界GDP总量的比例在不断变化之中，但由于四国创新能力强，新经济、新业态主要出现在这些国家，世界财富还将不断向这4个国家聚集（图1-2），科技发达与经济高效形成良性循环。可见，世界财富向科技发达国家聚集，富国越来越富、穷国越来越穷正在成为世界经济格局变化的基本趋势。

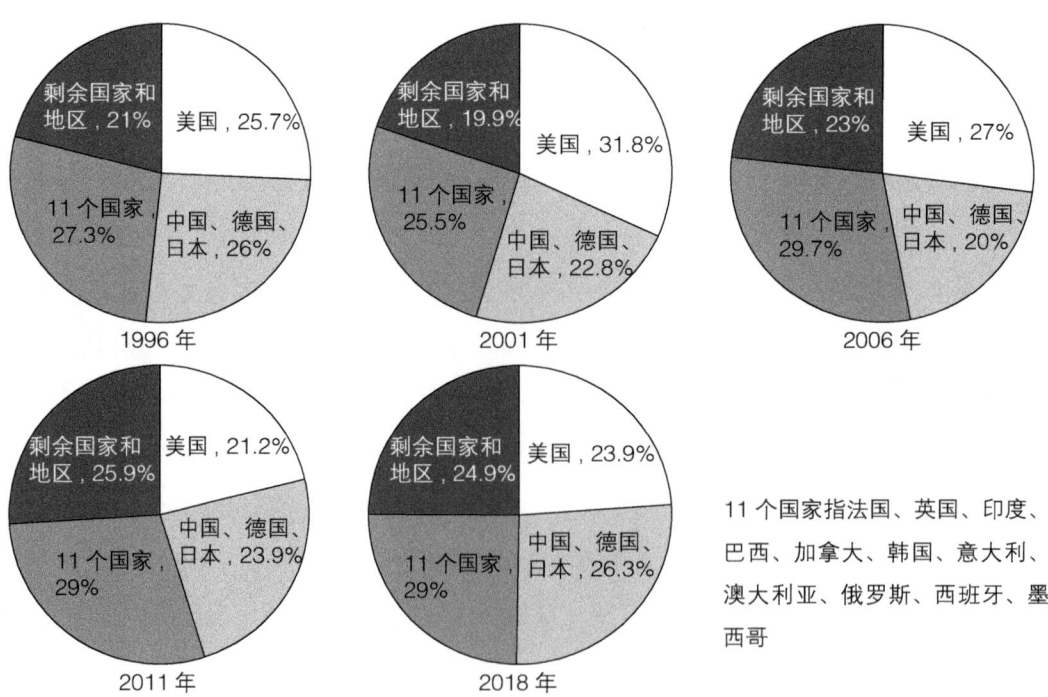

图1-2 世界经济格局和变化

二是经济全球化、技术梯度转移、产业分工合作已成为不可抗拒的规律。随着经济收入的提高，人类对美好生活的追求不断提升，导致了人类活动的全球化分工合作。一般情况下，当人均收入在 1000 美元左右时，人类生活的主要目标是吃饱，解决"不愁吃、不愁穿"的温饱问题；人均收入到 5000 美元时，住房、交通成为主要追求的目标，车、房成为主要消费品；人均收入到 7000 美元时，人们对健康、旅游的需求迅速提升；人均收入达到 9000 美元时，居住环境友好、生态文明成为追求目标；人均收入超过 12 000 美元时，理想与文化则成为主要追求目标，人类追求有所创新、有所贡献。可见，不同经济收入水平决定了不同的消费水平和不同的生活模式。当人均收入超过 7000 美元、基本生活问题解决之后，人们不再愿意从事繁重、重复的体力劳动，必然导致传统制造业、服务业的产业转移，从发达国家转向发展中国家，从发达地区转移到欠发达地区，从高收入人群转移到低收入人群，这是基本规律，很难逆转。美国传统制造业转向中国，再转向越南、印度尼西亚等经济不发达国家，这是大规律，不可能逆转，美国政府想把传统制造业转回美国，实际上是行不通的，转回去也难以持续。

三是"丛林法则"仍然存在，但和平与发展是世界主题。经济上相互合作、政治上相互尊重、外交上相互包容、科技上相互学习、文化上相互交流、管理上相互借鉴、军事上相互沟通，这是世界格局变化不可逆转的大趋势。任何恐怖主义、霸权主义、单边主义、保护主义、优先主义等，都是不受欢迎的，是孤立的、短命的。尽管弱肉强食的"丛林规则"仍然存在，但不会动摇人类文明的大方向、大趋势，不会动摇和平与发展为主题的大格局。"人之初、性本善"，不会成为"人变富、性变恶"。

（三）世界经济正在迎来百年剧变

当今世界经济格局的基本定位是第二经济大国陷阱再次出现，一旦美国遏制失败，中国经济总量将超过美国，将迎来经济格局百年剧变（表1-1）。

美国成为第一经济大国之后，世界上所有曾经的第二经济大国无一例外地先后出现衰退，衰退的问题根源是什么？衰退的途径是什么？虽然每个第二经济大国衰退的原因不尽相同，但是最后都有一个基本的规律，即经济衰退、失去第二经济大

差距经济学：中美经济与省区经济的差距及走势

国的地位，有些是外因为主要因素，有些则是内因为主要因素。2010 年，中国成为世界第二经济大国，我们必然会面临与其他曾经的第二经济大国同样的问题。

表 1-1 主要国家国力基本格局与变化趋势

	中国	美国	日本	德国	俄罗斯
历史	曾领先 1800 年	超级大国	第二次世界大战战败国	第二次世界大战战败国	第二军事大国
文化	儒家+人类命运共同体	美国优先	儒家+西方	日耳曼	斯拉夫+基辅罗斯
国土	第 3 位，973 万平方公里	第 4 位，963 万平方公里	第 62 位，37.8 万平方公里	第 64 位，35.7 万平方公里	第 1 位、1712 万平方公里
人口	第 1 位，13.9 亿人	第 3 位，3.27 亿人	第 11 位，1.27 亿人	第 19 位，0.81 亿人	第 9 位，1.41 亿人
政治	社会主义	资本主义	资本主义	资本主义	准资本主义
外交	和平共处，不结盟	美国霸权，北约	美国盟国，不自主	美国盟国，不独立	准冷战，西方排挤
经济	第 2 位，占比 15.9%，增速 6.6%	第 1 位，占比 23.9%，增速 2.9%	第 3 位，占比 5.8%，增速 0.8%	第 4 位，占比 4.7%，增速 1.4%	第 14 位，占比 1.93%，增速 2.3%
科技（2018 年创新指数排名）	第 17 位	第 1 位	第 2 位	第 7 位	第 33 位
经济趋势	保二争一	退一还二	保三艰难	保四争三	相对较弱

中美贸易摩擦是制度战、科技战的前奏，竞争会出现一个趋势和 3 种结局。

一个趋势就是世界第一经济大国迎来百年首变。这一百年来第一次出现第一经济大国可能会出现转变，在这种大的背景下，美国不会轻易放弃第一经济大国的地位，也就是说，美国不容超越，而中国一定会抓住发展的机遇，实现民族的伟大复兴，中国不会放弃发展。

在这个大趋势下，可能会出现 3 种情况或 3 种结局。第一种情况就是维持现状，中国逐步超越。我们预测中国 GDP 将会在 2030 年前后超越美国。也就是说，如果

第一篇　格局与趋势
第一章　缩小经济差距，中国改变了世界

保持现在的格局和状态，当前世界贸易格局不出现大的变化，美国不独享新科技革命的成果，中国不犯颠覆性错误、不出现金融风险、不发生社会稳定等重大风险，中国经济总量超越美国只是一个时间的问题。

第二种情况是美国遏制成功，美国增长快、中国增长慢，中国追赶的时间就会延长。这种遏制成功有以下几种可能：一是美国颠覆现有的贸易格局或贸易体系，改变现有的贸易规则，使中国出口受阻，中国的经济进一步受压，经济增速明显下降，特别是一些产能过剩的产品找不到出路，就会出现经济受损。但是目前贸易出口只占中国GDP的9%左右，因此，仅仅是美国和美国盟国阻碍，对中国经济的影响也十分有限，仅在1/10左右。二是美国颠覆当前的金融体系，使中国货币贬值，中国经济出现急速衰退，这是中国当前潜在的最大风险，也就是金融体系的风险。当年俄罗斯卢布与美元的比值从1∶1.5到了1∶4000，金融危机会带来经济实力的大幅滑坡。当然，中国政府已经高度重视金融风险，把防风险特别是防范金融风险作为重要工作之一。三是美国对中国实行高度技术封锁，不但限制中国技术交流、高技术产业收购，还限制对中国一些高新技术企业产品和技术的出口，遏制中国产业升级，把中国的产业遏制在中低端，使中国发展速度下降。但这种情况就会倒逼中国技术创新，一旦倒逼中国技术创新，长期将对美国不利。中国不再依赖美国的高技术，而美国高度依赖中国的大市场。因此，长期来说，对中国有利，对美国不利。如果遏制成功，将会出现美快中慢的格局，中国追赶美国的速度就会延长，在2030年以后，甚至到2040年前后，中国才能超过美国。

第三种情况是遏制失败，中国兴起、美国衰退，世界格局迎来百年剧变。美国优先的文化及美国跟中国或其他所谓盟国发生冲突，使美国的综合国力，特别是文化形象遭受前所未有的颠覆，甚至是破坏，这样就会颠覆维持近百年的世界经济格局、科技格局和军事格局，就会出现新兴国家兴起，而且由于文化和经济实力形成新的世界格局。这种可能会出现的情况有4个方面：第一，引发经济危机。美国的经济属于服务型经济，服务业占GDP接近80%，制造业严重衰退，而中国的经济则是产品经济。因此，从大的角度来讲，中国仍处于崛起阶段，而美国经济属于自我维持的服务型阶段，一旦出现金融危机，将对美国不利。第二，颠覆美国的货币体系。美元的发行是建立在美国信誉的基础上，如果美国优先，在美元与黄金脱钩

之后，美国到处脱钩，对美国信誉将造成巨大伤害，美元存在的理论基础已经不在，各国开始大量撤回黄金、不相信美国，美元体系就会面临着崩溃的局面。一旦美国的信誉颠覆了美元体系，当前货币体系将会产生巨大的变革。货币体系的变化引发金融危机，使美国引火烧身，会导致美国经济实力迅速衰退。第三，颠覆世界格局。顶尖人才面临的安全危机越来越明显，大量美籍以外的顶尖人才造就了美国，使美国成为世界人才中心及经济中心。但是近年来美国对于顶尖人才，特别是非美籍顶尖人才采取了各种各样的政策，使在美国的顶尖人才失去安全感，出现顶尖人才外流的局面。一旦这种现象持续下去，美国就会逐渐削弱其世界人才中心地位，导致世界格局的变化。第四，颠覆世界军事格局。因为经济实力和科技实力的下降，必然导致美国军事实力的逐步下降，使美国无力支撑其世界警察的地位，像苏联一样，逐步撤回分布在世界各地的军队，使世界军事格局出现变化。

从中美两国 GDP 的增长速度来看，无论从前 70 年还是前 40 年，中国经济的增长速度都远远超过美国。1949—2018 年的 70 年时间里，如果按人民币计算，中国的 GDP 从 1949 年的 466 亿元增加到 2018 年的 919 281 亿元，增长了 1971.7 倍，这种增长速度不仅是中国历史上没有的，而且是人类历史上没有的，创造了人类历史的奇迹。无论从过去的 70 年还是 40 年，我们的经济增长速度都接近美国的 10 倍以上，按此速度发展下去，中国超过美国只是时间问题（表 1-2）。

表 1-2 1949—2018 年中美 GDP 增长比较

年份	中国/亿元	美国/亿美元	中国/亿美元	GDP：中国/美国	增速：中国/美国
2018	919 281	204 940	136 080	66.4%	—
1978	3678.7	23 565.7	1496.4	6.3%	—
1949	466	2728	202.6	7.4%	—
2018/1949	1972.7	75.1	671.7	—	8.9
2018/1978	250.0	8.7	90.9	—	10.5

我们对中国 GDP 总量超过美国的具体时间做了测算，分别用经济增长高、中、低 3 个方案 9 个增速进行测算，中国 GDP 总量超过美国的时间需要 11～18 年，

平均约 14 年，也就是说在 2028—2036 年。只要我们发展第三产业，增强服务业的发展后劲，我们就能够超过美国。从大的格局来看，2017 年中国 GDP 已经是美国 GDP 的 63.2%，而我们的增速是美国的 3 倍，照此下去，大约在 2030 年我们就会超过美国，这是中美经济格局的一个基本变化（表 1-3）。

表 1-3 中国 GDP 总量超越美国的时间预测

	中国	美国	中国/美国	时间/年
GDP 总量（2017 年）	12.25 万亿美元	19.39 万亿美元	63.2%	—
GDP 增长率（2017 年）	6.9%	2.3%	300%	—
高速度	6.7%	2.3%	100%	11
		2.5%	102%	12
		2.8%	103%	13
中速度	6.0%	2.3%	100%	13
		2.5%	101%	14
		2.8%	100%	15
低速度	5.5%	2.3%	100%	15
		2.5%	100%	16
		2.8%	101%	18
平均值	6.0%	2.5%	100%	14

数据来源：《填平第二经济大国陷阱》。

总体来说，中国的经济格局大致可以概括为：经济总量第二，农业增加值第一，工业增加值第一，贸易总额第一，外汇储备第一，未来潜力第一，发展质量有待提高，结构改善空间很大。

从美国的经济格局来讲，特朗普总统要掀起新一轮的美国经济增长，通过里根总统减税的办法，使美国的经济在 2018 年的第三季度出现了短期的 3% 左右的增长，但是难以维持。第二次世界大战以来，美国 13 位总统在执政期间的 GDP 增长，特朗普总统时期并不是表现最好的，而是表现较差的之一。真正增长较快的、实现 15% 以上的只有两位总统，分别是杜鲁门和卡特，此外，艾森豪威尔、尼克松、里根、克林顿时期都出现了比较好的增长，表现比较差的有特朗普、老布什、福特、奥巴马等。从这种趋势来看,美国的经济增长难度会越来越大,放弃传统产品,而新兴产品没有崛起是美国面临的最大问题之一。

三、世界科技格局变化:中国有望成为"第三创新中心"

科技格局与经济、文化、军事、外交格局的变化有什么规律?未来世界科技格局,美国对中国的全面遏制与技术封锁,特别是对华为等中国高科技企业的疯狂打压,会不会迫使中国重新构建创新体系、技术体系与产业体系,进而形成新的文化理念与发展模式?

(一)科技中心总是推动经济中心的转移

世界经济格局、科技格局、文化格局、军事格局、政治格局与外交格局具有高度的一致性。2000多年来,世界经济、政治、外交、文化、军事等五大中心,总是随着科技中心的转移而转移,而科技中心则随着人才中心的转移而转移。世界科技中心总是带动经济中心、政治中心、军事中心、文化中心的转移,而人才中心则带动科技中心的转移。

近2000年的科技与经济发展历史表明,人类共经历了农业技术、工业技术、信息技术等3次技术革命,引发了农业经济、工业经济、网络经济(也有学者称信息经济、数字经济)等3次产业革命,而农业产业革命中又包括5次农业产业变革或技术变革,工业产业革命中又包括了3次工业产业变革或技术变革(表1-4)。

表1-4 技术革命、产业革命的主要历程与作用

产业革命	技术革命	时间阶段	标志产品	支柱行业	引领国家
农业经济	种植养殖	17世纪前	谷物、畜牲	种植业、畜牧业	中国等
	化学化	1950年后	化肥、农药	化肥工业、农药工业	德国等
	良种化	1960年后	杂交玉米、水稻、油菜、棉花	种子产业	墨西哥、中国
	机械化	1970年后	收割机、播种机	农业机械	美国等
	转基因	2010年后	转基因玉米、棉花	转基因生物	美国等

续表

产业革命	技术革命	时间阶段	标志产品	支柱行业	引领国家
工业经济	机械化	1780—1895年	蒸汽机、轮船、铁路	运输、纺织、机械	英国、美国
工业经济	电气化	1895—1940年	电力、电灯、电话、电动机	电气设备、重型机械、重化工	美国、德国、英国
工业经济	自动化	1940—1973年	机床、无线电、汽车、飞机、柴油机	机械制造、军工、航空、石油、化工	美国、德国、日本
数字经济	数字化	1946年？	卫星、计算机、手机	信息产业、航空航天	美国
数字经济	网络化	1980年？	互联网、物联网	信息产业	美国
数字经济	智能化	2030年？	机器人	机器人产业	美国和中国？
生物经济	生物技术	2040年？	生物医药、转基因生物、人工器官、生物能源	生物医药、生物农业、生物能源、生物制造	美国？中国？

在农业经济时代，由于中国人口多、农业技术领先，中国经济总量在1820年前一直占世界经济总量的25%左右。工业革命以后，欧洲国家工业技术领先世界，进而使欧洲在工业经济时期主导了世界经济的发展，成为世界经济中心和文化中心。20世纪80年代以来，信息技术特别是网络技术迅速普及，由于美国对信息硬件、软件技术高度垄断，独享了信息技术革命的成果，经济迅速增长，信息技术引领的新科技革命，引发了新的产业变革，让美国占据了世界经济的主导地位。到2000年，美国经济总量占世界经济总量达到30.89%左右，是英国、德国经济总量之和的2.9倍。

（二）当今世界科技的四大格局

研究当今世界科技格局（表1-5），人们最关心的是中美科技差距。当前，国内外关于中美科技差距主要有3个观点：一是少数专家认为中国科技实力已经远远超过美国，主要依据是论文、专利和高科技产品等数量性指标高于美国；二是认为中国的科技实力永远无法超越美国，这是悲观论，不太了解中国创新的人容易赞同这一种观点；三是我们对中美科技差距的基本判断，创新数量指标中国领先，质量指标美国领先，少数领域中国领先，多数领域美国领先，中国短期内难以超过美国，主要是因为中国科研仪器、试剂、方法高度依赖美国等发达国家，没有形成自己的科学方法体系、仪器设备体系、科研基础设施体系、创新生态体系等。

表 1-5 世界科技四大格局

格局	国家
领跑者	美国
并跑者	英国、俄罗斯、德国、日本、法国、加拿大、澳大利亚、芬兰、瑞士等
跟跑者	巴西、印度等第三世界国家
复兴者	中国

1. 领跑者：美国

我们将世界科技分为四大格局：第一是领跑者，也就是当今世界的科学中心——美国。科学研究的方法、仪器设备、大型科学工程、基础发明大部分都来自美国，中国90%的高端科研仪器设备都是从国外引进的。当前信息硬件、软件技术90%的根技术都来自美国，欧洲和亚洲在信息的硬件、软件上都缺乏系统的、原始的突破。在生物、新材料等前沿领域，美国同样是先进技术的源头。

2016年，美国全社会研发经费高达5062.6亿美元，发表学术论文40.9万篇，提交了5.7万件国际专利申请，连续39年位列榜首，占全世界申请量的1/4，高科技产品出口额为1530亿美元；2017年全球100强大学中美国有41所，中国仅为5所；截至2017年美国共有345人获得诺贝尔奖，中国仅有2人；2017年赴美留学人员超过110万人，其中，中国留学生有35万人。

2. 并跑者：英法德日俄等

并跑者紧跟在美国之后，但不是原始的创新者，只是在少数技术上拥有原始创新，包括英国、俄罗斯、德国、日本、法国、加拿大、澳大利亚、芬兰、瑞士等9个国家。进入21世纪，日本已培养出18位获得诺贝尔奖的科学家，人均专利数量全球第一，基础研究投入在科研经费中的占比长年维持在15%左右，研发经费占GDP的比重长期高于3%，在高端制造、生物医药和新材料等领域掌握了一批国际顶尖技术；英国是老牌科技强国，是工业科技革命早期的引领者，十分重视新兴研究领域，如机器人、人工智能和生物技术，英国高水平论文的引用量仅次于美国。

3. 跟跑者：第三世界国家

跟跑者包括巴西、印度等广大的第三世界国家，这些国家普遍缺乏研发高端人

第一篇　格局与趋势
第一章　缩小经济差距，中国改变了世界

才，缺乏研究方法、仪器设备等，缺乏足够的研发经费与基础设施，难以创造引领世界的成果，短期内很难走在世界科技前列，将长期处于跟跑状态。

4. 复兴者：中国

在公元1100年发明指南针之后，我国经历了近900年重大创新空白期，中国科技创新取得了举世瞩目的巨大成就。我们整理了有关科技创新的13个重点指标，中国10个创新数量指标全部进入世界前两位，而3个创新质量指标与发达国家仍然有巨大的差距（表1-6）。我们对科技创新的13个重点指标进行了分析，中国在研发人员数量、科学论文、工程论文（EI）专利、PCT专利、高科技产品、世界500强企业等7个指标均居世界第一位；但是在创新指数、研发经费、国际500强品牌和国际100强大学数量等4个指标方面，与美国等发达国家仍然有明显差距，特别是在科学研究方法、科学仪器、科学顶尖人才等方面高度依赖国外，短期内难以全面超越，但在部分领域超越是完全可能的。

表1-6　中美创新指标对比

序号	指标	中国数据	中国排名	美国排名
1	人员/万人（2018年）	438.14	1	2
2	科技期刊论文/篇（2018年）	1 843 600	1	2
3	SCI/万篇（2017年）	32.42	2	1
4	EI/万篇（2017年）	22.65	1	2
5	经费/亿美元（2019年）	3084.5	2	1
6	论文被引/万次（2017年）	1934.9	2	1
7	专利申请/万件（2019年）	438	1	2
8	PCT专利/万件（2019年）	4.9	1	2
9	高科技出口/亿美元（2018年）	7430.44	1	2
10	国家创新指数（2019年）	69.8	14	1
11	世界500强企业/家（2019年）	129	1	2
12	世界500强品牌/个（2019年）	37	5	1
13	世界100强大学/所（2019年）	6	5	1

注：作者根据相关资料整理。

差距经济学：中美经济与省区经济的差距及走势

中国已经成为一个有影响力的创新大国，创新数量不多的问题已经基本解决，创新质量不高成为主要矛盾，中国用世界第 17 位的创新体系，支撑着第二大经济体保持比美国快 3 倍的增长率，属于"小马拉大车"，科技创新不能满足经济发展需要是基本格局。

从科技发展史看，人类第一个科技革命、产业革命是农业技术引起的农业产业革命，是从打猎和采集野果实变为种植和养殖，这一次科技革命是中国引领。因此，我们现在科学技术的崛起，是复兴。为什么能够复兴？因为我们的数量指标非一即二，而质量指标具有明显的差距。

实际上，党中央国务院已经为我们确定的目标是到 2050 年成为科技强国，因此，中国科技要真正追赶上美国，还需要 30 年的时间。目前，我们有 90% 的高端科研设备依赖于国外。在中美贸易摩擦的背景下，如果有国家停止对我们高端仪器和相关试剂的供应，我们可能在半年以后就无法开展一些高端研究。因此，中国的科技实力超过美国的说法是没有依据的，而且是有害的。

另外可比较的指标就是高科技产品的出口。中国高科技产品出口从 2005 年第一次超过美国，到 2015 年，中国高科技产品出口已经接近美国的 3 倍，也就是说，美国高科技产品出口占世界的 8%，我国占世界的 24%。但这里隐含着一些统计指标的误导，如美国的苹果手机、IBM 电脑是中国制造的，中国出口的利润是在美国企业，而出口额却 100% 计算在中国企业，而中国企业的利润在增加值中只占 8% 左右。因此，8% 与 100% 的区别导致了我们高科技产品出口明显高于美国，但是我们通过高科技产品出口获得的利润却明显低于美国，这是一个事实。但是目前由于统计口径和贸易规则的变化，这个实质问题仍没有得到真实的反映。

从国家（地区）创新指数来看，全球很多机构都在研究科技创新实力的变化，如世界知识产权组织、洛桑学院、世界经济论坛、彭博社、中国科学技术发展战略研究院等。根据中国科学技术发展战略研究院的报告，2017 年中国的创新指数比美国低 16 位，其他国际机构对中国创新指数的评价基本在第 22 位到第 27 位之间（表 1-7）。可见，中国科技对促进经济发展的作用与发达国家（地区）还有明显的差距，需要进一步提高。

第一篇 格局与趋势
第一章 缩小经济差距，中国改变了世界

表1-7 不同机构对中国创新能力的评价

排名	"国家创新指数2018"（中国科学技术发展战略研究院）	"全球创新指数"（世界知识产权组织）	《IMD世界竞争力年鉴2017》（洛桑学院）	《全球竞争力报告2017—2018年》（世界经济论坛）	"彭博创新指数2017"（彭博社）
1	美国	瑞士	中国香港	瑞士	韩国
2	日本	瑞典	瑞士	美国	瑞典
3	瑞士	荷兰	新加坡	新加坡	德国
4	韩国	美国	美国	荷兰	瑞士
5	德国	英国	荷兰	德国	芬兰
6	丹麦	丹麦	爱尔兰	中国香港	新加坡
7	瑞典	新加坡	丹麦	瑞典	日本
8	以色列	芬兰	卢森堡	英国	丹麦
9	新加坡	德国	瑞典	日本	美国
10	芬兰	爱尔兰	阿联酋	芬兰	以色列
11	英国	韩国	挪威	挪威	法国
12	荷兰	卢森堡	加拿大	丹麦	奥地利
13	法国	冰岛	德国	新西兰	比利时
14	奥地利	日本	中国台湾	加拿大	挪威
15	爱尔兰	法国	芬兰	中国台湾	荷兰
16	挪威	中国香港	新西兰	以色列	爱尔兰
17	中国①	以色列	卡塔尔	阿联酋	英国
18	冰岛	加拿大	中国①	奥地利	澳大利亚
19	比利时	挪威	英国	卢森堡	新西兰
20	卢森堡	奥地利	冰岛	比利时	加拿大
		中国①（第22位）		中国①（第27位）	中国①（第21位）

数据来源：作者根据相关资料整理。

---

① 此处不包含中国香港、澳门、台湾地区数据。

我们研究认为，在科技发展方面，中国与国外最大的差距是大学与顶尖人才的差距。在世界 100 强大学中，中国只有 5 所，而美国有 41 所，中国与美国的比例是 1∶8。在顶尖人才方面，美国每年吸引全球 100 万名优秀留学生到美国留学，虽然中国也有接近 40 万名的留学生，但是真正读学位的只有 7 万人，而中国出国留学人员高达 50 万人，巨大的人才赤字是造成中美科技差距的重要原因之一。如果不扭转人才赤字，中美的科技差距可能还将进一步扩大，必须引起高度的重视。

（三）智能化推动信息革命进入高级阶段

信息技术引领的科技革命分数字化、网络化、智能化 3 个阶段，当前正处于中中期，也就是说，数字化阶段基本结束，正处在网络化的前期，即互联网阶段，物联网阶段还没有真正进入应用阶段，智能化正在迅速崛起，将推动信息化进入第三阶段（表 1-8）。

表 1-8 信息化正处在中高阶段的主要依据

主要指标	初期（数字化）	中期（网络化）	后期（智能化）
主要标志	个人计算机普及率 50% 左右	网络普及率 50% 以上	智能化设备普及率 50% 左右
所处时间	1946—1980 年	1980—2030 年左右	2030—2050 年前后
核心技术	集成电路、软件开发	网络传输、光纤、无线传输、传感器、大数据、物联网	人工智能、虚拟现实、脑机接口
主导产品	个人计算机、笔记本电脑、大型计算机	服务器、计算机、智能手机、超级计算机	E 级计算机、智能机器人、智能家电、智能可穿戴设备
主要作用	提升计算能力	互联网+催生网络经济等新业态	倍增人类脑力、体力
经济效益	计算机制造成为支柱产业之一	网络经济成为支柱产业，互联网+、+互联网、物联网	智能机器人、智慧城市、智慧医疗、智慧农业等
社会效益	工作效率提高	引发文化、伦理变化，催生新社会治理体系	引发就业结构及社会治理方式变革

回顾历次科技革命，都是经过一定的科学积累，一项技术取得重大突破引发技术革命，进而引发产业革命。发生在 18 世纪 50 年代的机械化引发的科技革命，后

来出现了各种蒸汽机、汽车、轮船、火车等；而出现在19世纪60年代的电气化，出现了电报、发电机、内燃机、电灯、电话等一系列电子产品；自动化阶段出现了自动车床、飞机、火箭等一系列高科技产品。当前，正在进行的信息化科技革命，出现了晶体管、计算机、人造卫星、太空飞行、阿波罗登月及手机、互联网、3D打印等。

关于当前科技发展的定位，有几种不同的看法。一种认为信息技术革命进入后期，下一次科技革命是智能化引领的；另一种观点认为，信息技术革命对推动经济发展的作用已经逐渐衰减，新的科技革命正在孕育之中。我们研究认为，信息技术尚处于中中期，理由是信息技术分为数字化、网络化和智能化3个阶段，到目前为止，数字化已基本实现，网络化正进行到前半程，即互联网阶段，我国有7.6亿网民，基本进入互联网时代。网络化的下半程是物联网时代，目前科学研究包括摄像头、传感器等科技储备已经基本完成，物联网如何推动新一轮制造业变革等，还没有真正开始。在物联网之后，将是正在崛起的智能化阶段。智能化将会加速工业4.0、出现人机交互等，但目前仍然处在技术储备和产业化起步阶段。按照科学发展的规律，一个技术从出现到最后技术推动作用的减弱，再到下一次科技革命的形成，一般需要60~70年的时间。也就是说，从计算机1946年出现，经过70年发展，大致在2010年前后计算机技术的生命周期基本结束。如果互联网从20世纪80年代初开始计算，加上60年，应该在2040年前后结束互联网的高速增长期。因此，信息技术引起的科技革命大致会在2040—2050年结束高速增长期，进入平稳增长期，将迎来下一次科技革命。

（四）生物技术将引领新科技革命

信息技术革命之后，什么技术将引领新科技革命？这是许多国家政府、科学家、企业家、军事家普遍关心的重大问题，是科学问题、经济问题、军事问题，更是影响未来世界格局的重大战略问题。我们根据科技经费、人员、论文、专利、投入等科技要素，以及科技发展基本规律，在2001年就预测信息技术革命之后，生物技术将引领新科技革命，并引发第四次医学革命、第二次农业绿色革命、第三次化工革命等，形成第四次浪潮。

差距经济学：中美经济与省区经济的差距及走势

通过连续20年对生物经济、新科技革命的跟踪研究，特别是对全球30个国家（地区）生物技术、生物经济发展的比较研究，结合生物技术领域的技术预测、产业预测与人才预测，研究结果表明，生物技术引领、多项技术共同推动的新科技革命正在加速形成，已经呈现出前所未有的新趋势、新特征。生物技术已经成为许多国家研发的重点，生物产业已经成为国际高科技竞争的焦点，生物经济正在成为新的经济增长点，生物安全将是国家安全的关键点。"生物化"正在成为机械化、电气化、信息化、智能化之后的又一个科技革命的里程碑，生物经济正在催生继农业经济、工业经济、数字经济之后的第四次产业浪潮，必将催生第四代经济大国的诞生，中华民族迎来千载难逢的历史机遇。

21世纪以来，一些发达国家将政府研发经费的50%、风险投资的30%用于生物与医药领域的研究。生物与医学领域发表了60%的论文，申请了40%的专利，贡献了19%的GDP，生物技术引领的科技革命、产业变革正在加速来临。

自沃森1953年发现生物DNA双螺旋以来，特别是进入21世纪以来，颠覆性创新不断涌现，继基因工程、蛋白工程、细胞工程、组织工程、发酵工程等五大工程技术之后，基因组学、蛋白组学、脂类组学、代谢组学、系统组学等10多种组学迅速崛起，DNA克隆、合成胰岛素、试管婴儿、转基因生物、克隆羊、人类基因组、多功能干细胞、癌症疫苗、器官再生、精准医学、人类长寿、生物合成、基因编辑、脑科学、人机接口等颠覆性技术不断涌现。据我们对《科学》杂志近10年公布的年度十大科学突破统计显示，生命科学领域技术突破占55%，近5年占60%，2017年占比高达70%。

从不同国家（地区）生物与医药论文数量占自然科学论文总数的比例分析，《美国科学与工程指标2018》数据显示，2016年全球生物与医学论文数量占自然科学论文总数的比例达到了50.8%，且处于持续上升态势。从生物与医药领域论文数量占本国（地区）自然科学论文总数的比例来看，荷兰、丹麦、土耳其、美国、澳大利亚等5个国家超过60%，26个国家（地区）超过了50%，法国为49.7%，中国台湾为46.3%，新加坡为41.3%，中国大陆仅为39.2%（表1-9）。

第一篇 格局与趋势
第一章 缩小经济差距，中国改变了世界

表1-9 部分国家（地区）生物与医药论文占自然科学论文比例（2016年）

序号	国家（地区）	占比	序号	国家（地区）	占比
1	荷兰	64.7%	20	泰国	52.7%
2	丹麦	64.4%	21	欧盟	52.6%
3	土耳其	62.5%	22	韩国	52.1%
4	美国	61.6%	23	埃及	52.0%
5	澳大利亚	60.7%	24	巴基斯坦	50.8%
6	瑞典	59.8%	25	德国	50.6%
7	英国	59.4%	26	芬兰	50.2%
8	加拿大	57.9%	27	法国	49.7%
9	新西兰	57.4%	28	比利时	49.3%
10	瑞士	56.7%	29	匈牙利	48.4%
11	巴西	56.4%	30	伊朗	47.7%
12	冰岛	55.8%	31	希腊	46.9%
13	阿根廷	54.3%	32	中国台湾	46.3%
14	意大利	54.0%	33	捷克	44.0%
15	南非	54.0%	34	波兰	42.5%
16	挪威	53.6%	35	新加坡	41.3%
17	日本	53.5%	36	印度	41.1%
18	西班牙	53.0%	37	中国大陆	39.2%
19	以色列	52.8%	38	俄罗斯	24.3%

数据来源：《美国科学与工程指标2018》。

自1976年以来，美国生物与健康领域的研发经费已占联邦民用研发经费的40%，21世纪以来已上升到50%以上；欧盟"地平线2020"计划中生物与医药研发经费占比约28%；英国医学研究理事会（MRC）及生物技术和生物科学研究理事会（BBSRC）研发经费占2010年七大理事会研发总经费的39%；以色列1/4以上的政府经费预算用于支持生物医药行业；中国台湾地区政府研发经费的49%投向了生

差距经济学：中美经济与省区经济的差距及走势

物医药。主要国家（地区）研发投入情况如表 1-10 所示。

表 1-10　主要国家（地区）研发投入的热点（2015 年）

领域	美国	德国	日本（2013 年）	英国	欧盟（2007—2013 年）
1.0 农业	3.33%	0.42%			5.97%
2.0 工业	2.09%	0.33%			12.83%
2.1 建筑		0.14%			
2.2 交通	2.09%	0.19%			12.83%
3.0 三产	1.50%	1.47%			
4.0 新技术	73.81%	45.40%	100%	46.44%	74.95%
4.1 节能环保	3.77%	8.41%	18.55%	11.04%	5.83%
4.2 信息		5.40%	40.17%		27.92%
4.3 生物、健康	48.05%	17.32%		35.49%	18.82%
4.4 先进制造		3.08%			
4.5 新能源	5.26%	7.47%	17.78%		7.25%
4.6 新材料		3.72%	16.99%		10.72%
4.7 新能源汽车					
4.8 航空航天	16.78%		3.89%		4.41%
4.9 海洋			2.62%		
5.0 基础科学	16.71%	40.33%		27.80%	
5.1 科学基金		3.76%			
5.2 科技基地		36.57%			
6.0 社会科学	1.08%	12.06%		9.51%	1.92%
7.0 其他	1.44%			16.16%	4.32%（安全）
合计	100%	100%	100%	100%	100%

生物技术已成为世界科技竞争的焦点，生物技术产业已成为继信息技术产业之后的新经济增长点。近 10 年来，全球生物技术产业的产值以每 5 年增加 2 倍的速度增长，许多国家生物技术产业增长速度超过 30%。

第一篇 格局与趋势
第一章 缩小经济差距,中国改变了世界

许多学者预测,21世纪生物经济必将超过信息经济,产业规模将是信息技术产业的10倍以上,在世界经济增长中占据主导地位,发展前景无可限量。生物技术所带来的巨额利润及对全球经济的强大拉动能力,使世界各国将其确定为21世纪经济和科技发展的优先领域,不断加大投入力度,加速抢占未来生物经济的制高点,以确保在未来以生物经济为代表的知识经济时代获取最大的利益(表1-11)。

表1-11 各国家(地区)生物经济或生物技术国家(地区)战略

国家(地区)	战略规划
美国	《国家生物经济蓝图》
欧盟	《为可持续增长创新:欧洲生物经济》
中国大陆	《"十三五"生物产业发展规划》
俄罗斯	《俄罗斯联邦生物技术发展综合计划2012—2020》
英国	《英国生命科学战略》
德国	《国家生物经济政策战略》
法国	《2002年生物技术发展计划》
芬兰	《芬兰生物经济战略》
荷兰	《绿色发展与可持续性经济》
爱尔兰	《爱尔兰国家生物技术投资计划》
挪威	《国家生物技术发展规划(2012—2021)》
以色列	《2000—2010年生物技术产业规划》
巴西	《国家科技创新战略》
南非	《生物经济战略》《生物技术战略》
日本	《生物技术战略大纲》
韩国	《Bio-Vision 2016》
印度	《国家生物技术发展战略2014》
泰国	《泰国国家生物技术发展政策框架(2004—2011)》
马来西亚	《马来西亚生物经济计划》
中国台湾	《台湾生物经济产业发展方案》

一些国家生物医药专利占全部专利的 30% 以上。据 OECD 知识产权指标统计，2017 年全球生物技术相关专利申请量占专利申请总量的 18.7%，瑞士生物技术相关专利申请量在该国所有领域专利申请总量占比高达 40.2%。此外，根据美国专利商标局的统计数据，2013 年美国生物经济相关的专利占该国所有专利中的比例达到 26.3%。

一些国家风险投资最多的领域是生物与医药。我们分析了 2014 年美国风险投资主要领域，发现生物与医药是风险投资投入最多的领域。从风险投资企业数量分析，生物与医药领域占 27.0%，是占比最高的领域；从投资金额分析，生物与医药领域占 22.9%，也是占比最高的领域。

生物安全成为国家三大安全问题之一。生物安全主要是指现代生物技术从研发到产业化过程中的安全性问题，是国家安全的重要组成部分。随着生物技术的进步，生物安全问题陡然加剧，当前转基因生物安全、生物多样性下降等问题已引起国际社会的广泛争论，但是对人类发展潜在的、最大的安全问题是生物武器或生物战争，许多国家已经把核安全、网络安全、生物安全列为国家三大安全。相对核武器、化学武器控制，生物武器控制的国际组织与条约还很不完善，更没有建立起"互查机制"，对一些国家的研究还缺乏基本的了解，加之生物武器具有易携带、易传染、难监测、难控制等特征，能在不破坏城市建筑物、不伤害自己的情况下消灭敌人。所以，生物武器可能成为未来战争的主要武器，生物安全与网络安全、人工智能已经成为未来国家安全的三大重点。在核武器、化学武器得到相对控制之后，生物安全成为最大的安全问题，它对人类健康与社会安定的破坏作用甚至大于网络安全与人工智能。

（五）中国有望共同引领新科技革命

中华人民共和国成立以来，特别是改革开放以来，中国科技创新取得超乎预料的成就，不仅有望引领信息科技革命的后半程，而且有可能引领生物技术催生的新科技革命。

美国是当今世界的科学中心，在生物技术领域同样具有绝对优势地位，但是华人生物学家已经走在美国乃至世界前列，像钱学森、邓稼先等老一辈科学家一样，他们的科技成就有望改变未来世界科技格局、经济格局，乃至人类生命与健康状况。

吸引优秀人才回国，不仅大幅度提升了中国生命科学领域的技术水平，更重要的是能够改变科技格局。吸收华人科学家及外籍顶尖科学家，就能够改变生物科技领域的人才格局，吸引顶尖人才回国已成为中国能否引领新科技革命的关键，也是未来中美谁引领世界科技、经济发展的分水岭。

1956年，毛泽东主席在《论十大关系》中对原子弹研制做了明确指示："我们要不受人家欺负，就不能没有这个东西。"为此，依靠钱学森、邓稼先等一批顶尖科学家，中国取得了"两弹一星"等举世瞩目的成就，奠定了新中国和平的基础。2016年，习近平总书记发出"建设世界科技强国"的号召，亟须一批新时期的"钱学森"创造新奇迹，奠定世界科技强国的人才基础，奠定国家发展的基础。

2017年泰晤士世界100强大学排名中，中国仅有5所，要在短期内培养出一大批国际顶尖人才相当困难，但中国完全可以发挥社会主义"集中力量办大事"的制度优势，加速引进、聘用一批新时期的"钱学森"，打造国际顶尖团队，奠定国家发展基础。引进国际顶尖人才、建设科技强国，中国具有社会制度优越、创新基础较好、市场潜力巨大、资金储备丰富等四大优势。北京生命科学研究所仅用12年时间，通过引进海外顶尖人才，成功创办国际一流研究机构的事实表明，发挥制度优势，实践证明国际顶尖人才"引得进、留得住、用得好、潜力大"。招回留学顶尖人才、聘用外籍顶尖人才，中国完全能够引领新的科技革命，建成世界科技强国。

（六）全球创新多极化，中国有望成"第三极"

进入21世纪，世界经济格局、创新格局已经发生了明显变化，中国对世界经济增量的贡献在30%左右，而对世界创新增量的贡献在2008—2013年期间高达50%，中国已经成为有影响力的创新大国（表1-12）。

表1-12 中国对全球创新增量的贡献超过50%

	中国	美国	中国/世界
论文增长/万篇	13.9	27.2	51.1%
专利增长/件	638 700	535 298	83.8%
研发经费（PPP，现价美元）	191 810.6	345 159.3	55.6%

差距经济学：中美经济与省区经济的差距及走势

美国抓住第二次世界大战机遇争抢欧洲人才，加上持续半个世纪吸引全球优秀留学生，近年来每年吸收100多万名留学人员，使美国不断强化人才中心、科技中心的地位。相反，欧洲由于人才的流失，创新失去活力。

全球科技创新格局出现多元化趋势。一是欧美创新优势下降。2001—2011年，美国研发投入占全球比重由37%下降到30%，欧洲从26%下降到22%。二是中国、印度等对世界科技创新的贡献率快速上升。三是全球创新中心正在形成美国、中国、欧洲三足鼎立格局。

尽管美国发起贸易战、科技战、人才战，力图扼杀"中国制造2025"及一些国家重大人才工程，动用国际联盟堵截华为公司，由于华为早有准备，出乎世人预料地做了硬件、软件替代的储备，顶住了美国等"新八国联军"的疯狂绞杀，一旦翻过这座山，中国完全有可能共同引领信息科技革命的后半程。相反，美国失去了中国市场，信息产业相关企业经济效益必然下滑，进入股票下跌、研发经费下降、人才流失、产业向外转移的恶性循环。美国发起的贸易战、科技战，在引发中国低端产业向外转移的同时，可能引发美国芯片、软件等高端产业向外转移，将改变世界创新格局，进而改变世界经济格局。近期是对中国不利，远期则对美国不利，近期、远期都会对世界不利。

第二章
中美经济差距变化，将改变世界格局

中国发展的道路上曾经遭遇"八国联军"疯狂洗劫，内忧外患使中国GDP占世界比重在短短100多年间，由32.8%下降到4.0%。新中国用了70年的时间恢复到15.9%，在民族复兴的道路上却遭遇美国制造的"第二经济大国陷阱"。当全世界以为美国真是为了所谓"贸易平衡"，当中国人开展贸易谈判时，却发现美国不仅"要钱"，更要"命运"，贸易平衡只是借口，遏制中国崛起才是最终目标。中国崛起道路上努力跨越中等收入陷阱、修昔底德陷阱、塔西佗陷阱、金德尔伯格陷阱等，填平"第二经济大国陷阱"，事关中华民族昌与盛，事关世界经济兴与衰，事关人类文明进与退。

当前，中美经济格局与20世纪80年代的日美经济格局十分相似，主要表现在10个方面：都创造了经济增长连续多年9.8%左右增速的奇迹，经济总量有望超过美国；GDP都在达到美国的70%左右时（1995年日本GDP相当于美国GDP的71%，2018年中国GDP相当于美国GDP的66%），开始遭受美国明显遏制；先后成为美国最大的贸易伙伴，占美国贸易逆差的40%左右；先后成为美国最大债权国，占美国国债的18%左右；金融业占GDP比重高达8%左右，金融泡沫严重，经济脱实向虚；房地产相关产业占GDP比重约为13%，泡沫严重；工业化、城镇化快速发展，粮食安全问题突出，粮食隐性自给率仅为65%左右；对外投资增速明显加快，大量收购海外资产；休闲、奢侈品消费明显膨胀，占比接近全球50%；贫富差距越发突出，社会问题存在隐患。

正是由于日本经济的快速发展，遭到了美国政治、经济、军事、文化等多手段、全方位的遏制，美国通过政治上同化加干预、军事上占领加保护、外交上盟友加附属、

差距经济学：中美经济与省区经济的差距及走势

经济上先扶持后遏制、文化上渗透加同化、科技上支持加封锁等手段，逼迫日本采用美国体制、遵守美国规则、顺应美国文化、接受美国的军事存在，成功、有效地遏制了日本经济增长，形成了"失去的30年"，遏制了日本经济迅猛增长的势头，确保了美国第一经济大国的地位。

如今我们面临着与当年日本同样的境况。特朗普总统提出"美国优先"，通过遏制第二经济大国巩固世界霸权是美国直言不讳的战略。如果说美国对日本的策略是"认同体制、遏制经济"，对中国则是"否认体制、遏制发展"。美国为遏制中国崛起，采取了一系列不断升级的遏制措施，可能通过制度战、体制战、贸易战、科技战、货币战、人才战、网络战、粮食战、石油战、生物战、空间战、军事战等12种非常规战争的方式遏制中国，目前已用了一半之多。例如，通过贸易战不断制造贸易摩擦，削弱中国经济竞争力；通过科技战，封锁先进技术，中断中国经济增长势头；通过人才战，解聘甚至抓捕中国留学人员和科学家。贸易战是序幕、国力战是目标、科技战是本质、人才战是核心，网络战、货币战、粮食战、石油战、生物战、局部军事战等都是可能的手段。因此，中国既要防范重蹈日本经济衰退的覆辙，又要防御"第二经济大国陷阱"的新花招。

对以上问题的深入思考，我们已在《填平第二经济大国陷阱：中美差距及走向》一书中做了详细阐述。

中美差距究竟有多大？差距主要在哪？中国能否赶上美国？这些问题已经成为国内外广泛讨论的科学问题。目前对中美差距的判断大致有3种完全不同的观点：一类是乐观派，认为中国综合国力将要超越美国，或者已经超越美国；一些学者或机构还抛出多种版本的"中国威胁论"，认为中国"威胁"美国第一经济大国的地位。第二类是悲观派，主要观点是"中国崩溃论"，一方面承认中国经济发展成就；另一方面否认中国经济体制机制、否定中国文化与社会制度。第三类是客观派，认为中美差距的本质是最大的发展中国家与最大的发达国家之间的差距。我们2018年在《填平第二经济大国陷阱：中美差距及走向》一书中从综合国力、经济、科技、教育等方面，用40项指标对中美差距进行了系统比较，其中，美国70%的指标领先，中国30%的指标领先。本书同样用40个指标分析一年来的变化，中国世界500强企业数量超过美国，中美顶尖人才数量差距明显缩小，美国27个指标领先，占 67.5%，中国领先 13 个指标，占 32.5%，但中国领先的指标仍然是数量指标，美国经济质量指标具有明显优势，教育方面的指标全面具有优势。

一、国力差距：发达国家与发展中国家的差距

美国是当今世界唯一超级大国，经济、科技、教育和军事实力均居世界第一，是世界经济、科技、人才和军事中心。数据表明，美国综合国力强、发展质量高，中国增长速度快、发展潜力大。中美综合国力差距相当明显，一些差距短期内难以弥补。"中国威胁论""中国超越论"都缺乏科学依据，"中国发展论"才是硬道理。

1. 人口：中国是美国的 4.3 倍

根据中国国家统计局、美国经济分析局的数据，2019 年中国总人口为 14 亿人，美国为 3.29 亿人，中国国土面积、人口数量分别为美国的 1.0 倍和 4.3 倍，美国城镇化率比中国高 20 个百分点，老龄化率比中国高 5 个百分点。

2. 人均耕地：美国是中国的 5.2 倍

根据世界银行的数据，2016 年美国可耕地面积为 15 226.3 万公顷，占世界耕地总面积（150 151 万公顷）的 10.1%，是世界上耕地面积最大的国家，人均耕地面积为 0.47 公顷。中国耕地面积为 11 890 万公顷，人均 0.09 公顷，美国人均耕地面积是中国的 5.2 倍。

3. 建交国家：美国比中国多 10 个

截至 2019 年 9 月末，世界上除朝鲜、伊朗、不丹这 3 个国家外，其他国家均与美国建交，而与中国建交的国家有 180 个，与美国建交的国家比中国多 10 个。据澳大利亚智库洛伊国际政策研究所 2019 年 11 月发布的"全球外交指数"显示，中国的驻外机构总数为 276 个，比美国多 3 个，中国已超过美国，拥有世界最大的外交网络。

4. 人均收入：美国是中国的 8.4 倍

2018 年中国人均可支配收入约 28 228 元，按照当年汇率计算约为 4265.7 美元，美国人均收入为 3.6 万美元，美国人均可支配收入为中国的 8.4 倍。

5. 人均消费支出：美国是中国的 14.3 倍

2018 年中国居民人均消费支出约 3000 美元，美国为 4.3 万美元，美国是中国的 14.3 倍。

6. 居民储蓄率：中国是美国的 4.8 倍

自 20 世纪 70 年代至今，中国居民储蓄率始终保持在世界前列。但自 2010 年以来，中国居民储蓄率持续下降，2018 年中国居民储蓄率为 36.8%，而美国经济分析局公布 2018 年居民储蓄率约为 7.6%，可见，中国居民储蓄率是美国的 4.8 倍。

7. 人均住房：美国是中国的 1.7 倍

中国国家统计局数据显示，2018 年全国居民人均住房建筑面积为 39 平方米，美国有关资料显示，美国人均住房面积为 65 平方米，美国是中国的 1.7 倍。

8. 平均预期寿命：美国比中国多 2.1 岁

国家卫健委发布的《2018 年我国卫生健康事业发展统计公报》显示，2018 年中国居民平均预期寿命为 77 岁，比 1949 年的 35 岁增加了 42 岁。据世界卫生组织公布的 2018 年《世界健康统计》的数据，美国居民平均预期寿命为 78.5 岁，居全球第 34 位，中国为 76.4 岁，居全球第 52 位，美国居民平均预期寿命比中国多 2.1 岁。

9. 人均医疗支出：美国是中国的 17 倍

中国人均医疗卫生支出远低于美国，2018 年为 4148.1 元，约合 644.5 美元，而同期美国人均医疗卫生支出约为 11 172 美元，是中国的 17 倍。造成中美医疗支出巨大差距的一个重要原因是美国商业医疗保险业比较发达，而中国商业医疗保险业尚处于起步阶段。

10. 恩格尔系数：中国是美国的 3.3 倍

1978—2018 年中国居民人均消费支出增长 107 倍。2018 年中国居民恩格尔系数为 28.4%，已迈入联合国粮农组织认定的最富裕国家行列，美国恩格尔系数为 8.7%，中国是美国的 3.3 倍。

11. 人均能耗：美国是中国的 2.9 倍

根据《BP 世界能源统计年鉴 2019》的数据，2018 年美国一次能源消费量达到 2300.6 百万吨油当量，中国为 3139 百万吨油当量；美国人均基础能源消耗为 294.8

石油当量，中国是 96.9 石油当量，人均能源消耗美国是中国的 3.1 倍。中国铁路、公路里程相当于美国的 58% 和 73%；美国机场数量是中国的 29.7 倍，航空运输量大约为中国的 2 倍；美国轨道交通运营长度是中国的 3.6 倍；2018 年中国物流发展指数为 3.6，低于美国的 3.9。

12. 博物馆和图书馆：美国是中国的 5.4 倍

资料显示，美国现有 16 700 座博物馆，公共图书馆数量达到 16 968 座，平均不到 1.8 万人就有一座博物馆和公共图书馆。中国的博物馆和图书馆约为 6200 座，美国博物馆和图书馆数是中国的 5.4 倍。

13. 军费开支：美国是中国的 3.7 倍

根据瑞典斯德哥尔摩国际和平研究所的数据，全球 2018 年军费支出达到 18 000 亿美元，为 30 年来最高。美国军费最高，达到 6430 亿美元，占全球军费的 36%，中国约为 1715.8 亿美元，美国是中国的 3.7 倍。

二、经济差距：总量有望超美国、人均量差距巨大

从世界经济格局看，2018 年，中美两国 GDP 之和占世界 GDP 总量的 40%、股市占 54%、贸易额占 23%，美元与人民币占世界货币流通量的 74%。中美贸易战的实质是"世界经济大战"。自美国 1890 年成为世界第一经济大国以来，世界第二经济大国无一例外地出现衰退并失去世界第二经济大国地位，中国能不能成为 131 年来第一个不衰退的世界第二经济大国，举世瞩目。贸易战的真相是新的"第二经济大国陷阱"，既要钱，更要"命"；贸易战的走向是"美国不会容忍超越、中国不会放弃发展"；只要美国不独享新科技革命的成果，中国不犯颠覆性错误，中国经济总量超越美国只是时间问题，但经济结构、效率等仍与美国相差 30 年左右。

贸易战两年来，中美贸易额下降了 7.2%，而中国 GDP 占美国 GDP 的比重不但没有下降，反而上升了 4.6 个百分点，对美贸易顺差还增加了 200 亿美元，当然，经济发展还存在着企业外移、资金外流等深层次矛盾。疫情之后，贸易战可能升级。美国有技术，中国有市场，技术与市场结合，技术的效应才能放大，市场的潜力才能开发。中美经济合作不仅是中美双赢，而且能带动各国多赢。

差距经济学：中美经济与省区经济的差距及走势

14. 70 年 GDP 增长倍数：中国是美国的 9.0 倍

1949—2019 年，70 年来中国 GDP 由 466 亿元增加至 990 865 亿元，名义 GDP 增长了 2125.3 倍。如果按美元计算，1949—2019 年，中国 GDP 由 202.6 亿美元增长到 14.36 万亿美元，增长了 707.8 倍。同期，美国 GDP 由 2728 亿美元增长到 21.43 万亿美元，增长了 77.6 倍，中国 70 年 GDP 增长倍数是美国的 9.0 倍。1978—2019 年，中国 GDP 按美元计算增长了 95 倍，同期美国 GDP 增长了 8.1 倍，41 年来中国 GDP 增长倍数是美国的 10.5 倍（表 2-1）。

表 2-1 中美 GDP 总量及增速对比

年份	中国/亿元	美国/亿美元	中国/亿美元	中国/美国（总量）	中国/美国（增速）
1949	466	2728	202.6	7.4%	
1978	3678.7	23 565.7	1496.4	6.4%	
2018	919 281	204 940	136 080	66.4%	
2019	990 865	214 289	143 636	67.0%	
2019/1949	2126.3	78.6	708.8		9.0
2018/1949	1972.7	75.1	671.7		8.9
2019/1978	269.4	9.1	96.0		10.5

15. GDP 总量：中国是美国的 67.0%

根据世界银行的数据，2017—2019 年美国 GDP 总量分别为 19.39、20.49 和 21.43 万亿美元，中国 GDP 分别为 12.25、13.61、14.36 万亿美元，中国 GDP 占美国的比重分别为 63.2%、66.4%、67.0%。

16. GDP 增速：中国是美国的 2.7 倍

根据中国国家统计局和美国经济分析局的数据，2017—2019 年中国 GDP 增速分别为 6.9%、6.5% 和 6.1%，同期，美国 GDP 增速分别为 2.3%、2.9% 和 2.3%，中国 GDP 增速分别是美国的 3.0 倍、2.2 倍、2.7 倍。

17. 劳动生产率：美国约是中国的 12 倍

世界劳工组织统计数据显示，21 世纪以来，中国的劳动生产率从 2000 年的

2023 美元跃升至 8253 美元,而美国的劳动生产率 2000 年就已达到 81 316 美元, 2017 年已突破 10 万美元大关,为 101 101 美元,美国劳动生产率为中国的 12 倍。

18. 三产占比:美国比中国高 27.1 个百分点

根据中国国家统计局数据,2018 年中国三次产业占 GDP 的比重分别为 7.0%、39.7%、53.3%,2019 年三次产业占比分别为 7.1%、39.0%、53.9%,按照美国国家经济局数据,美国三次产业占 GDP 的比重分别为 1%、17%、82%,2019 年三次产业占比分别为 0.8%、18.2%、81.0%。2019 年中国第三产业占 GDP 比重比美国少约 27.1 个百分点,仅相当于美国 60 年前的水平。

19. 人均 GDP:美国是中国的 6.3 倍

2019 年中国人均 GDP 首次超过 1 万美元,达到 1.03 万美元,美国人均 GDP 为 6.5 万美元,美国人均 GDP 为中国的 6.3 倍,中国人均 GDP 仅排世界第 74 位。

20. 国债:美国联邦政府债务是中国的 14.7 倍

国际金融协会(IIF)报告显示,2018 年美国债务总额为 69 万亿美元,是 GDP 的 3.4 倍,占全球债务总额的 28%。截至 2018 年年底,中国政府债务约为 33.4 万亿元,约合 4.7 万亿美元,占 2018 年中国 GDP 的 37.0%。

21. 第一产业增加值:2019 年中国是美国的 6 倍

根据国家统计局的数据,2018 年、2019 年中国第一产业增加值分别为 9782 亿美元和 10 215 亿美元。同期,根据美国经济分析局的数据,美国第一产业增加值分别为 1642 亿美元和 1692 亿美元。2018 年、2019 年中国第一产业增加值分别是美国的 5.96 倍和 6.04 倍。

22. 第二产业增加值:2019 年中国是美国的 1.4 倍

根据国家统计局的数据,2018 年、2019 年中国第二产业增加值分别为 55 308.7 亿美元和 55 978 亿美元。同期,根据美国经济分析局的数据,美国第二产业增加值分别为 38 151 亿美元和 39 014 亿美元。2018 年、2019 年中国第二产业增加值分别是美国的 1.5 倍和 1.4 倍。

23. 第三产业增加值:2019 年中国仅为美国的 45%

根据国家统计局的数据,2018 年、2019 年中国第三产业增加值分别为 70 960 亿美元和 77 442 亿美元。同期,根据美国经济分析局的数据,美国第三产业增加值分别为 165 147.5 亿美元和 173 571 亿美元。2018 年、2019 年中国第三产业增加值分别是美国的 44% 和 45%。

24. 国际贸易：2019 年中国对美国贸易顺差 2958 亿美元

根据国家海关总署的数据，2019 年我国货物贸易进出口总值为 31.53 万亿元，比 2018 年增长 3.4%，贸易顺差 2.92 万亿元，增长 25.4%。但是，贸易战导致中美贸易额下降了 14.6%，其中，中国对美国出口下降 12.5%，美国对中国出口下降 20.9%。2017—2019 年，中美贸易额分别是 5836.97 亿美元、6335.2 亿美元和 5412.23 亿美元，同期，中国对美国的贸易顺差分别为 2758 亿美元、3233 亿美元和 2958 亿美元。2019 年与贸易战前的 2017 年比较，中美贸易额下降 424.74 亿美元，下降 7.2%，中国对美国贸易顺差增加了 200 亿美元。

25. 世界 500 强企业：中国比美国多 9 家

"2019《财富》世界 500 强企业排行榜"数据显示，中国上榜公司数量达到了 129 家，美国共 120 家企业上榜，中国历史上首次超过美国，中国比美国多 9 家。即使不计算中国台湾地区企业，中国大陆企业（包括香港企业）也达到 119 家，比美国只少 1 家。

26. 营商环境：美国排名领先中国 38 位

据世界银行发布的《2019 营商环境报告》的数据，中国营商环境排全球第 46 位，较上年度大幅提高 32 名，被列为 2018 年营商环境改善最为显著的十大国家之一，美国排在第 8 位，领先中国 38 位。

27. 全球经济增量贡献率：中国是美国的 2 倍

据国际货币基金组织（IMF）的测算，2018 年中国经济为世界经济增长贡献了 30% 的增量，居世界首位，而美国仅为 15.3%，中国的贡献率约是美国的 2 倍。

三、创新差距：数量指标接近、质量差距明显

从科技格局来讲，中美之间的创新数量指标逐步接近，而创新质量指标的差距十分明显。中国顶尖人才、科学仪器设备、科学方法高度依赖国外，短期内难以改变"少数领跑、部分并跑和多数跟跑"的科技格局。但中国创新能力提升速度快，

企业正在成为创新主体。美国对中国的技术打压与封锁是"双刃剑",短期内会遏制中国科技发展,但必然会激发中国创新能力的大幅攀升,华为公司的发展就是一个成功的实践。

28. 创新指标:中国 7 个指标领先,美国 6 个指标领先

从国际创新体系常用的 13 个指标分析,中国在人员、科技期刊论文、EI、专利申请量、PCT 专利、高科技出口、世界 500 强企业等 7 个指标领先。美国在 SCI、经费、论文被引、国家创新指数、世界 500 强品牌、世界 100 强大学等 6 个指标领先。2019 年中国 PCT 专利首次超过美国。

29. 论文:美国前沿科学前 100 篇论文数是中国的 7 倍

由于统计口径不一致,中美两国有关报告均认为对方的论文数量世界第一。根据《中国科技统计年鉴 2018》的数据,2017 年中国国内科技论文 47.2 万篇、国际科技论文 36.1 万篇、工程索引论文 22.6 万篇、国际会议录引文索引 8.6 万篇。根据美国国家自然科学基金会的数据,2016 年中国学者作为第一作者的论文为 42.6 万篇,比中国统计的国际科技论文数量高出近 6.5 万篇(包含部分非国际期刊论文),而美国学者同期发表的学术论文为 40.9 万篇。美国论文的质量明显高于中国,2018 年 Altmetric 发布的全球前沿科学论文 TOP100 中,美国有 72 篇,中国仅 11 篇。

30. PCT 专利:美国是中国的 1.2 倍

根据世界知识产权组织(WIPO)的数据,中国专利申请保持较快速度增长。2017 年全球批准的专利中,中国占比 30%,高于美国、日本、韩国和欧洲的 23%、14%、9% 和 8%。虽然中国专利申请量与授权量均居世界第一,但是国际专利申请数量明显不足。中国 PCT 专利申请量从 2012 年的 1.8 万多件增加到 2017 年的 4.8 万多件,年均增速 21.3%。截至 2017 年 5 月,美国的 PCT 专利申请量全球占比为 24.6%,中国为 20.3%。

31. 研发经费:美国是中国的 1.9 倍

2018 年中国研发经费支出约 2969 亿美元,美国为 5738 亿美元,中国研发支出占 GDP 比重为 2.2%,低于美国的 2.8%,美国研发经费支出是中国的 1.9 倍,但中国是世界上研发经费增长最快的国家之一。

32. 研发重点：美国重生物、中国重信息

2005—2018年，美国生物与医学研发经费占联邦民用研发经费的比重一直保持在50%以上，另从美国发布的《国家创新报告》《先进制造业国家计划》《国家生物经济蓝图》《可信网络空间》等国家科技发展战略报告分析，美国研发经费重点是健康、科学和太空等领域。2016年，美国生物与医学论文占自然科学论文的比重为61.6%，居全球第4位，而中国该数据为39.2%，居全球第37位，可见，美国政府科技支持的重点是生物，中国政府科技支持的重点是信息。

33. 创新指数：美国比中国高11位

全球五大评估机构（中国科学技术发展战略研究院、世界知识产权组织、瑞士洛桑学院、世界经济论坛、彭博社）对中国科技创新指数评价在第13至第27位之间（2018年排名第14位），美国科技创新指数的排位均在前6位，中国创新指数比美国相差9～23位。世界知识产权组织公布2018年中国国家创新能力排名为第17位，瑞士排名第1位，美国排名第6位，中美相差11位。

34. 高科技产品出口：中国是美国的4.9倍

2018年中国高技术产品出口额为7479亿美元，美国为1530亿美元，中国是美国的4.9倍，中国高技术出口占制成品出口的比重为25%，美国为20%。中美高科技产品出口差距的一个重要原因是美国产业转移政策造成的，美国注重设计、研发与销售，把生产环节转移到中国及其他国家。此外，从2016年中国对美国出口企业百强榜可以看出，中国的出口结构比例为外资企业占70%，大陆企业仅占30%。

35. 知识产权进口：美国是中国的1.7倍

2018年知识产权进口费用排名中，中国仅次于美国排名第4位，爱尔兰排名第1位。中国知识产权进口费用为358亿美元，美国为537.5亿美元，其中，中国知识产权进口费用中，72.6%来自制造业，而其中很大比重来自通信行业。

四、教育差距：中美差距巨大、短期难以赶上

从教育格局看，中美教育实力差距巨大，中国教师队伍、学生来源、科研仪器，乃至教学方式、方法都与美国有巨大差距。美国顶尖科学家数量是中国的4.3倍，

美国人均教育经费是中国的8倍。中美教育领域的差距是中美最大的差距，顶尖人才数量是中美最核心的差距，人才"赤字"是中美之间最大的赤字。十年树木、百年树人，教育的差距要做长期战略布局。

36. 全球100强大学：美国是中国的6.7倍

2019年，泰晤士高等教育公布"世界大学排名2020榜单"，美国40所高校进入前100名，中国保持6所不变，美国是中国的6.7倍。著名大学与教师队伍的差距是中美最大、最难以缩小的差距之一。

37. 教育支出占比：美国是中国的1.3倍

中国劳动年龄人口平均受教育年限为10.5年，15岁及以上人口平均受教育年限由1982年的5.3年提高到2017年的9.6年。2018年中国教育经费占GDP比重为5.1%，其中，财政投入教育支出占GDP比重为4.1%，低于美国的5.2%，美国是中国的1.3倍。

38. 顶尖科学家：美国是中国（不包含港澳台地区数据）的4.3倍

根据科睿唯安公布的2019年全球高被引科学家名单，其中，美国2737人次，中国（含港澳台地区数据）为735人次，中国（不包含港澳台地区数据）为636人次，美国顶尖人才数量是中国（不包含港澳台地区数据）的4.3倍。与2017年的数据比较，中国顶尖人才的数量明显提升。截至2019年9月，全球诺贝尔奖获得者共908人，其中，美国为377人，中国（不包含港澳台地区数据）仅2人，数量仅为美国的0.5%。

39. 接受留学生：美国是中国的2.2倍

中国教育部和《2018年美国门户开放报告》的数据显示，全球留学生总数为485万人，在华留学生人数49万人，赴美留学生人数达109万人，是中国的2.2倍。

40. 高校入学率：美国是中国的1.8倍

据资料显示，2018年中国高等教育毛入学率已达48.1%，比2012年增长18.1%。2015年美国的高等教育入学率为87%，是中国2018年相关数据的1.8倍。

总之，从综合国力比较表明，美国是最大的发达国家，中国是最大的发展中国家，美国综合国力强、发展质量高，中国增长速度快、发展潜力大。从经济格局来看，只要美国不独享新科技革命成果，中国不犯颠覆性错误，中国经济总量超越美国只是时间问题，但经济结构、效率与美国相差30年以上。中国是市场潜力最大的国家，

差距经济学：中美经济与省区经济的差距及走势

而美国是科技水平最高的国家，因此，中美两国应在经济上形成高度互补，任何的贸易摩擦和贸易战必将引发双输，经济合作和技术交流将使技术与市场发挥更大的作用，合作则双赢，摩擦则双损。从科技格局来讲，中美之间的数量指标逐步接近，而创新质量的差距仍然十分明显，顶尖人才、科学仪器设备高度依赖国外，短期内难以改变少数领跑、部分并跑和多数跟跑的科技格局。但是，中国创新能力提升速度快，企业正在成为创新主体，中国有望成为继美国、欧洲之外的"创新第三极"。从教育格局看，中美教育差距巨大，中国教师队伍、学生来源、科研仪器乃至教学方式、方法都与美国有巨大差距，顶尖人才数量是中美最核心的差距，人才"赤字"是中美之间最大的赤字。

第二篇 方法与模型

国内外经济增长模型主要涉及市场机制、政府作用、科技创新等"老三元"（以下称为市场、政府、科技），本书力图补充经济活动"生态能否承受、社会能否接受、国际市场能否利用"三大问题，增加生态资源、社会和谐、全球化程度等"新三元"（以下称为生态、社会、全球化），遴选6个一级指标、26个二级指标、90个三级指标，构建了六元"经济质量差距模型"。

差距经济学是研究经济差距理论与方法、寻找差距成因及差距调控对策的学科，主要包括经济理论水平与市场机制的差距、政府作用与治理能力的差距、创新能力与发展方式的差距、生态文明与发展质量的差距、社会承受能力与贫困差距、国际协同与合作能力的差距等。

经济高质量发展是指市场机制强、政府作用好、创新能力强、生态友好、社会认同、开放共赢、全要素生产率高的持续、均衡、协调的发展。经济高质量发展的特征是"稳、高、强、好"。

第三章
差距经济学的概念、模型与方法

什么是经济差距？差距是如何形成的？如何有效缩小差距？一个国家、一个地区乃至一个企业，采取缩小差距的"均衡发展"的方式，还是扩大差距的"差异化发展"方式？是经济发展中不可回避的重要理论与实践问题。

一、国内外有关经济差距研究的主要结果

研究与调控经济差距一直是人类经济活动的重要组成部分。经济差距通常分为经济数量差距和经济质量差距。世界各国通常用经济统计数据评价经济的数量差距，对经济数量差距的研究与比较已经有了一套相对规范、标准的统计指标体系与评价方法。对经济质量差距的研究在差距理论与方法等方面都相对薄弱，不同国家、不同地区、不同发展阶段还存在着明显不同的认识。

研究经济差距主要是研究经济质量的差距。研究经济发展质量差距，首先要明确什么是经济质量？如何评价经济质量？不同国家、地区经济质量差距是怎样形成的？什么是高质量发展？如何才能实现高质量发展？关于经济质量，国内外目前还没有公认的概念和统一的计算方法，仍然在积极地探索之中。

不同国家、不同时期衡量经济质量的主要指标与标准不同。评估经济质量，必须首先明确经济质量的概念与内涵、理论与方法、标准与指标体系，还要明确评估的基本原则。

差距经济学：中美经济与省区经济的差距及走势

（一）经济差距还没有国际公认的概念

国内外关于经济差距的研究主要集中在经济数量差距、质量差距等方面。数量差距、经济增长理论及方法的研究成果丰富，GDP统计指标使经济数量差距的研究与实践进入了成熟与应用的阶段。但由于各国的国情不同，对经济质量还没有国际公认、统一的概念与评价指标体系。综合国内外的研究结果，有关经济质量的概念大致有狭义和广义两种：狭义的经济质量主要是指经济效率，研究不同经济要素投入产出效率及其持续性；广义的经济质量则包括经济数量、结构、效率、技术、劳动力、社会秩序、人类预期寿命、生态环境等因素。

早期的经济学家主要研究经济数量差距、数量增长及其理论和方法。经济数量增长的理论研究，最早可以追溯到18世纪，亚当·斯密在《国民财富的性质和原因的研究》中论证了国民财富的增长问题。马克思认为，经济增长是以人支配自然为前提的，是以人与自然之间物质变换为主要内容的。

中国经济学界对经济发展质量也做了大量的研究工作，形成了许多研究成果。20世纪50年代，孙冶方提出要解决经济运行中的"高浪费，低效率"问题的观点。钱津（1999）认为，经济质量表现在经济增长是否能够形成新的、被市场接受的生产能力[①]。王积业（2001）认为，经济增长的源泉分为生产要素量的增加和质的提高[②]。经济学家罗伯特·巴罗（2002）认为，经济增长质量是与经济增长数量紧密相关的社会、政治及宗教等方面的因素，包括平均预期寿命、法律和社会秩序发展程度及收入分配状况等[③]。彭德芬（2002）认为，经济增长质量是指一个国家伴随着经济的数量增长，在经济、社会和环境等方面所表现出来的优劣程度，主要包括经济增长的持续性和稳定性、经济结构状态、经济增长效率、居民生活及生态环境等方面的内容[④]。李俊霖（2007）认为，经济质量是指在经济运行中，经济增长结

---

① 钱津．关于国民经济增长质量的系数分析 [J]．当代财经（理论纵横），1999（6）：16-20．
② 王积业．关于提高经济增长质量的宏观思考 [J]．宏观经济研究，2001（1）：11-17．
③ ROBERT B. Quantity and quality of economic growth[Z]. Working Papers Central Bank of Chile from Central Bank of Chile, 2002: 1-39.
④ 彭德芬．经济增长质量研究 [M]．武汉：华中师范大学出版社，2002．

构不断优化与经济运行的稳定，在经济运行后，经济增长所带来的居民福利变化及资源利用和生态环境的代价[①]。任保平等(2019)发布《中国经济增长质量发展报告》，提出从经济发展高质量、改革开放高质量、城市建设高质量、生态环境高质量、人民生活高质量等方面衡量经济质量[②]。

（二）经济高质量发展的概念仍在探索之中

苏联在1971年正式提出经济由粗放型向集约型转变，要解决经济增长质量问题。卡马耶夫认为，经济增长不仅是一个数量问题，更重要的是质量问题，社会主义国家应重视增长的效率，更应注重经济增长的质量[③]。世界银行(2000)在《增长的质量》中提出，在资源总量一定条件下，社会需要从自然资本、人力资本、物质资本中产生最大的收益，将这些方面的增长综合起来，就可带来高质量的经济增长。

20世纪初，中国学者明确提出经济高质量发展的概念。傅家骥等（1994）提出高质量经济增长是以社会净财富的增长为主要特征，技术进步的贡献份额增大，居民所得效用和福利增加，经济保持着持久的增长力[④]。杨久炎（1995）认为，经济增长质量的内涵是经济的增长，既包括数量的扩大（速度、规模），又包括经济系统素质的改善[⑤]。覃卓凡（1996）认为，未来中国所追求的经济快速增长，不仅是数量的增长，同时必须是高质量的增长[⑥]。

进入新时代，中国经济已经开始由高速度转向高质量发展，关于经济高质量发展的研究引起诸多学者关注，涂正革和陈立（2019）提出，经济高质量发展关注的是经济增长的结构因素，包括是否实现了全要素生产率的提升，是否促进了产业结

[①] 李俊霖.经济增长质量的内涵与评价[J].生产力研究，2007（15）：9-10.
[②] 任保平，郭晗，魏婕，等.中国经济增长质量发展报告[M].北京：中国经济出版社，2019.
[③] 卡马耶夫.经济增长的速度和质量（中文版）[M].武汉：武汉人民出版社，1983.
[④] 傅家骥，姜彦福，雷家骕.高质量经济增长的实现要素分析[J].数量经济技术经济研究，1994（3）：7-17.
[⑤] 杨久炎.技术创新：高质量经济增长的源泉[J].科学学研究，1995（3）：29-30.
[⑥] 覃卓凡.实现经济高质量的快速增长[J].中国行政管理，1996（7）：18-20.

构的优化升级[①]。孙秋鹏（2019）认为，高质量发展是一种全面的发展，不仅仅关注物质财富，而且关注精神财富，更关注资源、环境和生态[②]。

党的十九大报告明确指出，中国经济由高速增长阶段转向高质量发展阶段。什么是高质量发展？当前经济质量为什么不高？如何提高经济发展质量？已经成为当前及今后一个时期中国经济发展重大的理论与实践问题。

（三）经济质量差距的测算方法亟待创新

关于经济高质量发展的评价指标体系与测算方法，一直是经济学研究的重要内容。关于经济增长已经形成了比较完善、公认的理论、指标体系与计算方法。但有关经济质量的测算还没有国际公认的指标体系与测算方法。

经济增长理论可大致分五大类：一是市场经济学派，认为市场是推动经济增长的核心动力，市场机制是必须遵循的经济学基本规律。主要测算要素投入产出及其效率，常用的指标有劳动、资本、土地、技术、企业家精神、环境等。亚当·斯密提出劳动、资本、土地、技术进步、分工、经济制度与环境作为经济增长的主要变量。魁奈认为，农业资本、技术、剩余产品的再投资与企业家的努力，决定着经济增长。西蒙·库兹涅茨认为，经济增长是人均或每个劳动者平均产量的持续增长。刘易斯认为，经济增长是人均产量的增长。二是凯恩斯学派，认为政府作用在经济发展中必不可少。把政府作用引入经济增长理论模型，测算政府对经济增长的作用，常用的指标有政策工具箱中的财政、税收、分配等政策因素。三是熊彼特创新经济学派，认为创新是经济发展的核心动力。把技术与创新对经济增长的作用引入经济学理论模型，研究创新、颠覆性创新对经济增长的作用，国内常用科技进步贡献率测算科技对经济增长的贡献。四是以肯德里克为代表的全要素生产率学派，提出经济增长源于全部要素投入和全部要素生产率的提高。五是可持续发展理念。罗马俱乐部1972年出版《增长的极限》，提出地球资源有限，因此经济增长是有限的。

---

① 涂正革，陈立.技术进步的方向与经济高质量发展[J].中国地质大学学报（社会科学版），2019（5）：119–128.

② 孙秋鹏.经济高质量发展对环境保护和生态文明建设的推动作用[J].当代经济管理，2019(4)：1–8.

第二篇　方法与模型
第三章　差距经济学的概念、模型与方法

国际自然保护同盟1980年发布《世界自然资源保护大纲》提出，"必须研究自然的、社会的、生态的、经济的及利用自然资源过程中的基本关系，以确保全球的可持续发展"。美国世界观察研究所所长布朗（Lester R. Brown）1981年在《建设一个可持续发展的社会》中提出，以控制人口增长、保护资源基础和开发再生能源来实现可持续发展。世界环境与发展委员会1987年出版《我们共同的未来》提出，可持续发展是"既能满足当代人的需要，又不对后代人满足其需要的能力构成危害的发展"。

研究经济质量与数量的常用方法大致可分为3类：一是指标法，通过GDP统计数据计算经济增长速度、规模、效率（劳动、土地、资本、能源、水），来评估经济发展质量。这种方法的优点是数据来源规范、统一，研究结果可比性强，但不足是往往会忽略一些统计指标中没有的政策与社会因素，导致研究结果与实际有一定偏差，甚至没有抓住影响经济发展质量的主要矛盾。二是指数法，通常分为综合指数和单项指数两大类。综合指数最常见的是区域经济竞争力法，确定涉及经济、科技、生态、教育等若干指标，赋予每个指标不同的权重，评估经济质量与竞争力。这类方法的优点是能够考虑统计指标中没有的政策与社会因素要素，不足是指标及权重的确定人为性较强，往往不同研究者采用不同的指标体系与权重，结果可比性较弱。另外，单项指数法是运用劳动生产率、土地生产率、资本生产率、水资源利用效率等单项指标评估经济效率或发展质量，这种方法的优点是结果明确、可比性强，不足之处是指标单一，难以反映涉及经济质量的主要因素。三是模型法，国内外许多研究都采用各种经济模型评估经济质量，虽然不同模型采用不同的指标体系，但通常都涉及"市场、政府、科技"三大类指标中的一些具体指标。这类方法的优点是理论性强、研究结果可重复性强，不足之处仍然是由于指标不同，研究结果差异性、可比性差。

经济增长模型一直是现代经济学研究的重要内容，主要的模型：一是哈罗德-多马模型，重点研究储蓄等要素与经济增长的关系。20世纪40年代，英国经济学家哈罗德和美国经济学家多马在凯恩斯的就业理论和国民收入决定理论基础上，建立了经济增长模型。二是索洛模型，把熊彼特提出的技术创新对经济增长作用纳入经济增长模型。20世纪60—70年代，美国经济学家索洛创建了新古典经济增长理论，

差距经济学：中美经济与省区经济的差距及走势

把技术作为经济增长模型的外生变量。日本经济学家宇泽弘文将索洛模型中的外生技术进步的作用"内生化"。三是卢卡斯人力资本与经济增长模型，在经济增长模型中将人力资本内生化。具体如表3-1所示。

表3-1　经济增长相关模型

模型名称	模型特点	产出	资本	劳动	技术	储蓄	消费	支出	成本	借贷	人口	服务	人力	偏好	利润	周期	价格
亚当·斯密	单部门增长	●	●	●	○												
哈罗德-多马模型	保证增长、自然增长	●	●	●		○											
索洛模型	基础模型	●	○	●	●	○											
拉姆齐模型	储蓄内生化	●	●	●		●	○										
迭代增长	消费具体化	●	●	●			●										
扩展拉姆齐模型	政府与债务	●					●	●	●								
人口劳动模型	人口与移民	●									●						
AK模型																	
知识外溢	干中学	●	●	●			●					●					
政府服务	公共服务	●	●	●								●					
人力资本	知识资本	●	●	●									●				
内生长模型																	
水平创新	不替代旧产品	●	●	●	●		●					●					
垂直创新	替代旧产品	●	●	●	●		●					●					
时间偏好率模型	时间偏好													●			
罗斯托模型	利润决定	●	●	●											●	●	
穷国-富国模型	技术与价格	●					●										●

注："●"表明包括对应的指标，"○"表明涉及相关的指标。

另外，我国学者对经济质量测算方法已经进行了多年探索。王利等（1999）提出通过对经济物品及提供能力测度经济增长质量[①]。焦艳玲（1999）从经济和社会两个角度考虑，认为经济增长质量不仅包括生产能力和效率的提高，而且包括经济效益和社会福利状况的改善，从经济增长、产业结构、经济效益、居民生活及社会

---

① 王利，张炳发，初凤英. 关于对经济增长质量进行测度的探讨[J]. 技术经济，1999（8）：11–13.

保障、通货膨胀程度和失业程度等6个方面评价经济增长质量[①]。贺清正等（2000）考虑经济和环境因素，提出从增长速度、增长方式、效率、产业结构、环境质量和经济稳定性等6个方面设置17项指标，构建了经济增长质量的评价指标体系[②]。李岳平（2001）从经济、社会和资源环境3个方面来测算经济增长质量，提出经济结构、增长源泉、经济效益、社会效益、稳定性、增长代价等6个方面选择了25项指标[③]。黄聪英（2019）利用实体经济规模和结构测度经济增长质量，选取了经济总量、占比、增速、结构等12项评价指标[④]。

二、经济差距、高质量发展的概念与内涵

什么是经济差距？为什么会产生经济差距？如何调控经济差距？始终是经济活动中不可回避的理论与现实问题。

（一）经济差距的内涵及其变化规律

差距普遍存在于自然世界与主观世界。差距是自然世界事物与事物之间的差别，是事物与特定标准的距离，是主观世界理想与现实的距离。

经济差距是指不同国家、地区、行业、企业等经济体之间在经济发展规模与速度、质量与效益、持续性等方面的差异与距离，通常包括市场、政府、科技、生态、社会、全球化等6个方面。

差距与经济差距是动态变化的，而变化是有规律的。差距变化的主要规律与基本特征如下。

第一，世界充满差距。差距伴随人类发展，差距让世界五彩斑斓，差距让经济

[①] 焦艳玲.论经济增长质量统计[J].上海统计，1999（11）：17-20.
[②] 贺清正，龚江南.论经济增长质量的系统评价[J].南昌职业技术师范学院学报，2000（1）：49-52.
[③] 李岳平.经济增长质量评估体系[J].江苏统计，2001（5）：19-22.
[④] 黄聪英.中国实体经济高质量发展的着力方向与路径选择[J]，福建师范大学学报（哲学社会科学版），2019（3）：51-60.

差距经济学：中美经济与省区经济的差距及走势

丰富多样，差距让人类各取所需，差距让社会多元稳定。不同国家、不同区域、不同行业、不同企业等都普遍存在差距。就像世界上不可能只有一种植物、一种动物，人类经济也不会只有一种发展方式、一种体制机制。事物之间有其相同相近的部分，也普遍存在差别，形成了丰富多彩的自然世界与主观世界。

第二，差距动态变化。无论自然界的客观差距，还是人类的主观差距，总是处在动态变化之中。

第三，差距变化有章可循。客观事物的变化都有其内在的规律，差距变化遵循其内在规律，并随着外因的作用而变化。自然因素、人为因素都会引起差距变化。探索差距变化规律一直是人类社会活动、经济活动，乃至日常生活的重要内容。研究经济差距变化的规律则是差距经济学的重要内容。

第四，差距有限可控。人类一切经济、社会活动都在自觉不自觉地缩小或扩大差距。缩小差距的"均衡发展"能够促进经济要素科学配置，提高经济效益，促进经济发展；而扩大差距的"差异化发展"同样能够创造发展优势，促进经济高质量发展。

第五，差距难以根除，消除经济差距，既不可能，又没必要。不同地区、行业的自然条件、经济基础、文化背景等总是存在差异，不可能采用同一种发展方式，差异化发展是正确的、必然的，甚至是逼迫的选择。例如，美国与印度的政治、经济、外交、科技、生态、文化、社会都存在差异，经济发展方式必然有所不同；广东与贵州的经济基础、生态环境、文化理念等都有差异，经济发展模式也必然不同。中国选择社会主义市场经济体制是国情决定的，是差距化发展的选择。例如，贵州依靠大数据产业实现经济发展，甘肃依靠旅游业加快经济发展，都是差异化发展的选择，都是正确的选择。弯道超车、换道超车都是差异化发展的方式。

总之，经济差距是客观存在、普遍存在、动态变化的，经济差距变化，既遵循其内在规律，又受到外部因素的影响。人类通过遵循差距变化规律对差距进行有效调控，是实现经济高质量发展的根本途径。寻找差距变化规律、调控差距变化趋势是推动经济发展的重要途径，探索差距产生原因，研究差距变化规律，制定差距调控策略，是差距经济学主要的内容与任务。

（二）差距经济学的概念与内涵

人类一切经济活动都在自觉不自觉地调控差距。从差距经济学的角度分析，人类的经济活动重要内容就是发现经济差距，调控经济差距，实现经济发展。人类长期的经济活动已经积累了极为丰富的缩小差距、扩大差距等调控差距的经验、理论与方法，亟待不断完善、充实与提升。消除差距是理想，调控差距是进步，正视差距是文明，研究差距是使命。差异化发展、均衡发展都是调控差距发展方式，寻找差距、调控差距是推动经济高质量发展的重要途径。

差距经济学是研究经济差距理论与方法，定量分析差距大小，探索差距产生原因，研究差距变化规律、制定差距调控策略，推动经济高质量发展的科学。差距经济学也是探索市场机制与政府作用理论与方法的科学，是探索均衡发展与差异化发展科学运用、有机结合的理论与方法的科学。差距经济学的理论与方法还需要不断地探索与完善。

导致不同国家、省市区、区域、行业、企业之间产生经济差距的要素很多，差距经济学理论表明导致经济差距的基本要素主要包括不同经济体（国家、省市区、企业等）在市场、政府、科技、生态、社会、全球化等6个方面，也称差距"六要素"。

当前，国内外经济增长模型中通常包括"市场、政府、科技"等3个方面，也叫"老三元"，即亚当·斯密提出的市场机制（无形的手），凯恩斯提出的政府作用（有形的手）和熊彼特等提出的科技创新。我们在经济质量差距模型中，除了包括"老三元"之外，考虑了经济活动"生态能否承受、社会能否接受、国际市场能否利用"等三大问题，引入了"生态、社会、全球化"等"新三元"。人类经济活动的主要要素或指标都能够归入"市场、政府、科技、生态、社会、全球化"等6个方面。

（三）经济高质量发展的概念与内涵

经济高质量发展是市场机制强，政府作用好，创新能力强，生态友好，社会和谐，开放共赢，差异化发展、均衡发展协调运用，全要素生产率高的发展。

在经济活动中，市场、政府、科技、生态、社会、全球化等6类要素必须数量充足、结构合理、配置均衡，均衡是高效的基石，没有明显"短板"，才能实现经济高质量发展。经济高质量发展与现代化经济一样，是一个动态的概念，在不同时期、不同国家或地区都有不同的概念、标准与内涵，随着经济、科技与社会发展，经济高质量发展的概念与内涵还将不断完善。

经济高质量发展的基本内涵是高效、均衡、持续发展，具体包括6个方面：一是要素投入产出效率高、速度稳；二是市场、政府、科技、生态、社会、全球化等要素配置均衡，无明显短板；三是创新驱动、高效发展；四是生态友好、绿色发展；五是社会和谐、共同发展、区域协调、贫富差距缩小、人人共享成果；六是全球化程度高，共建人类命运共同体，国际协同的均衡发展。

经济高质量发展的主要特征是稳、高、强、好。具体是指"四稳"：投资稳、就业稳、增速稳、消费稳；"四高"：劳动生产率高、土地生产率高、资本生产率高、全要素生产率高；"两强"：市场机制强、创新能力强；"四好"：政府作用好、生态环境好、社会和谐好、国际协同好。

三、构建经济质量差距模型的基本原则

差距经济学研究经济差距产生原因、变化规律、调控策略，迫切需要一套新的理论与方法体系，需要回答4个基本问题：凭什么调？调控什么？调到哪里？谁来调？为此，我们构建了经济质量差距模型，力图准确、定量、及时地测算不同经济体的经济差距。经济质量差距模型要能够评估不同经济体的经济优势与劣势，寻找发展短板，能够针对性地提出发展对策与建议。因此，经济质量差距模型要做到"科学性、系统性、前沿性、实用性"的高度统一。

科学性，变静态模型为动态模型。经济活动中所有指标都在动态变化，科学性就是要在所有指标动态变化中评估、计算不同经济指标的差距，不再假定其他指标不变，只研究一个经济指标对经济产出的作用。

系统性，变"三元模型为六元模型"。在经济学常用的"市场、政府、科技"3类要素（老三元）的基础上，增加"生态、社会、全球化"（新三元），也就是说经济活动要充分考虑生态能否承受、社会能否接受、国际市场能否利用等因素，使经济质量差距模型能够更系统、全面地反映真实的经济活动。

前沿性，经济学与数学等学科交叉。用经济学新理念选择指标，创新数学模型遴选指标、确定权重，从"大数据"中找"大规律"。本研究利用经济质量差距指数进行经济质量分区，计算指数涉及6个一级指标、26个二级指标、90个三级指标，不人为定指标、定权重，由差距动态模型遴选指标、计算权重。

实用性，用理论指导实践。用模型计算指数，用指数进行分区，寻找区域经济质量差距，定量测算质量差在哪、差多少，我们将分年度公布不同省市区经济质量差距指数，为国家及地方经济发展提供决策建议。

四、经济质量差距模型的理论与方法

"经济质量差距模型"是为计算"经济质量差距指数"而专门构建的动态经济模型，力求方法创新，避免人为定指标、定权重，而是用数学模型遴选指标、确定权重，根据测算的不同经济体的经济质量差距指数，进行经济质量分区，并探索不同经济体调控经济差距，推进经济高质量发展的对策与措施。

（一）经济质量差距模型的理论构想

经济质量差距模型在市场、政府、科技等"老三元"的基础上，考虑生态能否承受、社会能否接受、国际市场能否利用等三大因素，在模型构建中增加了生态、社会、全球化等"新三元"，形成六元"经济质量差距模型"，用该模型计算经济质量差距指数。

"经济质量差距模型"的理论依据是：第一，市场机制（一元）是经济活动的基础规律，属于"水流低处"的自然属性，是不可抗拒的自然规律。第二，政府作用（二元）是经济活动的根本保障，类似"开渠引水"，是必不可少的客观需求。特别是政府对市场秩序的保障，保持公平、正义、协调的市场活动，烫平经济周期波动，是减少经济危机造成的浪费、提高经济效率的重要途径。第三，科技创新（三元）是经济发展的第一动力，资源有限、创新无限，创新能力决定经济格局。经济竞争的核心是科技创新能力的竞争，经济发展质量的本质是科技创新的质量。第四，生态资源（四元）是经济发展的自然屏障，生态资源承受力是经济发展不能突破的"底线"。经济发展速度生态环境能不能承受，是衡量经济发展质量的重要指标。第五，社会和谐（五元）是经济发展的重要前提，没有稳定的社会就没有稳定的经济。社会能不能接受，是影响经济发展质量的又一个核心指标。同样一个技术或产品，社会不接受或社会盲目追求，往往会出现完全不同的结果，如转基因生物社会不接受，难以推广应用；相反，许多奢侈品则由于盲目追求形成超越应用价值的市场价格。第六，全球化程度（六元）是经济发展的重要途径，经济效率最大化，必然需要市场的全球化。没有国际市场的市场不是高效的市场，没有充分服务国际市场的经济，是不完善的现代经济。

上述经济6类要素是经济发展的六大支柱，只有六大要素数量充足、匹配合理，才能实现经济高质量发展；相反，要素配置不均衡，经济差距明显，必然导致要素浪费、效率低下。

为什么中国经济发展速度在过去70年、40年，甚至在未来10～20年都高于美国？用差距经济学理念与方法解释，主要原因有两个：一是中国成功补上了工业化落后的课，短期内释放出巨大的经济潜力。但世界上那么多农业国为什么不推动工业化，主要是缺乏中国发展经济的体制与机制；二是中国探索了一条适合国情、与美国不同的经济体制与机制。中国始终在探索市场机制与政府作用有机结合、高效协调的体制与机制，始终在探索均衡发展、差异化发展两种发展方式科学运用的途径与办法，也就是说探索无形之手与有形之手"双手结合"，均衡发展和差异化发展"双腿走路"的理论与方法。实践证明，我国"双手双腿"并用的经济发展方式比美国单纯运用市场机制的效果更好，至少在过去70年是如此。当然如果"双手""双腿"结合不好，效果可能更差，这还需要不断探索与完善。

（二）差距经济学评价模型及计算方法

1. 差距经济学评价模型的主要特征

差距经济学的主要目标是对不同经济体（国家、地区、企业等，也称为决策单元，decision making unit, DMU）进行综合评价，找出差距在哪里？差距有多大？客观、科学的经济学综合评价模型应具有以下特征。

①综合评价需要一个客观、全面、稳定的标准体系。传统的经济评价方法通常

第二篇　方法与模型
第三章　差距经济学的概念、模型与方法

是人为确定指标体系，因不同研究者确定的指标不同，评价结果也就不同。客观、科学的指标体系不应该是人为确定的，而应该是用数据模型测算取得的。本书进行了这方面的探索，首先人为确定一些指标，由数据模型进行测算、遴选，根据不同指标（变量）对经济发展作用的大小，权重为"0"的指标自然淘汰，最终确定评价指标体系。

②客观、科学的评价模型中指标权重应该是数据驱动的，不应该是人为确定的。常见的综合评价方法包括层次分析法、熵权法、灰色关联分析、灰色聚类分析等。在评价过程中，通常都需要人为设定不同指标的权重，不同研究者对同一指标可能给出不同的权重，进而带来评价结论不同的问题。理想、科学的综合评价模型应该是数据驱动的，即用模型计算不同指标的权重。本书在这方面进行了探索，90个评价指标的权重都是模型计算的结果。

③评价不同类型经济体的经济差距需要用不同的指标体系，但构建模型的理论与模型算法是相同的。差距经济学对不同国家、地区、企业的评价采用不同的指标体系，但模型构建的理论与模型算法是相同的。本书对我国31个省市区经济质量差距进行了综合评价，未来还将对80多个国家或地区的经济质量、世界500强企业的质量差距进行评价，所用理论、模型与方法都是相同的。

④数据包络分析法（data envelopment analysis，DEA）应用广泛，但存在不同经济体权重不一致等问题。DEA是美国著名运筹学家Charnes和Cooper教授在"相对效率评价"概念基础上建立的一种数学规划模型，主要以凸分析和线性规划为工具，计算比较DMU之间的效果和效率，进而对DMU进行评价。从统计角度可以将其看作一种非参数统计估计方法，它能充分考虑对DMU本身最优的方案，尤其适用于多输入、多输出的有效性综合评价问题。因为DEA模型不是直接对数据进行综合，而是根据输入输出数据，将DMU分为有效单元和无效单元两类，不仅无须将数据进行事前的无量纲化处理，而且不需要人为确定指标权重，因此可以客观地反映评价对象的特点。

但是，DEA也有不足之处，即每个DMU都按照对自己最为有利的形式在约束条件范围内选择权重。DEA模型的评价结果往往存在多个效率值为1（最高评分）的DMU，而且不存在统一的权重体系，会出现同一指标不同DMU的权重不同的问题，这对于客观、科学的评价模型来说是明显的缺点。

⑤本书对 DEA 模型进行修订，提出了 DEA-CP（DEA 妥协规划）模型。为了克服 DEA 方法的不足，本书将综合评价模型计算分为两个阶段：第一阶段，利用 DEA 获得每个 DMU 的最优评分；第二阶段，以第一阶段获得的最优评分作为理想点，在权重的可行域进行回归分析，得到不同 DMU 利益最大化的同一权重，从而解决了 DEA 模型存在的不同 DMU 之间权重不统一的问题。

2. 基于生产函数的 DMU 评价理论①

技术有效性是指两个方面：①在给定的技术条件下，投入一定时，尽可能多地产出产品；②在给定的技术条件下，产出一定时尽可能少地投入。所以，进行技术效率评价时分为产出导向型和投入导向型。

Koopmans（1951）给出了技术效率的正式定义：一个 DMU 是有效的，如果一类产出的增加需要减少其他类的产出或至少增加一类投入；如果减少一类投入需要增加其他类的投入或至少减少一类的产出。所以，对于技术无效率的 DMU 来说，在保持现有产出的情况下，至少可以减少一类投入，或者保持现有的投入水平，至少可以增加一类产出。

Debreu（1951）和 Farrell（1957）提出了一种衡量技术效率的方法。对于投入导向型来说，在给定的技术条件下，保持产出一定时，最大等比例地减少投入向量。此时，效率等于等比例减少后投入向量的长度与原投入向量的长度之比。对于产出导向型来说，在给定技术条件下，保持投入不变，尽可能地等比例增加产出向量。此时，效率等于原产出向量的长度与等比例增加之后的向量长度之比。在两个方向上，若 DMU 的效率值为 1（最大值），意味着不可能在该方向上对投入或产出进行调整（不可行），该 DMU 是有效的。

为了将 Debreu-Farrell 的效率测算与 Koopmans 定义相关联，并与生产技术的结构相关联，我们引入一些必要的符号和术语。设生产过程用 m 个投入 $\boldsymbol{x}=(x_1,x_2,\cdots,x_m)\in R_+^m$ 表示，生产 s 个产出为 $\boldsymbol{y}=(y_1,y_2,\cdots,y_s)\in R_+^s$。以下概念用于投入

---

① FRIED H O, LOVELL C A K, SCHMIDT S S. The measurement of productive efficiency and productivity growth[M]. New York: Oxford University Press, 2007.

导向的效率测算模型。

定义 3-1：

生产可能集 $T=\{(x,y)|x可以产出y\}$ 代表所有技术上可行的投入产出向量的集合。

投入可能集 $L(y)=\{x|(x,y)\in T\}$ 代表可以生产出产量 y 的所有投入向量的集合。

投入可能集 $L(y)$ 的边界，即等产量集合，记作 $L_F(y)=\{x|x\in L(y),\lambda x\notin L(y),\lambda<1\}$。

有效输入集合 $E_I(y)=\{x|x\in T(y),x'\notin T(y),x'\leqslant x\}$。

3 个集合的相互关系是 $E_I(y)\subseteq L_F(y)\subseteq L(y)$。

Shephard（1953）引入了投入距离函数，作为生产技术的函数表示。输入距离函数为：

$$D_I(x|y)=\max\{\lambda|(x/\lambda)\in L(y)\}, \quad (3-1)$$

对于 $x\in L(y),D_I(y,x)\geqslant 1$，对于 $x\in L_F(y),D_I(y,x)=1$。在给定 T 的条件下，输入距离函数 $D_I(x|y)$ 是 y 的非增函数，而且是关于 x 的凹函数。

Debreu-Farrell 投入导向的技术效率 TE_I 定义为：

$$TE_I(x|y)=\min\{\theta|\theta x\in L(y)\}, \quad (3-2)$$

可以看出 $D_I(x|y)$ 与 TE_I 的关系如下：

$$TE_I(x|y)=1/D_I(x|y), \quad (3-3)$$

对于 $x\in L(y),TE_I(x|y)\leqslant 1$，对于 $x\in E_I(y),TE_I(x|y)=1$。

对于产出导向的效率测算模型，我们导入以下概念。

定义 3-2：

产出可能集 $P(x)=\{y|(x,y)\in T\}$ 代表可以由投入 x 生产出来的所有产出向量的集合。

产出可能集 $P(x)$ 的边界，即等产量集合，记作 $P_F(x)=\{y:y\in P(x),\lambda y\notin P(x),\lambda>1\}$。

有效产出子集 $E_O(x)=\{y|y\in P(x),y'\notin P(x),y'\geqslant y\}$。

3 个集合的相互关系是 $E_O(x)\subseteq P_F(x)\subseteq P(x)$。

Shephard（1970）的产出距离函数提供了生产技术的另一种函数表示。产出距离函数为：

$$D_O(y|x)=\min\{\lambda:(y/\lambda)\in P(x)\}, \quad (3-4)$$

对于 $y \in P(x), D_O(y|x) \leq 1$，对于 $y \in E_O(x), D_O(y|x) = 1$。在给定 T 的情况下，输出距离函数 $D_O(y|x)$ 是 x 的非增函数，而且是关于 y 的凹函数。

产出导向的 Debreu-Farrell 技术效率 TE_O 定义为：

$$TE_O(y|x) = \max\{\phi : \phi y \in P(x)\}, \quad (3-5)$$

不难看出，$TE_O(y|x) = [D_O(y|x)]^{-1}$。对于 $y \in P(x), TE_O(y|x) \geq 1$，对于 $y \in E_O(x)$，$TE_O(y|x) = 1$。注意在有些文章中产出导向的效率定义为：

$$TE_O(y|x) = [\max\{\phi : \phi y \in P(x)\}]^{-1} = D_O(y|x), \quad (3-6)$$

在此种情况下，$TE_O(y|x) \leq 1$，正如 $TE_I(x|y) \leq 1$。

在单投入情况下：

$$D_I(x|y) = x/g(y) \geq 1 \Longleftrightarrow x \geq g(y), \quad (3-7)$$

其中，$g(y) = \min\{x : x \in L(y)\}$，表示为生产出 y 所需要的最小投入。此时投入导向的技术效率定义为 $TE_I(x|y) = 1/D_I(x|y) = g(y)/x \leq 1$。在单产出的情况下：

$$D_O(y|x) = y/f(x) \leq 1 \Longleftrightarrow y \leq f(x), \quad (3-8)$$

其中，$f(x) = \max\{y : y \in P(x)\}$ 是生产边界函数，它定义给定输入 x 的条件下可以产生最大数量。此时产出导向的生产效率定义为：

$$TE_O(y|x) = [D_O(y|x)]^{-1} = f(x)/y \geq 1, \quad (3-9)$$

即最大量的产出与实际产出之比。

图 3-1 显示了光滑的生产函数，关于生产函数的估计需要用参数估计的方法。

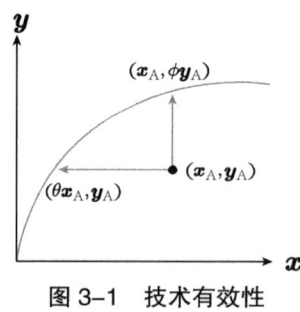

图 3-1 技术有效性

生产者 DMU A 位于生产可能集合 T 的内部，若使用投入导向模型，其技术效率可以通过 $TE_I(x_A|y_A) = \theta x_A/x_A \leq 1$。另外，如果采用输出导向模型，其技术效率是

$TE_O(\boldsymbol{y}_A|\boldsymbol{x}_A) = \phi \boldsymbol{y}_A/\boldsymbol{y}_A \geq 1$。

图 3-2 显示了由线性超平面构成的生产函数，投入向量 $\boldsymbol{x}_A$ 和 $\boldsymbol{x}_B$ 在 $\boldsymbol{L}(\boldsymbol{y})$ 内部，并且都可以通过径向收缩产生输出向量 $\boldsymbol{y}$。投入向量 $\boldsymbol{x}_C$ 和 $\boldsymbol{x}_D$ 不能进行径向收缩，因为它们位于有效输入集合 $\boldsymbol{E}_I(\boldsymbol{y})$ 上。因此有

$$TE_I(\boldsymbol{x}_C|\boldsymbol{y}) = TE_I(\boldsymbol{x}_D|\boldsymbol{y})) = 1 > \max\{TE_I(\boldsymbol{x}_A|\boldsymbol{y}), TE_I(\boldsymbol{x}_B|\boldsymbol{y})\}。 \quad (3-10)$$

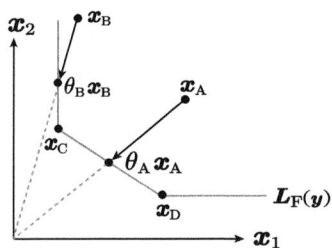

图 3-2　投入导向的技术有效性

注意到径向收缩后的 $\theta_B \boldsymbol{x}_B$ 在 $\boldsymbol{x}_2$ 方向上包含的松弛变量。另外，径向收缩后的投入向量 $\theta_A \boldsymbol{x}_A$ 没有此种问题。故 $\theta_A \boldsymbol{x}_A \in \boldsymbol{E}_I(\boldsymbol{y})$，$\theta_B \boldsymbol{x}_B \notin \boldsymbol{E}_I(\boldsymbol{y})$，虽然有 $TE_I(\theta_A \boldsymbol{x}_A|\boldsymbol{y}) = TE_I(\theta_B \boldsymbol{x}_B|\boldsymbol{y}) = 1$。

图 3-3 显示的是产出导向的技术效率计算。在投入 $\boldsymbol{x}$ 给定的情况下，产出向量 $\boldsymbol{y}_C$ 和 $\boldsymbol{y}_D$ 在技术上是有效的，而产出向量 $\boldsymbol{y}_A$ 和 $\boldsymbol{y}_B$ 是技术上无效的。在径向扩张的向量 $\phi_A \boldsymbol{y}_A$ 与 $\phi_B \boldsymbol{y}_B$ 是技术有效的，但是对 $\phi_B \boldsymbol{y}_B$ 来说，$\boldsymbol{y}_1$ 方向有松弛变量。故 $\phi_A \boldsymbol{y}_A \in \boldsymbol{E}_O(\boldsymbol{x})$，$\phi_B \boldsymbol{y}_B \notin \boldsymbol{E}_O(\boldsymbol{x})$，虽然 $TE_O(\phi_A \boldsymbol{y}_A|\boldsymbol{x}) = TE_O(\phi_B \boldsymbol{y}_B|\boldsymbol{x}) = 1$。

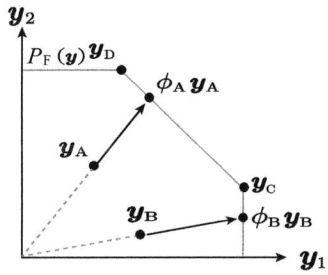

图 3-3　产出导向的技术有效性

3. 基于 DEA 的效率评价方法

下面我们详细讨论经验技术效率测量的非参数方法 DEA，该方法得到的 DEA 有效即为真正的技术有效（Koopmans）。经验技术效率测量，是通过实际生产单位的投入产出数据（样本数据）构造经验生产可能集，估计经验生产前沿面，从而给出生产单位的效率测量。

DEA 是数学规划方法的一种，该方法得到 DEA 有效的 DMU 一定在生产前沿面上，即技术有效。该方法得到的 DMU 效率值，代表 DMU 与生产前沿面的距离。设有 n 个 DMU 的投入产出数据（样本数据），其中，$(\boldsymbol{x}_j, \boldsymbol{y}_j), j=1,2,\cdots,n$，$\boldsymbol{x}_j = (x_{1j}, x_{2j}, \cdots, x_{mj})^T > 0$ 表示有 m 个要素的投入向量，$\boldsymbol{y}_j = (y_{1j}, y_{2j}, \cdots, y_{sj})^T > 0$ 表示有 s 个要素的产出向量。根据前面给出的生产可能集的性质，我们构造的经验生产可能集 $\boldsymbol{T}$ 满足下面公理性假设。

假设 3-1 凸性：如果 $(\boldsymbol{x}_j, \boldsymbol{y}_j) \in \boldsymbol{T}, j=1,2,\cdots,n, \sum_{j=1}^{n} \lambda_j = 1, \lambda_j \geqslant 0$，则 $\left(\sum_{i=1}^{n} \lambda_j \boldsymbol{x}_j, \sum_{j=1}^{n} \lambda_j \boldsymbol{y}_j\right) \in \boldsymbol{T}$；

假设 3-2 无效性（自由处置性质）：如果 $(\boldsymbol{x}, \boldsymbol{y}) \in \boldsymbol{T}, \boldsymbol{x}' \geqslant \boldsymbol{x}, \boldsymbol{y}' \leqslant \boldsymbol{y}$，则 $(\boldsymbol{x}', \boldsymbol{y}') \in \boldsymbol{T}$；

假设 3-3 锥性（规模收益不变）：如果 $(\boldsymbol{x}, \boldsymbol{y}) \in \boldsymbol{T}, k > 0$，则 $(k\boldsymbol{x}, k\boldsymbol{y}) \in \boldsymbol{T}$；

假设 3-4 最小性：经验生产可能集 $\boldsymbol{T}$ 是满足假设 3-1 至假设 3-3 的所有集合的交集。

满足上述 4 个条件的生产可能集 $\boldsymbol{T}$ 是唯一确定的，即

$$\boldsymbol{T} = \left\{\boldsymbol{x}, \boldsymbol{y} \left| \sum_{j=1}^{n} \lambda_j \boldsymbol{x}_j \leqslant \boldsymbol{x}, \sum_{j=1}^{n} \lambda_j \boldsymbol{y}_j \geqslant \boldsymbol{y}, \lambda_j \geqslant 0, j=1,2,\cdots,n \right.\right\}。 \quad (3-11)$$

对于 DMU_0 来说，$(\boldsymbol{x}_0, \boldsymbol{y}_0) \in \boldsymbol{T}$，投入方向的效率值可通过下面线性规划模型得到：

$$(D)\begin{cases} \min \theta_0, \\ \text{s.t.} \sum_{j=1}^{n} \lambda_j \boldsymbol{x}_j \leqslant \theta_0 \boldsymbol{x}_0, \\ \sum_{j=1}^{n} \lambda_j \boldsymbol{y}_j \geqslant \boldsymbol{y}_0, \\ \lambda_j \geqslant 0, j=1,2,\cdots,n. \end{cases} \quad (3\text{-}12)$$

其对偶问题为

$$(P)\begin{cases} \max \boldsymbol{u}^T \boldsymbol{y}_0, \\ \text{s.t.} \boldsymbol{v}^T \boldsymbol{x}_j - \boldsymbol{u}^T \boldsymbol{y}_j \geqslant 0, j=1,2,\cdots,n, \\ \boldsymbol{v}^T \boldsymbol{x}_0 = 1, \\ \boldsymbol{v} \geqslant 0, \boldsymbol{u} \geqslant 0. \end{cases} \quad (3\text{-}13)$$

这正好是 DEA 的 CCR 模型。线性规划问题（D）的最优值 θ_0 即为 DMU $(\boldsymbol{x}_0, \boldsymbol{y}_0)$ 的效率测量。特别地，在（P）中令所有的 $\boldsymbol{x}_j = 1$，即所有的 DMU 都有相同的单位输入，（P）变为

$$(P')\begin{cases} \max \boldsymbol{u}^T \boldsymbol{y}_0, \\ \text{s.t.} \boldsymbol{u}^T \boldsymbol{y}_j \leqslant 1, j=1,2,\cdots,n, \\ \boldsymbol{u} \geqslant 0. \end{cases} \quad (3\text{-}14)$$

这是一个纯粹的综合评价模型，将在本节最后讨论。

下面给出 DMU $(\boldsymbol{x}_0, \boldsymbol{y}_0)$ 为 DEA 有效和弱 DEA 有效的定义。

定义 3-3 弱 DEA 有效：

如果（P）的最优值 $\boldsymbol{u}_0^T \boldsymbol{y}_0 = 1$，则称 DMU $(\boldsymbol{x}_0, \boldsymbol{y}_0)$ 为弱 DEA 有效。

定义 3-4 DEA 有效：

如果（P）的最优值 $\boldsymbol{u}_0^T \boldsymbol{y}_0 = 1$ 且存在最优解 $\boldsymbol{v}_0 > 0, \boldsymbol{u}_0 > 0$，则称 DMU $(\boldsymbol{x}_0, \boldsymbol{y}_0)$ 为 DEA 有效。

由线性规划对偶定理可知，（P）和（D）的最优值相等，若 $(\boldsymbol{x}_0, \boldsymbol{y}_0)$ 为弱 DAE 有效，则效率值 $\theta_0 = 1$；若 $(\boldsymbol{x}_0, \boldsymbol{y}_0)$ 为 DEA 有效，则效率测量 $\theta_0 = 1$ 且（D）的所有最优解对应的松弛变量均为 0。所以，有以下结论。

结论 1 $(\boldsymbol{x}_0, \boldsymbol{y}_0)$ 为弱 DEA 有效，当且仅当 $\boldsymbol{x}_0 \in \boldsymbol{L}_F(\boldsymbol{y}_0)$。

结论 2 $(\boldsymbol{x}_0, \boldsymbol{y}_0)$ 为 DEA 有效，当且仅当 $\boldsymbol{x}_0 \in \boldsymbol{E}_I(\boldsymbol{y}_0)$。

因此，利用 DEA 方法进行技术效率测算时，得到的 DEA 有效的 DMU 为真正

的技术有效，符合 Koopmans 的定义。

4. 基于 DEA 的 DMU 聚类分析

我们通过一个算例来表达用 DEA 进行聚类分析的思想。考察一个有 2 个投入和 1 个产出的投入导向 CCR 模型，具体数据如表 3-2 所示。

表 3-2 2 个投入和 1 个产出的 DMU 数据

DMU	A_1	A_2	A_3	A_4	A_5	A_6	A_7	A_8	A_9
投入 1	4	7	8	4	2	5	6	5.5	6
投入 2	3	3	1	2	4	2	4	2.5	2.5
产出 1	1	1	1	1	1	1	1	1	1

利用模型（D）分别得到如下结果（表 3-3）。

表 3-3 DEA（D）的计算结果

序号	DMU	得分	参考 DMU	松弛变量（投入 1）	松弛变量（投入 2）
1	A_1	0.857 142 857	A_4（0.714 286）；A_5（0.285 714）	0	0
2	A_2	0.631 578 947	A_3（0.105 263）；A_4（0.894 737）	0	0
3	A_3	1	A_3（1.000 000）	0	0
4	A_4	1	A_4（1.000 000）	0	0
5	A_5	1	A_5（1.000 000）	0	0
6	A_6	0.923 076 923	A_3（0.153 846）；A_4（0.846 154）	0	0
7	A_7	0.6	A_4（0.800 000）；A_5（0.200 000）	0	0
8	A_8	0.774 193 548	A_3（0.064 516）；A_4（0.935 484）	0	0
9	A_9	0.75	A_3（0.125 000）；A_4（0.875 000）	0	0

从计算结果可以看出，DMU A_3、A_4、A_5 的 DEA 得分为 1，故它们是 DEA 弱有效。与此同时，对应的松弛变量为 0，也就是说，DMU A_3、A_4、A_5 也是 DEA 有效的。

另外，DMU A_1、A_2、A_6、A_7、A_8、A_9 是 DEA 无效的。具体来说，对于 DMU A_1 生产类型应该归于参考前沿面 A_4-A_5。DMU A_1 在生产前沿面的理想比较对象是虚拟的效率 DMU A_1'，而且我们有

A_1 效率 $=\dfrac{OA_1'}{OA_1}=0.86$，$OA_1'=\lambda OA_4+(1-\lambda)OA_5$，$\lambda=0.71$，参考前沿面 A_4-A_5；

A_2 效率 $=\dfrac{OA_2'}{OA_2}=0.63$，$OA_1'=\lambda OA_3+(1-\lambda)OA_4$，$\lambda=0.11$，参考前沿面 A_3-A_4；

A_6 效率 $=\dfrac{OA_6'}{OA_6}=0.92$，$OA_1'=\lambda OA_3+(1-\lambda)OA_4$，$\lambda=0.15$，参考前沿面 A_3-A_4；

A_7 效率 $=\dfrac{OA_7'}{OA_7}=0.6$，$OA_1'=\lambda OA_4+(1-\lambda)OA_5$，$\lambda=0.80$，参考前沿面 A_4-A_5；

A_8 效率 $=\dfrac{OA_8'}{OA_8}=0.77$，$OA_1'=\lambda OA_3+(1-\lambda)OA_4$，$\lambda=0.06$，参考前沿面 A_3-A_4。

从以上分析可以看出，此问题的 9 个 DMU 可以根据生产的类型分为两类：第一类包括 $\{A_1,A_4,A_5,A_7\}$；第二类包括 $\{A_2,A_3,A_4,A_6,A_8,A_9\}$。

下面我们来讨论利用 DEA 进行聚类的理论依据。在 DEA 评价中，所有 DMU 都在共有的约束条件下，自主选择于其最为有利的权重，以达到对自己最有利的评价。通过以上各部分对生产函数和 DEA 有效性的讨论，我们知道，这个过程实质上每个 DMU 都选择对自己最合适的经验生产前沿面（生产函数边界），通过向自己生产类型最接近的生产前沿面进行投影，来对自己给出最合适的评价。例如，对 DMU A_1 的效率 $=\dfrac{OA_1'}{OA_1}=0.86$，决定于它在生产前沿面 A_4-A_5 的径向投影 A_1'，如图 3-4 所示。

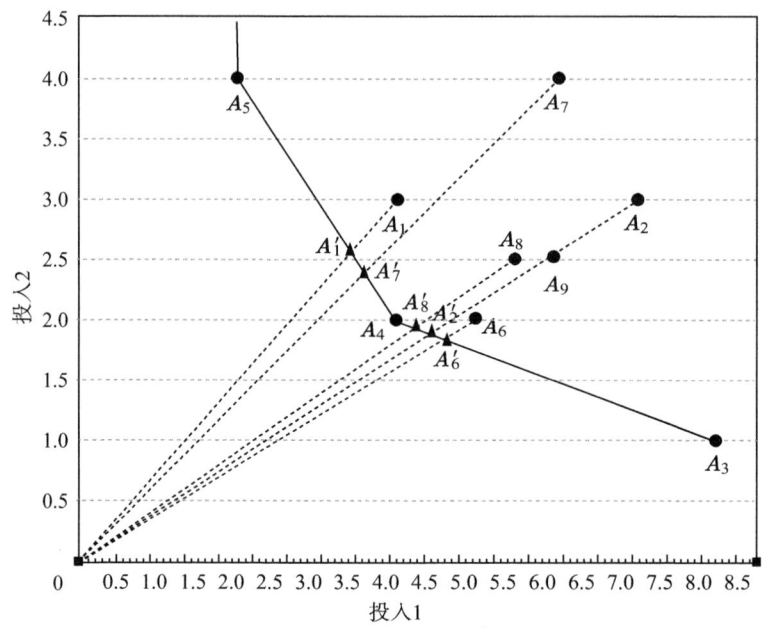

图 3-4 投入导向的生产前沿面

如上所述,我们的聚类依据实际上是根据经验生产可能前沿超平面的相对位置,这种方法渊源于生产函数理论。采用 DEA 经验生产可能集描述生产技术。其前沿超平面的法向量可解释为影子价格,可看作对边际产出的一种估计,这个与 DEA(P) 问题的解 (ν, μ) 相对应。事实上,前沿超平面的差异本质上是法向量的差异,即指标相对权重的差异。从综合评价的角度来说,如果让所有 DMU 集中在一起对各类指标的偏好类型及偏好程度进行投票,同一类型的 DMU 具有共同的利益,并在此基础上进行聚类。

5. DEA-CP 综合评价模型[①]

以下讨论综合评价系统。我们通过汇总 s 类属性的(产出)数据,对 n 个 DMU 进行评价。这相当于对所有的 DMU 来说,令 $\boldsymbol{x}_j = 1, j = 1, 2, \cdots, n$。这种多属性评价广泛应用于各个领域,我们往往要使用属性值的加权和作为评估标准。也就是说,

---

① HASHIMOTO A, Wu D A. A DEA-compromise programming model for comprehensive ranking[J]. Journal of the operations research society of Japan, 2004, 47(2): 73-81.

要计算每一个 DMU_j 的得分 $Z_j = \sum_{r=1}^{s} u_r y_{rj}$，$j = 1,2,\cdots,n$，其中，$y_{rj}(\geqslant 0)$ 是 DMU_j 的第 r 个属性的值，而 $u_r(\geqslant 0)$ 是属性 r 的权重。由于在综合评价系统中，确定先验权重非常困难，大多数综合评价系统都需要人为指定权重，故存在随意性。

为了排除随意性，我们可以考虑用 DEA 进行综合排名。Cook 和 Kress[①] 首先提出了一种基于 DEA 的偏好投票模型，其中，候选人被视为 DEA 中的 DMU，每个 DMU_j 具有 s 个输出，即 $y_{rj}, r = 1,2,\cdots,s$。所有的 DMU 都只有一个输入，都是以 1 为单位。在 DEA 综合评价中，利用总得分 Z_j 评估 DMU，但是权重 $u_r, r = 1,2,\cdots,s$ 可能因 DMU 而异。由以上讨论可知，每个 DMU 都采用对自己最为有利的权重体系。

尽管 DEA 综合评价无须采用先验权重，即可完成总体排名，但由于上述 DEA 存在两种缺陷：①多个最高排名，DEA 通常将多个 DMU 判断为 DEA 有效（效率值为 1），故排名通常有多个 DMU 并列第一；②权重类型太多，每个 DMU 都可以自由选择自己的最佳权重，使用按各个 DMU 不同的权重进行排名不能反映共识，这个与使用通用权重的传统排名相比是存在缺陷的。

有若干种方法可以解决多个排名第一的问题。对于偏好进行投票时，Cook 和 Kress[①] 建议通过最大化判别强度函数对得分为 1 的 DMU 进行排序。但是模型中必须指定判别强度函数，从而带来了比确定权重更大的随意性。在优先投票排名中，Hashimoto[②] 通过 DEA 排除模型解决了这个问题（Andersen et al.，1993），即模型可以对 DEA 有效（得分为 1）的 DMU 进行排序。应该注意的是，在更一般的综合排名中，没有关于权重分布的先验信息。正如 Andersen 和 Petersen 指出，DEA 排除模型将离群的 DEA 有效 DMU 排名过高。Green 等[③] 提出了另一个模型，该模型构建了 DEA 交叉效率矩阵（Sexton et al.，1986），并根据其特征向量对候选者进行排名。这种方法适用于综合排名，但缺点在于评价依然决定于不同的 DEA 权重。

---

① COOK W D, KRESS M. A data envelopment model for aggregating preference ranking[J]. Management science, 1990, 36(11): 1302–1310.

② HASHIMOTO A. A ranked voting system using a DEA/AR exclusion model: a note[J]. European journal of operational research, 1997, 97(3): 600–604.

③ GREEN R H, DOYLE J R, COOK W D. Preference voting and project ranking using DEA and cross-evaluation[J]. European journal of operational research, 1996, 90(3): 461–472.

基于上述考虑，本部分提出了一种新的综合排名模型 DEA-CP（DEA-妥协规划），这也是一种基于 DEA 的模型。但是，我们的目标是通过回归得到反映 DMU 共识的通用权重。我们先利用 DEA 来确定对每个 DMU 最有利的评分，而不是像传统 DEA 那样为了获得权重本身。为了从 DEA 的评分结果回归得到一组通用权重，我们采用妥协规划（Yu，1973；Zeleny，1973）。DEA-CP 模型可以实现数据驱动、不带任何随意性地对 DMU 排名，并且避免了多样化的权重，同时不会产生离群值排名过高的问题。

DEA-CP 排名模型包括两个阶段：① DEA 综合评价；②妥协规划。我们首先描述 DEA 综合评价。

（1）DEA 综合评价

这里使用了 DEA 综合评价模型，与 Cook 和 Kress[1] 相同，模型如下。

模型 3-1：

$$\begin{cases} \max Z_{j_0} = \sum_{r=1}^{s} u_r y_{rj_0}, \\ \text{s.t.} \sum_{r=1}^{s} u_r y_{rj} \leqslant 1, j=1,2,\cdots,n, \\ u_r \geqslant \epsilon, r=1,2,\cdots,s_\circ \end{cases} \quad (3-15)$$

其中，ϵ 是一个正的非阿基米德无穷小，$u_r(r=1,2,\cdots,s)$ 是决策变量。这是一个 DEA 乘数形式模型，我们对每一个 DMU_{j_0}，$j_0=1,2,\cdots,n$，求解 LP（线性规划）问题。根据 $Z_{j_0}^*$ 对 DMU 进行评价，由于每个 DMU 可以选择不同的最佳权重，因此，模型（3-1）通常将多个 DMU 判断为 DEA 有效的，即 $Z_{j_0}^*=1$。

（2）妥协规划

模型（3-1）根据各 DMU 的最佳权重，给出 DEA 得分向量 $\boldsymbol{Z}^* = (Z_1^*, Z_2^*, \cdots, Z_n^*)$，这个得分向量中通常会有多个 $Z_j^* = 1$。得分向量对应不同的权重意味着各 DMU 对输出偏好的不同解释，这同时导致了多个第一的问题。尽管灵活定义权重的想法是 DEA 特有的，但非统一的权重评价系统可能导致评价的不公平。为了解决这个问题，

---

[1] COOK W D, KRESS M. A data envelopment model for aggregating preference ranking[J]. Management science, 1990, 36(11): 1302-1310.

在 DEA-CP 模型的第二阶段，我们考虑通过回归得到 DMU 的共同权重。在这里，我们利用多目标决策中妥协规划的概念，最大限度地减少所有 DMU 实际得分与理想点偏差的 L_p 范数。

令 $\boldsymbol{u} = (u_1, u_2, \cdots, u_s)$ 是全部 DMU 共同权重的向量，并令

$$\boldsymbol{U} = \left\{ (u_1, u_2, \cdots, u_s) \left| \sum_{r=1}^{s} u_r y_{rj} \leq 1, j = 1, 2, \cdots, n, u_r \geq \epsilon, r = 1, 2, \cdots, s \right. \right\} \quad (3\text{-}16)$$

是所有可行权重 $\boldsymbol{u}$ 的集合。

此外，令 $Z_j(\boldsymbol{u}) = \sum_{r=1}^{s} u_r y_{rj}$ 是 DMU_j 的得分函数，令 $\boldsymbol{Z}(\boldsymbol{u}) = (Z_1(\boldsymbol{u}), Z_2(\boldsymbol{u}), \ldots, Z_n(\boldsymbol{u}))$ 是 $Z_j(\boldsymbol{u})$ 构成的向量。令 $\boldsymbol{S} = \{ \boldsymbol{Z}(\boldsymbol{u}) | \boldsymbol{u} \in \boldsymbol{U} \}$ 为得分可能集。对于任何 DMU_j，模型（3-1）给出了它可以获得的最大得分 Z_j^*。就每个 DMU 都根据其自身最佳权重进行自我评估的意义而言，向量 $\boldsymbol{Z}^*$ 是理想点。如果 $\boldsymbol{Z}^*$ 可行，即存在 $\boldsymbol{u}^0 \in \boldsymbol{U}$ 使得 $\boldsymbol{Z}(\boldsymbol{u}^0) = \boldsymbol{Z}^*$，也就是说，权重向量 $\boldsymbol{u}^0$ 在可行域之内。由于这种幸运的情况很难达到，因此，我们的目标是找到离理想点 $\boldsymbol{Z}^*$ 距离最近的 $\boldsymbol{Z}(\boldsymbol{u})$。为此，我们需要一个距离函数，用于测量点 $\boldsymbol{Z}^*$ 和 $\boldsymbol{Z}(\boldsymbol{u})$ 之间的距离。常用的距离函数为 $\left(\sum_{j=1}^{n} w_j |Z_j^* - Z_j(\boldsymbol{u})|^p \right)^{1/p}$，其中，$w_j (\geq 0)$ 是 DMU_j 的权重，$p (1 \leq p \leq \infty)$ 是一个参数（Chankong，1983）。

通常情况下无法达到理想点 $\boldsymbol{Z}^*$，距离函数表示各个 DMU 与理想点的误差平方总和。我们可以通过最小化距离函数求得 $\boldsymbol{Z}(\boldsymbol{u})$，使得每个 DMU 的效用最大。为了公平起见，我们让每个 DMU 的权重相等。注意到 $\boldsymbol{Z}^* \geq \boldsymbol{Z}(\boldsymbol{u})$，我们将以上问题定式化为：

$$\begin{cases} \min D_p(\boldsymbol{Z}(\boldsymbol{u})) = \left[\sum_{j=1}^{n} \left(Z_j^* - \sum_{r=1}^{s} u_r y_{rj} \right)^p \right]^{1/p}, \\ \text{s.t. } \boldsymbol{u} \in \boldsymbol{U}. \end{cases} \quad (3\text{-}17)$$

上式为模型（3-2）。通过模型（3-2）的最优解 $\boldsymbol{u}^*$，可以按照 $Z_j(\boldsymbol{u}^*)$ 对 DMU 进行排名。

在模型（3-2）中，理论上我们可以指定参数 p 在 $1 \leq p \leq \infty$ 的范围内的任何

值。但是，在计算中，即从算法和几何概念的角度来看，我们只能考虑以下3个值：$p=1$，即L_1（绝对值范数）；$p=2$，即L_2（Euclidean 范数）；$p=\infty$，即L_∞（Tchebycheff 范数）。

① L_1 范数：当$p=1$时，模型（3-2）等效于以下 LP 问题：

$$\begin{cases} \max \sum_{j=1}^{n}\sum_{r=1}^{s} u_r y_{rj}, \\ \text{s. t. } \boldsymbol{u} \in \boldsymbol{U}。\end{cases} \quad (3\text{-}18)$$

② L_2 范数：当$p=2$时，令$\sum_{j=1}^{n}\left(Z_j^* - \sum_{r=1}^{s} u_r y_{rj}\right)^2 = \widetilde{D}_2(\boldsymbol{Z}(\boldsymbol{u}))$，而$D_2(\boldsymbol{Z}(\boldsymbol{u})) = \left[\widetilde{D}_2(\boldsymbol{Z}(\boldsymbol{u}))\right]^{1/2}$ 是$\widetilde{D}_2(\boldsymbol{Z}(\boldsymbol{u}))$的严格增函数，因此，最小化$D_2(\boldsymbol{Z}(\boldsymbol{u}))$等价于最小化$\widetilde{D}_2(\boldsymbol{Z}(\boldsymbol{u}))$，我们可以解决以下 QP（二次规划）问题：

$$\begin{cases} \min \widetilde{D}_2(Z(u)) = \sum_{j=1}^{n}\left(Z_j^* - \sum_{r=1}^{s} u_r y_{rj}\right)^2, \\ \text{s. t. } \boldsymbol{u} \in \boldsymbol{U}。\end{cases} \quad (3\text{-}19)$$

③ L_∞ 范数：众所周知，我们可以将$p=\infty$的模型（3-2）转换为以下形式：

$$\begin{cases} \max \max_{j=1,2,\cdots,n}\left(Z_j^* - \sum_{r=1}^{s} u_r y_{rj}\right), \\ \text{s. t. } \boldsymbol{u} \in \boldsymbol{U}。\end{cases} \quad (3\text{-}20)$$

此形式可以进一步转化为线性规划问题。

（3）范数的选择

根据以上讨论，我们必须在L_1、L_2和L_∞范数中选择一种。参数p的作用是强调各个 DMU 的预期得分与理想点的误差（误差越大越强调，如图3-5所示）。选择p值越大，最大的误差就越重要，对目标函数的贡献越大。最后，L_∞只考虑最大的误差。相反，若使用L_1范数，误差与各 DMU 的误差和成正比。L_2范数考虑从理想点到实际评估点的最短欧式距离。这里我们选择L_2范数，因为此时模型（3-2）有唯一解$\boldsymbol{Z}(\boldsymbol{u})$。否则，若采用$L_1$和$L_\infty$范数，模型（3-2）可能具有多个最优解，此时，根据$\boldsymbol{Z}(\boldsymbol{u})$的排名是不确定的。因此，我们证明以下性质。

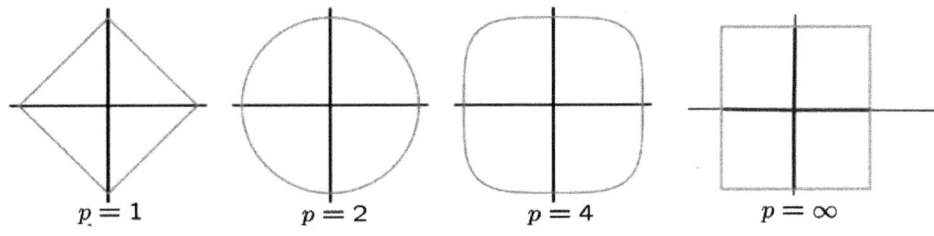

图 3-5 范数的选择

定理 3-1　总得分集合 $S = \{Z(u) | u \in U\}$ 是凸集合。

证明：令 $Z^1(u^1), Z^2(u^2) \in S$，由模型（3-1）可得 $Z^1(u^1) \leqslant (1, \cdots, 1)$，$Z^2(u^1) \leqslant (1, \cdots, 1)$，令常数 $0 < \lambda < 1$，则

$$(1-\lambda)u^1 + \lambda u^2 = \bar{u} \in U。 \tag{3-21}$$

因为 LP 问题约束条件的可行区域 U 是凸集，所以

$$(1-\lambda)Z^1(u^1) + \lambda Z^2(u^2) = (1-\lambda)\left(\sum_{r=1}^{s} u_r^1 y_{r1}, \cdots, \sum_{r=1}^{s} u_r^1 y_{rn}\right) + \lambda\left(\sum_{r=1}^{s} u_r^2 y_{r1}, \sum_{r=1}^{s} u_r^2 y_{r2}, \cdots, \sum_{r=1}^{s} u_r^2 y_{rn}\right)$$

$$= (Z_1(\bar{u}), Z_2(\bar{u}), \cdots, Z_n(\bar{u})) \leqslant (1, \cdots, 1)。 \tag{3-22}$$

定理 3-2　对于 $1 < p < \infty$，模型（3-2）具有唯一最优解 $Z(u)$。

证明：对于 $1 < p < \infty$，因为 $D_\infty(Z(u))$ 是以下部分的严格增函数：

$$\widetilde{D}_p(Z(u)) = \sum_{j=1}^{n}\left(Z_j^* - \sum_{r=1}^{s} u_r y_{rj}\right)^p, \tag{3-23}$$

最小化 $D_p(Z(u))$ 与最小化 $\widetilde{D}_p(Z(u))$ 等价。可以看出，$\widetilde{D}_p(Z(u))$ 是关于 $Z(u)$ 的严格凸函数，因为 $\left(Z_j^* - \sum_{r=1}^{t} u_r y_{rj}\right)^p, j = 1, 2, \cdots, n$ 是严格的凸函数。注意到 $S = \{Z(u) | u \in U\}$，令 $Z^1, Z^2 \in S$，令常数 $0 < \lambda < 1$，则

$$\widetilde{D}_p((1-\lambda)Z^1 + \lambda Z^2) < (1-\lambda)\widetilde{D}_p(Z^1) + \lambda\widetilde{D}_p(Z^2)。 \tag{3-24}$$

假设模型（3-2）有两个最优解 $\widehat{Z}^1 \in S$ 和 $\widehat{Z}^2 \in S$，则 $\widetilde{D}_p(\widehat{Z}^1) = \widetilde{D}_p(\widehat{Z}^2) = \widetilde{D}_p^*$，这里 $\widetilde{D}_p^*$ 是 $\widetilde{D}_p(Z(u))$ 的最小值。因为最小化 $D_p(Z(u))$ 等于最小化 $\widetilde{D}_p(Z(u))$。由定理 3-1 可知 S 是凸的，$\widehat{Z}^1$ 和 $\widehat{Z}^2$ 的线性组合也属于 S。但是由公式（3-24）有

$$\widetilde{D}_p\big((1-\lambda)\widehat{Z}^1 + \lambda\widehat{Z}^2\big) < (1-\lambda)\widetilde{D}_p(\widehat{Z}^1) + \lambda\widetilde{D}_p(\widehat{Z}^2) = \widetilde{D}_p^*, \tag{3-25}$$

这与 $\widetilde{D}_p^*$ 是 $\widetilde{D}_p(\mathbf{Z}(\mathbf{u}))$ 的最小值是矛盾的。因此，模型（3-2）有唯一的最优解。

该性质意味着，如果模型（3-2）解得 $1<p<\infty$ 的最优解 $\mathbf{u}^*$，那么还可得到唯一的最优向量 $\widehat{\mathbf{Z}}(\mathbf{u}^*)$，根据此结果，我们可以对DMU排序。由以上推导结果可以看出，L_2 范数是最优的范数。

（三）经济质量差距模型及计算方法

为了科学评估90个指标在动态变化中对经济质量差距的影响与作用，我们采用DEA-CP模型。如前所述，与人为确定权重的传统方法相比，该方法的优点是通过模型计算出权重，给出评分，即完全数据驱动的方法。

第一阶段：

$$\max \mathbf{Z}_{j_0} = \sum_{r=1}^{s} u_r y_{rj_0}, \tag{3-26}$$

$$\text{s.t.} \begin{cases} \sum_{r=1}^{s} u_r y_{rj} \leq 1, j=1,2,\cdots,n, \\ u_r - u_{r+h} \geq c_h, r,h=1,2,\cdots,s-1, \\ u_r \geq \varepsilon. \end{cases} \tag{3-27}$$

其中，y_{rj} 是第 j 个评价单元的第 r 个属性，u_r 是第 r 个属性的权重，s 是属性的个数，n 是评价单元的个数，ε 是非阿基米德无穷小。这里如果需要，我们可以在约束条件里加入关于权重的先验知识 $u_r - u_{r+h} \geq c_h$。

第二阶段：

$$\begin{cases} \min D_2(\mathbf{Z}(\mathbf{u})) = \left[\sum_{j=1}^{n}\left(\left|Z_j^* - \sum_{r=1}^{s} u_r y_{rj}\right|\right)^2\right]^{\frac{1}{2}}, \\ \text{s.t.} \quad \mathbf{u} \in \mathbf{U}, \end{cases} \tag{3-28}$$

$$\mathbf{U} = \left\{(u_1, u_2, \cdots, u_s) \bigg| \sum_{r=1}^{s} u_r y_{rj} \leq 1, j=1,2,\cdots,n, u_r - u_{r+h} \geq c_h, r,h=1,2,\cdots,s-1, u_r \geq \varepsilon\right\}. \tag{3-29}$$

其中，Z_j^* 是第一阶段第 j 个评价单元的得分，其他变量定义与第一阶段相同。

要使用DEA-CP模型，数据必须满足以下几条原则：

①数据必须为正数；

②产出数据必须越大越好；

③指标必须有代表性和重要性。

为了满足第二条原则，我们把越小越好的指标取其倒数，并取代原指标数据。

我们用指数平滑预测法来填补空缺。指数平滑预测法指以某种指标的本期实际数和本期预测数为基础，引入一个简化的加权因子，即平滑系数，以求得平均数的一种时间序列预测法，即对离预测期较近的历史数据给予较大的权数，权数由近到远按指数规律递减的一种特殊的加权平均法。指数平滑预测方法的公式如下：

$$\begin{cases} s_0 = x_0, \\ s^{t+1} = \alpha x_t + (1-\alpha)s^t, \ t>0 \end{cases} \quad (3\text{-}30)$$

其中，s_t 是第 t 期的预测值，x_t 是第 t 期的实际值，α 是平滑因子，且 $0<\alpha<1$。

我们用最大最小值标准归一化方法来消除量纲。该方法是重新调整数据范围，缩放到 [0,1] 的范围内。一般公式如下：

$$x' = \frac{x - \min(\boldsymbol{x})}{\max(\boldsymbol{x}) - \min(\boldsymbol{x})} \quad (3\text{-}31)$$

其中，$\boldsymbol{x}$ 为原始数据集合（向量），x 为标准化之前的数据，x' 为标准化之后的数据。

五、经济质量差距指数的指标体系

经济质量差距指数是通过市场、政府、科技、生态、社会、全球化等 6 类要素，衡量一个国家、地区、行业经济质量的综合性指数。

（一）指标体系

按照市场、政府、科技、生态、社会、全球化等 6 类要素，我们遴选了 6 个一级指标、26 个二级指标、90 个三级指标（表 3-4）。

表 3-4 经济质量差距指数指标体系

一级指标	二级指标/个	三级指标/个	涉及主要内容
市场	6	25	资本、劳动、消费、价格等
政府	6	23	财政、货币、分配、产业、就业政策等
科技	6	14	创新能力、驱动能力等
生态	2	9	生态环境、资源等
社会	3	13	贫富差距、区域差距、社会和谐等
全球化	3	6	贸易、外资、依存度等
合计	26	90	

（二）数据来源

本模型计算所用数据均以 2017 年为基数，一律采用国家统计局公布的数据。对国家统计局没有公布的数据，则采用各有关部门、省市区统计局，以及行业协会、学会发布的数据。为保证数据的完整性，个别指标缺少数据时，采用指数平滑预测法进行数据补充；对于同一指标，出现有一半省市区缺乏数据的情况时，则删除相应指标。

（三）数据处理

由于 90 个指标的量纲单位不同，计算前需要进行数据处理，我们采用"最大最小标准归一化"方法消除各指标量纲，然后用 DEA-CP 模型计算经济质量差距指数。

参考文献

[1] ANDERSEN P, PETERSEN N C. A procedure for ranking efficient units in data envelopment analysis[J]. Management science, 1993, 39(10): 1261-1264.

[2] CHANKONG V, HAIMES Y Y. Multi-objective decision making: theory and method ology[M].

New York: North-Holland, 1983.

[3] CHARNES A, COOPER W W, LEWIN A Y, et al. Data envelopment analysis: theory, methodology and application[D]. Boston: Kluwer Academic, 1994.

[4] COOK W D, KRESS M. A data envelopment model for aggregating preference ranking[J]. Management science, 1990, 36(11): 1302–1310.

[5] SEIFORD M, TONE K. Data envelopment analysis: a comprehensive teat with models, applications, references and DEA-solver software[D]. Boston: Kluwer Academic, 2000.

[6] GREEN R H, DOYLE J R, COOK W D. Preference voting and project ranking using DEA and cross-evaluation[J]. European journal of operational research, 1996, 90(3): 461–472.

[7] HASHIMOTO A. A DEA selection system for selective examinations[J]. Journal of the operations research society of Japan, 1996, 39(4): 475–485.

[8] HASHIMOTO A. A ranked voting system using a DEA/AR exclusion model: a note[J]. European journal of operational research, 1997, 97(3): 600–604.

[9] SEXTON T R, SILKMAN R H, HOGAN A J. Data envelopment analysis: critique and extensions[M]//SILKMAN R H, ed. Measuring efficiency: assessment of do envelopment analysis. San Francisco: Jossey-Bass, 1986: 73–105.

[10] STEIN W E, MIZZI P J, PFAFFENBERGER R C. A stochastic dominance analysis of ranked voting systems with scoring[J]. European journal of operational research, 1994, 74(1): 78–85.

[11] THOMPSON R G, SINGLETON F D, JR THRALL R M, et al. Smith: comparative site evaluations for locating a high-energy physics lab in Texas[J]. Interfaces, 1986, 16(6): 35–49.

[12] YU P L. A class of solution for group decision problem[J]. Management Science, 1973, 19(8): 936–946.

[13] ZELENY M. Compromise programming[M]//COCHRANE J L, ZELENY M, eds. Mult criteria decision making. Columbia: University of South Carolina, 1973: 373–391.

[14] FRIED H O, LOVELL C A K, SCHMIDT S S. The measurement of productive efficiency and productivity growth[M]. New York: Oxford University Press, 2007.

[15] HASHIMOTO A, Wu D A. A DEA-compromise programming model for comprehensive ranking[J]. Journal of the operations research society of Japan, 2004, 47(2): 73–81.

第三篇

差距与成因

> 不同地区之间经济质量差距产生的主要原因是什么？差别在什么地方？差多少？能否缩小？
>
> 31个省市区之间，市场机制指数相差5倍，政府作用指数相差2.7倍，科技创新指数相差26倍以上，生态资源指数相差3.6倍，社会和谐指数相差1.9倍，全球化指数相差8.6倍。可见，导致地区间经济质量差距的最根本原因，一是科技创新能力，二是全球化水平。

第四章
中国经济质量分区

为了进一步提高经济质量,针对不同经济质量区采用不同的对策与措施,我们探索了中国经济质量区划,主要工作分三步:第一步是计算市场、政府、科技、生态、社会、全球化等 6 类经济要素对经济发展质量贡献的权重;第二步是根据 6 类经济要素的权重及 90 个指标,计算 31 个省市区的经济质量差距指数及 6 类经济要素的差距指数;第三步是将 31 个省市区按经济质量差距分为经济高质量区、中高质量区、中等质量区、中低质量区和低质量区(也叫要素缺乏区)等 5 个区域,定量分析了不同省市区经济质量的优势与短板。本区划有关数据采用国家统计局、省市区统计局,有关部门、行业协会、学会公布的数据,个别数据采用指数平滑法计算获得。

一、经济质量差距指数测算

计算经济质量差距,首先需要计算市场、政府、科技、生态、社会、全球化等 6 类要素对当前经济质量的贡献,也就是 6 类要素的权重。用修订的 DEA-CP 模型计算结果表明,市场的权重为 29.90%、政府为 22.42%、生态为 20.27%、科技为 9.97%、全球化为 9.97%、社会为 7.47%(图 4-1)。

差距经济学：中美经济与省区经济的差距及走势

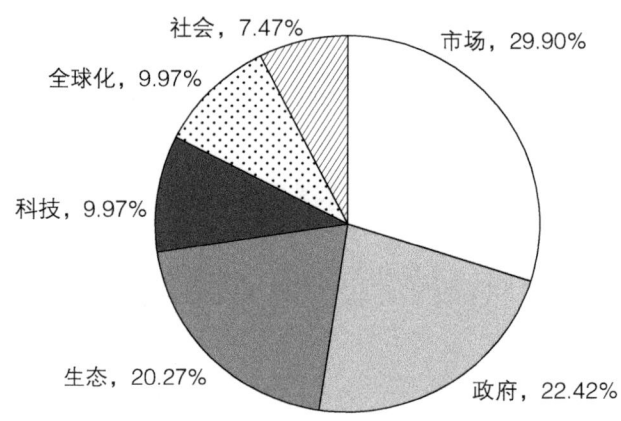

图 4-1　经济质量差距指数指标权重

根据不同指标对经济发展影响的大小，可将 6 个指标依据权重分为决定性、制约性和影响性指标。

1. 决定性因素

决定性因素的权重占经济发展总权重的 20% 以上，一定程度上决定着经济发展的速度与质量。市场、政府、生态 3 个指标的权重超过了 20%，结果表明，对一个国家或地区经济发展起决定性作用的因素是经济体制机制、政府管理能力和资源与生态环境。市场机制能不能充分发挥，政府作用能不能精准到位，生态是否友好、资源是否丰富是当前中国经济发展的决定性因素。市场机制，不仅包括投资市场化、劳动力市场化、技术市场化、企业市场化、消费市场化等，还包括资本、劳动力、土地、储蓄等投入产出指标。政府作用不仅包括财政政策、货币政策、分配政策，还包括产业政策、区域政策、创新政策等。

2. 制约性因素

制约性因素的权重占经济发展总权重的 9% 以上，对经济发展具有明显制约作用。结果表明，科技创新是中国与发达国家差距最大的因素之一，也是不同省区之间差距最大的指标之一。在产能过剩的阶段，科技创新能力对一个国家、地区经济发展起着制约性的作用，没有新技术就没有新产品、新产业、新经济。国际市场是否充分利用对一个国家、地区经济发展起着制约性的作用，中美贸易摩擦的实质是如何开放和利用国际市场。

3. 影响性因素

影响性因素的权重占经济发展总权重的9%以下，对经济发展具有重要的影响。目前，社会因素已经成为中国经济持续发展的影响性因素，贫富差距、社会稳定、老龄化、科学素养等都影响经济的发展，如社会对转基因植物的接受程度直接影响转基因产品的商品化。

二、中国经济质量区划

根据市场、政府、科技、生态、社会、全球化等6类指数及其权重，可计算不同省市区的经济质量差距指数，按照经济质量差距指数，可将31个省市区分为高质量区（高效区）、中高质量区（中高区）、中等质量区（中等区）、中低质量区（中低区）和低质量区（低效区）等5个区（图4-2、表4-1、表4-2）。

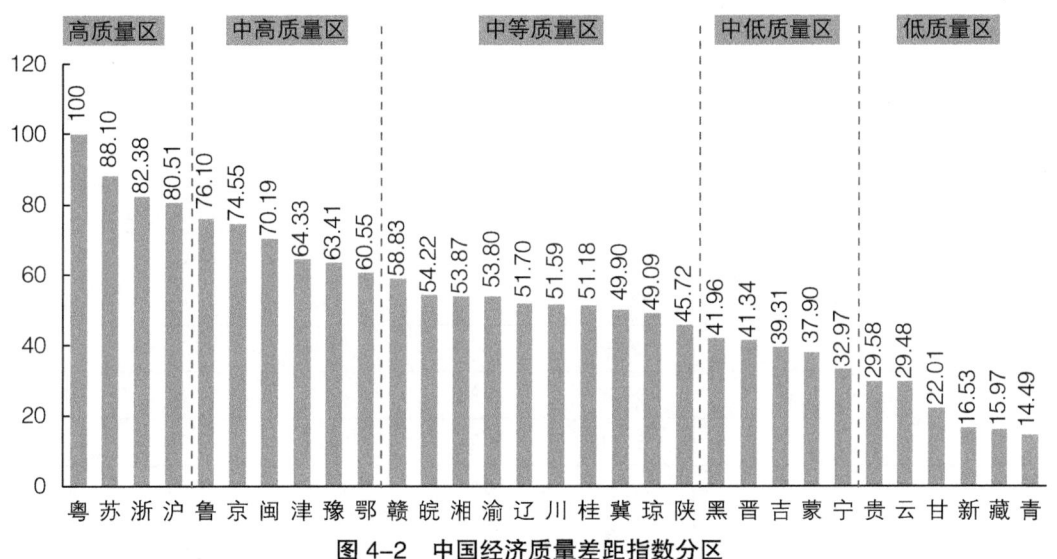

图 4-2 中国经济质量差距指数分区

表 4-1 不同省市区经济质量差距指数

省市区	总分数	市场指数	政府指数	科技指数	生态指数	社会指数	全球化指数
粤	100	100	100	100	100	97.91	100
苏	88.10	100	100	100	81.53	87.25	55.90

续表

省市区	总分数	市场指数	政府指数	科技指数	生态指数	社会指数	全球化指数
浙	82.38	100	90.08	60.14	83.88	100	48.14
沪	80.51	100	100	65.12	61.86	93.70	59.20
鲁	76.10	97.67	89.62	54.80	79.25	86.00	38.12
京	74.55	83.62	95.07	100	64.66	100	30.79
闽	70.19	88.70	88.03	28.93	78.74	97.91	28.48
津	64.33	98.29	89.13	39.43	39.77	100	25.17
豫	63.41	94.09	78.31	29.00	78.53	70.79	20.45
鄂	60.55	82.62	73.31	37.30	76.59	84.44	27.84
赣	58.83	92.68	70.45	22.90	75.97	71.91	19.92
皖	54.22	88.83	63.60	33.51	70.26	71.74	19.03
湘	53.87	82.34	67.06	28.64	80.04	64.01	17.84
渝	53.80	82.46	74.97	32.91	65.38	66.54	20.63
辽	51.70	90.45	61.49	25.75	63.84	69.30	24.25
川	51.59	82.96	60.98	36.75	74.37	61.04	26.08
桂	51.18	79.39	57.78	11.56	86.94	73.85	17.57
冀	49.90	78.76	70.01	17.35	66.99	69.24	20.36
琼	49.09	86.78	42.16	3.84	78.17	100	15.25
陕	45.72	63.30	69.56	35.61	65.12	73.68	19.18
黑	41.96	76.65	48.92	14.98	59.45	89.67	16.26
晋	41.34	75.93	65.31	12.37	45.88	77.61	14.11
吉	39.31	79.49	66.76	19.11	30.78	75.79	13.64
蒙	37.90	69.67	59.86	5.86	54.75	72.61	13.09
宁	32.97	71.97	50.30	6.83	39.35	83.76	13.69
贵	29.58	65.96	44.34	8.78	58.16	56.61	13.27
云	29.48	61.84	37.62	8.80	64.81	67.38	15.88
甘	22.01	60.39	38.04	10.50	40.12	67.55	12.89
新	16.53	45.21	44.51	3.79	32.36	69.89	16.91
藏	15.97	21.45	55.21	0.10	61.65	53.47	12.14
青	14.49	48.72	39.23	4.09	27.55	72.64	11.68

第三篇 差距与成因
第四章 中国经济质量分区

表 4-2 各省市区 6 类要素指数排序

省市区	总排名	市场指数	政府指数	科技指数	生态指数	社会指数	全球化指数
粤	1	1	1	1	1	5	1
苏	2	1	1	1	4	9	3
浙	3	1	5	5	3	1	4
沪	4	1	1	4	20	7	2
鲁	5	6	6	6	6	10	5
京	6	13	4	1	18	1	6
闽	7	11	8	14	7	5	7
津	8	5	7	7	27	1	10
豫	9	7	9	13	8	21	13
鄂	10	15	11	8	10	11	8
赣	11	8	12	17	11	19	15
皖	12	10	18	11	13	20	17
湘	13	17	15	15	5	28	18
渝	14	16	10	12	15	27	12
辽	15	9	19	16	19	23	11
川	16	14	20	9	12	29	9
桂	17	19	22	22	2	15	19
冀	18	20	13	19	14	24	14
琼	19	12	28	29	9	1	23
陕	20	26	14	10	16	16	16
黑	21	21	25	20	22	8	21
晋	22	22	17	21	25	13	24
吉	23	18	16	18	30	14	26
蒙	24	24	21	27	24	18	28
宁	25	23	24	26	28	12	25
贵	26	25	27	25	23	30	27
云	27	27	31	24	17	26	22
甘	28	28	30	23	26	25	29
新	29	30	26	30	29	22	20
藏	30	31	23	31	21	31	30
青	31	29	29	28	31	17	31

第五章
经济高质量区

经济高质量区的经济质量差距指数均在80以上,包括广东、江苏、浙江、上海等4个省市,其共同特征是经济总量大,市场、政府、科技、生态、社会、全球化等要素配置均衡、利用效率高,没有明显的发展短板,进一步提高经济发展质量需要多要素全面发力、同时推进,单一要素的作用有限。但是,高质量区进一步提高经济质量的难度较大,需要发展模式创新、体制机制创新、科技创新、社会管理创新、贸易体系创新,乃至文化创新等共同推进,需要走出一条自己没有走过、别人也没有走过的新路子(图5-1)。

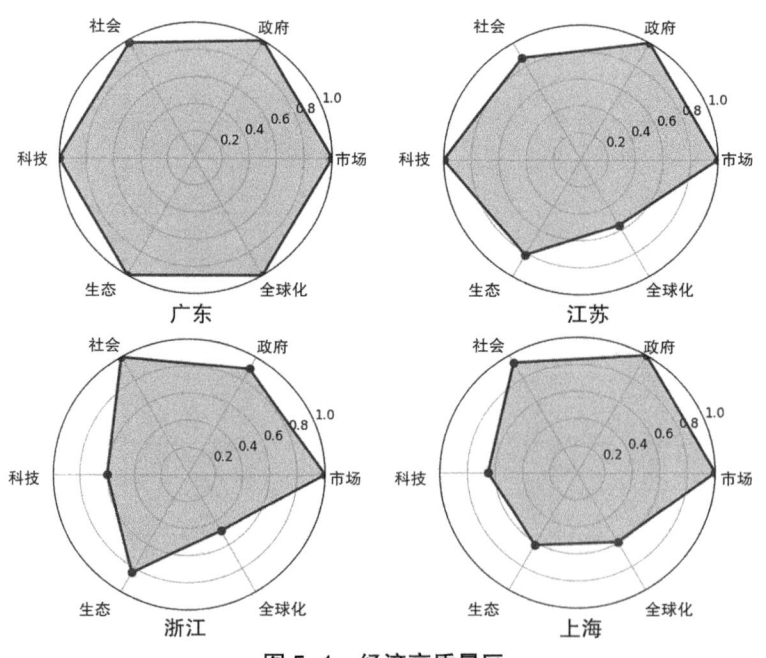

图5-1 经济高质量区

一、广东省经济质量差距指数100，全国第1位

广东省凭借改革开放的政策优势与得天独厚的地理优势，在体制机制创新、发展模式创新、经济结构调整、国际合作交流、科技创新与人才引进、管理模式创新、文化理念创新等方面的改革，始终走在全国前列，取得了显著的效益，使广东从较为落后的边陲省份发展成为经济总量最高的省份，经济结构不断优化、经济质量明显提升。广东省名义GDP从1978年的185.85亿元上升到2017年的89 705.2亿元，增长了481.7倍，GDP在全国的排名由第5位上升到第1位，自从1989年超过江苏省之后，经济总量持续30年保持全国第一（图5-2）。

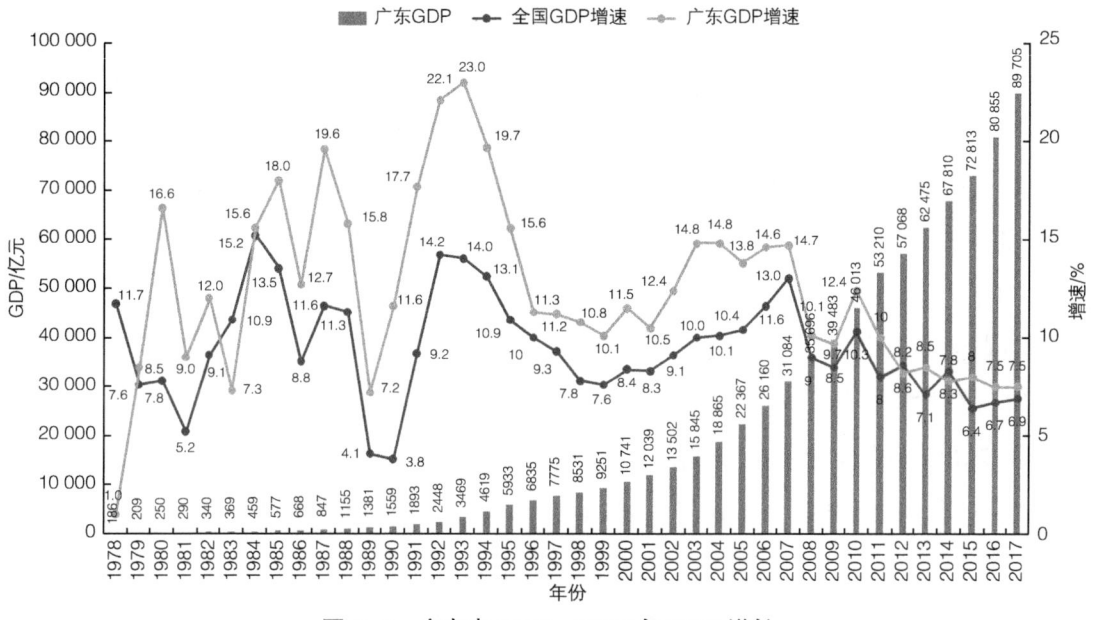

图5-2 广东省1978—2017年GDP增长

（一）"广东模式"及其4个发展阶段

广东省经济总量连续30年保持全国第一，经历了亚洲金融危机、全球金融危机、产能过剩等多种因素的冲击，正在经历中美贸易摩擦的冲击，经济仍然保持持续稳定增长，形成了"广东模式"，其根本的特征是思想解放、机制灵活，不断深化改革、

差距经济学：中美经济与省区经济的差距及走势

扩大开放，前期靠开放（吸引外资、扩大国外市场），中期靠内援（外省区劳动力与资本），近期靠创新（引进技术、人才加自主创新）。广东省经济发展大致经历了4个阶段。

第一阶段，乡镇企业崛起、商品经济阶段（1978—1991年）。改革开放初期，建立市场体系，搞活本地经济，发展商品经济。1978—1991年，广东省GDP平均增长12.3%，比全国平均值高出3.06个百分点；全社会固定资产投资额增长16.56倍，出口总额增长23.1倍。全社会固定资产投资增长速度是GDP增长速度的1.35倍，经济增长主要靠投资和出口拉动，拉开了与其他省区的经济差距。

第二阶段，吸引外资、外向型经济阶段（1992—2011年）。这20年是广东省经济发展速度最快的时期，连续20年GDP增速都高于全国平均水平。1992年以后，广东省GDP增速连续两年超过20%，大量的外来资金、设备、人力和先进的管理方式、技术等源源不断地涌入广东，外来要素、自身努力共同推动了广东省经济的高速发展。1992—2011年，广东省GDP增长20.74倍，平均增长高达13.7%，这一阶段GDP平均增速比全国平均值高出3.48个百分点。全社会固定资产投资额增长17.5倍，出口增长10.66倍。1993年、1994年GDP增速分别为22.1%和23%，比同年全国GDP增速14.2%和14%分别高出了7.9个和9个百分点。发展外向型经济是广东省与其他省区经济差距拉大的最重要原因。

第三阶段，"腾笼换鸟"、二次创业阶段（2012—2017年）。亚洲金融危机，特别是2008年的全球金融危机，导致广东省制造业产能过剩，出口下降，经济增速明显下降，接近全国平均增速（图5-2）。广东省积极调整经济发展战略，应对金融危机，提出"腾笼换鸟"，转移、淘汰落后产能，实施"三促进一保持"、扩内需稳外贸、科学发展，实施创新驱动发展战略，努力提高经济发展质量，取得了很好的成效。这一阶段广东省GDP增长57%，平均增长速度降为7.9%，GDP平均增速仅比全国平均值高出0.58个百分点。全社会固定资产投资额增长了1.01倍，年均增长14.7%，是GDP增长的1.86倍，表明投资效率有所下降。广东省GDP占全国比重由1978年的5.3%上升到2017年的10.51%。2017年GDP总量达89 705.2亿元，相当于GDP总量排全国后10位省区的总和。经济转型阶段，依靠创新驱动，大量引进国内外先进技术与顶尖人才，没有迷失发展方向是广东经济持续发展，与其他省区经济差距持续拉大的又一个主要原因。

第四阶段，建设粤港澳大湾区、经济高质量发展阶段（2018年起）。广东省提出围绕实现"四个走在全国前列"、当好"两个重要窗口"，统筹推进"五位一体"总体布局，协调推进"四个全面"战略布局，坚持推动高质量发展，坚持以供给侧结构性改革为主线，提高发展平衡性和协调性。2019年2月，党中央、国务院批准《粤港澳大湾区发展规划纲要》，要求实现五大战略定位，充满活力的世界级城市群、具有全球影响力的国际科技创新中心、"一带一路"建设的重要支撑、内地与港澳深度合作示范区、宜居宜业宜游的优质生活圈，为广东省未来经济高质量发展确定了发展方向与宏伟蓝图，广东省经济发展正在进入新阶段。当然，广东省经济发展仍然存在许多不足之处。

（二）经济结构特点是一产萎缩、二产过剩、三产增长快

广东省的经济特点是典型的工业主导的外向型经济，第一产业增加值占GDP的4.03%，第二、第三产业增加值分别占GDP的42.37%、53.60%。第二产业占比高、第一产业占比低，第三产业占比接近全国平均值，是广东省经济结构的显著特点。

从支柱产业分析，广东省第二产业的五大支柱产业分别是：计算机、通信和其他电子设备制造业增加值占第二产业增加值的25.91%，电气机械和器材制造业占9.47%，汽车制造业占5.67%，电力、热力生产和供应业占5.06%，金属制品业占4.38%，其他制造业占49.57%。可见，电子制造业（计算机、通信和其他电子设备制造业，电气机械和器材制造业）增加值占第二产业增加值的35.38%，结构单一是广东省第二产业结构的一个突出特点，容易受到国际市场波动的冲击。

广东省第三产业的重点产业是：批发和零售业增加值占第三产业增加值的18.75%，房地产业占15.95%，金融业占14.31%，信息传输、软件和信息技术服务业占7.97%，交通运输、仓储和邮政业占7.48%。其他第三产业占35.54%（图5-3）。

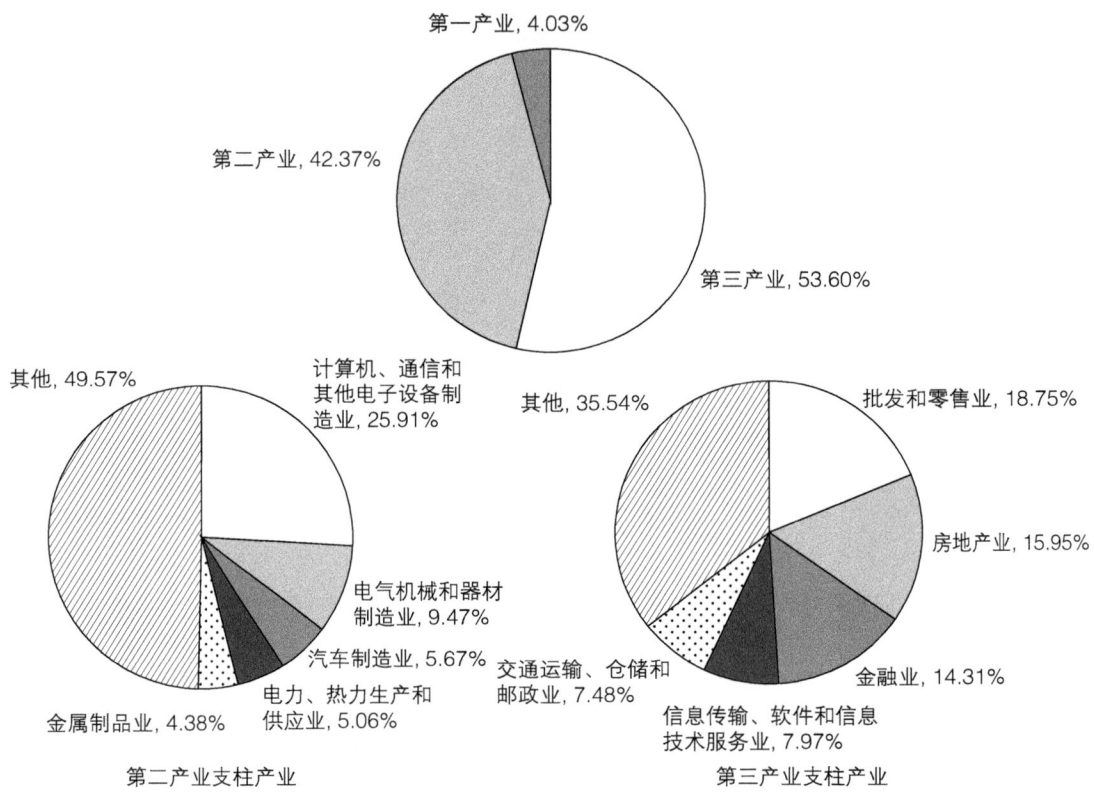

图 5-3 广东省产业结构与支柱产业

（三）经济质量差距指数居第 1 位，但仍有许多不足之处

广东省经济质量差距指数居全国第 1 位，最显著的特点是全球化指数高，最大不足是依靠外资、外（劳）力，最大潜力在创新。从广东省经济高质量发展的 6 类要素、90 个指标分析，广东省经济发展还有许多"短板"（图 5-4），除了全球化以外，市场、政府、科技、生态、社会等方面还有许多不足之处，需要在发展中改进，才能保持经济持续、高质量发展。限制经济质量进一步提高的主要因素：一是对外依赖性强。技术、资金、劳动力、人才等要素大量依赖境外、省外输入，发展方式过多依赖"借鸡生蛋"。二是发展不均衡、不协调。贫富差距较大导致发展不均衡，城乡收入差距大导致发展不协调。三是原始创新能力偏弱。SCI、EI、R&D 强度、顶尖人才等指标都低于北京、上海，不提高自身创新能力，特别是原始创新能力，过多依赖引进，广东经济难以持续中高速发展。

第三篇　差距与成因
第五章　经济高质量区

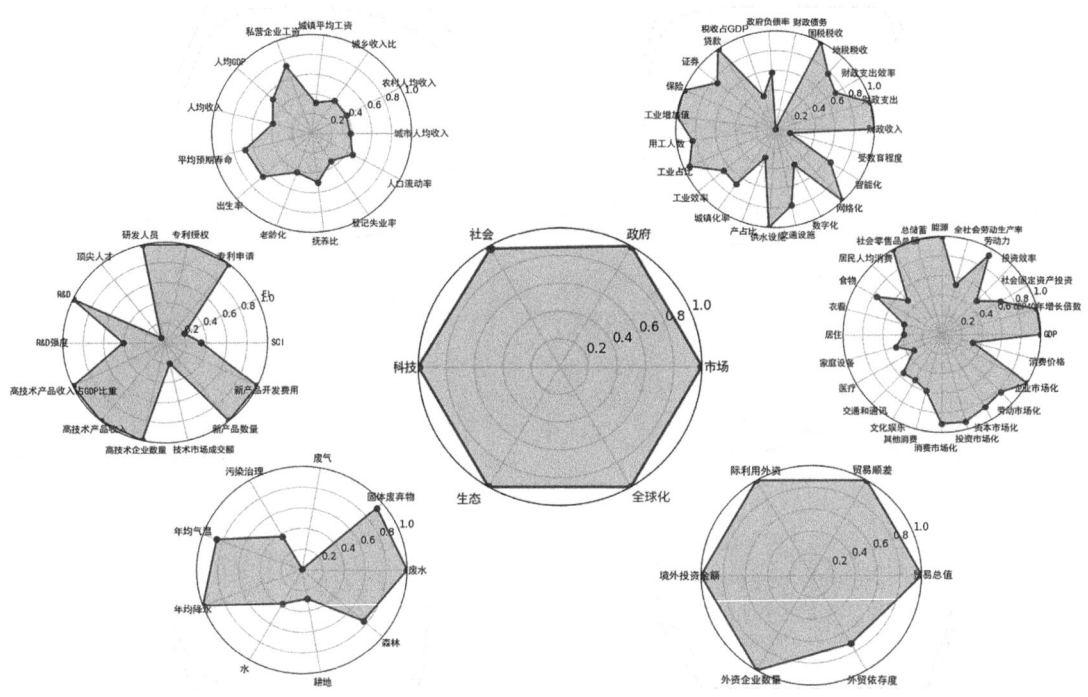

图 5-4　广东省经济质量差距指数

广东省经济发展正在由"三来一补"的外向型经济，迈向以"粤港澳大湾区"为主体的世界科技创新中心、现代经济中心、世界级城市中心及东方文化生活宜居中心，能不能继续在全国乃至世界经济中发挥更大的引领与支撑作用，是广东省未来经济发展的核心任务。

广东省提高经济质量的核心是实现经济发展战略的重大转移，由"向外经济"转变为"创新经济"。从主要靠外资、外省劳动力，转变为靠自主创新能力，没有创新能力的大跨越，很难支撑广东经济的大发展、高质量。

二、江苏省经济质量差距指数 88.10，全国第 2 位

江苏省作为全国经济大省、创新大省，在时代的大潮中不负重托、奋力争先，改革开放 40 年来，江苏省一手抓改革，一手抓创新，成效显著。2017 年江苏省 GDP 为 85 870 亿元，居全国第 2 位，相当于 GDP 总量排全国后 10 位省份 GDP 的总和。1978—2017 年，江苏省 GDP 增长了 343.7 倍，排在广东、福建、浙江之后，居全国

第 4 位。江苏省 GDP 在全国的排名在 1978 年和 2017 年都居第 2 位（图 5-5）。

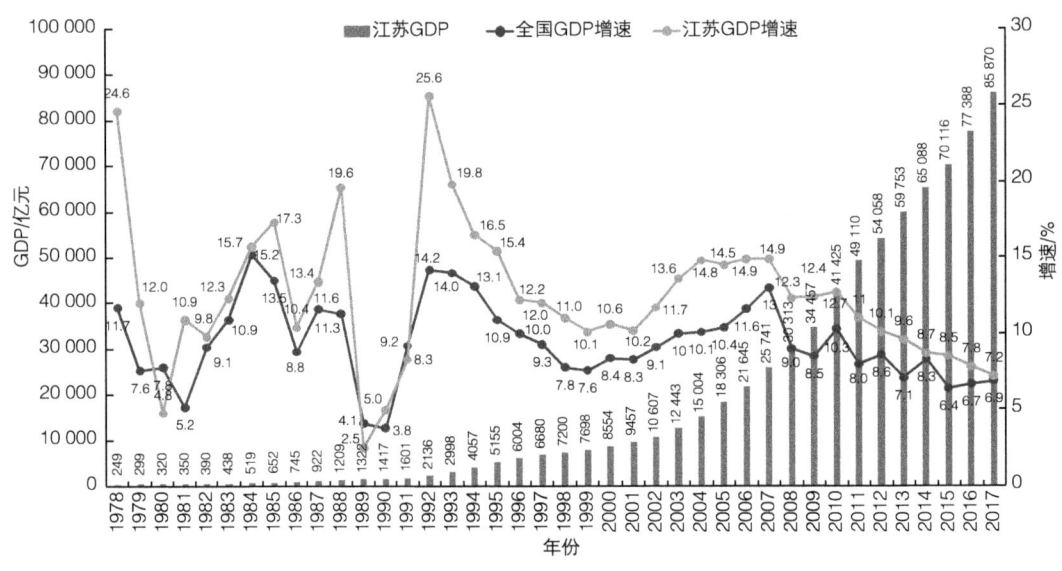

图 5-5　江苏省 1978—2017 年 GDP 增长

（一）"江苏模式"及其 4 个发展阶段

改革开放 40 年来，江苏省经济发展形成了特征明显的"江苏模式"，其灵魂是不断寻求"新动能"，先后 4 次更换推动经济发展的"发动机"：一是吸引"星期六工程师"促进乡镇企业发展；二是充分利用国内科技创新成果发展江苏经济，大幅度引进国内科技成果到江苏产业化；三是积极利用海外科技资源，引进海外技术与装备，促进江苏经济发展；四是自主创新，大量引进留学人才，迅速提高自主创新能力，加速经济高质量发展。江苏省经济发展大致经历了 4 个阶段。

第一阶段，中高速发展阶段（1978—1991 年）。江苏 GDP 平均增速比全国平均值高出 2.63 个百分点，在这 14 年中，有 11 年 GDP 增速高于全国平均值。20 世纪 80 年代，江苏省实现经济发展"由农到工"的转变，关键是抓住了改革开放的机遇，率先发展商品经济，大力发展乡镇企业。1984 年，在中共中央、国务院 4 号文件的鼓舞下，江苏省乡镇企业步入快速发展的新阶段，"堰桥模式""苏南模式"成为改革开放的典型代表。

第二阶段，高速增长阶段（1992—2012年）。自1992年起，江苏GDP增速连续26年高于全国平均值，1992—2012年，GDP增速连续超过10%，平均高达13.63%，比全国平均高出3.53个百分点。20世纪90年代，江苏省率先引进大批国内科技成果，设立科技成果转化基金，把国家863计划、科技攻关的成果吸引到江苏转化，大力发展高新技术产业，民营企业"异军突起"，使经济发展呈现数量增长与质量提高同步的崭新道路，为21世纪江苏经济的快速发展打下了厚实的基础。特别是1992年以后，江苏省GDP增速最高时达到25.6%，大量知识分子、机关干部"下海"经商，大量资金投入，极大地推动了经济的发展，同时也为民营企业家队伍注入了新生力量，改变了民营企业家的结构，拉开了与其他省区经济发展的差距。

21世纪以来，江苏省在全国较早地提出了"科教兴省"战略，并提出建设创新省份的目标。在引进国内科技成果的同时，进一步加大力度引进海外先进技术与优秀人才，创新了"沿德模式"，"背着书包来，开着飞机回"，大量优秀人才来江苏创新创业，为江苏省经济发展注入新动能，成为推动江苏省经济高质量发展的重要力量。

第三阶段，中高速发展阶段（2013—2017年）。2012年以来，为实施党的十八大提出的"创新驱动发展战略"，江苏省提出建设"强富美高"新江苏的发展目标，经济发展在经历了"农转工""内转外""创新驱动"等阶段后，由于经济总量大，加之全国经济进入新常态，江苏省GDP增速明显趋缓，但依然保持稳定增长，增速比全国平均值高出1.28个百分点。

第四阶段，高质量发展阶段（2018年起）。党的十九大报告指出，中国经济已由高速度发展转向高质量发展阶段。江苏省提出要变压力为动力，倒逼自主创新、转型升级，推动高质量发展。抓住重要战略机遇期，用好加快经济结构优化升级、提升科技创新、深化改革开放、加快绿色发展、参与全球经济治理体系变革带来的新机遇，千方百计破解经济发展中的深层次问题，把"强富美高"新江苏建设推向前进。江苏省经济发展能否大量引进外籍顶尖人才，能否大幅度提高自主创新能力，成为国际创新的新高地，能否形成江苏省经济发展的"第五波"动力，是未来江苏省经济高质量发展成功与否的重要因素，也是江苏省能够保持国内经济发展排头兵的关键所在。出路在创新，在自主创新。

(二)经济结构的特点是制造业、高新技术产业占比高

江苏省经济结构的突出特点是第二产业占GDP的比重高,高新技术产业占比高,这得益于长期重视引进新技术、引进优秀人才。第一产业增加值占GDP的4.71%,第二、第三产业增加值分别占GDP的45.02%、50.27%。

从支柱产业分析,江苏省第二产业的五大支柱产业分别是:计算机、通信和其他电子设备制造业增加值占第二产业增加值的12.44%,电气机械和器材制造业占10.95%,化学原料和制品制造业占10.50%,黑色金属冶炼和压延加工业占6.42%,通用设备制造业占5.86%。江苏省制造业的技术进步快,高新技术产业占比高。

江苏省第三产业的重点产业是:批发和零售业增加值占第三产业增加值的19.44%,金融业占15.64%,房地产业占11.17%,租赁和商务服务业占8.98%,交通运输、仓储和邮政业占7.38%。其他第三产业占37.39%(图5-6)。

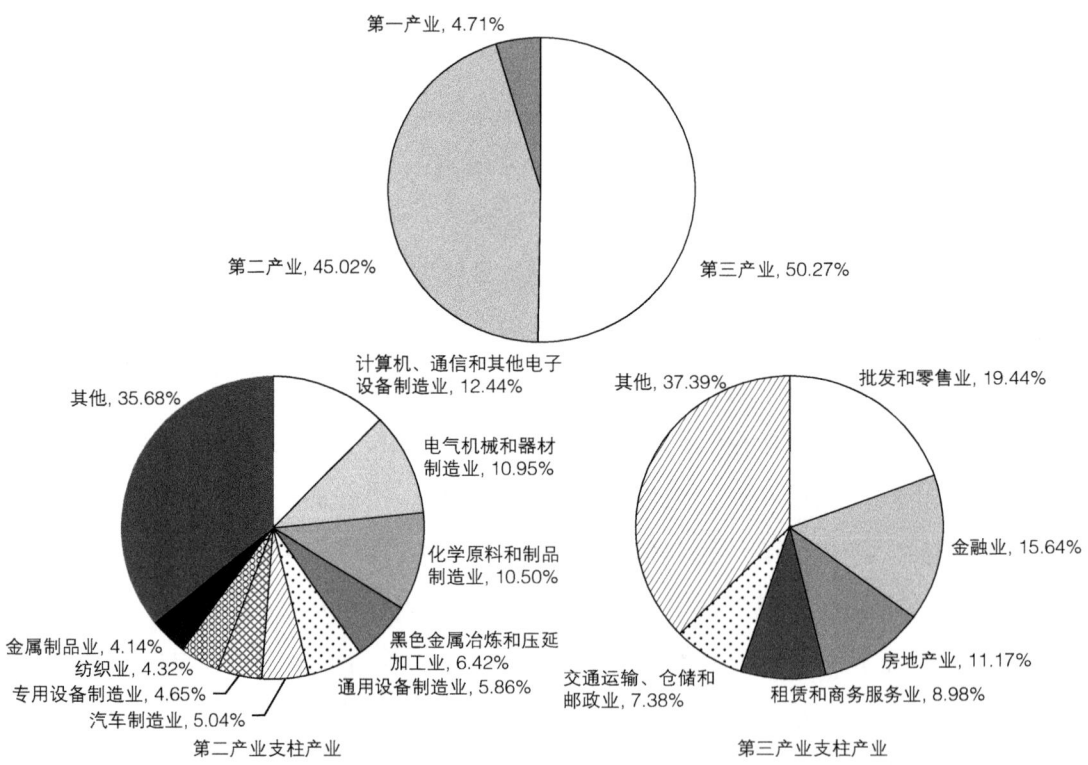

图5-6 江苏省产业结构与支柱产业

（三）经济质量差距指数居全国第2位，发展短板仍然很多

江苏省经济质量差距指数为88.10，居第2位，优势是创新能力强，不足是全球化水平偏低。市场、政府、科技指数均为100，与广东并列全国第1位，社会指数为87.25、生态指数为81.53、全球化指数仅为55.90，与广东省相比有明显差距。江苏省经济质量高的主要特征是市场、政府、科技、社会、生态、全球化等六大要素配置相对均衡，要素利用率较高，但是高质量发展的短板仍然很多，特别是在全球化方面与广东还有明显差距（图5-7）。

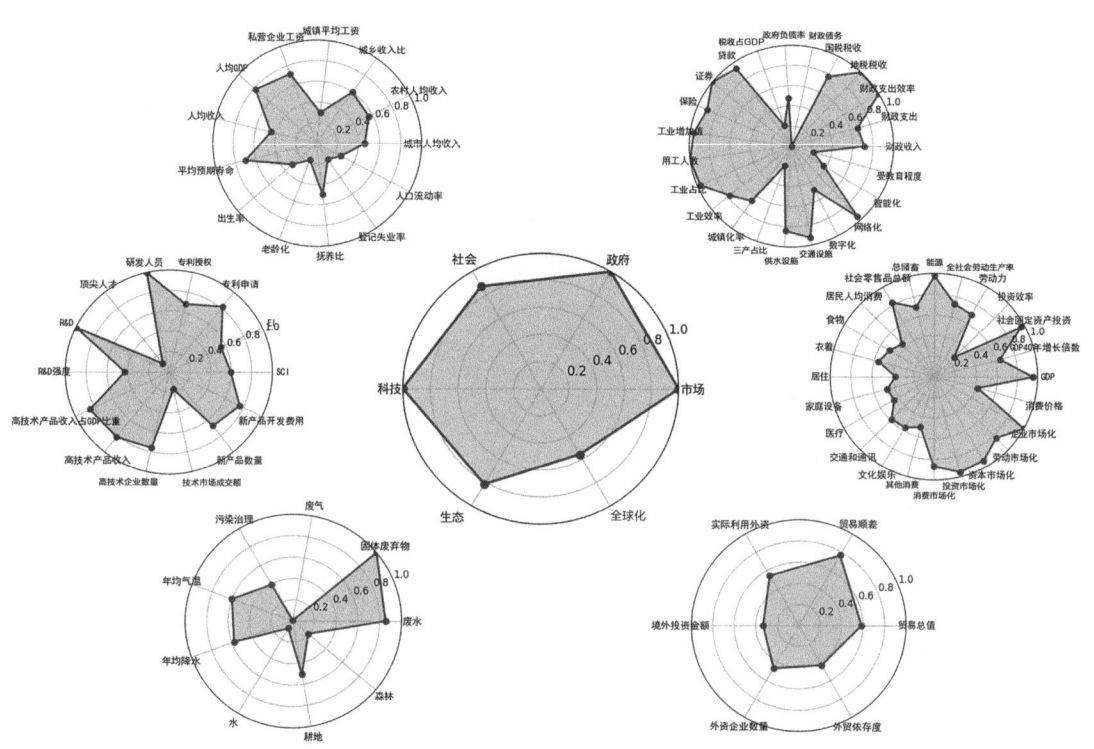

图5-7 江苏省经济质量差距指数

江苏省进一步提高经济发展质量，一要均衡发展，"对症下药、补齐短板"，对照图5-7中的短板，逐一制定补齐短板的对策与措施；二要差异化发展，进一步强化江苏省的人才优势、创新优势、新产品开发优势，注入新动能。特别要抓好以下3个方面的工作：一是提高全球化水平。目前在高科技产品出口贸易额、实际利

用外资、引进人才等方面与广东还有很大差距。二是补上社会指数偏低的短板,加速均衡发展。城乡发展、区域发展不均衡、不协调问题仍然存在,保障生产安全、生态安全任务繁重。需要进一步缩小贫富差距,提高全社会消费能力。三是提高创新能力,减少对境外、省外技术、资金、人才的依赖度。技术创新要从"借鸡生蛋"转化为"养鸡生蛋"。

三、浙江省经济质量差距指数 82.38,全国第 3 位

改革开放 40 年来,在陆地面积不大、山区居多、资源短缺、基础较弱的土地上,浙江省走出了一条富有特色、较为成功的发展道路,创造出了民营经济的奇迹,经济总量、居民收入等主要指标稳居全国前列。浙江省 GDP 总量从 1978 年的 124 亿元上升到 2017 年的 51 768 亿元,增长了 416.4 倍,增长倍数排在广东、福建之后,居全国第 3 位,浙江省 GDP 在全国的排名由 1978 年的第 12 位上升到 2017 年的第 4 位,上升了 8 位,上升位次仅次于福建,居全国第 2 位(图 5-8)。

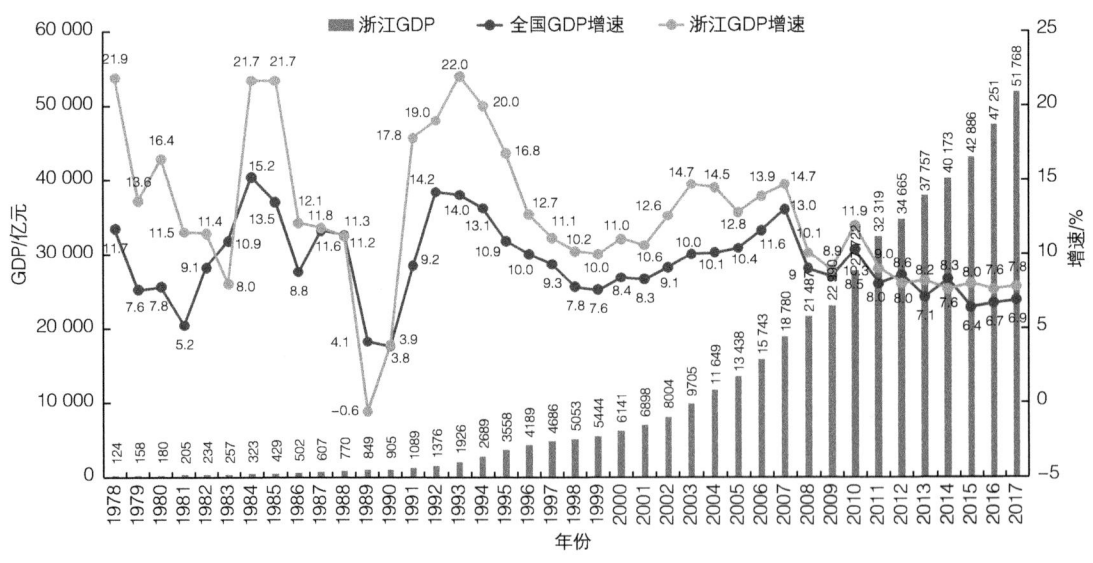

图 5-8　浙江省 1978—2017 年 GDP 增长

（一）"浙江模式"及其4个发展阶段

浙江省是改革开放以来经济增长最快的省份之一，经济总量、居民收入等主要指标均居全国前列，形成了"民间资本、市场机制主导"的"浙江模式"，其主要特征是思想解放、机制灵活、民营主体、创新驱动。浙江省GDP增速与全国平均增速比较，大致呈现"中高速、高速、低速"3个阶段，正在经历第4个阶段。

第一阶段，工业经济崛起、中高速增长阶段（1978—1990年）。这一阶段浙江省GDP平均增速高达12.66%，比全国平均值高出3.38个百分点，在这13年中，有10年GDP增速高于全国平均值，其中，1978年、1984年和1985年GDP增速都超过20%。这一阶段，改革公有制和计划经济体制，发展"有计划的商品经济"、乡镇企业"异军突起"。工业经济迅速崛起，从1983年起，工业经济占比达到40%以上，浙江省工业经济总量在全国的排名从1978年的第15位迅速提升到20世纪90年代初的第6位。

第二阶段，工业经济发达、高速增长阶段（1991—2007年）。这一阶段是浙江省经济高速发展的时期，GDP平均增速高达14.38%，比全国平均值高出3.96个百分点。党的十四大提出了建立社会主义市场经济体制的目标，邓小平视察南方谈话，进一步加速了浙江省民营经济和乡镇企业的发展。1992年后，浙江省连续2年GDP增速都超过20%。乡镇工业总产值占全省工业总产值的比重从1991年的48.3%提高到1994年的63.5%。2001年第二产业占GDP的比重高达51.8%。

第三阶段，工业化中后期、低速增长阶段（2008—2017年）。全球金融危机以来，工业产能过剩问题日益突出，经济增长速度明显下滑。浙江省进一步完善市场经济体制，通过引进先进技术、设备及企业管理经验，提高技术水平与管理水平，推进供给侧改革，加速推进新型工业化。发布《关于加快工业转型升级的实施意见》，发展"块状经济"，加快块状经济向现代产业集群转型升级。2012年，全国经济进入新常态之后，浙江省经济发展速度明显下降，其中，2012年、2014年GDP增速分别为8.0%和7.6%，比全国平均值分别低0.6个和0.7个百分点，2015年起增速持续高于全国平均值。

第四阶段，高质量发展阶段（2018年起）。进入这一阶段后，浙江省提出以深化"八八战略"、改革开放再出发为主题，以实施富民强省十大行动计划为抓手，坚持稳中求进工作总基调，坚持新发展理念，坚持推进高质量发展，坚持供给侧结构性改革主线，坚持深化市场化改革、扩大高水平开放。浙江省经济发展能否实现商业模式创新、技术创新的同步发展，形成浙江省经济发展的新动能，是未来浙江省经济高质量发展成功与否的关键因素。

（二）经济结构的特点是"一低、二高、三平"

浙江省经济是典型的东部沿海经济，农业萎缩、外向型经济发达。第一产业增加值占GDP的3.74%，第二、第三产业增加值分别占GDP的42.95%、53.32%。"一低、二高、三平"是浙江省经济结构的显著特点，即第一产业占比低、第二产业占比高、第三产业占比接近全国平均值。

从支柱产业分析，浙江省第二产业的七大支柱产业分别是：电气机械和器材制造业增加值占第二产业增加值的9.76%，化学原料和制品制造业占9.01%，汽车制造业占7.53%，电力、热力生产和供应业占7.39%，纺织业占7.17%，通用设备制造业占6.65%，计算机、通信和其他电子设备制造业占5.61%。从第二产业支柱行业结构来看，浙江省工业体系相对完整，第二产业支柱行业发展比较均衡，结构多元。

浙江省第三产业的重点行业分别是：批发和零售业增加值占第三产业增加值的22.63%，金融业占12.86%，房地产业占11.73%，信息传输、软件和信息技术服务业占10.61%，交通运输、仓储和邮政业占7.05%。其他第三产业占35.12%（图5-9）。

（三）经济质量差距指数居第3位，但经济质量短板仍然不少

浙江省经济质量差距指数为82.38，居全国第3位，经济发展的优势是市场机制充分发挥、民营经济活跃、商业模式创新活跃，经济高质量发展的短板在科技创新。浙江省市场、社会指数均为100，与广东省并列全国第1位，表明浙江省充分发挥了市场机制的作用，民营经济、个体经济发达，贫富差距、城乡差距相对较小，社会矛盾得到很好解决。但浙江省政府指数为90.08，低于广东、江苏。科技指数为60.14，全球化指数为48.14，均与广东、江苏有一定差距。生态指数为83.88，优于江苏省。浙江省经济质量高的主要原因是市场、政府、科技等要素配置相对均衡，要素利用率较高（图5-10）。

第三篇　差距与成因
第五章　经济高质量区

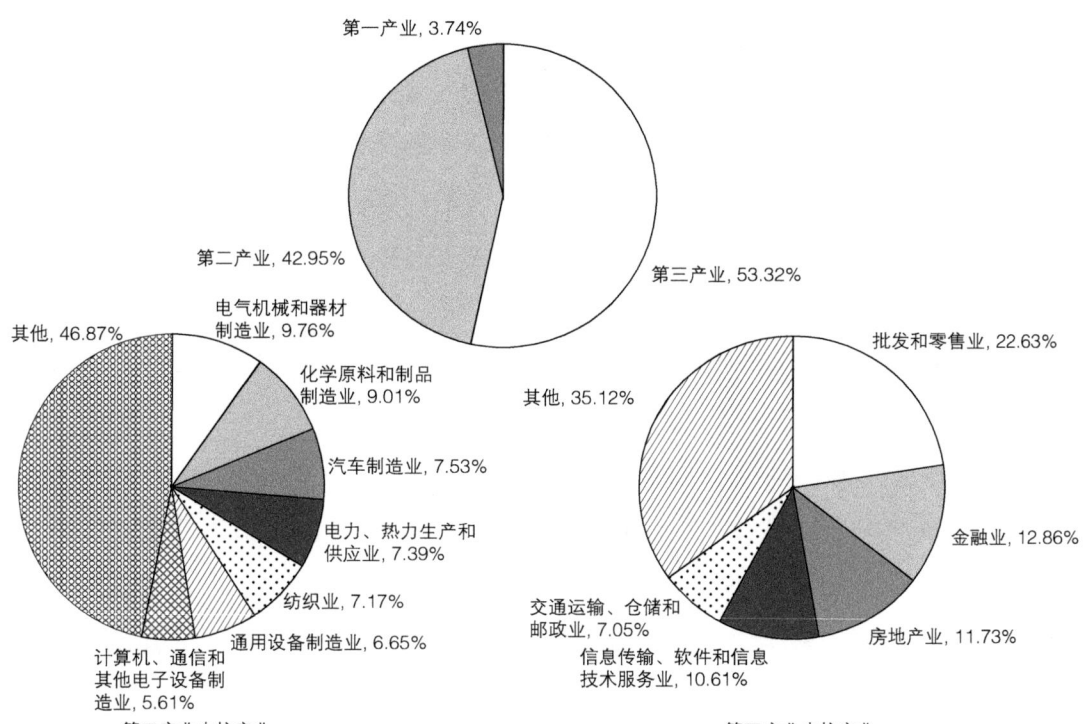

图 5-9　浙江省产业结构与支柱产业

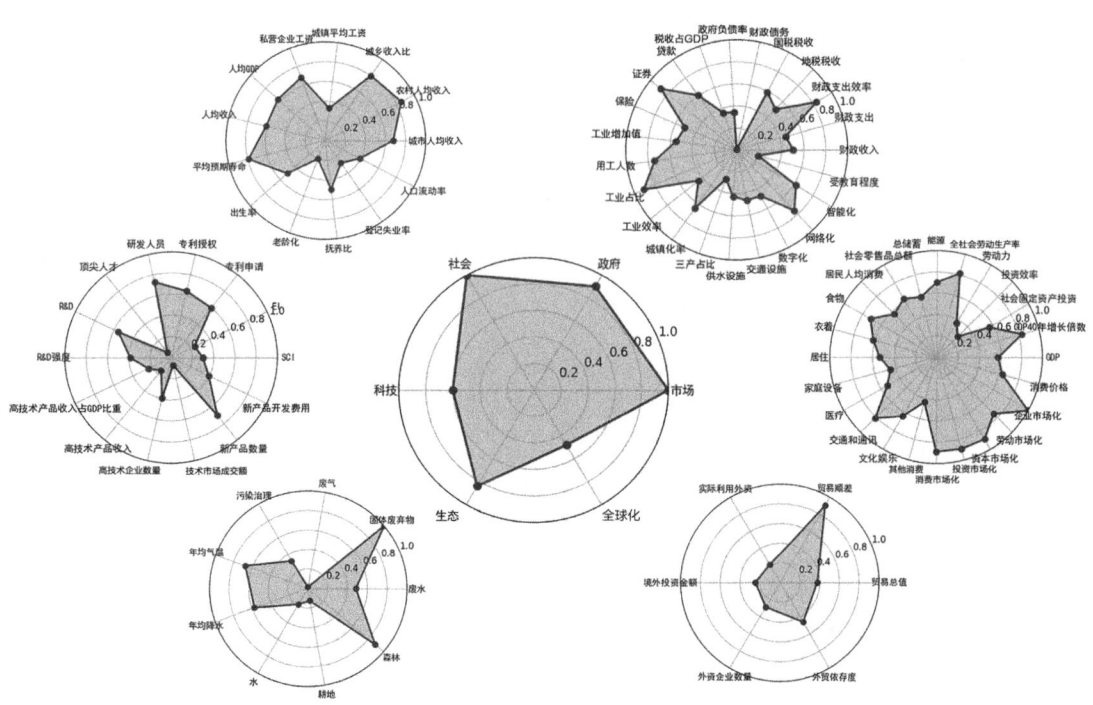

图 5-10　浙江省经济质量差距指数

浙江省经济高质量发展的主要限制因素有3个：一是全球化水平较低。需要扩大高科技产品出口贸易，进一步提高引智引资的力度，逐步从引资金、引技术向引人才的方向发展，持续提升全球化能力。二是商业模式创新能力强，但科技创新能力相对较弱。需要进一步减少技术、资金、人才的对外依赖度。三是品牌产品少。需要打造一批驰名国内外的名牌产品，支撑经济持续发展。

四、上海市经济质量差距指数80.51，全国第4位

上海市工业基础、科技基础雄厚，商业文化浓厚，金融发达，对中国经济发展、科技创新、外交、文化建设都做出了重大贡献。上海市GDP从1978年的272.81亿元上升到2017年的30 632.99亿元，增长了111.29倍，增长倍数排名全国倒数第3位，GDP在全国的排名由第1位下降到第11位，是全国GDP排名下降较多的省市区之一（图5-11）。

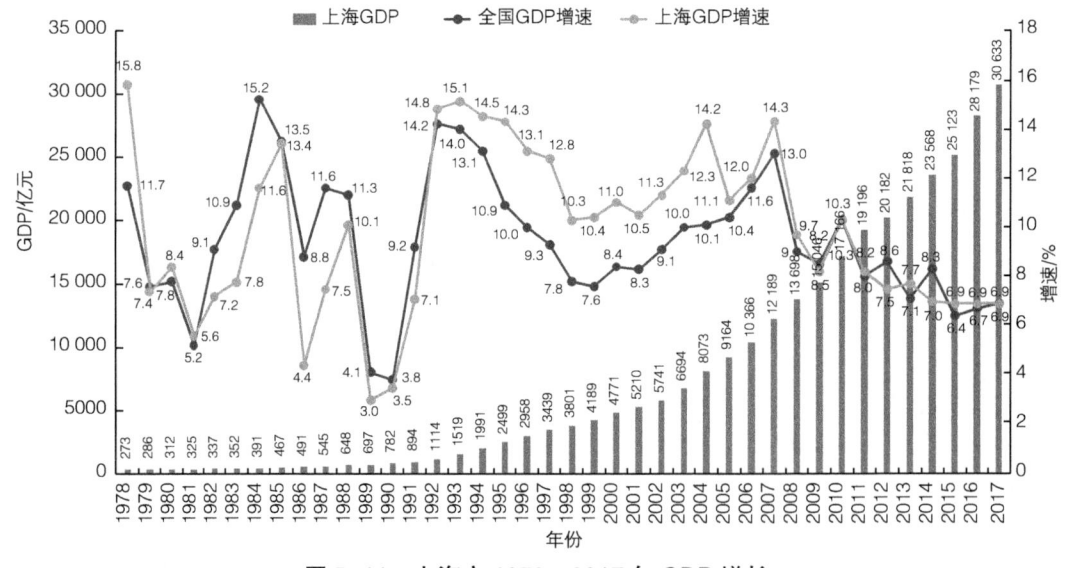

图5-11　上海市1978—2017年GDP增长

（一）"上海模式"的困惑及其4个发展阶段

上海市是我国重要的科技中心、金融中心、文化中心、贸易中心、医疗服务中心、

交通中心、人才中心（留学回国人员最多）、优惠政策中心，自由贸易区、自主创新区、高新区等优惠政策密集。技术密集、资金密集、人才密集、优惠政策密集、新业态密集、外资企业密集等"六密集"是"上海模式"的重要特征，但令人困惑的是，近40年，上海市GDP增长倍数却排名全国倒数第3位，GDP全国排名由第1位下降至第11位。为什么上海市的工业基础、技术、金融、政策、智力资源等优势没有完全转化为经济优势，除了纺织等产业向外地转化等因素外，是不是还有一些深层次问题需要研究？上海市经济发展是否已经进入类似发达国家的经济低速增长的后工业化阶段？是否存在农业萎缩、制造业弱化、经济服务化、人口老龄化、城镇化接近饱和的发展难题？上海市经济发展与世界大都市的差距在哪里？与广东、江苏经济发展的差距在哪里？

改革开放以来，上海经济实现了从传统经济向现代经济的跨越式发展，尤其是1992—2007年，上海市GDP连续16年保持两位数增长，呈现特大城市经济与后工业化的经济特征，上海市经济发展可划分为4个阶段。

第一阶段，低速增长阶段（1978—1991年）。这一阶段上海市GDP平均增速比全国平均值低1.2个百分点，14年中仅有3年GDP增速高于全国。但是上海市的"星期六工程师"、科技成果为江苏、浙江乡镇企业的发展提供了重要的技术支撑。

第二阶段，中速发展阶段（1992—2004年）。浦东新区建设等一系列政策措施，加上改革开放、引进外资，推动了上海市经济的快速发展，上海市和全国GDP年均增速分别为12.67%和10.22%，上海市经济增速比全国高2.45个百分点。

第三阶段，优化结构、提质增效阶段（2005—2017年）。这一阶段，上海市注重优化经济结构、提高经济效益。期间，上海市和全国的GDP平均增速分别为8.97%和8.83%，上海市GDP平均增速仅比全国平均值高出0.14个百分点，但上海市经济结构更优化，第三产业占比仅次于北京，居全国第2位，传统工业大量向外转移，高技术产业比重明显增长，但由于研发投入高、大量科技成果到外省市区转化，使上海市的科技优势没有完全转化成上海市的经济优势。1995年上海市人均GDP达到2129美元，2004年为5417美元，2010年为11 238美元，先后超越经济起飞阶段、成熟阶段，按2009年10 349美元的标准，已进入大众高额消费阶段。

第四阶段，高质量发展阶段（2018年起）。2018年以来，上海市经济进入结构转化、动力转换，提高经济发展质量的新阶段。上海市提出加快建设现代化经济体系，加快提升城市能级和核心竞争力，保持经济持续健康发展和社会大局稳定，努力当好新时代全国改革开放排头兵、创新发展先行者，更好为全国改革发展大局服务。2019年，国务院印发《中国（上海）自由贸易试验区临港新片区总体方案的通知》（国发〔2019〕15号），提出建设"具有较强国际市场影响力和竞争力的特殊经济功能区""打造全球高端资源要素配置的核心功能，成为我国深度融入经济全球化的重要载体"，将极大地推进上海市经济高质量发展。

（二）经济结构已具有发达国家的主要特征

上海市经济已经成为服务业主导的经济，第一产业增加值占GDP的0.36%，第二、第三产业增加值分别占GDP的30.46%、69.18%。第一产业增加值占比小于1%，第二产业占比接近30%，第三产业占比接近70%，上海市经济结构已经具有发达国家的特征。

从支柱产业分析，上海市第二产业的五大支柱产业分别是：汽车制造业增加值占第二产业增加值的21.75%，计算机、通信和其他电子设备制造业占15.68%，化学原料和制品制造业占8.41%，通用设备制造业占7.28%，电气机械和器材制造业占5.99%。其他制造业占40.89%。

上海市第三产业的重点是金融业、批发和零售业，增加值分别占第三产业增加值的25.20%和20.77%，房地产业占8.85%，信息传输、软件和信息技术服务业占8.80%，租赁和商务服务业占8.45%。其他第三产业占27.92%（图5-12）。

（三）提高经济质量要均衡发展、差异化发展相结合

上海市经济质量差距指数为80.51，居第4位，经济发展的优势是具备国际大都市经济"高端化"的特征，弱势是经济"低速度"，需要全面创新，才能驱动新一轮发展。上海市市场、政府指数均为100，与广东、江苏并列全国第1位，表明上海市在发挥市场机制、政府作用方面协调较好，国有经济、民营经济协调发展。社会指数为93.70，说明贫富差距、城乡差距还需要进一步缩小。上海市科技指数为65.1，在北京、江苏、广东之后，居全国第4位，主要原因是原始创新能力低于

第三篇　差距与成因
第五章　经济高质量区

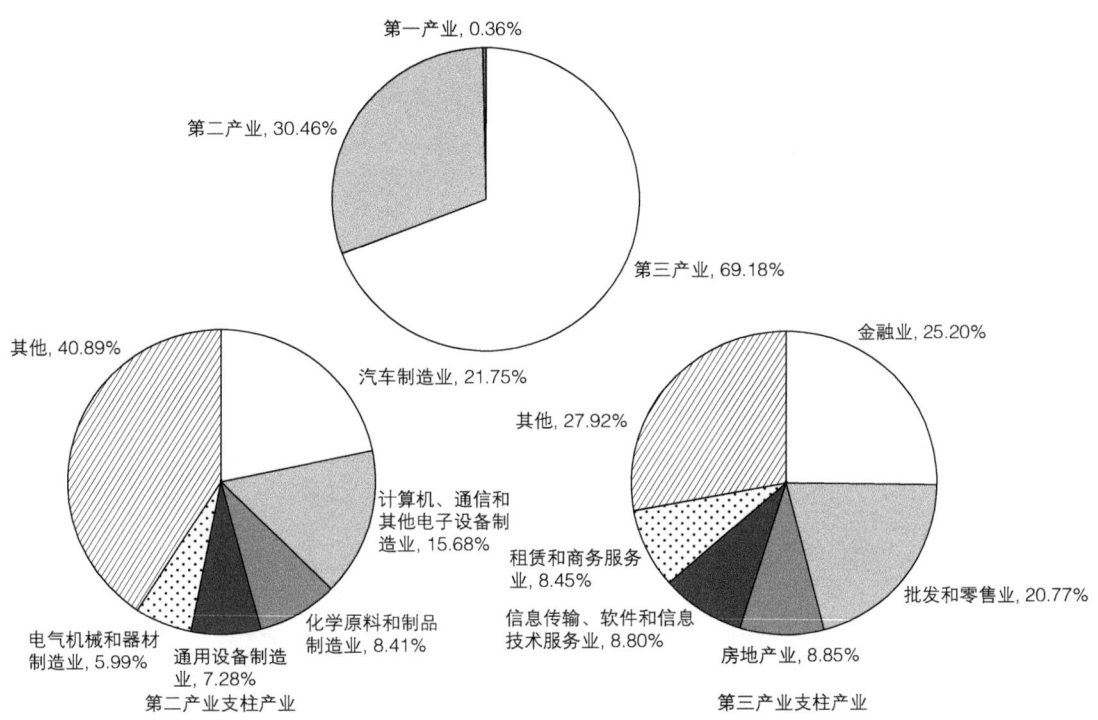

图 5-12　上海市产业结构与支柱产业

北京，技术转化、引进能力又低于广东、江苏。全球化指数为 59.20，仅次于广东，居全国第 2 位，主要是贸易顺差明显低于广东。上海市经济质量差距指数是全国 4 个直辖市中最高的，其主要特征是市场、政府、科技等要素配置相对均衡，要素利用率较高（图 5-13）。

上海市经济发展的主要限制因素是农业萎缩、传统工业转移，高新技术产业、高端服务业发展相对较慢，导致上海市经济地位、增速"双下降"。但经济进入新常态之后，2017 年上海市 GDP 增速比 2012 年仅下降 0.6 个百分点，是全国 GDP 增速下降最少的省市区之一，仅次于浙江，居第 2 位，表明上海市经济已经出现发达国家、大都市经济的重要特征，传统产业萎缩、经济发达增长慢，但相对稳定。

上海市进一步提高经济质量，仍然有许多短板需要补上。一要提高科技转化能力。在加强基础研究的同时，更加重视科技对经济发展质量的贡献，进一步提高科技成果在上海市本地的转化能力。二要进一步提高全球化水平。把建设自由贸易港与扩大高科技产品出口与创汇能力有机地结合起来，防止出现"大出大进不赚钱"的局面,并逐步从引资金、引技术转向引人才,提升全球化能力。三要打造现代经济,主攻品牌产品与服务。打造一批上海品牌的产品与服务,率先建成现代经济支撑的大都市。

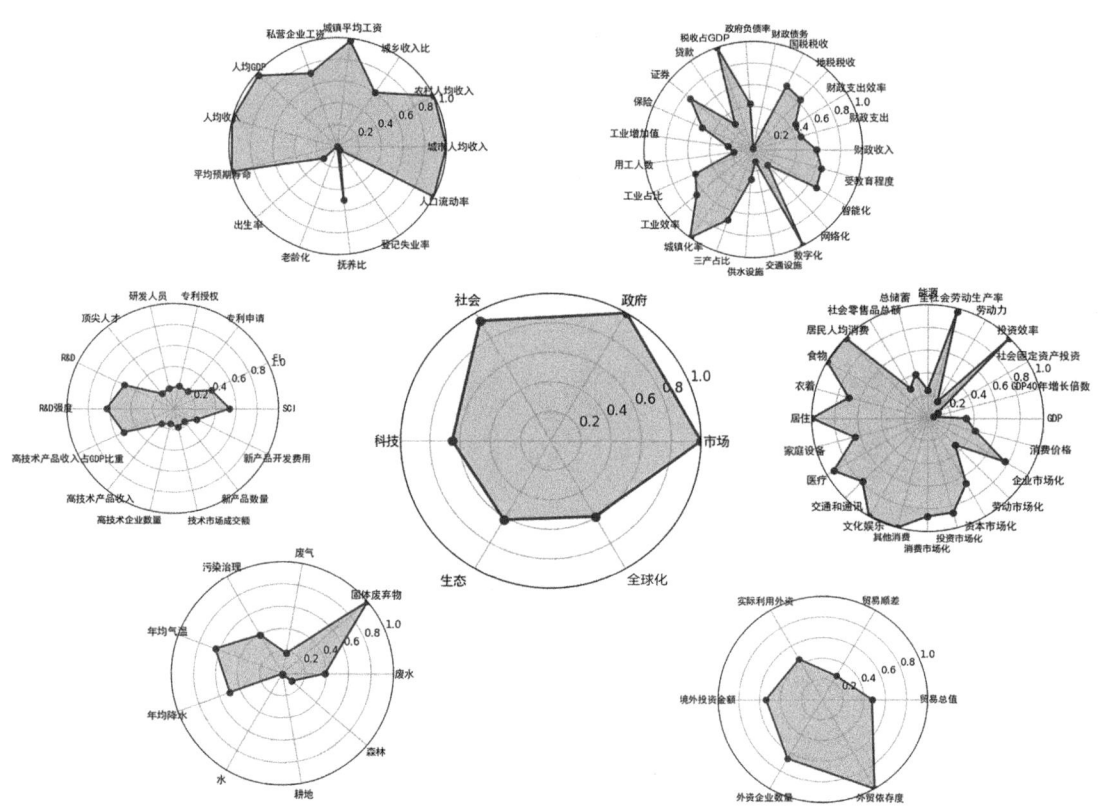

图 5-13　上海市经济质量差距指数

第六章
经济中高质量区

中高质量区的经济质量差距指数在60～79，包括山东、北京、福建、天津、河南、湖北等6个省市，其共同特征是经济总量较大，市场、政府、科技、社会、生态、全球化等要素配置比较均衡、效率较高，但有明显的经济差距，通过均衡发展补上短板就能够有效提高经济发展质量（图6-1）。当短板补齐后，则需要通过差异化发展方式推进全面创新，包括发展模式创新、体制机制创新、技术创新、社会管理创新、贸易体系创新，乃至文化创新等，走出一条新的发展道路。

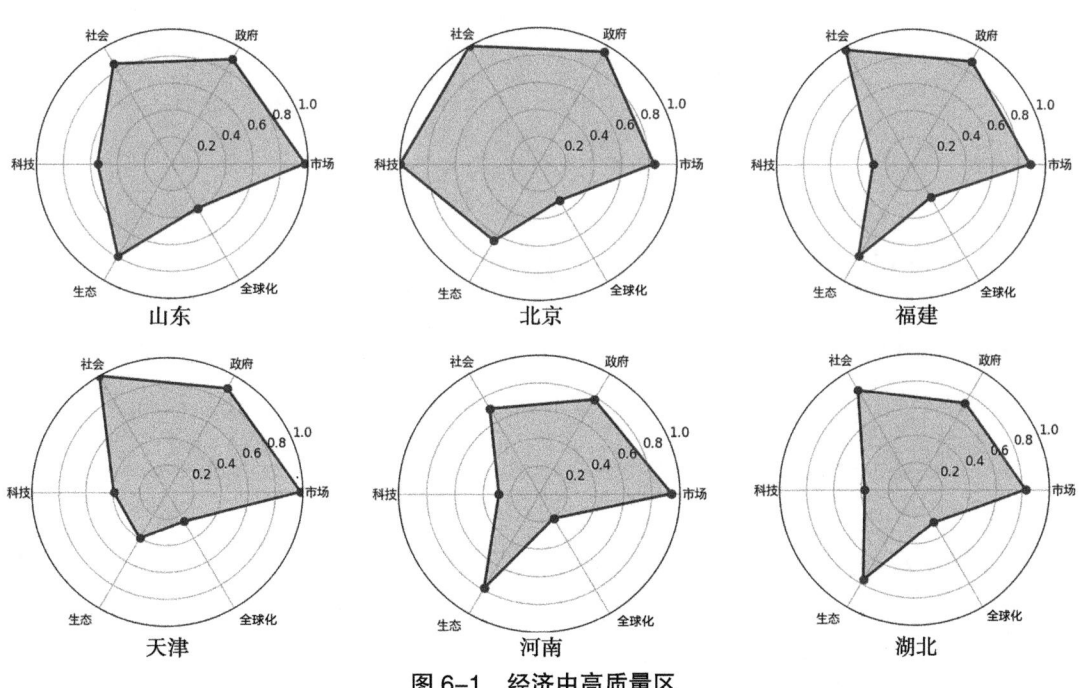

图6-1　经济中高质量区

差距经济学：中美经济与省区经济的差距及走势

一、山东省经济质量差距指数 76.10，全国第 5 位

改革开放 40 年，山东经济发展经历了从农业到工商业、从农村到城市、从经济体制改革到全面深化改革的过程，经济建设、生态建设、民生改善、国际竞争力提升等方面都取得了显著成效。GDP 从 1978 年的 225 亿元上升到 2017 年的 72 634 亿元，增长了 321.8 倍，增长倍数排在广东、福建、江苏、浙江之后，居全国第 5 位。GDP 在全国的排名由第 4 位上升到第 3 位，上升了 1 位（图 6-2）。

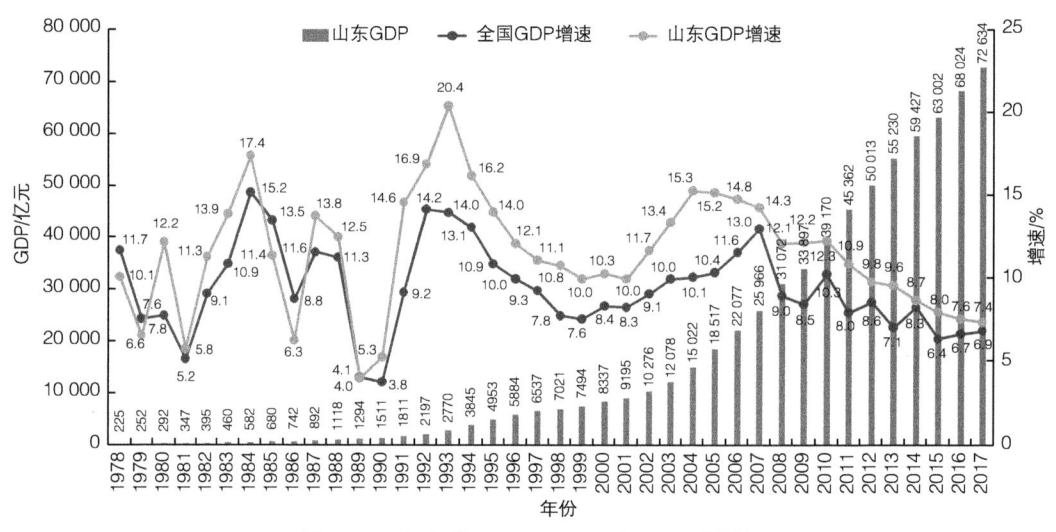

图 6-2　山东省 1978—2017 年 GDP 增长

（一）"山东模式"及其 5 个发展阶段

农业大省已经实现向经济大省、海洋大省的根本转变，以改革开放为动力，向技术要生产力、向海洋要生产力，外向型经济弱于广东、科技创新弱于江苏、商业模式创新弱于浙江，是"山东模式"的主要特征。山东经济发展大致可分为 5 个阶段。

第一阶段，改革起步、温饱基本解决（1978—1986 年）。这一阶段，山东省 GDP 平均增速比全国平均值高 0.58 个百分点，通过推进农村经济体制改革，加速农村、农业发展，使农产品由绝对短缺转向相对剩余，基本解决农民温饱问题。与此

同时，改革城市经济体制、扩大国有企业自主权、推行商品经济发展，GDP 增速连续 4 年达到 11% 以上。

第二阶段，改革重点从农村经济转向城市经济（1987—1992 年）。这期间，山东省 GDP 平均增速比全国平均值高 2.15 个百分点，在这 6 年中，有 5 年 GDP 增速高于全国平均水平。这一阶段，山东改革国有企业，发展个体经济、私营经济，乡镇企业迅速崛起，经济发展明显提速。与此同时，行政、科技、教育、文化等领域的改革相继启动，加速传统的计划经济体制逐步向有计划的商品经济体制转型。

第三阶段，全面改革、快速发展阶段（1993—2012 年）。自 1990 年起，山东 GDP 增速连续 28 年高于全国平均水平，这一阶段是山东经济高速发展的 20 年，GDP 平均增速比全国平均值高 2.95 个百分点，连续 19 年 GDP 增速超过 10%，其中，1993 年前后，GDP 增速达到 16%～20%，高于全国 5～6 个百分点。这一阶段山东建立现代企业制度、改革金融体制、改革住房医疗体制，率先提出农业产业化，实施"海上山东"、蓝黄战略、黄河三角洲开发工程，有力地促进了山东经济发展。

第四阶段，结构调整、海洋强省阶段（2012—2017 年）。山东 GDP 平均增速高于全国平均值 1.18 个百分点。这一阶段山东提出"两个走在前列、一个全面开创"的发展目标，调整经济结构，加快新旧动能转换、建设海洋强省、打好三大攻坚战，2017 年 GDP 增速为 7.4%，保持了经济持续发展。

第五阶段，经济高质量发展阶段（2018 年起）。为加速经济发展由高速度向高质量转型，山东提出以新旧动能转换重大工程为引领，加快实施创新驱动发展战略，聚焦聚力推进乡村振兴、经略海洋等工作重点，继续打好三大攻坚战，着力激发微观主体活力，加快塑造高质量发展新优势，促进经济持续健康发展和社会和谐稳定。

（二）经济结构的特点是"三产弱""二产重"

山东省经济是典型的工业和服务业共同主导型经济，第一产业增加值占 GDP 的 6.65%，第二、第三产业增加值分别占 GDP 的 45.35%、47.99%。第一产业占比低、第二产业和第三产业占比相近，第三产业占比略低于全国平均值，是山东经济结构的显著特点。

差距经济学：中美经济与省区经济的差距及走势

从支柱产业分析，山东第二产业的五大支柱产业分别是：化学原料和制品制造业增加值占第二产业增加值的 10.77%，农副产品加工业占 8.4%，石油、煤炭及燃料加工业占 7.34%，纺织业占 5.98%，通用设备制造业占 5.26%。可见，山东主要以原料和农产品加工产业为主，处于产业链中下游。

山东省第三产业的重点产业分别是：批发和零售业增加值占第三产业增加值的 26.88%，金融业占 10.57%，交通运输、仓储和邮政业占 9.46%，公共管理、社会保障和社会组织占 9.02%，房地产业占 8.95%。其他第三产业占 35.11%（图 6-3）。

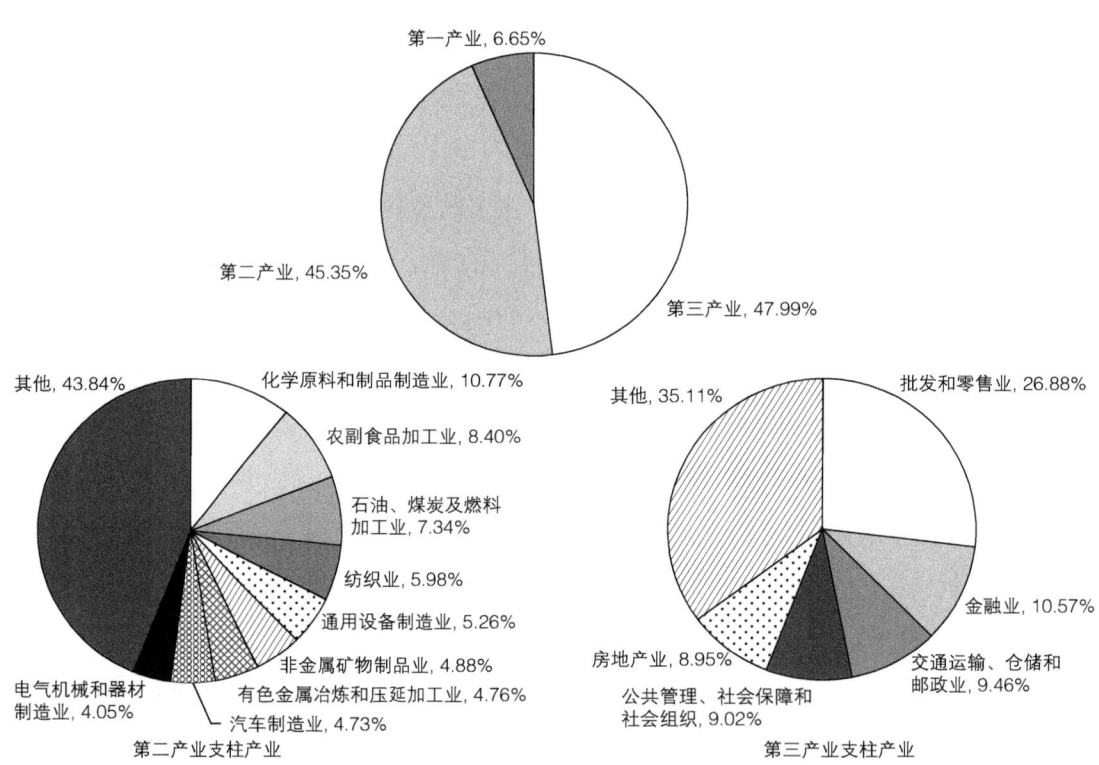

图 6-3　山东省产业结构与支柱产业

（三）缩小经济差距的任务重、潜力大

山东与广东、江苏的差距呈现逐年扩大的趋势。通过对 1978 年、2008 年、2017 年等不同时间段与广东的对比来看，山东省 GDP 比广东省分别多 39.2 亿元、少 5524 亿元和少 1.71 万亿元；与江苏省同期相比，山东省 GDP 比江苏省分别少

24亿元、141亿元和1.32万亿元，说明近10年来，山东省经济发展与广东、江苏的差距迅速扩大。

山东省经济质量差距指数为76.10，居第5位，市场、政府、社会指数分别为97.67、89.62和86.00，表明山东省经济发展充分发挥了市场机制的作用，与此同时，政府作用得到充分体现，贫富差距、城乡差距相对较小，社会矛盾得到较好解决。生态指数为79.25，主要是由于山东耕地面积大、资源丰富。但山东省科技指数、全球化指数分别仅为54.80和38.12，明显低于广东、江苏（图6-4）。

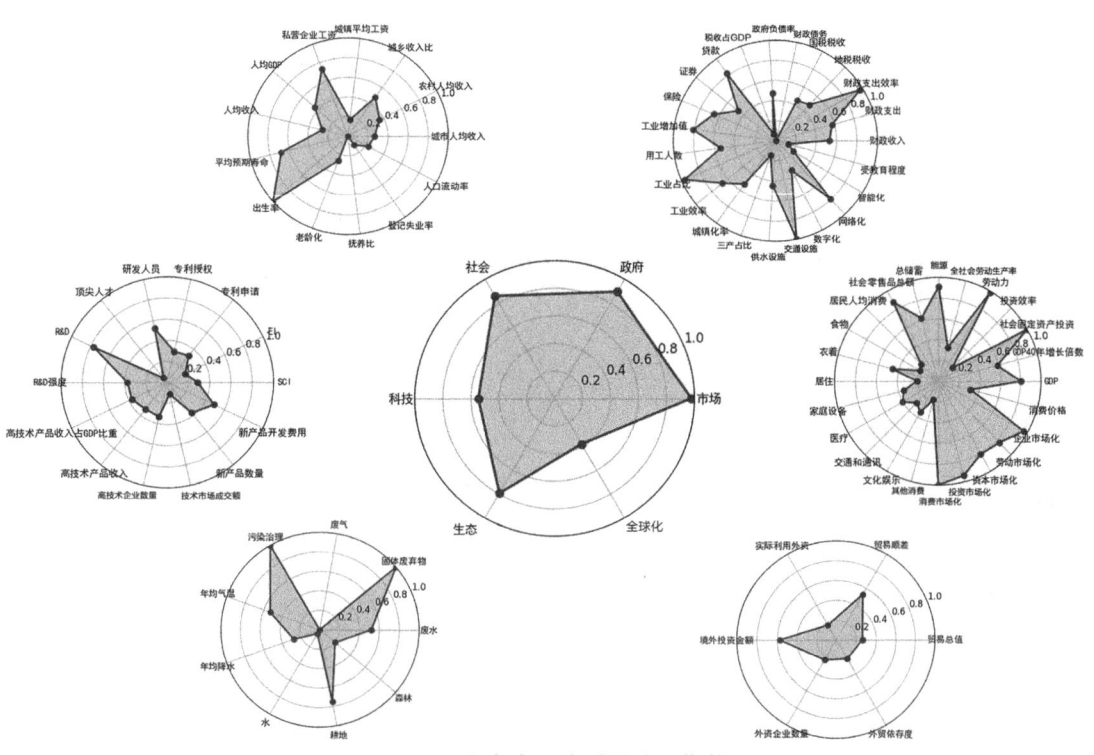

图6-4　山东省经济质量差距指数

具体分析限制山东省经济高质量发展的主要因素，主要有5个方面：一是科技创新能力弱。基础研究、原始创新能力明显低于北京、上海，SCI、EI、专利申请、R&D强度等指标明显偏低，引进人才、技术、管理模式等方面明显落后于广东、江苏，山东省高端人才引进的数量甚至低于江苏的一个地级市，顶尖人才少制约技术创新，技术创新弱制约经济质量提升，山东经济质量的突破口在于引进与培养人才双管齐下，造就顶尖人才队伍，通过提升人才质量提升技术创新质量，通过创新质量提升经济质量，没有捷径可走。二是全球化程度仍有待提升。贸易额、贸易顺差、引资引智等与广东相比，都有较大差距，需要下决心扩大高科技产品出口贸易，加速从引资金、引技术向引人才的根本性转变，持续提升全球化能力。三是发展模式创新不够。在调动市场机制方面，缺乏浙江的市场活力，在发挥政府作用方面，缺乏江苏、广东的实力与能力。四是仍需加大产业结构调整的力度。要加大特色农业、第三产业占GDP的比重，依靠全面创新，培育山东经济模式，走出山东路子。五是品牌产品少。需要打造一批驰名国内外的名牌产品，支撑经济持续发展。

二、北京市经济质量差距指数 74.55，全国第 6 位

北京市是我国的政治、科技、教育、文化、金融和国际交流中心，改革开放40年来经济建设取得了巨大成就，作为第二经济大国的首都，对全国乃至全球经济高质量发展的引领作用还大有潜力可挖。北京市名义GDP从1978年的109亿元上升到2017年的28 015亿元，居全国第12位，增长了256.4倍，GDP排名由1978年的第14位上升至2017年的第12位，上升了2位。2012年经济进入新常态之后，北京2017年GDP增速比2012年下降了1个百分点，下降速度居全国第8位（图6-5）。

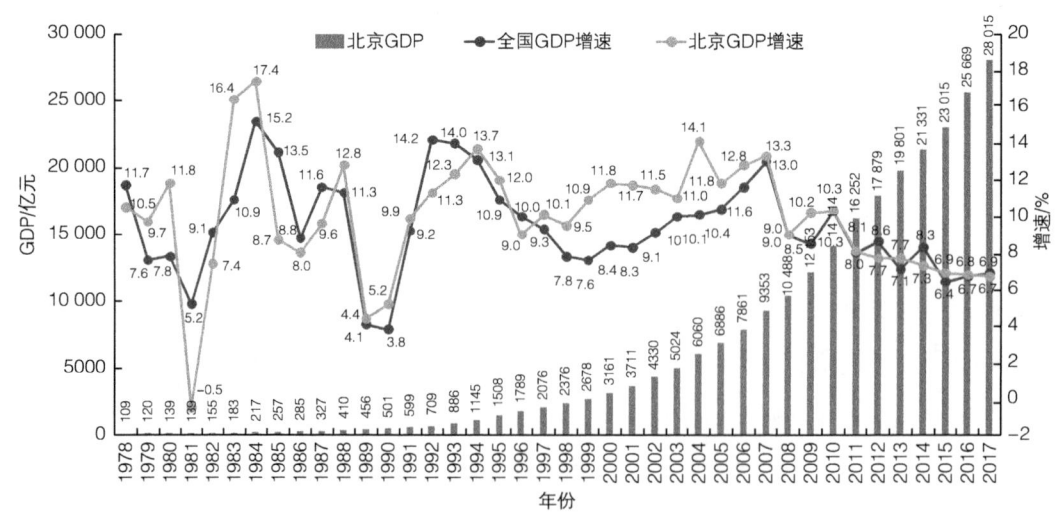

图 6-5　北京市 1978—2017 年 GDP 增长

（一）"首都经济"及其阶段特征

作为第二经济大国的首都，北京市改革开放以来取得了巨大成就，对全国乃至全球经济社会发展、人类进步都做出重大贡献，已经形成了以总部经济、服务经济、数字经济、生物经济、绿色经济、园区经济、临空经济等为主体的"首都经济"新模式。随着"非首都功能"产业向外转移，"首都经济"以高科技产业、高端服务业为主导的"双高"特征将更加明显，首都经济的质量与效率将进一步提升。改革开放40年来，北京市经济发展大致经历了农业现代化、工业化、城镇化与服务业高端化、京津冀一体化等4个阶段。

第一阶段，农业实现现代化、工业化起步（1978—1994年）。这一阶段，北京市GDP平均增速与全国平均增速接近。北京市GDP由108.8亿元上升到1145.3亿元，从百亿元到千亿元用了17年时间，其中9年GDP增速高于全国平均值，另外8年则低于全国平均增速。改革开放初期，北京市率先以农村经济体制改革为龙头，加速城乡经济发展，推进农业产业化、农民知识化、城乡一体化，使首都农业与农村经济发展取得巨大进步。到1984年，北京市基本实现了农业良种化、机械化、规模化、专业化、园区化，并向生态化、安全化、高端化、标准化的方向发展，取得了农业发展、农民增收、农村生态环境改善"一举三得"的成就，农村经济在耕地面积下降、劳动力下降的条件下，实现了农业增加值的大幅度提升。1978—1994年，北京市第一产业产值由5.63亿元增加到66.79亿元，增加了10.86倍，农业实现了现代化。

与此同时，1984年北京市开始部署城市经济体制改革，加速推进计划经济向社会主义市场经济的转变。自主创新，引进、消化吸收再创新，使北京市的汽车制造、计算机与通信设备、医药、机械电子等制造业取得长足发展，工业化、信息化成为首都经济的重要支柱和标志。

第二阶段，工业化、信息化快速发展（1995—2007年）。在这一阶段，北京市GDP平均增速明显高于全国平均增速。在这13年间，北京市GDP增速有9年都在11%以上，最高时达到14.1%，只有一年低于全国平均GDP增速，GDP增速比全国平均值高出1.78个百分点，这13年是北京市经济发展的黄金时代。信息化、工

差距经济学：中美经济与省区经济的差距及走势

业化使北京市经济由千亿元级上升到万亿元级，2007年GDP达到9353.3亿元。中关村高科技园区的建设，带动了全国高新技术区的发展，支撑、引领了全国信息化的发展。

第三阶段，城镇化、服务业快速增长阶段（2008—2013年）。这期间北京市GDP增速再次接近全国平均值。工业化必然带动城镇化的发展，北京市城镇化率已达到发达国家平均水平，进入了后工业化阶段，与此同时，第三产业迅速崛起，成为新的经济增长点，但北京市GDP平均增速再次回荡到接近全国平均值。2008年北京市第三产业增加值占GDP比重达75%，2016年以来，一直保持在80%以上。改革开放40年来，北京市基础设施建设累计完成投资2.5万亿元，占全社会固定资产投资的比重达到26.7%，但是，北京市仍然遇到国际大都市共同面临的交通拥堵、环境污染、资源短缺、发展空间不足等问题。

第四阶段，经济高质量发展、京津冀一体化建设阶段（2014年起）。2014年2月，习近平总书记指出京津冀协同发展是一个重大的国家战略，要坚持优势互补、互利共赢、扎实推进。从此，北京市经济发展进入了推进京津冀一体化建设、疏解非首都功能的新阶段。2017年北京市GDP达到28 014.9亿元，三次产业的比例为0.4∶19.0∶80.6。与1978年相比，第三产业占比提高了56.7个百分点。2018年党的十九大报告指出，中国经济已由高速度发展转向高质量发展阶段，北京市提出要深刻认识和把握我国发展重要战略机遇的新内涵，积极主动应对新形势新挑战，化挑战为机遇，变外部压力为发展动力，坚定不移地抓住机遇、用好机遇、创造机遇，推动形成首都高质量发展的新优势。北京经济如何在第三产业占GDP的80%、非首都功能转移、金融业风险增大、房地产业增速下降、大量科研成果赴外地转化的情况下，实现经济高质量发展，迫切需要战略创新、理论创新与发展模式创新，任重道远。

（二）经济结构与美国相近，第三产业占比达80%

北京市经济结构是全国最接近发达国家的省市，也面临着与发达国家同样的困难或问题，农业萎缩、传统工业转移、低端服务业转移，导致经济发展相对较慢，经济发展主要依赖第三产业。北京市第三产业占比突出，2017年第一产业增加值仅占GDP的0.43%，第二、第三产业增加值分别占GDP的19.01%、80.56%。第三产业占比高，第一、第二产业占比低是北京市经济结构的显著特点。

从支柱产业分析，北京市第二产业的五大支柱产业分别是：汽车制造业增加值占第二产业增加值的21.95%，电力、热力生产和供应业占21.75%，计算机、通信和其他电子设备制造业占13.81%，医药制造业占4.57%，电气机械和器材制造业占3.70%。

北京市第三产业的重点行业分别是：金融业增加值占第三产业增加值的20.63%，信息传输、软件和信息技术服务业占14.31%，科学研究和技术服务业占12.67%，批发和零售业占11.02%，租赁和商务服务业占8.58%，房地产业占7.83%。其他第三产业占24.97%（图6-6）。对于第三产业占比非常高的北京来说，精细化、高端化的产业结构将有助于其持续提升竞争力。

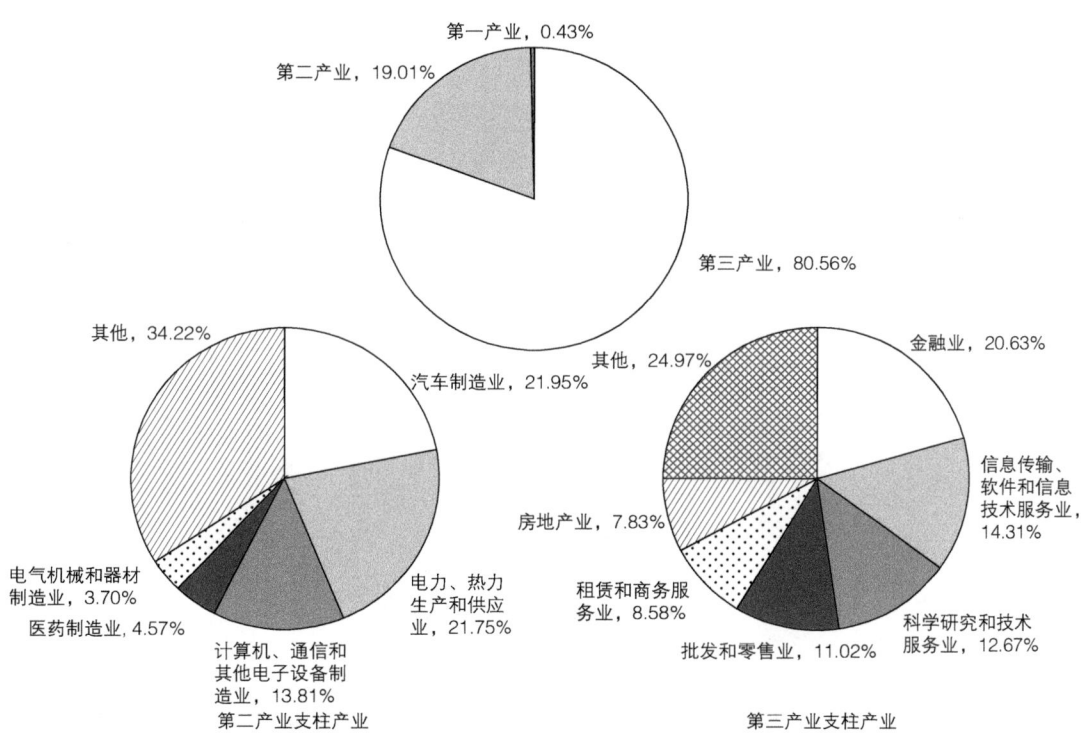

图6-6 北京市产业结构与支柱产业

（三）首都经济再创新辉煌需要战略创新与技术创新

北京市经济质量差距指数为74.55，居全国第6位，科技指数、社会指数均为100，居全国第1位，表明北京市是科技中心，创新能力在国内处绝对优势地位。社会指数高是由于城乡差距相对较小、平均预期寿命较高。政府指数为95.07，居广东、江苏、上海之后，居全国第4位，表明北京市在发挥政府作用方面走在全国前列，但在财政、税收、引进技术与人才等政策方面，力度弱于广东、江苏和上海（图6-7）。

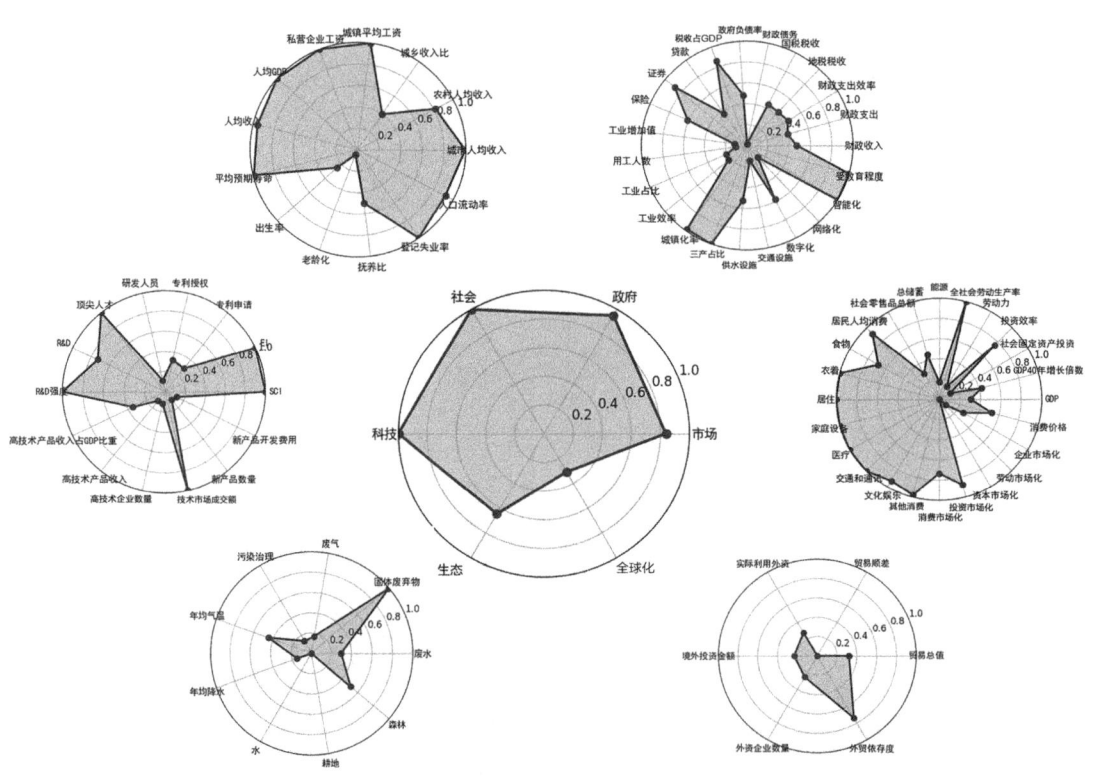

图6-7 北京市经济质量差距指数

进一步分析，限制北京市进一步提高经济质量的因素主要有4个：一是全球化指数仅为30.79，居全国第6位，主要是因为贸易额小，科研院所、大学进口仪器设备多，导致北京市贸易顺差小，全球化系数偏低。要提高经济质量，迫切需要创造一批北京品牌的产品与服务，扩大出口额、提高贸易顺差。二是北京市的生态指数偏低，只有 64.66，居全国第 18 位。生态环境，特别是空气质量明显影响人民生活与高端人才的引进。三是北京市产业过早出现"轻化""老化"，实体经济、制造业比重下降，第三产业增加值占 GDP 的比重高达 80.56%，高于许多发达国家，人口老龄化、未富先老的问题比较突出。要防止传统工业、低端服务业转移，而高端产品与服务没有发展起来导致的经济下滑。四是要在不断提高科技创新能力的同时，更加重视科技成果的本地转化率，避免过多地出现"京内成果、京外转化"，使经济增长失去动力。

北京市经济高质量发展，迫切需要坚持"四个自信"，要战略创新与技术创新结合，走出一条与发达国家大都市不同的经济发展道路，创出北京经济的"三高模式"，即高科技产业、高端服务业、高质量发展。

北京市正处在城市更新，经济由服务型经济向高质量经济转型的临界期。若转型成功，北京市经济将实现跨越式发展，如转型不成功，北京市经济将出现"低端产业下去了，高科技产业起不来，经济增速下降"的被动局面。要实现经济高质量发展，就要切实落实中央指示，实施创新驱动发展战略，向创新要效率、向创造要质量。努力建设世界科技创新中心，不仅要成为论文、专利、人才的中心，也要成为新产品、新业态、新经济的中心。不仅要将科技优势转化为经济优势，推动北京市经济的高质量发展，更要发挥首都的作用，引领全国高科技产业、高端服务业的发展，带动全国经济的高质量发展，这是北京市经济高质量发展的优势所在、出路所在，也是使命所在。

三、福建省经济质量差距指数 71.19，全国第 7 位

改革开放 40 年来，福建省后来居上，迅速追赶，名义 GDP 从 1978 年的 66.37 亿元上升到 2017 年的 32 182.09 亿元，增长了 483.89 倍，GDP 增长倍数居全国第 1 位，增长倍数是黑龙江省的 5.3 倍，GDP 全国排名由第 23 位上升到第 10 位，是上升最多的省区（图 6-8）。

差距经济学：中美经济与省区经济的差距及走势

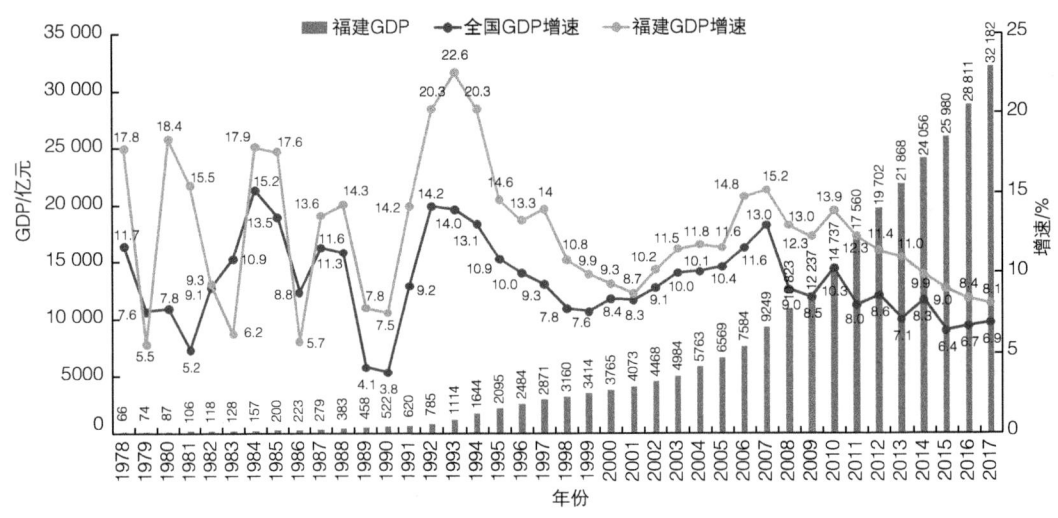

图 6-8　福建省 1978—2017 年 GDP 增长

（一）"福建模式"及其 4 个发展阶段

福建省紧紧抓住改革开放的战略机遇，实现了由农业省向工业省的转变，自 1987 年以来，福建省的 GDP 增速均高于全国平均水平，按可比价计算，1979—2017 年，年均增长 12.3%，增速仅次于广东，比全国增速快 2.8 个百分点。综合实力显著增强，经济结构不断优化，社会事业蓬勃发展，生活水平显著提高，福建省经济发展主要经历 4 个阶段。

第一阶段，发展传统产业、16 年迈上千亿元台阶（1978—1993 年）。这一阶段福建省 GDP 平均增速比全国平均值高 3.51 个百分点，16 年中有 13 年 GDP 增速高于全国，其中，1992 年、1993 年 GDP 增速分别达到 20.3%、22.6%。福建省是一个典型的农业省份，1978 年农业产值占 GDP 的 36.0%，第二产业占 42.5%，第三产业仅占 21.5%，第一产业占 GDP 比重比全国平均水平高了 7.8 个百分点。改革开放以来，强化山、海、侨、特等四大优势，"大念山海经"，建设了林业、牧业、渔业、轻工、外贸等八大基地，大力发展农业、商品经济和乡镇企业，建立台商投资区等，1993 年，福建省 GDP 超过千亿元，从不足百亿到千亿用了 16 年的时间。

第二阶段，推进工业化、15 年跨上万亿元台阶（1994—2008 年）。这一阶段福建省 GDP 平均增速比全国平均值高 2.69 个百分点，自 1987 年起福建省 GDP 增速连续31年高于全国平均水平。以党的十四大精神为指导,完善社会主义市场经济体系,福建省以厦门经济特区为龙头,加速建设"海峡西岸经济繁荣带",吸引华侨、台商投资,发展现代制造业与服务业,提出"山海协作、对内连接、对外开放""跳出福建直追,走出福建发展"的发展思路,全省分类指导、梯度推进,到2008年,全省GDP已达到10 823亿元,迈上"万亿元"台阶。

第三阶段,多业并举、9年迈上3个万亿元台阶(2009—2017年)。这一阶段福建省GDP平均增速比全国平均值高2.83个百分点,在全国大部分省区GDP增速下滑的同时,福建省依旧保持了稳定的高速增长。2009年,国务院《关于支持福建省加快建设海峡西岸经济区的若干意见》使"海峡西岸经济区"发展战略上升为国家战略,福建省抓住"中国(福建)自由贸易试验区"、21世纪海上丝绸之路核心区等"六区"政策叠加的难得历史机遇,使福建省成为优惠政策最多、最集中的省市之一。工业化、信息化、城镇化、全球化"多业并举",2017年,福建省GDP达到32 182.09亿元,相当于2008年的3倍,仅仅9年时间,就创造了"福建奇迹",使福建超过广东,成为改革开放40年以来名义GDP增长倍数最多的省区。"区位特殊(在祖国统一中的地位)、政策优惠、华侨帮忙、自身努力"成为"福建模式"的显著特征。

第四阶段,经济高质量发展阶段(2018年起)。全面深化改革,推动供给侧改革,加速经济由高速度向高质量转型,福建省明确要加快实体经济创新转型,加快建设现代化经济体系,加快推进闽东北、闽西南两大协同发展区建设,加快建设机制活、产业优、百姓富、生态美的新福建。福建省如何保持改革开放40年经济增长倍数最高的地位,切实需要体制机制创新、科技创新、管理创新等多元驱动。

(二)经济结构接近全国平均值

2017年,福建省第一产业增加值占GDP的6.88%,第二、第三产业增加值分别占GDP的45.41%、47.71%。第二产业占比高、第一产业占比低,第三产业占比低于全国平均值,是福建省经济结构的显著特点。

从支柱产业分析,福建省第二产业的支柱产业分别是:皮革、毛皮、羽毛及制鞋业增加值占第二产业增加值的9.43%,计算机、通信和其他电子设备制造业占7.51%,非金属矿物制品业占7.16%,纺织业占5.53%,纺织服装、服饰业占5.23%,

农副食品加工业占 5.08%，电气机械和器材制造业占 4.90%，电力、热力生产和供应业占 4.26%，文教工美体育和娱乐用品占 3.73%。

福建省第三产业的重点产业分别是：批发和零售业增加值占第三产业增加值的 17.12%，金融业占 14.06%，交通运输、仓储和邮政业占 12.93%，房地产业占 12.10%，租赁和商务服务业占 9.44%。其他第三产业占 34.34%（图 6-9）。

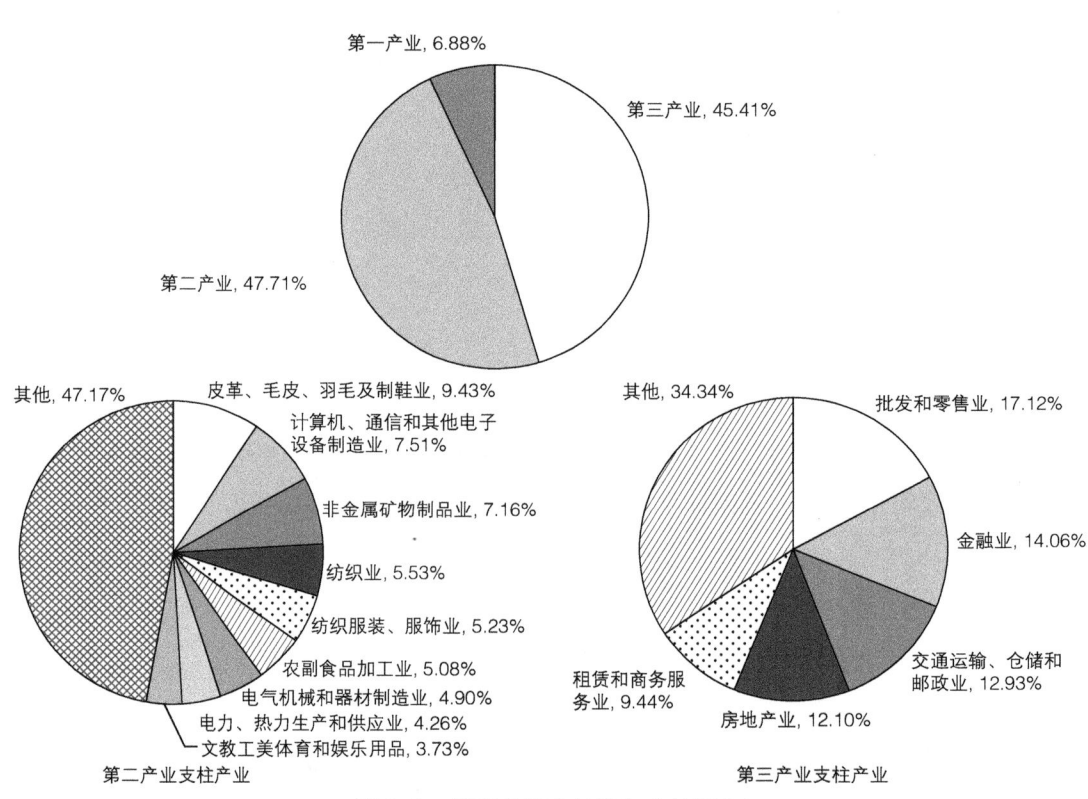

图 6-9　福建省产业结构与支柱产业

（三）经济高质量发展既要念好"山海经"，又要念好"创新经"

福建省经济质量差距指数为 70.19，居全国第 7 位。市场、政府、社会指数相对较高，分别为 88.70、88.03 和 97.91，表明福建省市场机制发挥较好，资本市场化、劳动市场化、投资市场化都比较高，但人均消费偏低，未来增长空间大。民营经济比较发达，贫富差距相对较小，社会因素得到较好协调。但福建省科技指数、全球化指数明显偏低，仅为 28.93 和 28.48，生态指数为 78.74（图 6-10）。

第三篇　差距与成因
第六章　经济中高质量区

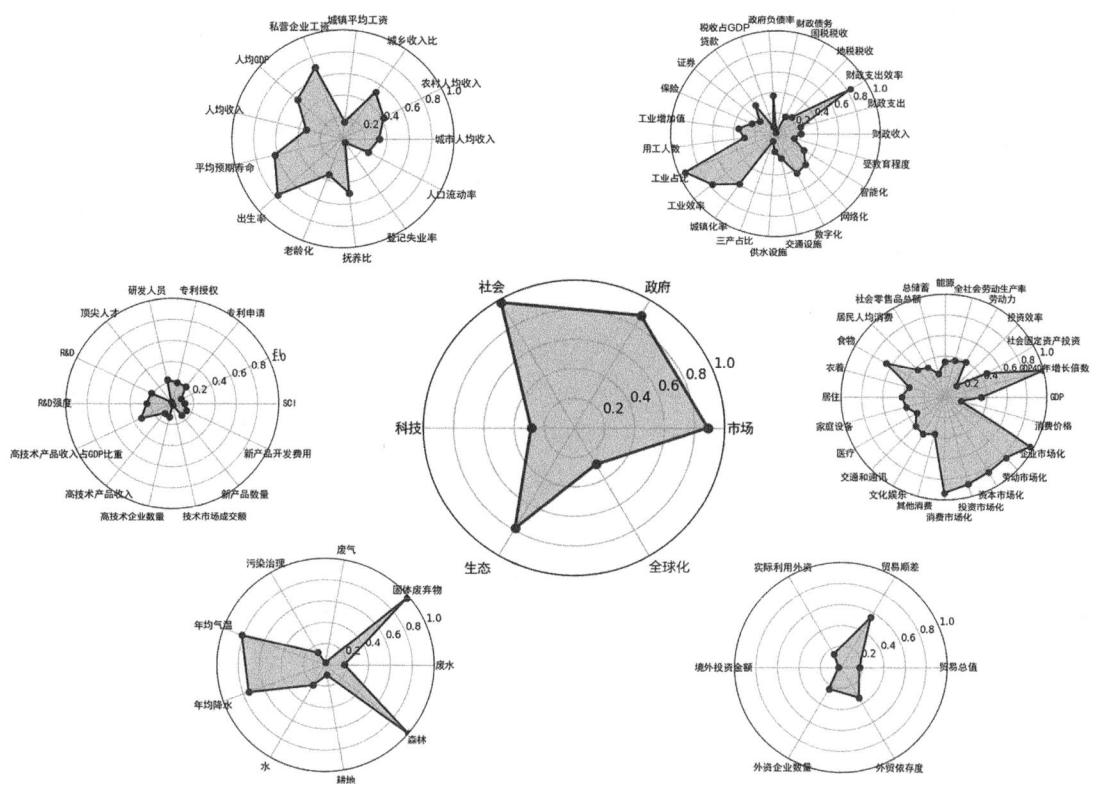

图 6-10　福建省经济质量差距指数

从经济质量差距指数可以看出，福建省经济高质量发展有 4 个主要限制因素：一是科技创新能力弱。科技创新的 14 个指标中，福建省没有一项排在全国前列，论文、专利、研发强度、引进人才、技术引进等方面明显落后，严重制约福建省经济高质量发展。福建省提升经济质量的突破口在于通过提高创新质量进一步提升经济质量，利用经济增速快、市场潜力大的优势，加速顶尖技术人才的引进与培养，突破一批制约经济质量的核心技术。二是提高全球化指数。在全球化 6 个指标中，除贸易顺差外，福建省贸易额低，实际利用外资、外资企业数量等都没有比较优势，切实需要持续提升全球化能力。三是要进一步发挥政府作用。在政府作用 23 个指标中，福建省只有工业效率、财政支出效率两个指标居全国前列，其他指标均有潜力可挖，建议创新发展模式，把高科技产业、高端服务业作为未来发展的重点，同时大幅度提升第三产业在经济中的比重。四是需要创造品牌产品。打造一批驰名国内外的名品产品，支撑经济持续发展。

差距经济学：中美经济与省区经济的差距及走势

四、天津市经济质量差距指数 64.33，全国第 8 位

天津市科技、文化、金融、工业基础，特别是轻工业在全国曾经有明显优势。天津市 GDP 从 1978 年的 83 亿元增长到 2017 年的 18 549 亿元，增长了 223.3 倍，经济增速居全国第 21 位。GDP 排名由 1978 年的第 17 位降至 2017 年的第 19 位，下降了 2 位。天津市轻工业比重下滑，新兴产业与第三产业增长没有弥补轻工业下滑的影响，是导致经济差距拉大的主要原因之一（图 6-11）。

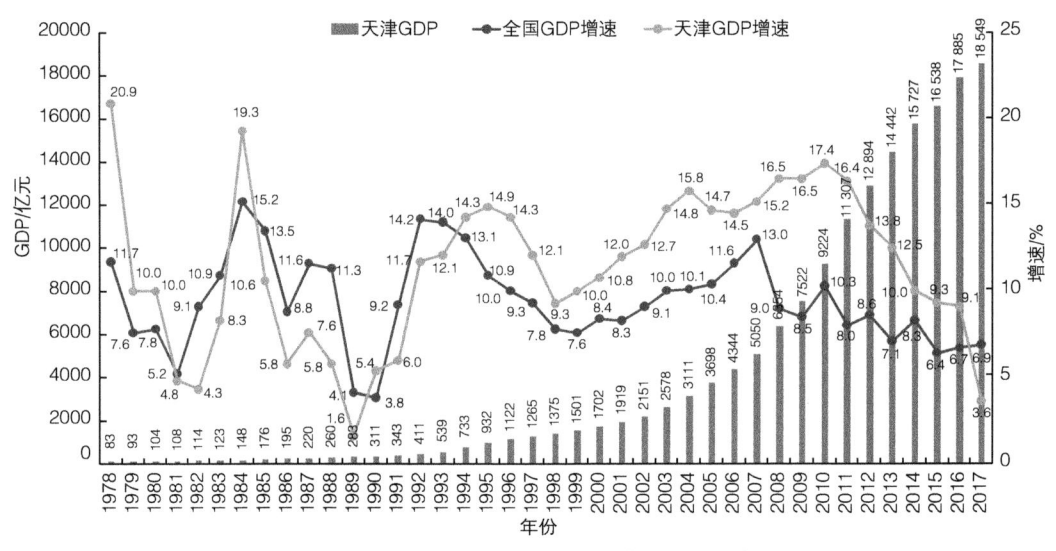

图 6-11 天津市 1978—2017 年 GDP 增长

（一）经济发展的 3 个难点与 4 个阶段

天津市具有雄厚的经济基础，是我国重要的轻工业中心。改革开放以来，天津市不断探索发展战略与路径，经济综合实力显著提升，人均 GDP、人均收入在全国名列前茅。改革开放 40 年来，天津市经济发展速度呈现"先慢后快"的现象，1978—1992 年，天津市 GDP 增速只有 5 年高于全国平均值，而 10 年低于全国平均值。1993—2016 年，天津市 GDP 增速始终高于全国平均值。

近 40 年来，天津市经济在全国排名有所下降，经济发展始终面临三大难题：一是如何发挥直辖市的经济优势？天津市科技、金融、教育、文化、高新技术产业

等均未进入全国领先地位。二是如何发挥沿海城市优势？环渤海经济圈如何破题、打开新的发展局面。三是如何挖掘老工业基地的潜力？如何挖掘科技创新、引进人才、培养人才等方面的潜力。改革开放以来，天津市经济发展大致经历4个阶段。

第一阶段，农业与传统工业支撑的百亿元产业阶段（1978—1980年）。这3年天津市GDP平均增速比全国平均值高出4.6个百分点。改革开放初，通过农业经济体制改革，农业生产条件加快改善，生产方式向规模化、专业化、社会化方向明显转变，农业、农产品加工业、轻纺工业取得重要进展，1980年天津市GDP达到103.53亿元，迈上百亿元台阶。第一产业增加值从1978年的5.03亿元，增加到2017年168.96亿元，年均增长5.3%。主要农副产品产量稳定增长，农业机械化水平大幅提高。

第二阶段，工业化驱动的千亿元产业阶段（1981—1994年）。这一阶段天津市经济增速比全国平均值低1.89个百分点，14年中仅3年经济增速高于全国。推进城市经济体制改革，改革国有经济的同时，加大对民营企业和外资企业的支持力度，形成国有、民营、外资齐头并进的发展局面。民营经济从无到有，保持活跃，成为拉动全市经济增长的生力军。

第三阶段，工业化、城镇化驱动的万亿元产业阶段（1995—2013年）。随着工业化、城镇化的深入发展，特别是第三产业成为新的经济增长点，1995—2013年是天津市改革开放以来经济增长最快的时期，GDP平均增速比全国平均值高4.54个百分点。2011年，天津市GDP达到11 307亿元，进入"万亿元俱乐部"。

第四阶段，产业结构调整、高质量发展阶段（2014年起）。这一阶段，天津市经济发展面临难得机遇。"一带一路"建设、京津冀协同发展等重大国家战略叠加，自贸试验区、自主创新示范区、国家级开发区等重大举措重叠，创新资源丰富，科教底蕴深厚，要素配置齐全，区位优势明显，港口功能、腹地条件优越等经济发展条件优越，天津市提出深化改革和"三大变革"，努力开创天津市高质量发展的崭新局面。

（二）优化经济结构潜力巨大

天津市第一产业增加值占GDP的0.91%，第二、第三产业增加值分别占GDP的40.94%、58.15%，第三产业占比高于全国平均值，但作为直辖市，天津市经济结构仍然有很大优化空间：一是高科技产业在制造业中占比较低；二是第三产业占

GDP 比重较发达国家平均水平低 10 个百分点，比北京市低 20 个百分点。

从第二产业支柱行业分析，高科技产业占比还不高，天津市第二产业的五大支柱行业分别是：黑色金属矿采选业增加值占第二产业增加值的 9.62%，文教工美体育和娱乐用品占 5.31%，石油、煤炭及燃料加工业占 4.62%，皮革、毛皮、羽毛及制鞋业占 3.73%，农副食品加工业占 3.66%。

天津市第三产业的重点产业分别是：批发和零售业增加值占第三产业增加值的 21.39%，金融业占 18.09%，租赁和商务服务业占 9.25%，科学研究和技术服务业占 9.24%，房地产业占 7.26%。其他第三产业占 34.77%（图 6-12）。

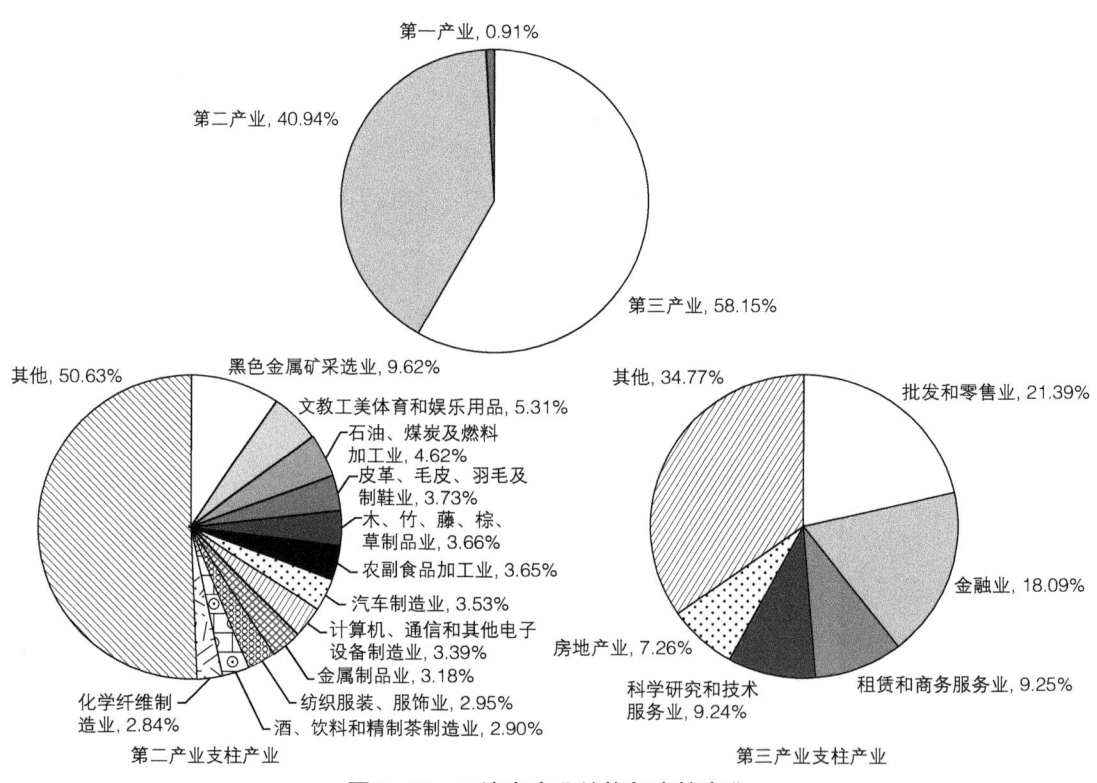

图 6-12　天津市产业结构与支柱产业

（三）缩小经济差距的对策与路径

天津市经济质量差距指数为 64.33，居第 8 位，其中，社会指数为 100，并列第 1 位，在社会指数的 12 个指标中，城乡收入比、平均预期寿命、私营企业工资、抚养比等指标有优势；市场指数为98.29，劳动、资本、消费市场化水平较高，但民营经济占GDP比重偏低，投资效率、社会消费零售额等指标明显偏低；政府指数为89.13，城镇化率、工业占比、财政支出效率有一定优势，但第三产业占GDP比重明显低于北京、上海，与直辖市地位有差距，此外，贷款、税收、证券等指标明显偏低。天津市科技、生态、全球化指数分别为39.43、39.77和25.17，明显低于北京和上海（图6-13）。

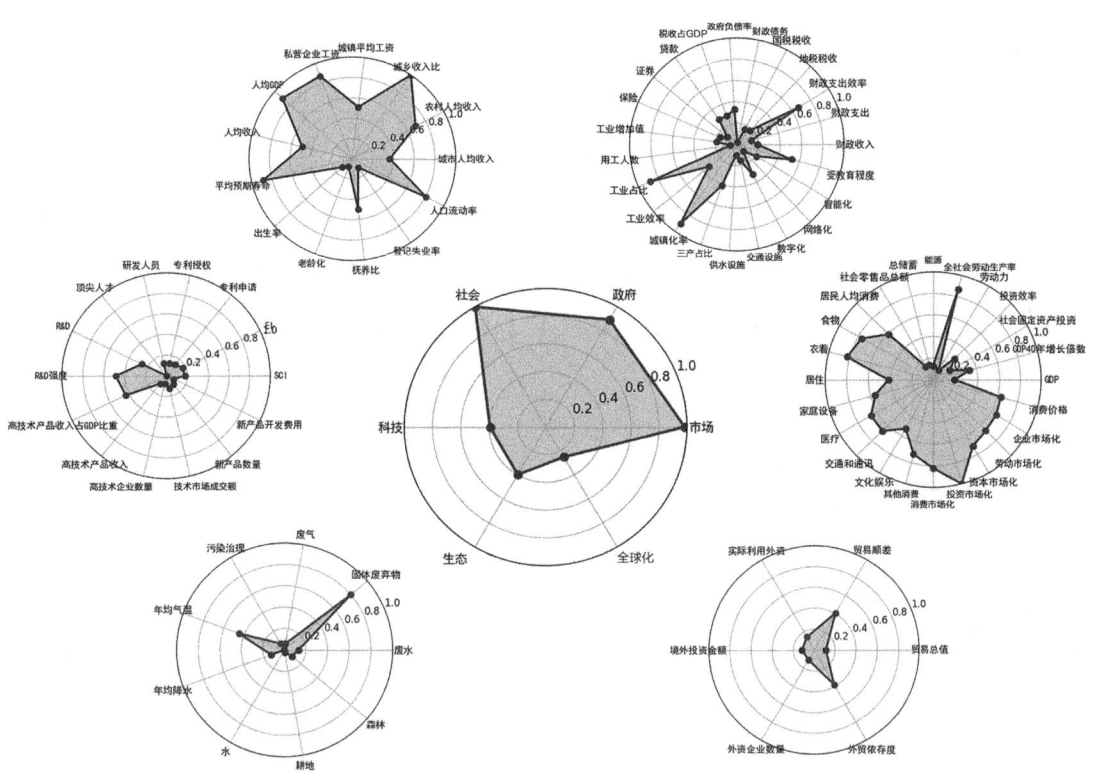

图6-13 天津市经济质量差距指数

天津市正处在发展战略创新、模式创新、经济转型的关键时期，若转型成功，天津市经济将实现跨越式发展，快速弥补改革开放40年来经济发展相对缓慢的缺憾，加速天津市建立与直辖市地位相适应的现代经济体系；若转型不成功，在全国提高经济质量的新时期，天津市仍将面临缺资金、缺技术，更缺顶尖人才，缩小经济质量差距面临被动局面。

天津市经济质量差距拉大的原因主要有5个方面：一是提升政府管理水平仍然大有潜力。迫切需要提高利用社会、外部经济要素的能力和水平，把引进人才、技术、资金、管理作为突破口，"借鸡下蛋"，追赶发展。二是全球化指数低，居全国第10位，与直辖市地位不协调。主要是因为贸易额小、实际利用外资少、外资企业数量少等，要把提高全球化水平作为提升经济质量的工作重点。三是科技创新能力弱，自主创新能力弱，引进人才、技术力度小，迫切需要"创新与引进并举"，大幅度提升科技创新能力，创造一批天津品牌的产品与高端服务。四是生态问题突出。生态指数仅居全国第27位，土地盐碱化、空气质量差、水资源缺乏等因素明显影响经济发展的质量与人民生活。五是天津市支柱产业优势不明显，高端品牌产品与服务还没有发展起来，传统产业过剩，导致经济增速下滑、质量不高。天津市经济高质量发展，迫切需要实施创新驱动发展战略，战略创新、发展模式创新、管理创新、科技创新、营商环境创新等创新并举。在京津冀协同发展中，要找准天津市的优势与定位，再造天津市作为直辖市的经济优势与创新优势，把高科技产业、高端服务业的发展作为主要突破口。

五、河南省经济质量差距指数63.41，全国第9位

改革开放以来，河南省成功实现了由传统农业大省向经济大省的历史性转变。河南省名义GDP从1978年的163亿元上升到2017年的44 553亿元，居全国第5位，增长了272.5倍，增速排名第9位，GDP排名由第9位上升到第5位，上升了4位（图6–14）。

（一）经济"中原崛起"及其4个重要特征

河南省是我国人口大省、农业大省，有浓厚的中原文化特征。改革开放40年来，与全国平均水平相比，河南省GDP增速呈现"前低、中慢、后快"的特征，1978—1992年河南省GDP增速有7年低于全国平均值，1993—2004年稍高于全国平均值，而2005年以来明显高于全国平均值，表明中原崛起的政策在河南省得到了充分体现。河南省经济发展呈现4个显著特点。

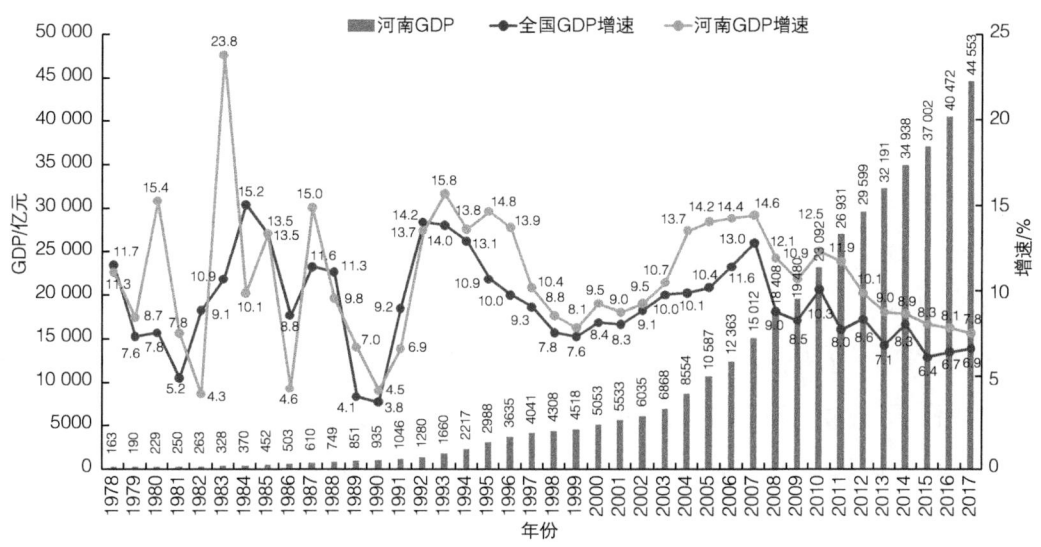

图 6-14 河南省 1978—2017 年 GDP 增长

一是第一产业增加值占 GDP 比重下降 30.5 个百分点。2017 年，河南省第一产业增加值已达 4139.29 亿元，但占 GDP 的比重却在不断下降，由 1978 年的 39.8% 下降到 2017 年的 9.3%，40 年下降了 30.5 个百分点，但河南省第一产业占比仍然是全国较高的，其农业在全国发挥着重要的保障作用。

二是第二产业增加值占 GDP 比重上升 4.8 个百分点。河南省工业发展从农产品加工业起步，不断提高工业技术水平、拓宽工业领域，发展高新技术产业，2017 年河南省第二产业增加值为 21 105.52 亿元，占 GDP 的比重由 1978 年的 42.6% 上升到 2017 年的 47.4%，40 年上升了 4.8 个百分点。

三是第三产业迅速崛起，占 GDP 比重增加 25.7 个百分点。2017 年，河南省第三产业增加值为 19 308.02 亿元，占 GDP 的比重由 1978 年的 17.6% 上升到 2017 年的 43.3%，增加 25.7 个百分点，极大地加速了农业大省向经济大省的根本性转变。

四是城镇化、全球化正在将河南省经济推向高质量发展阶段。在农业现代化、工业化的基础上，城镇化、全球化正在成为河南省经济高质量发展的主要动力。河南省提出贯彻"巩固、增强、提升、畅通"的方针，持续推进"四个着力"、打好"四张牌"，"在中原更加出彩的征程中迈出更大步伐"。进一步提高城镇化率，提高对外贸易数量与质量，加速出口商品由初级产品主导向高附加值产品主导和方向转变，成为河南省经济高质量发展的重要支撑。

（二）经济结构仍然保持农业大省的特征

河南省是传统的农业大省，第一产业占GDP比重仍然较高，具有农业大省的典型特征。2017年，第一产业增加值占GDP的9.3%，第二、第三产业增加值分别占GDP的47.4%、43.3%。

从支柱产业分析，河南省第二产业的五大支柱产业分别是：电力、热力生产和供应业占16.18%，有色金属冶炼和压延加工业占12.49%，煤炭开采和洗选业占11.53%，化学原料和制品制造业占7.61%，有色金属矿采选业占6.29%。

河南省第三产业的重点行业分别是：批发和零售业占17.07%，金融业占13.13%，房地产业占11.62%，交通运输、仓储和邮政业占11.42%，教育占8.90%。其他第三产业占37.86%（图6-15）。

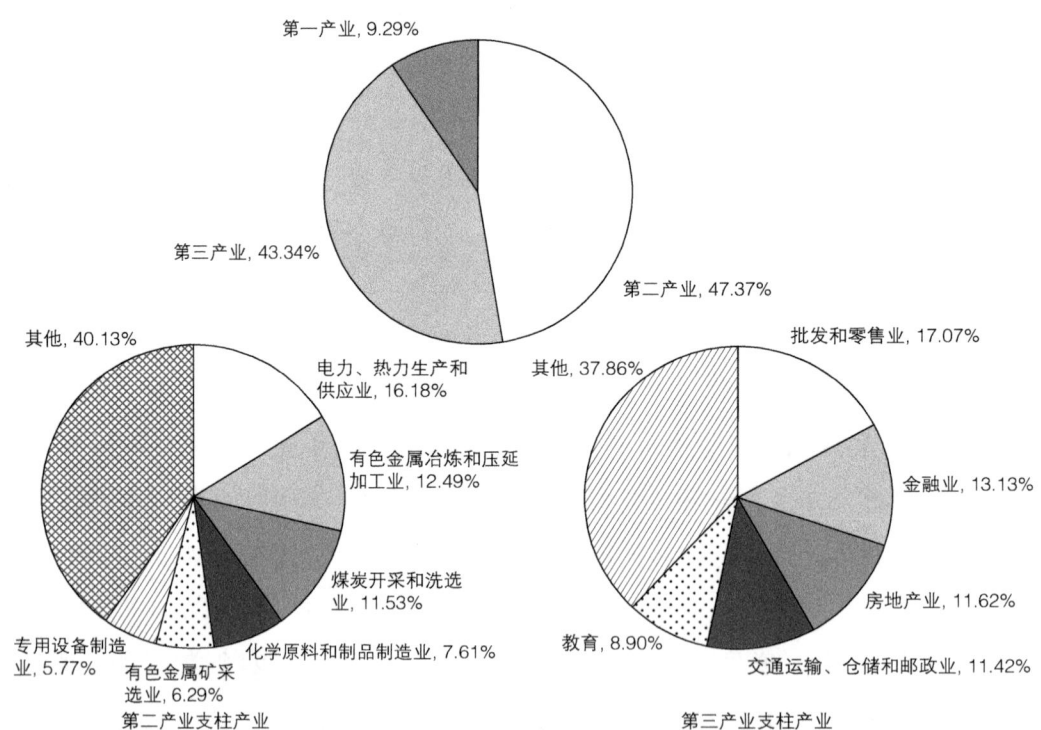

图6-15 河南省产业结构与支柱产业

第三篇　差距与成因
第六章　经济中高质量区

（三）缩小经济差距要双管齐下

河南省经济质量差距指数为 63.41，居第 9 位，缩小经济质量差距要均衡发展、差异化发展双管齐下。河南省市场指数最高，为 94.09，表明河南省市场机制发挥较好，资本市场化、劳动市场化、投资市场化、消费市场化等指标都比较高，但人均居住、食物、医疗等消费明显偏低，未来增长空间大；政府、社会指数相对较高，分别为 78.31、70.79，工业增加值、财政支出、财政支出效率等指标有一定优势，但三产占比、税收占 GDP、交通设施等指标明显偏低，城乡收入比、出生率等社会指标较高；生态指数为 78.53，主要是耕地资源丰富（图 6-16）。

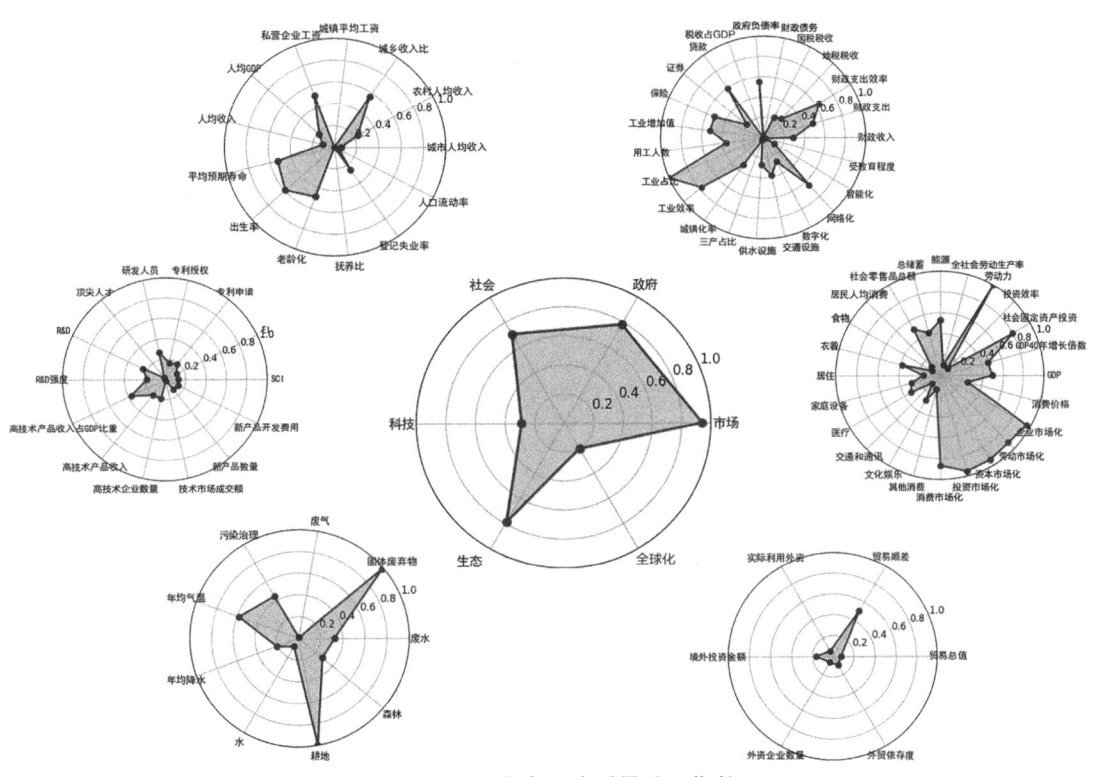

图 6-16　河南省经济质量差距指数

河南省缩小经济差距需要补齐主要短板，从经济质量差距指数可以看出：一是提高科技创新能力。科技指数为 29.00，居全国第 13 位。在科技指数的 14 个指标中，河南省没有一项排在全国前列，论文、专利、研发强度、引进人才、技术引进等方面明显落后，严重制约经济高质量发展。二是全球化水平低。全球化指数仅为 20.45，居第 13 位。在全球化的 6 个指标中，除贸易顺差外，贸易总值、实际利用外资、外资企业数量等指标明显偏低。河南省提升经济质量的突破口在于通过大幅度提高创新质量进一步提升经济质量，加速顶尖技术人才的引进与培养，突破一批制约河南省支柱产业发展的核心技术，把利用外技、外资、外人才、外市场作为河南省实现高质量发展的重中之重，创造品牌产品，打造一批驰名国内外的名品产品。三是进一步发挥市场与政府两个作用。河南省发挥民营企业作用，提高市场化水平的任务很重。与此同时，在政府指数的 23 个指标中，河南省只有工业化率、工业增加值占 GDP 比重两个指标相对较高，其他指标均有很明显的差距，建议创新发展模式，把高科技产业、高端服务业作为未来发展的重点，同时大幅度提升三产在经济中的比重。

河南省差异化发展的策略是走出一条农业不萎缩、工业化、城镇化、全球化协同发展的道路，在高科技农业、高端农产品开发中取得重大突破。

六、湖北省经济质量差距指数 60.55，全国第 10 位

改革开放 40 年来，湖北省不断探索经济发展的新动能、新方式、新途径，推动计划经济向市场经济转变、粗放发展向高质量发展转变，经济发展取得了巨大的成就。名义 GDP 从 1978 年的 151 亿元上升到 2017 年的 35 478.09 亿元，增长了 233.95 倍，扣除物价增长了 49 倍。GDP 年均增长 10.6%，比同期全国平均水平 9.5% 高 1.1 个百分点。GDP 在全国的排名由第 10 位上升到第 7 位，上升了 3 位（图 6-17）。

（一）经济"中部崛起"及其阶段特征

改革开放 40 年，相对全国经济发展的平均速度，湖北省经济发展经历了中速、中高速、高速 3 个发展阶段，正在进入推进经济高质量发展的新阶段。

第一阶段，中速增长阶段（1978—1993 年）。湖北省 GDP 平均增速比全国平均值高 0.24 个百分点，在这 16 年中，GDP 增速有 8 年高于全国平均值，8 年低于全国平均值。像其他省区一样，湖北省改革率先从农村改革起步，大力推行家庭联产承包责任制，先山区、后平原，先包产到组、后包产到户，20 世纪 80 年代初逐

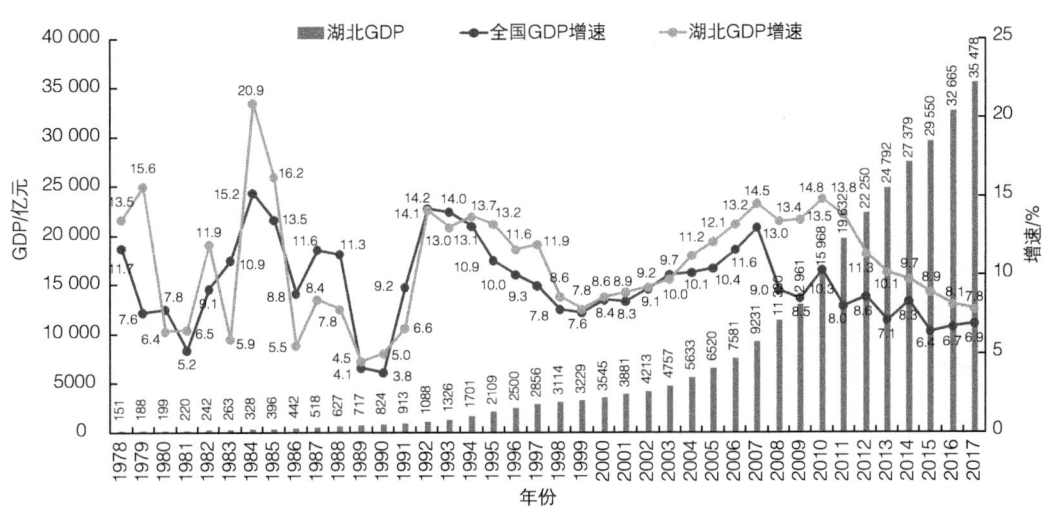

图 6-17 湖北省 1978—2017 年 GDP 增长

步开展城市经济体制综合改革试点。这一阶段农业和商品经济是推动湖北省经济增长的主要动力。

第二阶段,中高速发展阶段(1994—2003 年)。在这一阶段,湖北省 GDP 平均增速比全国平均值高 0.87 个百分点,是第一阶段的 3.6 倍。10 年期间,湖北省 GDP 增速有 9 年高于全国平均值。从 1994 年开始,湖北省开始现代企业制度试点工作,大力开展技术革新,提高国有企业在市场中的竞争力。现代企业制度推进工业经济增长是这一阶段经济增长重要的推动力。

第三阶段,高速增长阶段(2004—2017 年)。这期间,湖北省 GDP 平均增速比全国平均值高 2.68 个百分点,分别是第一、第二阶段的 11.17 倍和 3.08 倍。GDP 增速连续 14 年高于全国平均值,这是改革开放以来湖北省 GDP 相对增速最高的时期。这一阶段经济增长的主要动力是工业化和城镇化。城镇人口由 1978 年的 690.23 万人,提高至 2017 年的 3499.89 万人,城镇化率由 15.1% 提高到 59.3%。三峡工程建设、武汉城市圈"两型社会"综合配套改革试验区建设、中部地区崛起战略等重大工程与战略发挥了重要支撑作用。

第四阶段,经济高质量发展阶段(2018 年起)。落实党中央指示,推进经济高质量发展成为新阶段湖北省经济发展的主要任务。湖北省提出加快经济结构优化升级,推动发展方式转变;推动创新资源优势转化为发展胜势;推动形成更具创新力、竞争力的现代化经济体系和体制机制；加快适应我国参与全球经济治理体系变革，推动建设更高水平的开放型经济。

（二）第三产业占比滞后全国约5年，优化结构潜力大

湖北省三次产业结构由1978年的41∶42∶17调整为2017年的9.95∶43.52∶46.53，经济结构明显优化。第三产业占GDP比重与全国2012年的水平相当。第一、第二产业占比高于全国平均值，第三产业占比低于全国平均水平是湖北省经济结构的显著特点。

从支柱产业分析，湖北省第二产业的支柱产业分别是：汽车制造业增加值占第二产业增加值的16.01%，农副食品加工业占8.53%，化学原料和制品制造业占7.12%，非金属矿物制品业占7.08%，黑色金属冶炼和压延加工业占5.23%，纺织业占5.02%，计算机、通信和其他电子设备制造业占4.94%（图6-18）。

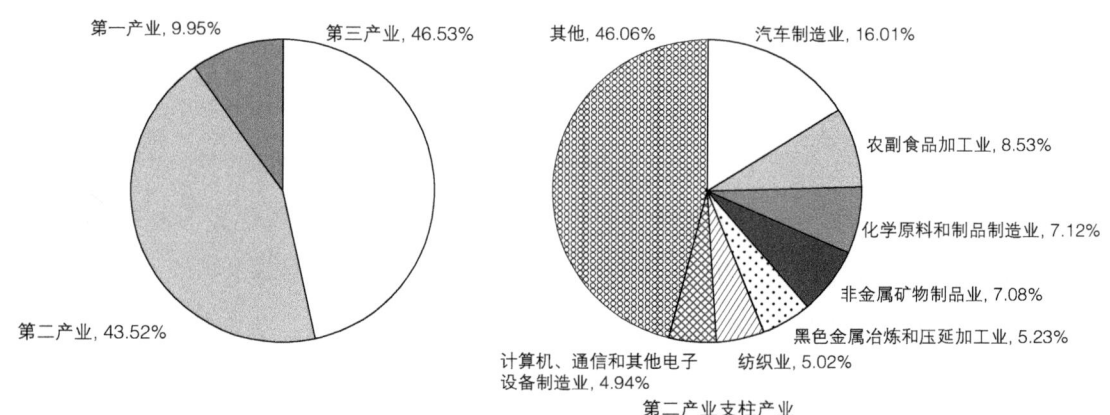

图6-18 湖北省产业结构与支柱产业

（三）经济质量差距指数呈现"三长三短"

湖北省经济质量差距指数为60.55，居第10位。社会、市场、生态3个指数相对较高，呈现"三长"，分别为84.44、82.62和76.59，分别居全国第11、第15和第10位，表明湖北省城乡收入比、出生率等社会指标较高；市场机制方面，资本市场化、劳动市场化、投资市场化、消费市场化等相对较高，但人均居住、食物、

医疗等消费明显偏低；生态环境相对较好。政府指数为73.31，工业占比、财政支出效率、贷款等指标相对有一定优势，但三产占比、税收占GDP等指标明显偏低（图6-19）。

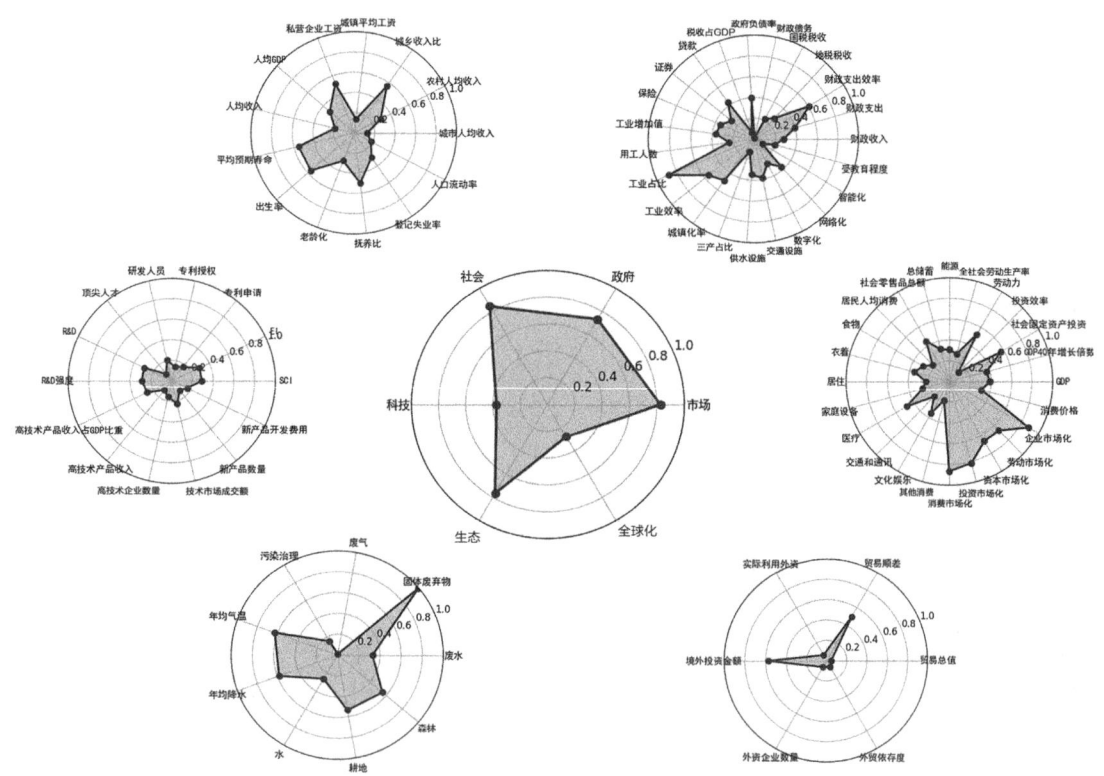

图6-19　湖北省经济质量差距指数

从经济质量差距指数可以看出，湖北省经济高质量发展有3个短板：一是全球化水平低，指数仅为27.84，居第8位。在全球化6个指标中，除贸易顺差、境外投资金额外，贸易额、实际利用外资、外资企业数量等指标明显偏低。二是科技创新能力弱，指数为37.30，居第8位。在科技创新的14个指标中，没有一项排在全国前列，论文、专利、研发强度等方面明显落后，严重制约经济高质量发展。三是政府作用未能充分发挥。

湖北省缩小经济质量差距，必须尽快补上"三个短板"：一是把提高创新质量作为突破口。加速顶尖技术人才的引进与培养，加强科研方法、科学仪器设备的创

差距经济学：中美经济与省区经济的差距及走势

新，掌握一批支柱产业、新兴产业的核心技术知识产权，创造品牌产品，打造一批驰名国内外的名品产品。二是大幅度提高全球化水平。把引技、引资、引人才，扩大贸易额、贸易顺差作为湖北省实现经济高质量发展的工作重点。三是进一步发挥政府作用。在政府作用的23个指标中，湖北省只有工业占比、财政支出效率两个指标超过全国最高值的60%，其他指标均有很明显的差距。建议把高科技产业、高端服务业、第三产业作为未来经济的"三大增长点"，继工业化之后，依靠城镇化、信息化、全球化推动新一轮经济增长。

第七章
经济中等质量区

经济中等质量区经济质量差距指数为 45～59，包括江西、安徽、湖南、重庆、辽宁、四川、广西、河北、海南、陕西等 10 个省市区，其共同特征是市场、政府、科技、生态、社会、全球化等要素配置基本均衡、效率中等，经济质量差距明显，既需要补上短板，又需要差异化发展，创造新优势，提高经济发展质量（图 7-1）。

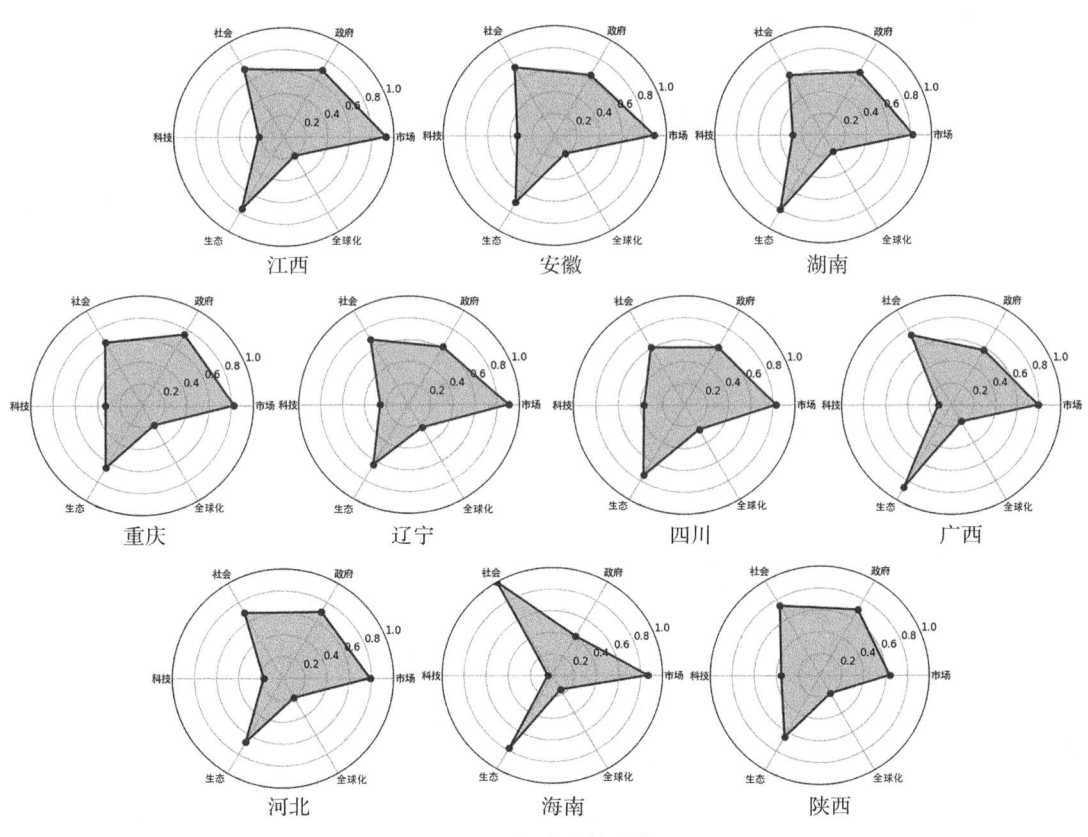

图 7-1　经济中等质量区

一、江西省经济质量差距指数 58.83，全国第 11 位

改革开放以来，江西省名义 GDP 从 1978 年的 87 亿元上升到 2017 年的 20 006 亿元，增长了 229.0 倍，增长倍数居全国第 19 位，2017 年江西省 GDP 居全国第 16 位，排名 40 年未变（图 7-2）。

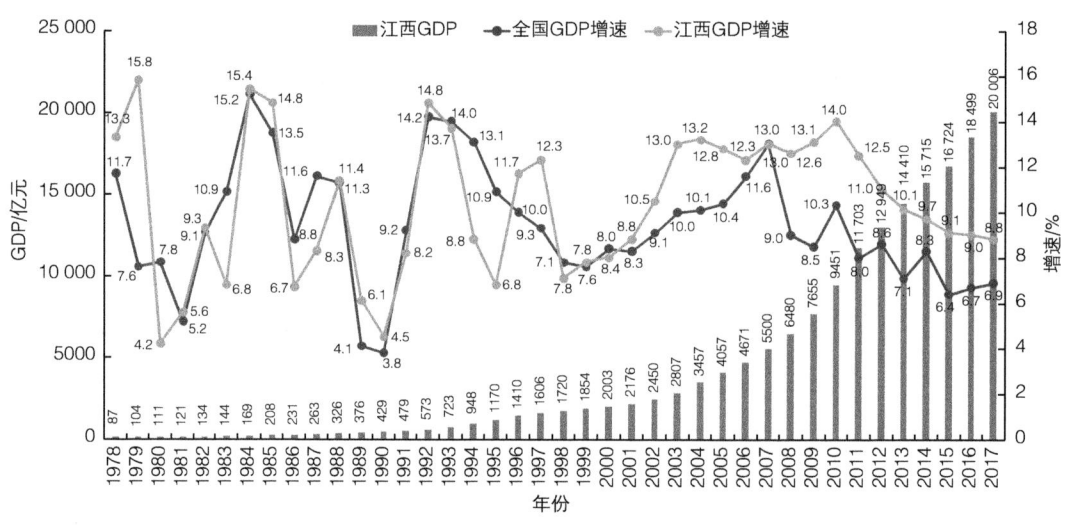

图 7-2　江西省 1978—2017 年 GDP 增长

（一）"革命老区经济"及其阶段特征

江西省始终坚持以经济建设为中心，经济增速呈现"前慢后快"的特征，特别是"十三五"以来，增速保持在全国前五、中部第一，稳居全国"第一方阵"，赣鄱大地进入了有史以来最好的发展时期。江西省是革命老区，自然条件差、工业基础弱，政府作用相对强、市场机制相对弱，革命老区经济发展特征是"与自己比成就显著，与别人比差距明显"，江西省经济发展大致分为 3 个阶段。

第一阶段，中速发展阶段（1978—2000 年）。改革开放前 23 年，江西省 GDP 增速围绕全国平均值上下波动，其中，13 年高于全国平均值，10 年低于全国平均值。1978—1985 年，江西省 GDP 增速有 6 年高于全国平均值，仅 2 年低于全国平均值。1985 年江西省 GDP 突破 200 亿元，比 1978 年的 87 亿元增长了 1.39 倍。这一阶段，

农业现代化加速对经济发展发挥了重要推动作用,粮食生产实现"十四连丰",总产量稳定在212.5亿千克左右;但1986—2000年,江西省GDP增速出现下滑,GDP增速7年高于全国平均值,8年低于全国平均值。1995年江西省GDP增速为6.8%,比全国平均水平低了4.1个百分点。工业化起步晚是这一阶段江西省经济发展速度低于全国平均水平的主要原因。

第二阶段,快速追赶阶段(2001—2017年)。进入21世纪,江西省经济发展明显提速,在这17年间,除了2007年GDP增速与全国持平外,其余16年GDP增速均高于全国平均值,表明中部崛起的政策和承接东部产业转移对江西省发展起到了重要的推动作用。2011年江西省GDP为11 703亿元,进入"万亿俱乐部",2017年江西省GDP为20 006亿元,突破2万亿元。这一阶段江西省服务业发展提速、比重提高,对经济增长起到了重要的推动作用。2017年服务业对江西省经济增长的贡献率达48%,拉动全省经济增长4.3个百分点,成为稳增长、调结构的重要引擎。

第三阶段,经济高质量发展阶段(2018年起)。江西省提出新型工业化、信息化、城镇化、农业现代化协同发展、并联发展、叠加发展,发挥交通区位优势、生态环境优势、人文资源优势和后发赶超优势,推进经济高质量发展。我们研究认为,江西省实现经济高质量发展,一要找准经济质量不高的短板,快速补上短板;二要充分发挥毗邻珠三角、长三角和闽南三角洲的优势,加快承接三地产业转移,并在此基础上,切实加速体制创新、科技创新,以及推进经济全球化的进程。

(二)调整经济结构的任务仍然很重

江西省第一产业增加值占GDP的9.17%,第二、第三产业增加值分别占GDP的48.12%、42.7%。第一产业占比低,但与发达地区相比仍较高,第二产业占比高于第三产业,第三产业占比远低于全国,是江西省经济结构的显著特点。

从支柱产业分析,江西省第二产业的五大支柱产业分别是:有色金属冶炼和压延加工业增加值占第二产业增加值的17.82%,电气机械和器材制造业占8.75%,非金属矿物质制品业占7.84%,化学原料和制品制造业占6.50%,计算机、通信和其他电子设备制造业占5.93%。

江西省第三产业的重点产业分别是:交通运输、仓储和邮政业增加值占第三产业增加值的47.54%，信息传输、软件和信息技术服务业占20.22%，租赁和商务服务业占10.53%，卫生和社会工作占5.30%，科学研究和技术服务业占4.59%。其他第三产业占11.77%（图7-3）。

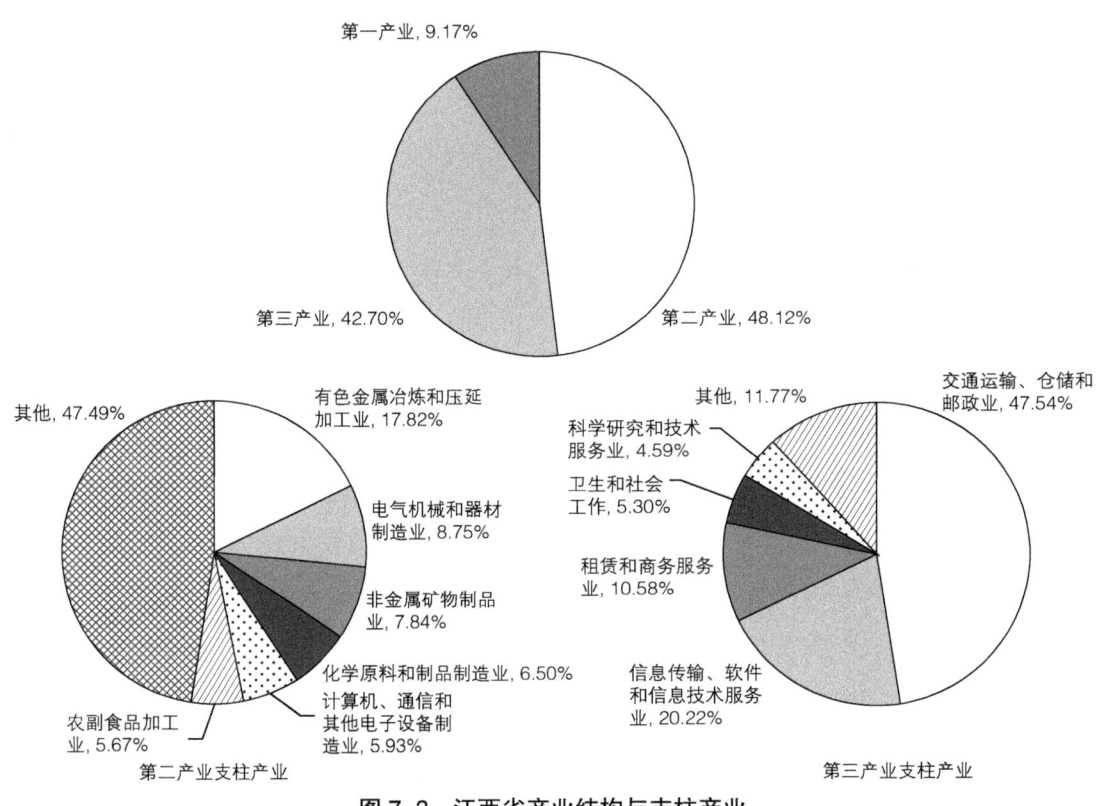

图7-3 江西省产业结构与支柱产业

（三）补短板、立长板是缩小经济质量差距的关键

江西省经济质量差距指数为58.83，居全国第11位。在6类要素中，市场指数最高，为92.68，居全国第8位，表明江西省市场机制发挥得较好，资本市场化、劳动市场化、投资市场化、消费市场化等指标都比较高，但人均食物、居住、交通、医疗等消费明显偏低；生态、社会、政府指数均在70分以上，分别为75.97、71.91和70.45，分别居全国第11、第19和第12位。政府指数中，只有工业占比、工业效率居全国前列，这也是江西省进入经济质量中等区的主要原因之一，但三产占比、税收占GDP、城镇化指标明显偏低。城乡收入比、出生率、抚养比等社会指标较好（图7-4）。

第三篇　差距与成因
第七章　经济中等质量区

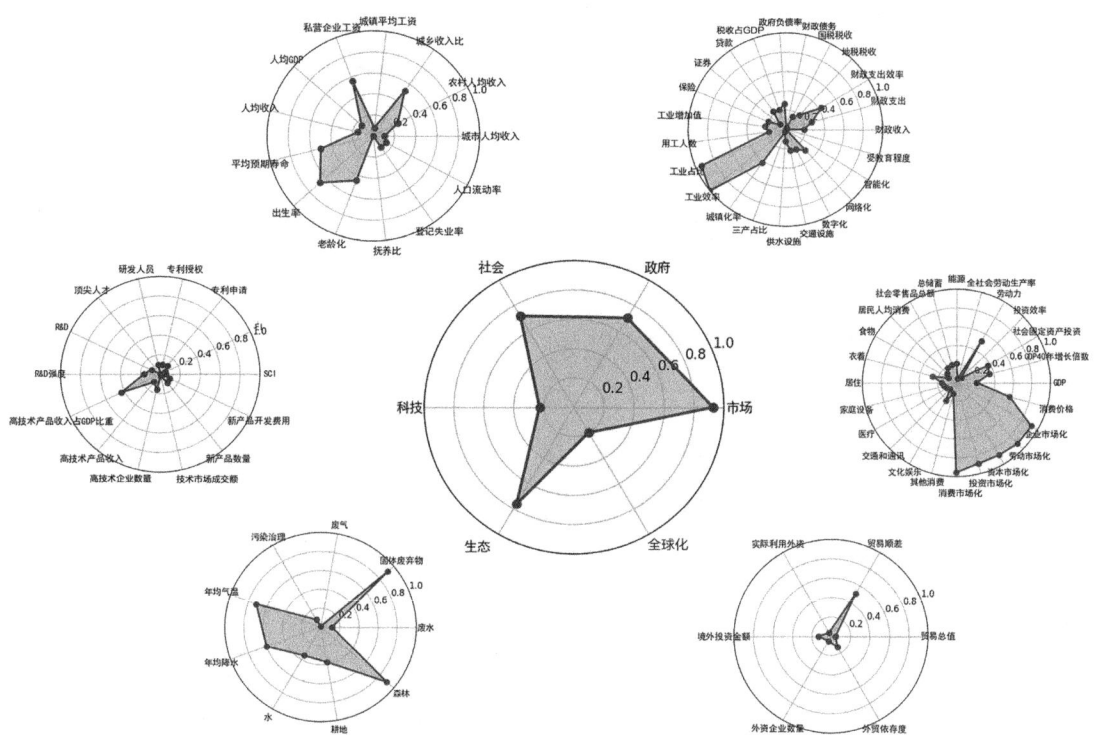

图 7-4　江西省经济质量差距指数

从经济质量差距指数可以看出，限制江西省经济高质量发展的主要因素：一是全球化指数仅为 19.92，居全国第 15 位。在全球化的 6 个指标中，除贸易顺差外，贸易总值、实际利用外资、外资企业数量等指标均不足全国最高值的 20%。二是科技指数为 22.90，居全国第 17 位。在科技指数的 14 个指标中，江西省除高技术产品收入占 GDP 比重外，没有一项超过全国最高值的 40%，论文、专利、研发强度、人才引进、技术引进等方面明显落后，严重制约经济高质量发展。

江西省缩小经济质量差距的突破口与重点：一是大幅提高创新质量。要遴选江西省在全国乃至全球有竞争力的行业、产品，围绕产品质量升级找技术，围绕技术找人才，在顶尖人才不足、创新经费不足的条件下，要动员政府财力、企业及社会力量形成合力，在引进、重用顶尖技术人才上率先取得突破，攻克一批制约江西省支柱产业质量提升的核心技术。二是大幅提高全球化水平。把利用引资引智、创造品牌产品作为江西省实现高质量发展的重中之重，打造一批驰名国内外的名牌产品，提高贸易质量。三是进一步发挥政府作用。在政府指数的 23 个指标中,江西省在工业占比、工业效率、政府负债率等指标表现良好,其他指标均有很明显差距,建议创新发展战略,在引进省外经济要素、争取中央政府对革命老区支持的同时,大幅提升自身造血功能,改变发展模式,把高科技产业、高端服务业作为未来发展的重点,同时大幅提升旅游、养老等第三产业在经济中的比重。

二、安徽省经济质量差距指数 54.22,全国第 12 位

安徽省是我国改革开放,特别是农村经济体制改革的先锋,对推动经济体制、机制改革发挥了不可替代的历史作用。安徽省 GDP 从 1978 年的 114 亿元上升到 2017 年的 27 018 亿元,增长了 235.8 倍,改革开放 40 年来 GDP 排名未变,居全国第 13 位(图 7-5)。

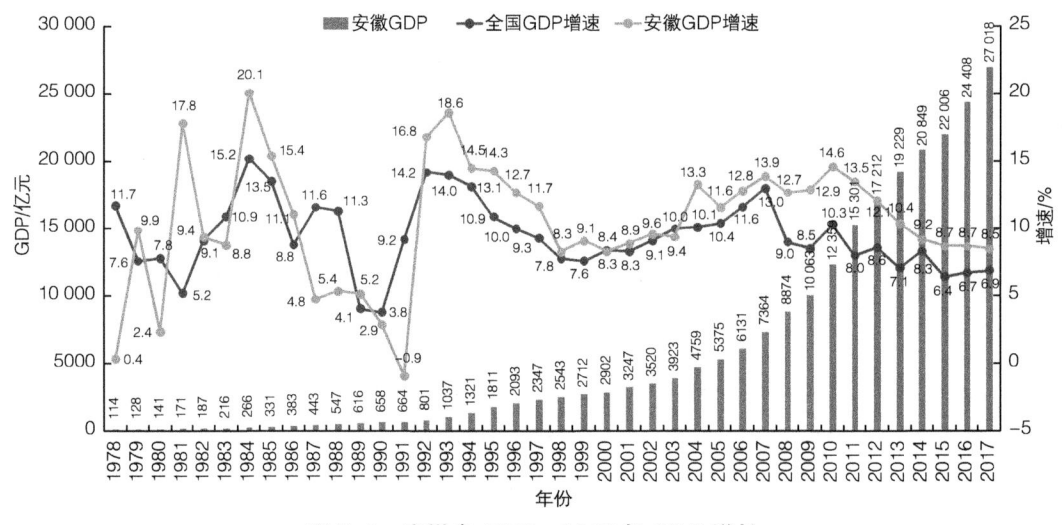

图 7-5　安徽省 1978—2017 年 GDP 增长

(一)经济发展"低、中高、高"阶段及特征

中国经济体制改革始于农村,农村改革始于安徽省。改革开放 40 年来,安徽省是农村"包产到户"的先行者,是民营经济的试验田,是农村税费改革的先锋,

创造了多项"安徽经验",为全国改革开放做出了重要贡献。相对全国经济平均增长速度,安徽省经济增长速度呈现"低、中高、高"发展阶段,前期增长速度低于沿海地区,后期高于沿海地区。

第一阶段,低速增长阶段(1978—1991年)。虽然安徽省是全国农村经济体制改革起步最早的地区之一,但由于经济基础薄弱,在这14年间,安徽省GDP平均增速比全国平均值低1.22个百分点,有7年高于全国平均值,7年低于全国平均值。1978—1985年,安徽省GDP翻了一番。

第二阶段,中高速增长阶段(1992—2003年)。在这一阶段,安徽省GDP平均增速比全国平均值高1.63个百分点,有10年高于全国平均值,2年低于全国平均值。1992年,安徽省大力发展乡镇企业,在对外开放,优化投资环境,发展第三产业、城市工业和乡镇企业,依靠科技推动经济发展等方面实现了新突破,推动安徽经济在前期落后于全国平均水平的情况下保持中高速增长。与此同时,大力发展以黄山为源头的旅游业,旅游收入高速增长。

第三阶段,高速增长阶段(2004—2017年)。这期间安徽省GDP增速连续14年高于全国平均值,GDP平均增速比全国平均值高2.71个百分点。这一阶段,安徽省将制造业作为实现经济高水平发展的重要突破口,以奇瑞汽车、京东方、马钢等一批企业为代表,安徽省已成为全国重要的家用电器、消费电子、汽车和新能源汽车、工程机械装备的制造业基地,冰箱、彩电、洗衣机、空调产量约占全国的1/4,笔记本电脑产量占世界的1/8,对安徽省经济快速发展发挥了重要的推动作用。

第四阶段,经济高质量发展阶段(2018年起)。为推进经济高质量发展,安徽省提出深化改革、稳中求进,推进科技革命和产业变革,抓住长江三角洲区域一体化发展的战略机遇,充分用好国家战略、宏观政策、创新驱动、市场倒逼、开放发展等机遇,奋力开创安徽省经济高质量发展和现代化建设新局面。

(二)优化经济结构,发展第三产业的任务很重

安徽省第一产业增加值占GDP的9.56%,第二、第三产业增加值分别占GDP的47.52%、42.92%,第三产业占比低于全国。

从支柱产业分析,安徽省第二产业的支柱产业分别是:电气机械和器材制造业

增加值占第二产业增加值的 11.80%，有色金属冶炼和压延加工业占 7.37%，汽车制造业占 6.67%，农副食品加工业占 6.57%，非金属矿物制品业占 6.17%，计算机、通信和其他电子设备制造业占 5.97%，化学原料和制品制造业占 5.45%，通用设备制造业占 4.91%。其他制造业占 45.09%。

安徽省第三产业的重点产业分别是：批发和零售业增加值占第三产业增加值的 16.68%，金融业占 14.53%，房地产业占 12.14%，租赁和商务服务业占 10.21%，交通运输、仓储和邮政业占 7.64%。其他第三产业占 38.79%（图 7-6）。

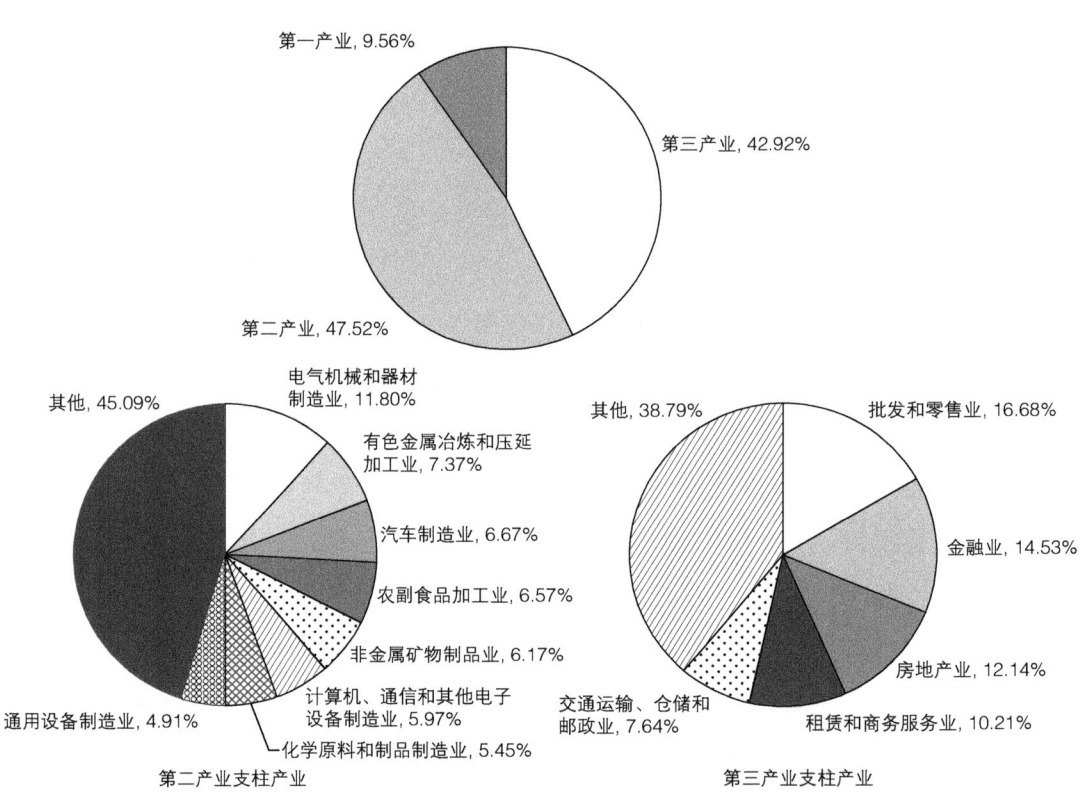

图 7-6　安徽省产业结构与支柱产业

（三）经济高质量发展的短板与对策

安徽省经济质量差距指数为 54.22，居全国第 12 位。在 6 类要素中，市场指数最高，为 88.83，居第 10 位，资本市场化、劳动市场化、投资市场化、消费市场化等指标相对较高，但人均吃、住、行、医等消费明显偏低，未来增长空间大；

社会指数为71.74，城乡收入比、私营企业工资、出生率等指标相对较高，但人均收入、城镇平均工资等多项指标不足全国最高值的40%；安徽省是农业大省，耕地面积大，生态指数为70.26；政府指数为63.60，工业增加值、财政支出、财政支出效率等指标有一定优势，但三产占比、税收占GDP、交通设施、信息化等指标明显偏低（图7-7）。

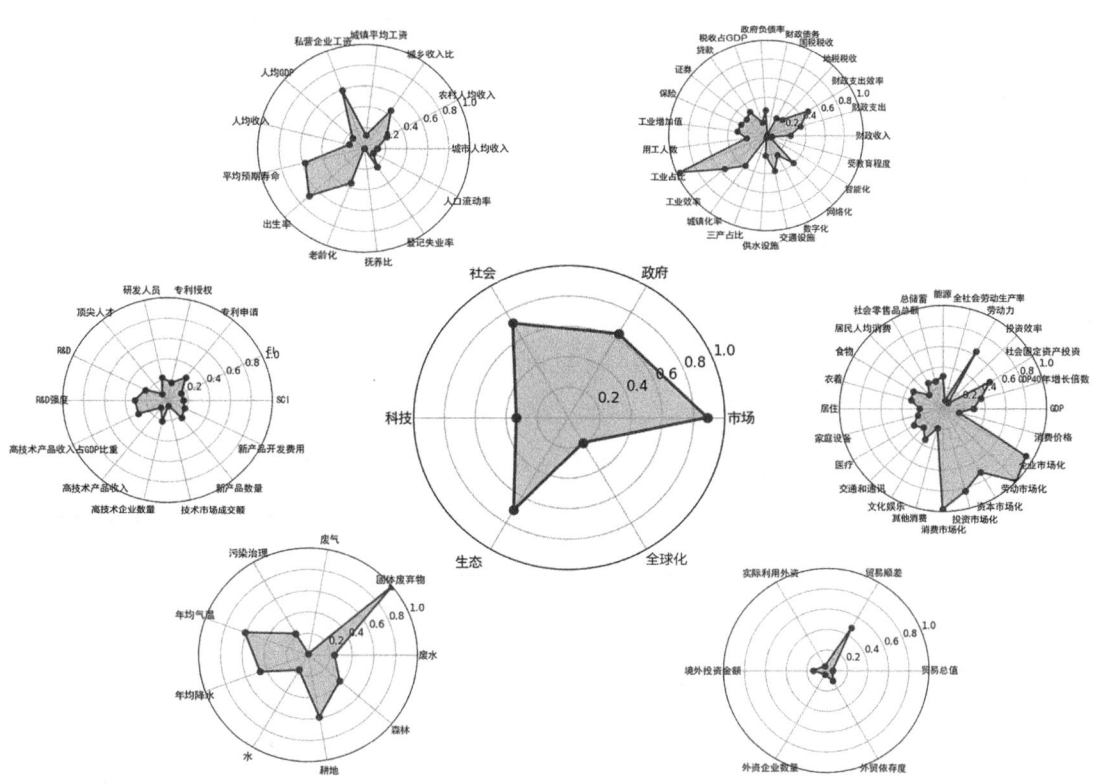

图7-7 安徽省经济质量差距指数

安徽省对推动我国经济体制、机制改革发挥了不可替代的历史作用，但经济质量差距明显，面临经济结构不优、新动能不强、营商环境不优、投入效益不高、发展质量不高等问题。从经济质量差距指数可以看出，限制安徽省经济高质量发展的主要因素，除市场机制外，其余5个指数均为短板，其中，较弱的3个指数分别是社会指数、政府指数和全球化指数，分别排在全国第20位、第18位和第17位。社会指数低的主要原因是人均收入水平低，人均GDP、人均收入、城镇平均工资等各项收入指标不足全国最高值的40%；政府指数低的主要原因是23个指标中除了工业占比达到全国最高值的90%、财政支出效率达到50%、工业效率达到40%外，其余20个指标均不足全国最高值的40%；全球化指数的6个指标中，除贸易顺差接近全国最高值的50%外，其余指标均不足全国最高值的20%，贸易总值、实际利用外资、外资企业数量等指标均不足全国最高值的10%。

安徽省经济发展速度下行、质量不高的问题并存，缩小经济差距、提升经济质量要找准经济质量的短板，对症下药，6类指数中5个是短板，在当前政策环境下，财力、物力、人力有限，必须集中力量率先补上经济质量的最短板。一要向科技创新要经济质量。安徽省科技指数居全国第11位，在中等质量区中排在前列，针对安徽省在全国乃至全球范围有优势的产业，遴选优势产品，围绕产品升级找技术，围绕技术找人才，加速打造一支支撑安徽省现代经济体系的顶尖技术人才队伍，突破一批制约安徽省支柱产业发展的核心技术，这是安徽省经济高质量发展的突破口。二是大幅提高全球化水平。把利用外技、外资、外人才、外市场作为安徽省实现经济高质量发展的重中之重，创造品牌产品，打造一批驰名国内外的名品产品。三是进一步发挥政府作用。政府指数23个指标中，安徽省只有工业占比、财政支出效率两个指标相对较高，其他指标均有很明显的差距，政府必须针对短板，全面发力，在借款、借才、借力方面更加有力地推进各项工作。四是创新发展模式。把高科技产业、高端服务业作为未来发展的重点，同时大幅提升第三产业在经济中的比重。五要促进社会和谐。既要解决收入不均的问题，又要解决收入偏低的问题，人均GDP、人均收入、城镇平均工资等各项收入指标不足全国最高值的40%，要做好扶贫攻坚，把解决低收入人群劳动质量、生活质量作为缩小差距、提高经济质量的工作重点。

三、湖南省经济质量差距指数53.87，全国第13位

改革开放40年来，湖南省经济大步迈进，总量连上台阶，实力显著提升。湖南省名义GDP从1978年的146.99亿元增加到2017年的33 902.96亿元，增长了229.65倍，按可比价计算是1978年的38.8倍，增长倍数是黑龙江省的2.5倍。GDP

平均增速 9.9%，比同期全国平均水平 9.4% 高 0.5 个百分点。GDP 在全国的排名从第 11 位上升到第 9 位，上升了 2 位（图 7-8）。

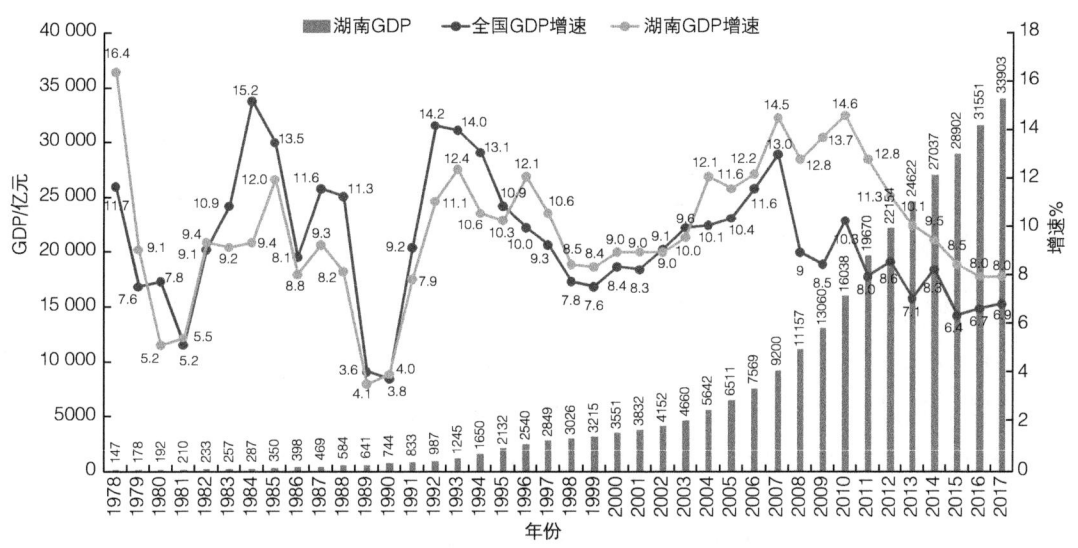

图 7-8　湖南省 1978—2017 年 GDP 增长

（一）经济发展"先低后高"特征及其 4 个发展阶段

像大多数中部省区一样，改革开放前 20 年左右，湖南省 GDP 增速低于全国平均值，后 20 年追赶速度明显加快。主要原因是改革开放前期依靠农业经济驱动，改革开放后期依靠工业化、城镇化推动。当沿海经济发达地区出现工业产能过剩时，中部省区工业化、城镇化追赶速度明显提升。40 年来，湖南省经济发展大致经历了 4 个阶段。

第一阶段，低速发展阶段（1978—1995 年）。改革开放前 18 年是中部省区经济发展差距被拉大的时期，湖南省经济发展速度低于全国平均速度，在这 18 年间，湖南省 GDP 平均增速比全国平均值低 1.13 个百分点，有 13 年低于全国平均值，其中，1984 年比全国平均值低了 5.8 个百分点。

第二阶段，中速发展阶段（1996—2003 年）。这一时期，湖南省 GDP 平均增速比全国平均值高 0.7 个百分点，在这 8 年中，有 6 年高于全国平均值。GDP 增速从低于全国平均水平开始转变为高于全国平均水平，表明湖南省经济开始追赶，正在由农业经济推动向工业化驱动的方向发展，但工业化刚刚起步，所以这一阶段经济增速还不高。

第三阶段，快速追赶阶段（2004—2017年）。这14年间湖南省GDP增速均高于全国平均值，GDP平均增速比全国平均值高出2.49个百分点，是第二阶段的3.55倍。其中，2004—2013年是经济高速增长时期，GDP平均增速高出全国平均值2.91个百分点，工业化、城镇化是这一阶段经济发展的主要推动力。2008年金融危机以来，特别是经济进入新常态之后，湖南省经济增速明显放缓。

第四阶段，经济高质量发展阶段（2018年起）。全面贯彻落实党中央指示，推进经济高质量发展。湖南省提出"加快建设实体经济、科技创新、现代金融、人力资源协同发展的现代产业体系，扎实推进质量变革、效率变革、动力变革，努力在创新体制机制、增强发展活力上取得新突破，奋力走在中部崛起前列"。

（二）第二产业升级潜力大、第三产业发展潜力大

湖南省第一产业增加值占GDP的8.84%，第二、第三产业增加值分别占GDP的41.72%、49.43%。三次产业占比与全国平均值接近，是湖南省经济结构的显著特点。

从支柱产业分析，湖南省第二产业的支柱产业分别是：农副食品加工业增加值占第二产业增加值的8.98%，非金属矿物制品业占7.96%，专用设备制造业占7.36%，有色金属冶炼和压延加工业占7.28%，化学原料和制品制造业占7.14%，计算机、通信和其他电子设备制造业占5.28%，汽车制造业占5.00%。其他制造业占51.00%。

湖南省第三产业的重点产业分别是：批发和零售业增加值占第三产业增加值的16.08%，公共管理、社会保障和社会组织占11.50%，居民服务、修理和其他服务业占11.18%，金融业占9.71%，交通运输、仓储和邮政业占9.02%。其他第三产业占42.50%（图7-9）。

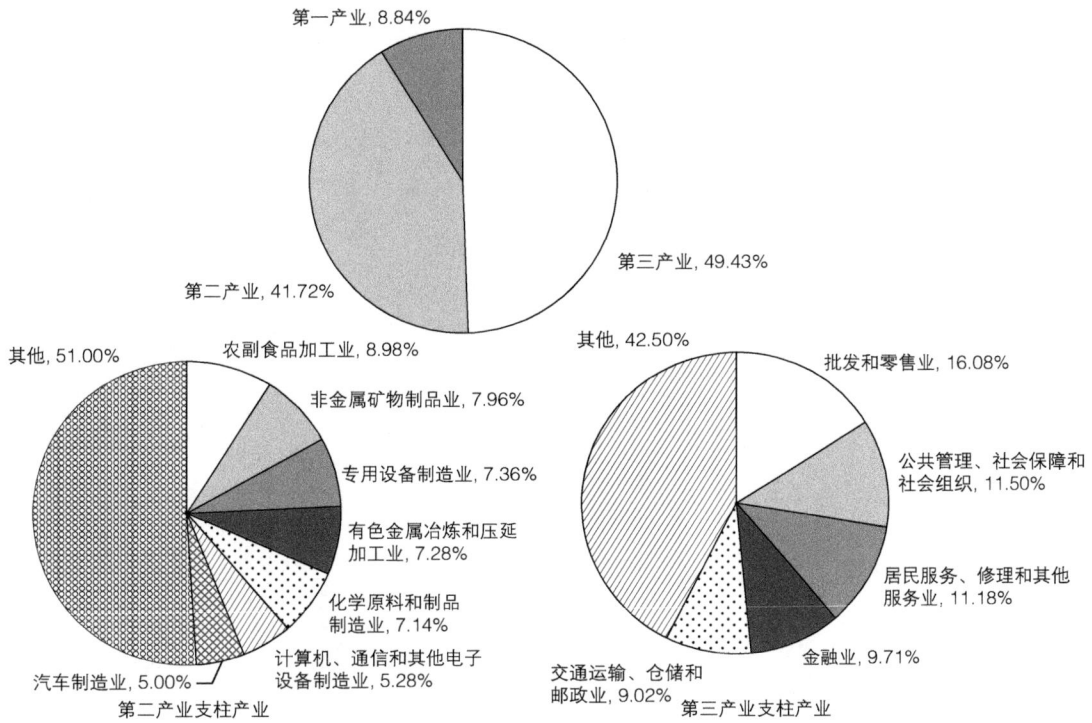

图 7-9 湖南省产业结构与支柱产业

（三）缩小经济质量差距的对策与措施

湖南省经济质量差距指数为 53.87，居全国第 13 位。在 6 类要素中，生态指数与其他省区差距最小，为 80.04，居全国第 5 位，其主要原因是湖南省土地、耕地资源丰富，光热水资源充沛，植被覆盖率高，生态环境良好。市场指数为 82.34，居全国第 17 位，资本市场化、劳动市场化、投资市场化、消费市场化等指标相对较高，但人均食物、居住、交通、医疗、文化等消费水平均低于全国最高值的 40%。政府指数、社会指数分别为 67.06 和 64.01，分别居全国第 15 和第 28 位。在政府指数的 23 个指标中，只有工业占比、工业效率达到全国最高值的 60% 以上，城镇化率、贷款和财政支出效率达到全国最高值的 40%，税收占 GDP、三产占比、交通设施等指标不足全国最高值的 40%。社会指数居全国倒数第 4 位，主要原因是人均收入、人均 GDP、城镇平均工资低等原因（图 7-10）。

差距经济学：中美经济与省区经济的差距及走势

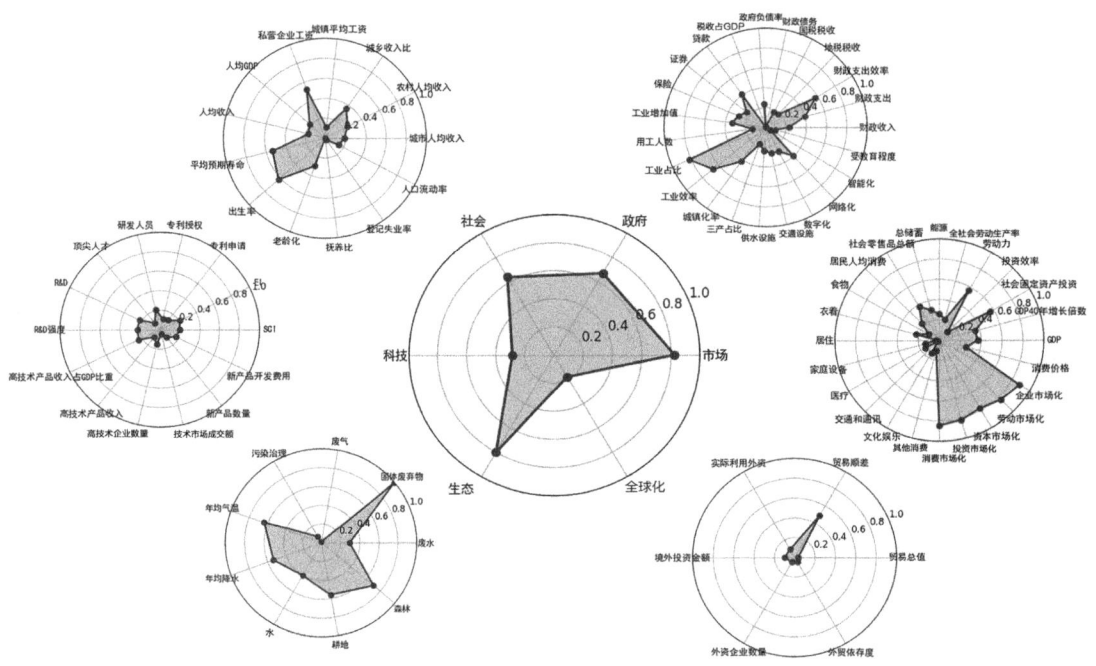

图 7-10　湖南省经济质量差距指数

湖南省经济发展面临着增速下行压力大、提高质量缺乏技术的被动局面，传统产业比重大，高科技产业比重小，投入效率不高，经济质量不高；引人才缺乏资金与经验，引企业缺乏一流营商环境，与广东、湖北等省的差距仍然在拉大，迫切需要寻找限制发展的短板，探索跨越发展的突破口。从经济质量差距指数可以看出，湖南省经济高质量发展的短板，一是全球化指数仅为 17.84，居全国第 18 位，在全球化指数的 6 个指标中，除贸易顺差达到全国最高值的 50% 外，贸易总值、实际利用外资、外资企业数量等指标均不足全国最高值的 20%；二是科技指数为 28.64，居全国第 15 位，在科技指数的 14 个指标中，湖南省没有一项超过全国最高值的 30%。

湖南省与广东省、湖北省毗邻，但经济发展数量与质量与这两省有很大差距，表明限制湖南省经济发展的因素是人为因素大于自然因素，而人为因素主要是政府作用发挥不精准、不到位，没有把市场机制的潜力通过政策、规划与行动充分释放出来，广东政府指数全国并列第 1 位，湖北省为第 11 位，湖南省则为第 15 位。因此，湖南省要提高经济质量：一要精准定位政府作用，加速发展战略创新。政府要下决心改善营商环境，通过政策、规划、园区、引智引资等措施，调动省外、境外经济要素入湘、强湘,把高科技产业、高端服务业作为湖南省新的经济增长点。二是实施创新驱动发展战略,推动发展动力创新。遴选湖南省有竞争优势的行业、产品,围绕产品质量升级找技术,围绕技术找人才,动员政府财力、企业及社会力量形成合力,以引进、重用人才为突破口,攻克一批制约湖南省支柱产业质量提升的核心技术,实现"质量变革、效率变革与动力变革"。三是实现产品质量创新,提高全球化水平。湖南省与广东省经济发展最大的差距是全球化水平,湖南省全球化指数仅为广东的1/5。要借助"一带一路"的东风,打造一批驰名国内外的名牌产品,迅速提高湖南省贸易额与贸易质量。四是促进发展方式创新。湖南省财政能力弱,要通过发展模式创新弥补财力不足,在争取中央政府支持的同时,学会调动全国乃至全球的经济资源,在"借资生资、引技生资"的模式下,创新"借才生技、以技促资"的新模式,大幅提升自身造血功能,改变发展模式,把高科技产业、高端服务业作为未来发展的重点,同时大幅度提升旅游、养老等第三产业在经济中的比重。

四、重庆市经济质量差距指数53.80,全国第14位

重庆市作为西部大开发的重要战略支点,处在"一带一路"和长江经济带的连接点上,区位优势突出,战略地位重要,在国家区域发展和对外开放格局中发挥着重要作用。重庆市2017年GDP为19 425亿元,居全国第18位。1978—2017年,GDP增长了288.9倍,增长倍数居第11位,GDP排名由1978年的第21位上升到2017年的第18位,上升了3位(图7-11)。

(一)经济发展"慢、中、快"三步曲与4个阶段

作为全国重要的中心城市、长江上游经济中心、西部地区重要增长极和城乡统筹发展的直辖市,与全国经济平均增速比较,重庆市经济发展呈现"慢、中、快"三步曲,经历了4个阶段。

第一阶段,慢速发展阶段(1978—1991年)。在这14年间,重庆市GDP增速有6年低于全国平均增速,8年超过全国平均增速,处于慢速增长状态。20世纪70年代末,嘉陵机器厂在"军转民"改革中率先解放思想,吸收借鉴国外先进技术,

差距经济学：中美经济与省区经济的差距及走势

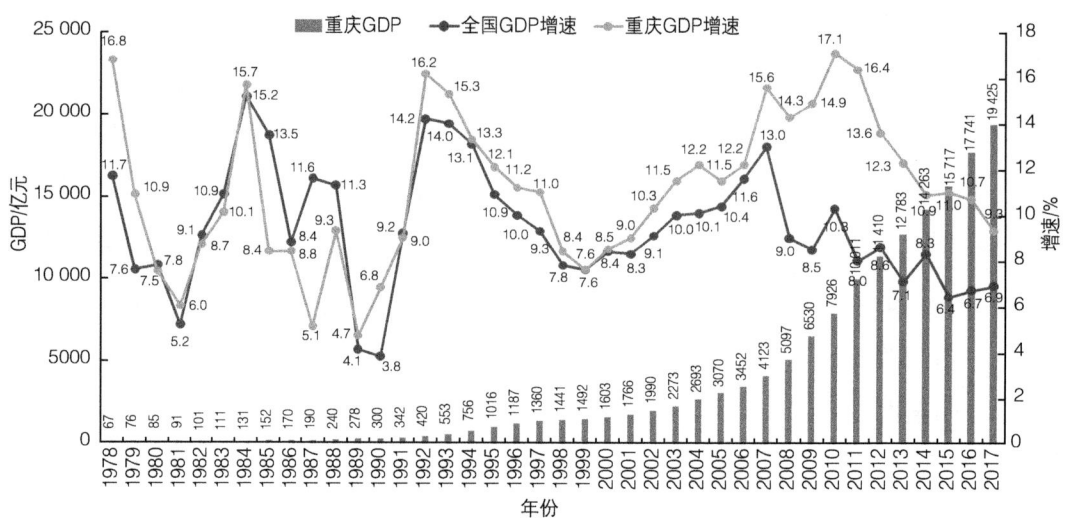

图 7-11 重庆市 1978—2017 年 GDP 增长

制造出中国第一辆国产民用摩托。1982 年重庆市 GDP 突破 100 亿元，1983 年被确立为全国第一个经济体制综合改革试点大城市。20 世纪 80 年代中期，由重庆市发起的"四省区五方"经济协调会是中国改革开放史上横向联合的最早形式，对推动重庆乃至西南、长江中游经济发展发挥了重要作用。

第二阶段，中速发展阶段（1992—2006 年）。1992 年邓小平视察南方之后，重庆市经济发展明显提速，除 1999 年 GDP 增速与全国平均值持平外，其余 14 年 GDP 增速均高于全国平均增速，比全国平均值高出 1 个百分点。1995 年重庆市 GDP 达 1016 亿元，突破千亿元，1997 年成为西部地区唯一的中央直辖市，2007 年成为国家统筹城乡综合配套改革试验区，2011 年 GDP 总量达 10 011 亿元，进入"万亿俱乐部"。重庆市首创的"地票"制度有效促进了农村土地使用权的流转，为全国土地供给侧结构性改革贡献了智慧。

第三阶段，快速发展阶段（2007—2017 年）。2007—2017 年重庆市连续 11 年保持 GDP 增速明显高于全国平均增速，平均高出 4.8 个百分点。2010 年 GDP 增速高达 17.1%，比全国平均值高出 6.8 个百分点。2017 年中国（重庆）自由贸易试验区挂牌，"一带一路"等发展机遇推动了重庆市经济的快速增长。

第四阶段，经济高质量发展阶段（2018 年起）。全面贯彻落实党中央关于推进经济高质量发展的指示，重庆市提出以供给侧结构性改革为主线，坚持改革开放，加快建设现代化经济体系，实施"八项行动计划"，不断激发微观主体活力，保持经济持续健康发展和社会大局稳定，努力开拓新阶段经济发展的新局面。

（二）第三产业占比明显低于全国平均值

重庆市第一产业增加值占 GDP 的 6.57%，第二、第三产业增加值分别占 GDP 的 44.19%、49.24%。第一产业占比低、第三产业占比高于第二产业是重庆市经济结构的显著特点。

从支柱产业分析，重庆市第二产业的五大支柱产业分别是：汽车制造业增加值占第二产业增加值的 22.93%，计算机、通信和其他电子设备制造业占 19.42%，非金属矿物制品业占 5.13%，铁路、船舶、航空航天和其他运输设备制造业占 5.02%，电气机械和器材制造业占 4.96%。其他制造业占 42.55%。

重庆市第三产业的重点产业分别是：金融业增加值占第三产业增加值的 18.96%，批发和零售业占 16.69%，房地产业占 10.96%，交通运输、仓储和邮政业占 9.82%，住宿和餐饮业占 4.44%。其他第三产业占 39.13%（图 7-12）。

（三）经济高质量发展面临许多难题

重庆市经济质量差距指数为 53.80，居全国第 14 位，缩小经济差距要对标直辖市、大都市，走出农业现代化、工业化、城镇化、信息化、全球化"五化并举"的新路子，创造"重庆模式"。在 6 类要素中，重庆市市场指数最高，为 82.46，居全国第 16 位，劳动市场化、投资市场化、消费市场化等指标相对较高，GDP 增速有一定优势，但人均吃、住、行、医等消费不足全国最高值的 40%；政府指数为 74.97，居全国第 10 位，是重庆市与其他省市区差距最小的指标，说明重庆市政府作用发挥相对较好，工业效率、工业占比、城镇化率等指标达到全国最高值的 60%～80%，财政支出效率接近 50%，贷款接近 40%，政府指数其余 18 个指标均低于全国最高值的 40%，三产占比、税收占 GDP、交通设施等指标明显偏低；社会指数为 66.54，居全国第 27 位，是重庆市与其他省市区差距最大的指标，主要原因是人均收入低、城乡收入差距大、城市登记失业率高等（图 7-13）。

差距经济学：中美经济与省区经济的差距及走势

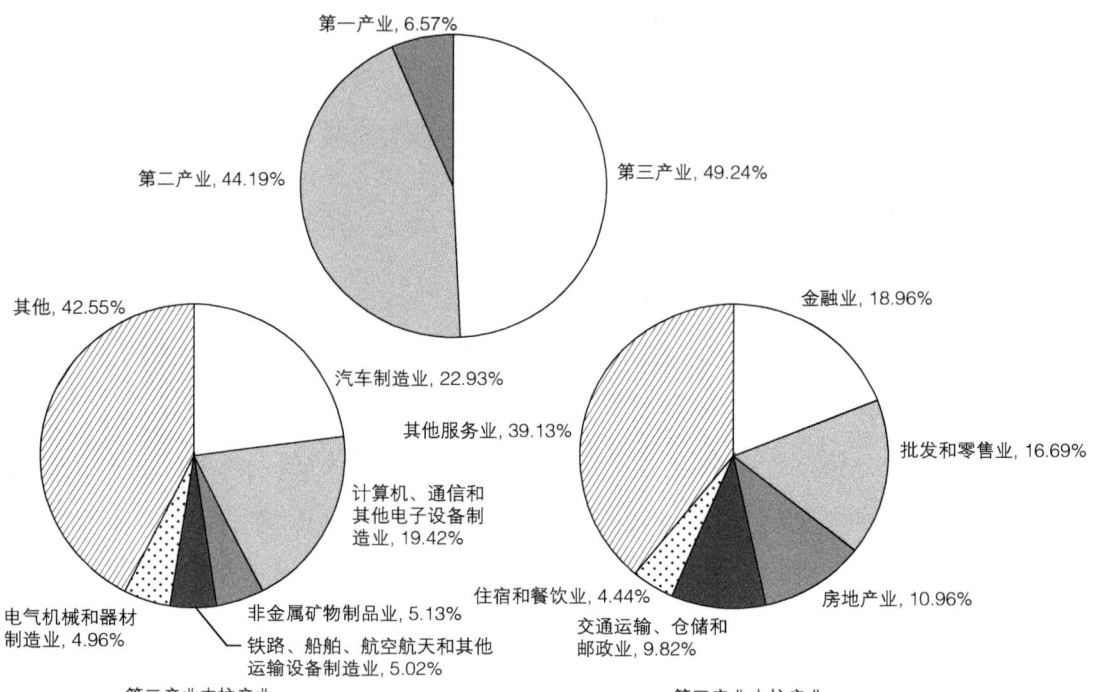

图 7-12　重庆市产业结构与支柱产业

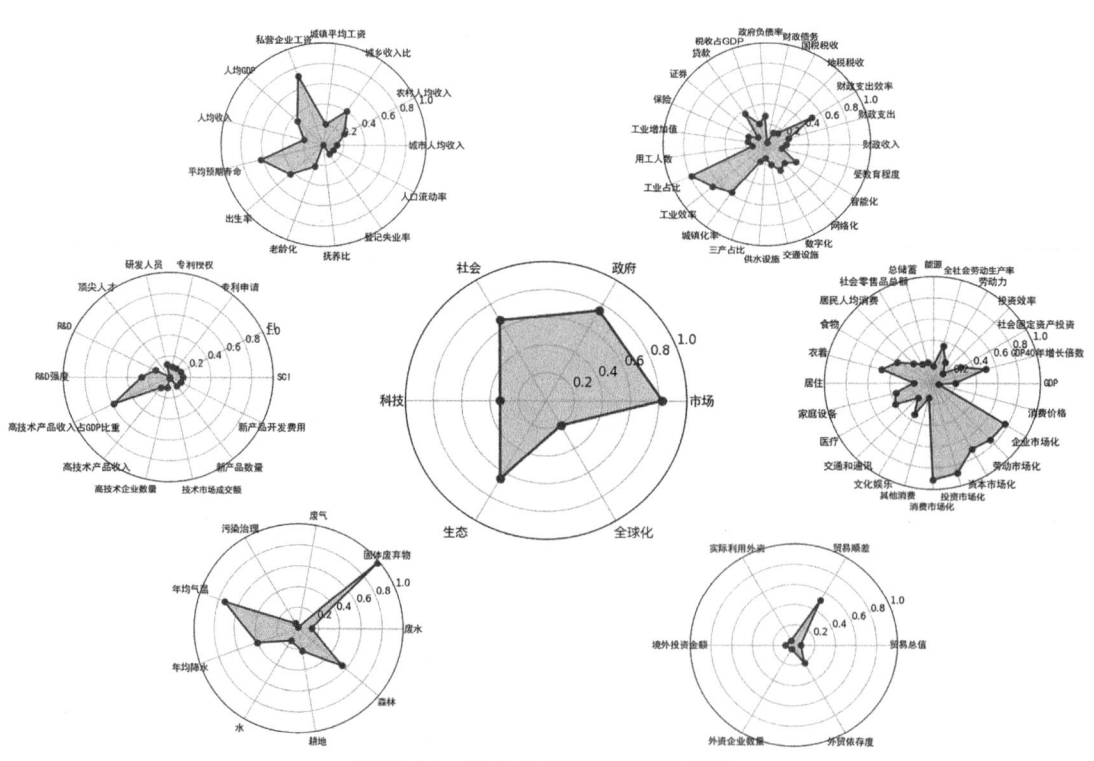

图 7-13　重庆市经济质量差距指数

重庆市经济高质量发展同样面临结构不优、动能不强、营商环境不优、投入效益不高、发展质量不高等问题。从经济质量差距指数可以看出,限制重庆市经济高质量发展的主要因素中,除市场机制外,其余5个指数均为短板,其中,较弱的两个指数分别是全球化指数和科技指数,分别为20.63和32.91,均排在全国第12位。在全球化指数的6个指标中,除贸易顺差接近全国最高值的50%外,贸易总值、实际利用外资、外资企业数量等指标还不足全国最高值的10%;在科技指数中,除高技术产品收入占GDP比重、R&D强度两个指标达到全国最高值的30%以上外,其余11个指标均低于20%;生态指数为65.38,居全国第15位,主要原因是土地资源不丰富、污染问题仍然突出等。

重庆市要提升经济质量,要建立与其直辖市地位相适应的现代经济体系,需要集中力量率先补上限制经济高质量发展的最短板。一要实施创新驱动发展战略,向科技创新要经济质量。遴选重庆市在全国乃至全球范围内有优势的产业和产品,围绕产品升级找技术,围绕技术找人才,打造一支能够支撑重庆市现代经济体系的顶尖技术人才队伍,突破一批制约重庆市支柱产业发展的关键技术,实现产品升级、产业升级。二是大幅提高全球化水平。创造重庆品牌产品与服务,提高贸易额与贸易顺差。三是进一步发挥政府作用。针对限制经济质量提升的短板,调动全国乃至全球经济资源,包括技术、人才、资本到重庆市创新、创业,使重庆成为西南经济的新增长极。四是创新发展模式。把高科技产业、高端服务业作为未来发展的重点,同时大幅提升第三产业在经济中的比重。

五、辽宁省经济质量差距指数51.70,全国第15位

辽宁省是我国最早开放的沿海省份之一,也是沿海城市中经济地位下滑最多的省份。2017年GDP为23 409亿元,居第14位,1978—2017年GDP增长101.2倍,增长倍数为全国倒数第2位,GDP排名由1978年的第3位下降到2017年的第14位,下降了11位,下降速度仅次于黑龙江省(图7-14)。

(一)经济"失速"及其阶段特征

辽宁省是工业大省,是国家工业的脊梁,但改革开放40年来,辽宁省经济发

差距经济学：中美经济与省区经济的差距及走势

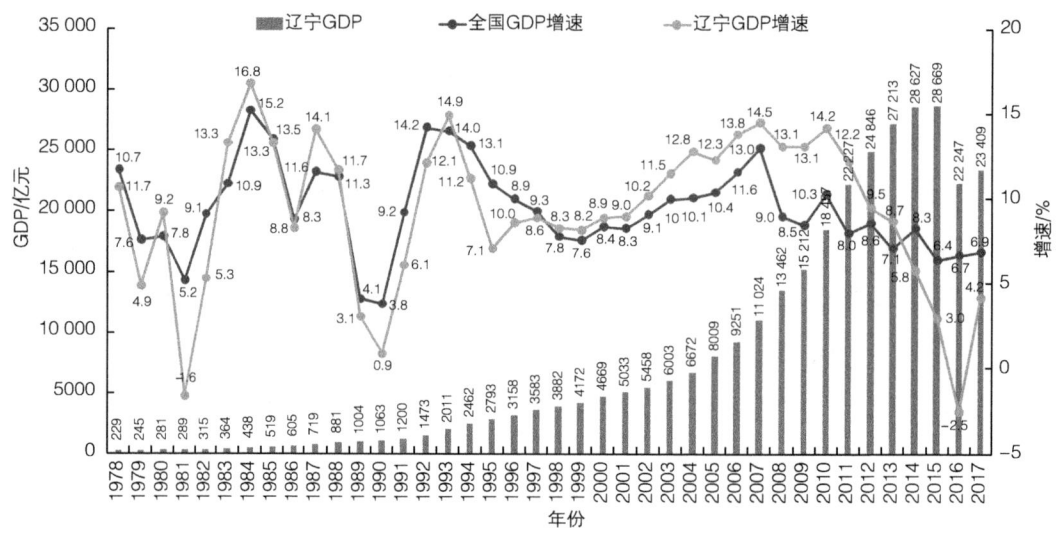

图 7-14 辽宁省 1978—2017 年 GDP 增长

展没有跟上改革的步伐，先后被 11 个省区超越，引人注目，辽宁省经济发展经历了 3 个阶段。

第一阶段，经济失速阶段（1978—1997 年）。在这 20 年间，辽宁省 GDP 平均增速低于全国平均值 1.12 个百分点，其中，有 14 年低于全国，仅 6 年高于全国。这一阶段，辽宁省经济处于失速阶段，明显拉大了与其他省区，特别是沿海省区的经济差距。虽然 1984 年大连成为全国进一步开放的沿海港口城市，1988 年国务院正式批准辽东半岛 8 个城市对外开放，但辽宁省经济并没有扭转失速的状态。1989 年辽宁省 GDP 达 1004 亿元，突破千亿元大关。

第二阶段，恢复增长阶段（1998—2013 年）。在国家振兴东北政策措施的推动下，辽宁省经济进入恢复性增长阶段，连续 16 年 GDP 增速高于全国，GDP 平均增速比全国平均值高 2.03 个百分点。其中，2002—2011 年，连续 10 年 GDP 增速在 10% 以上，明显高于全国平均值。2007 年 GDP 达 11 024 亿元，进入"万亿俱乐部"。2017 年 3 月，国务院批复辽宁自贸试验区总体方案，标志着辽宁省对外开放进入新阶段。

第三阶段，经济高质量发展阶段（2018 年起）。辽宁省贯彻落实党中央指示，探索经济高质量发展的政策与措施，明确提出坚持以供给侧结构性改革为主线，聚焦补齐"四个短板"，全力抓好"六项重点工作"，加快推进"一带五基地"建设，深入实施"五大区域发展战略"，加快建设现代化经济体系，加快推进辽宁省全面

第三篇　差距与成因
第七章　经济中等质量区

振兴、全方位振兴。

（二）经济结构接近全国平均值

辽宁省第一产业增加值占GDP的8.13%，第二、第三产业增加值分别占GDP的39.30%、52.57%。第一产业占比低、第三产业占比高于第二产业是辽宁省经济结构的显著特点。

从支柱产业分析，辽宁省第二产业的五大支柱产业分别是：石油、煤炭及燃料加工业增加值占第二产业增加值的15.77%，黑色金属冶炼和压延加工业占12.86%，汽车制造业占12.47%，电力、热力生产和供应业占7.44%，化学原料和制品制造业占6.91%。其他制造业占44.56%。

辽宁省第三产业的重点产业分别是：批发和零售业增加值占第三产业增加值的24.8%，金融业占16.23%，交通运输、仓储和邮政业占10.82%，房地产业占9.35%，住宿和餐饮业占3.94%。其他第三产业占34.83%（图7-15）。

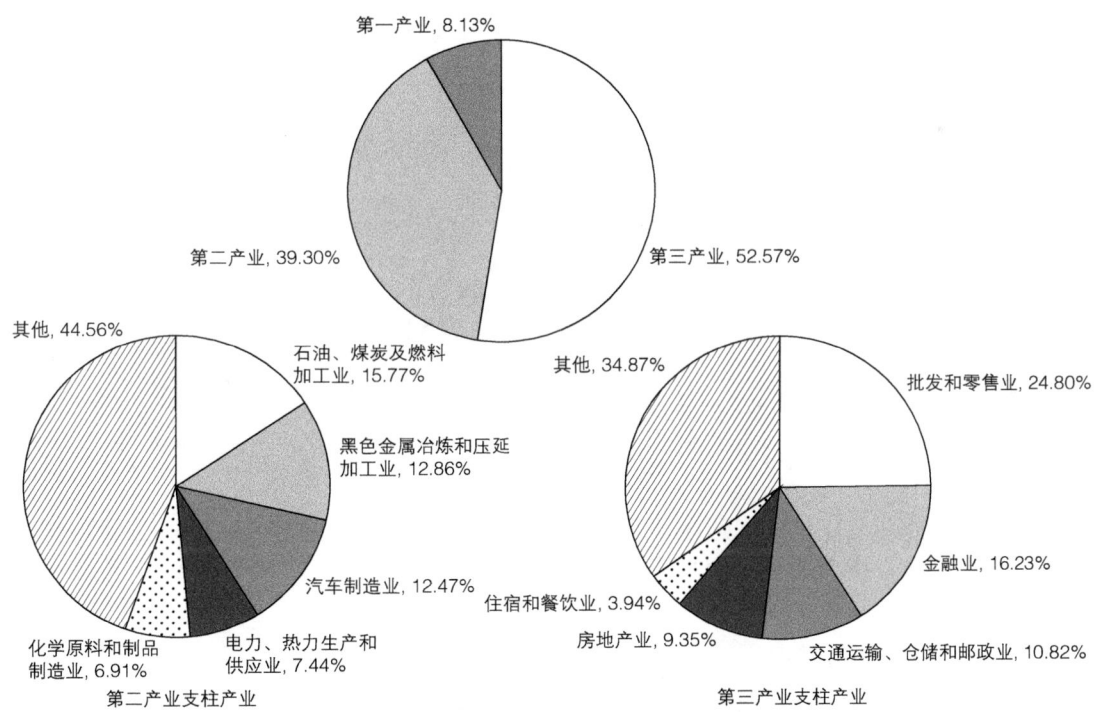

图7-15　辽宁省产业结构与支柱产业

差距经济学：中美经济与省区经济的差距及走势

（三）缩小经济差距面临的新旧难题

辽宁省经济质量差距指数为 51.70，全国第 15 位。在 6 类要素中，市场指数是与其他省市区差距最小的指数，为 90.45，居全国第 9 位，投资市场化、消费市场化、社会固定资产投资等指标相对较高，但人均消费除衣着、医疗外，其他消费均低于全国最高值的 40%；社会指数为 69.30，居全国第 23 位，平均预期寿命、抚养比等指标相对较好，人均收入类指标明显偏低；生态指数为 63.84，辽宁省土地资源丰富、植被覆盖率高、生态环境较好；政府指数为 61.49，居全国第 19 位，在政府指数的 23 个指标中只有工业占比超过全国最高值的 70%，财政支出效率、城镇化率接近 60%，税收占 GDP、三产占比、交通设施等指标均不足 40%，政府负债率等指标不足 20%（图 7-16）。

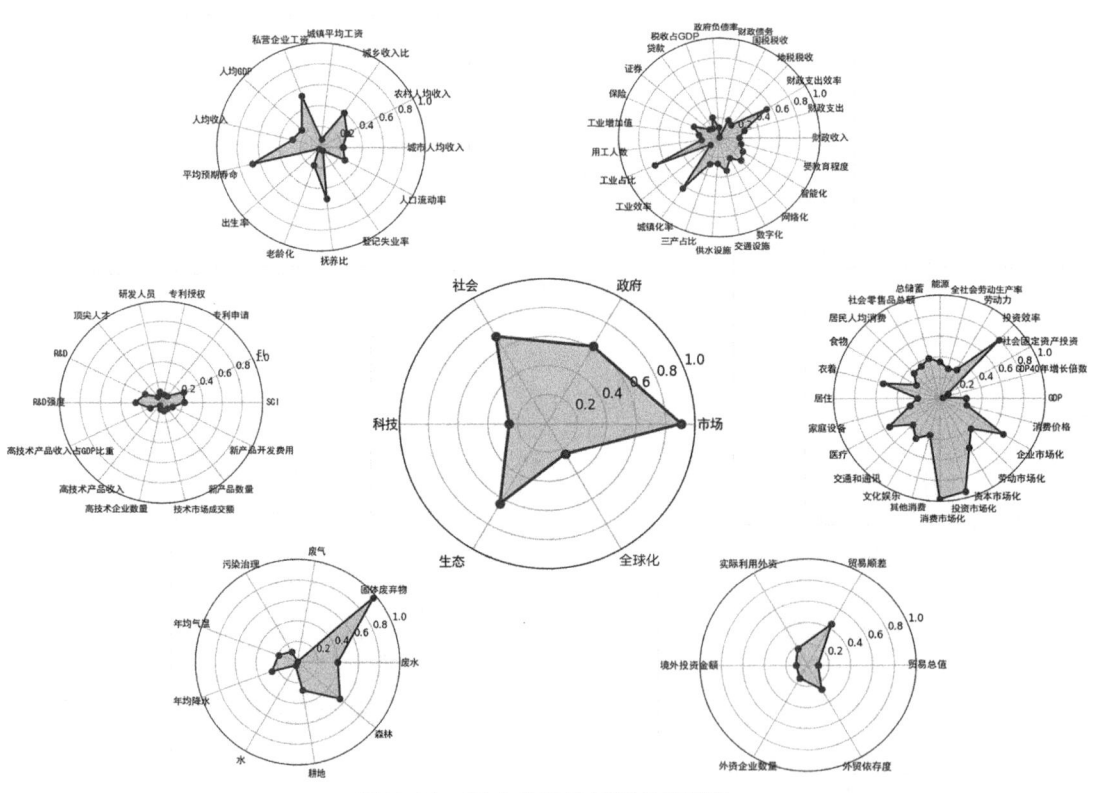

图 7-16　辽宁省经济质量差距指数

第三篇 差距与成因
第七章 经济中等质量区

辽宁省缩小经济差距面临新旧两个难题。旧难题是老工业基地如何振兴，在工业化中继续发力，在新兴产业发展中走出东北地区的模式；新的难题是如何"把人留住"，防止人才及消费群体外流，同时要把人才引进来，辽宁振兴经济要"从人做起"。

辽宁省是我国重要的重工业基地，为国家经济发展做出过重要贡献，但传统工业过剩之后，新兴产业发展缓慢，经济发展面临增速、提质的双重压力。产业结构不优导致投入效率不高，同时缺乏经费支持创新，新兴产业发展不起来，经济质量难以提高，经济发展陷入了"低效率循环"，迫切需要找准经济发展的短板，打破旧循环、建立新循环。从经济质量差距指数可以看出，限制辽宁省经济高质量发展的短板，一是科技指数为25.75，居全国第16位，在科技指数的14个指标中，除R&D强度、SCI、EI以外，其余指标均没有超过全国最高值的20%；二是全球化指数仅为24.25，居全国第11位，在全球化的6个指标中，除贸易顺差超过全国最高值的40%、外贸依存度高于20%外，贸易总值、实际利用外资、外资企业数量等指标均不足全国最高值的20%。

辽宁省是东北老工业基地的重点区域，东北三省经济整体下滑，在振兴东北政策的重点支持下，东北与东部地区，甚至与西南地区的发展差距还在拉大，说明地理因素是限制辽宁省经济发展的重要因素之一。在6类要素中，辽宁与其他省市区差距最大的是社会指数，居全国第23位。因此，辽宁提高经济质量：一要创新发展战略，提高社会发展水平。要提高社会各界对东北经济的信心，营造良好的营商环境，形成人才聚集、技术聚集、资本聚集、产业聚集的良好体制与机制，加快扭转人才、资金、技术外流的问题。二要创新发展模式，"借鸡生蛋"。引资引智，把高端医疗器械、药品、先进制造等高科技产业，以及金融、保险、养老等高端服务业作为辽宁省新的经济增长点。三要实施创新驱动发展战略，推进"产业升级创新行动"。遴选辽宁省有竞争优势的行业、产品，围绕产品质量升级找技术，围绕技术找人才，动员政府财力、企业及社会力量形成合力，攻克一批制约辽宁省支柱产业升级的关键技术。四要提高全球化水平，辽宁省全球化指数仅为广东的1/4。要着力打造一批驰名国内外的名牌产品，迅速提高辽宁省贸易额与贸易质量。五要创新东北经济振兴的新思路、新战略、新方式。在"借资生资、引技生资"的基础上，探索"借才生技、以技促资"的新路子，改变发展模式，大幅提升自身造血功能。

六、四川省经济质量差距指数 51.59，全国第 16 位

改革开放 40 年，四川省经济既与全国大势同频共振，又具有鲜明的四川特点。四川省 GDP 从 1978 年的 184.61 亿元上升到 2017 年的 36 980.22 亿元，增长了 199.32 倍，增长倍数是黑龙江省的 2.2 倍，按可比价格计算，1979—2017 年四川省 GDP 平均增速 10.2%，比全国平均水平高 0.7 个百分点。GDP 在全国的排名保持在第 6 位（图 7-17）。

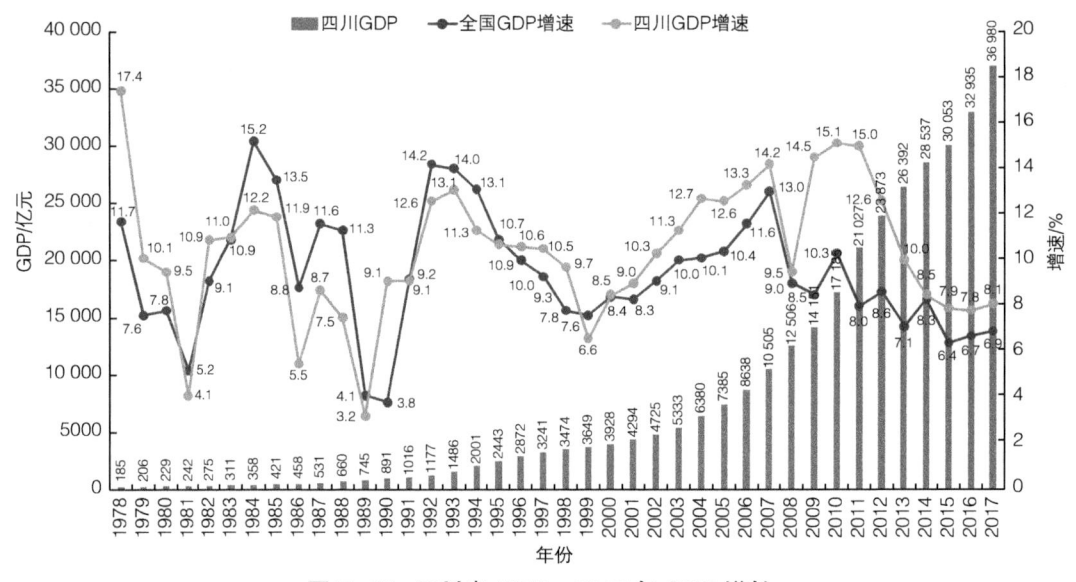

图 7-17　四川省 1978—2017 年 GDP 增长

（一）经济发展"中、低、中、高"阶段及特征

第一阶段，中速增长阶段（1978—1983 年）。GDP 平均增速比全国平均值高 1.78 个百分点，在这 6 年中，有 5 年超过全国平均水平。四川省作为农业大省，农业经济是这一阶段推动四川省经济增长的主要动力。

第二阶段，低速增长阶段（1984—1995 年）。这一时期，四川省 GDP 平均增速比全国平均值低 1.23 个百分点。在其他省市区发展商品经济、推动工业化的过程中，四川省依然停留在农业经济阶段，导致这 12 年中，GDP 增速有 11 年低于全国

平均增速。

第三阶段，中速增长阶段（1996—2008年）。在这一阶段，四川省GDP平均增速比全国平均值高1.09个百分点，在这13年中，有12年高于全国平均水平。工业化、城镇化成为这一阶段经济增长的主要推动力。

第四阶段，高速发展阶段（2009—2017年）。由于"震后经济"的推动作用，四川省经济增长在这一阶段进一步加速，连续8年GDP增速高于全国平均值，GDP平均增速比全国平均值高3.19个百分点。2009—2013年，四川省经济高速发展，大量投入基础设施建设，GDP平均增速比全国平均值高4.94个百分点。

第五阶段，经济高质量发展阶段（2018年起）。四川省全面贯彻落实党中央指示，在"震后经济"基本结束的情况下，寻找经济发展的新动能，推进经济高质量发展，明确提出深入推进"一干多支、五区协同""四向拓展、全域开放"等重大部署，着力打造"5+1"现代产业体系，优化营商环境，提升创新能力，培育发展动力，释放内需潜力，为全面建成小康社会收官打下决定性基础。

（二）产业结构中农业比重仍然较大

1978年，四川省第一产业增加值占GDP的44.5%，1982年提升至45.5%，产业结构为45.5∶33.8∶20.7，是一个典型的农业大省。2016年第三产业增加值比重超过第二产业。2017年三次产业结构比为11.53∶38.75∶49.73，第一产业比重比1978年下降32.9个百分点，第二、第三产业比重分别提高3.2和29.7个百分点。第三产业已成为四川省经济增长的主动力。

从支柱产业分析，四川省第二产业的支柱产业分别是：计算机、通信和其他电子设备制造业增加值占第二产业增加值的11.09%，非金属矿物制品业占7.37%，酒、饮料和精制茶制造业占7.00%，汽车制造业占6.94%，农副食品加工业占6.37%，化学原料和制品制造业占5.87%，黑色金属冶炼和压延加工业占5.01%，电力、热力生产与供应业占4.76%。其他制造业占45.58%。

四川省第三产业的重点产业分别是：金融业增加值占第三产业增加值的17.6%，批发和零售业占14.14%，房地产业占11.21%，交通运输、仓储和邮政业占8.77%，住宿和餐饮业占5.62%。其他第三产业占42.66%（图7-18）。

差距经济学：中美经济与省区经济的差距及走势

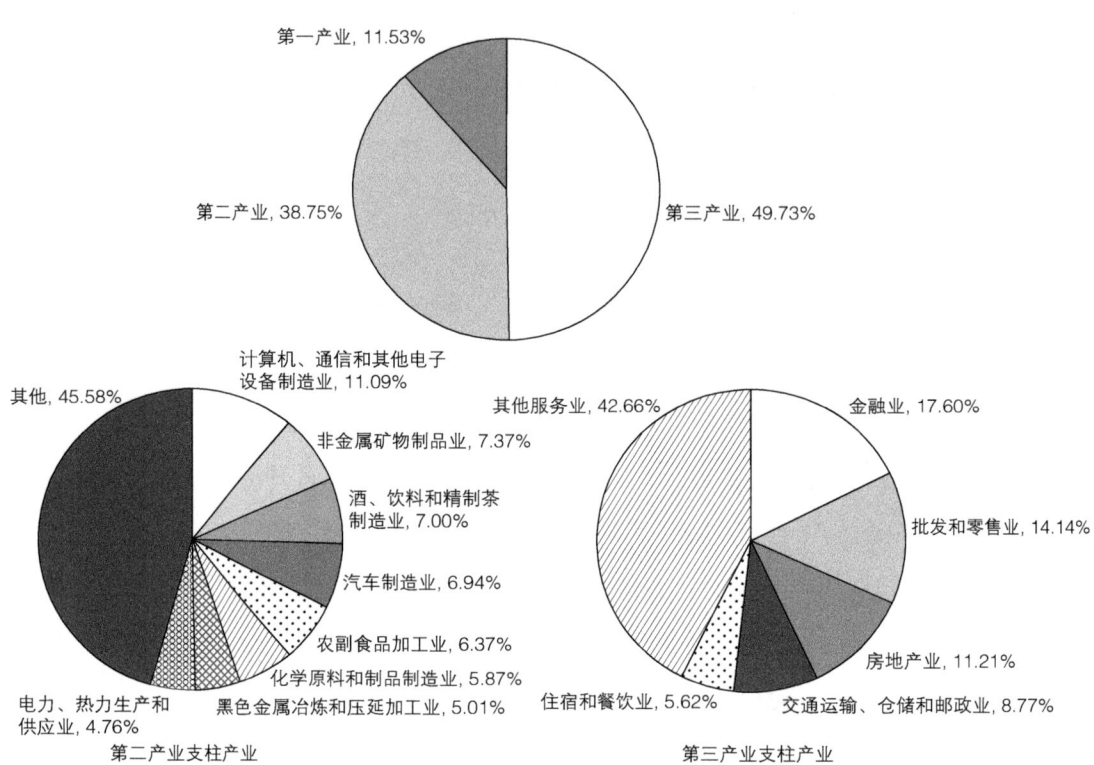

图 7-18 四川省产业结构与支柱产业

（三）亟待培育"震后经济"的增长点

2008年汶川地震后，中央及地方政府、社会各界对四川的大力支持，使四川经济迎来了十年的快速发展期，这一轮增长之后如何寻找经济增长的新动能，培育新的经济增长点已成为四川缩小经济差距的关键所在。

四川省经济质量差距指数为51.59，居全国第16位。在6类要素中，市场指数最高，为82.69，居第14位，消费市场化、企业市场化超过全国最高值的80%，劳动力、劳动市场化、资本市场化等指标超过70%，社会固定资产投资接近60%，但人均吃、住、行、医等消费不足40%；政府指数60.98，居第20位，说明四川省政府作用还有潜力可挖，网络化、工业占比、工业效率、财政支出、保险等指标达到或接近全国最高值的60%外，财政支出、财政支出效率、贷款超过50%，其余指标均低于40%，三产占比、税收占GDP、政府负债率等指标是明显短板；社会指数为61.04，居全国第29位，是四川省与其他省市区差距最大的指标，主要原因是人均收入低、城乡收入差距大,脱贫任务重;生态指数为 74.37,居全国第 12 位,四川省土地资源丰富,固体废物处理率高、森林覆盖率高(图 7-19)。

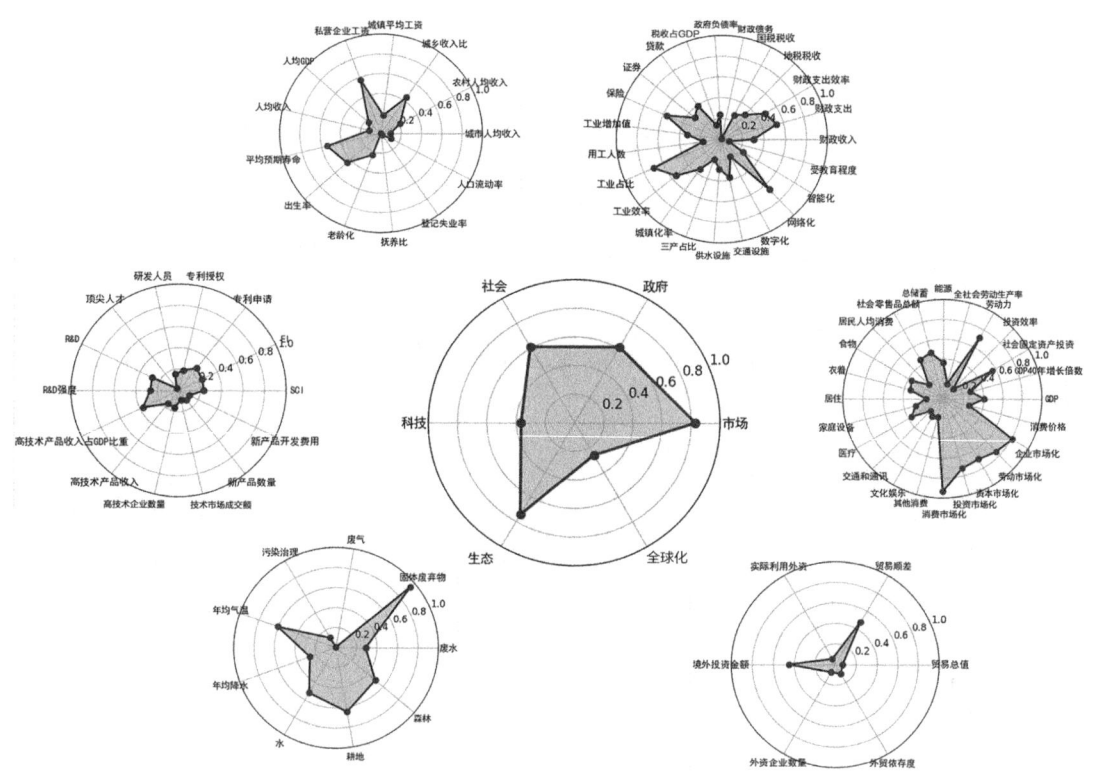

图 7-19 四川省经济质量差距指数

四川省缩小经济差距,经济高质量发展同样面临结构不优、动能不强、营商环境不优、投入效益不高、发展质量不高等问题。从经济质量差距指数可以看出,限制四川省经济高质量发展的主要因素中,除生态指数外,其余 5 个指数均为短板,其中,较弱的两个指数分别是全球化指数、科技指数,分别为 26.08 和 36.75,均排在全国第 9 位。在全球化指数的 6 个指标中,除贸易顺差、境外投资金额超过全国最高值的 40% 外,贸易总值、实际利用外资、外资企业数量等指标还不足全国最高值的 20%;科技指数中除高技术产品收入占 GDP 比重达到全国最高值的 40% 以上外,其余 13 个指标均低于 40%,顶尖人才、技术市场成交额是科技指数中差距最大的指标。

四川省经济达到并保持高质量发展：一是实现发展战略创新，制定"震后经济"的发展战略与规划。要研究地震援助结束后，经济如何实现依靠自身造血功能保持高质量发展。二是实施创新驱动发展战略，向科技创新要经济质量。遴选四川省在全国乃至全球范围有优势的产业、优势产品，围绕产品升级找技术，围绕技术找人才，打造一支支撑四川现代经济体系的顶尖技术人才队伍，突破一批制约四川省支柱产业的关键技术，实现产品升级、产业升级。三是大幅提高全球化水平。打造四川省的品牌产品与服务，提高贸易额与贸易顺差。四是在产业发展上要突出"双高"。努力打造高科技产业、高端服务业两个新增长极。

七、广西壮族自治区经济质量差距指数 51.18，全国第 17 位

广西是我国改革开放，特别是农村经济体制改革的先锋，对推动经济体制、机制改革发挥了重要的作用。广西 GDP 从 1978 年的 75.87 亿元上升到 2017 年的 18 523.26 亿元，增长了 243.1 倍，GDP 排名由 1978 年的第 20 位上升到 2017 年的第 17 位，上升了 3 位（图 7-20）。

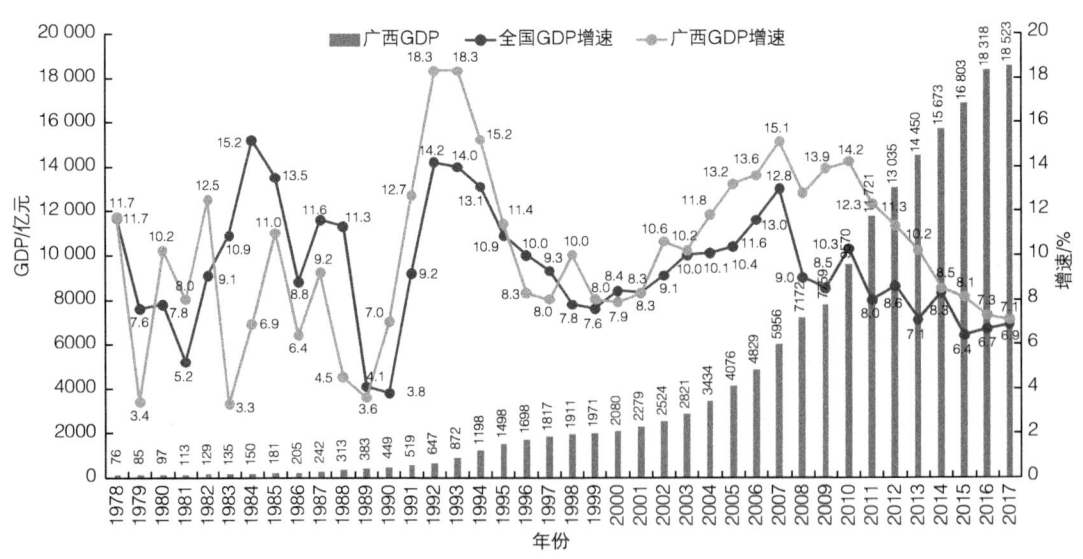

图 7-20　广西 1978—2017 年 GDP 增长

（一）经济发展"低、中、中高"阶段及特征

广西城镇居民人均可支配收入由 1978 年的 289 元提高到 2017 年的 30 502 元，增长 104.5 倍；贫困人口由 1978 年的 2100 万人减少到 2017 年的 246 万人，取得了举世瞩目的成绩。与全国 GDP 平均增速比较，广西经济发展经历了"低、中、中高"3 个阶段，正在进入第四个阶段。

第一阶段，低速增长阶段（1978—1989 年）。广西 GDP 平均增速比全国平均值低 2.2 个百分点，在这 12 年中，仅有 3 年高于全国平均值。广西集"老、少、边、山、库"于一身，经济难度大，改革起步慢。这一阶段，主要是发展农业、林业与土特产品，1984 年提出以发展桂林旅游区为重点，开始逐步推进旅游业的发展。

第二阶段，中速增长阶段（1990—2003 年）。广西 GDP 平均增速比全国平均值高 1.32 个百分点。在旅游业的带动下，广西经济稳速增长，在这 14 年间，仅有 3 年低于全国平均增速。2017 年全区入境过夜游客人数和国际旅游（外汇）消费分别达到 512.4 万人次和 24.0 亿美元，旅游总收入 580.4 亿元，对 GDP 综合贡献率高达 14.9%。与此同时，广西工业化、城镇化的步伐明显加快，对经济发展发挥了重要的推动作用。

第三阶段，中高速发展阶段（2004—2017 年）。2004 年以后，广西经济发展进一步提速，GDP 平均增速比全国平均值高 2.46 个百分点。城镇化、工业化成为经济发展的主要动力，城镇化率由 1978 年的 10.64% 提高到 2017 年的 49.2%，提高了 39 个百分点，相当于每年增加 1 个百分点，城镇化、第三产业正在成为广西经济的增长点。

第四阶段，经济高质量发展阶段（2018 年起）。全面贯彻落实党中央推进经济高质量发展的指示，广西明确提出着力推动产业高质量发展，着力扩大市场需求，着力推动关键领域改革和高水平开放，着力促进城乡区域协调发展，着力提升绿色发展水平，着力发展壮大民营经济，着力抓好脱贫攻坚战和民生建设，开启建设壮美广西、共圆复兴梦想新征程。

（二）发展第三产业潜力巨大

广西第一产业增加值占 GDP 的 15.54%，第二、第三产业增加值分别占 GDP 的

差距经济学：中美经济与省区经济的差距及走势

40.22%、44.24%。第一产业占比高、第三产业占比低是广西经济结构的主要特点。

从支柱产业分析，广西第二产业的七大支柱产业分别是：汽车制造业增加值占第二产业增加值的 10.86%，黑色金属冶炼和压延加工业占 10.03%，农副食品加工业占 9.82%，计算机、通信和其他电子设备制造业占 7.70%，非金属矿物制品业占 7.65%，有色金属冶炼和压延加工业占 6.43%，木、竹、藤、棕、草制品业占 5.62%。其他制造业占 41.89%（图 7-21）。

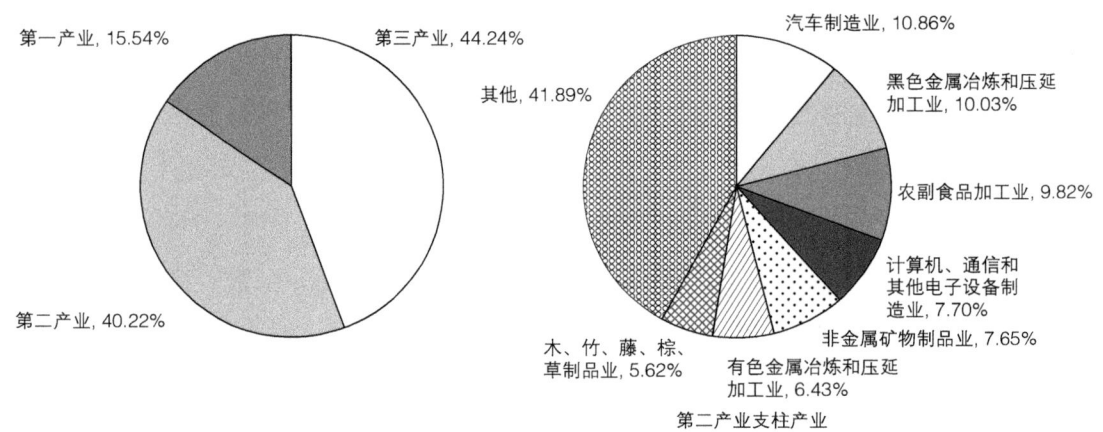

图 7-21 广西产业结构与支柱产业

（三）缩小经济差距要在差异化发展上做文章

广西经济质量差距指数为 51.18，居全国第 17 位。在 6 类要素中，生态指数为 86.94，居全国第 2 位，是广西与其他省区差距最小的指数，主要原因是森林覆盖率高、固体废物处理率高、光热水资源丰富等；市场指数为 79.39，居全国第 19 位，投资市场化、消费市场化、劳动市场化、企业市场化等指标超过或接近全国最高值的 80%，但人均消费除衣着、医疗外，其他消费均低于全国最高值的 40%；社会指数为 73.85，居全国第 15 位，出生率、平均预期寿命、私营企业工资等指标相对较好，但人均收入类指标明显偏低；政府指数为 57.78，居全国第 22 位，在 23 个指标中，只有工业占比、工业效率达到全国最高值的 60% 以上，数字化达到 40% 以上，三产占比、交通设施等指标均不足 40%（图 7-22）。

第三篇 差距与成因
第七章 经济中等质量区

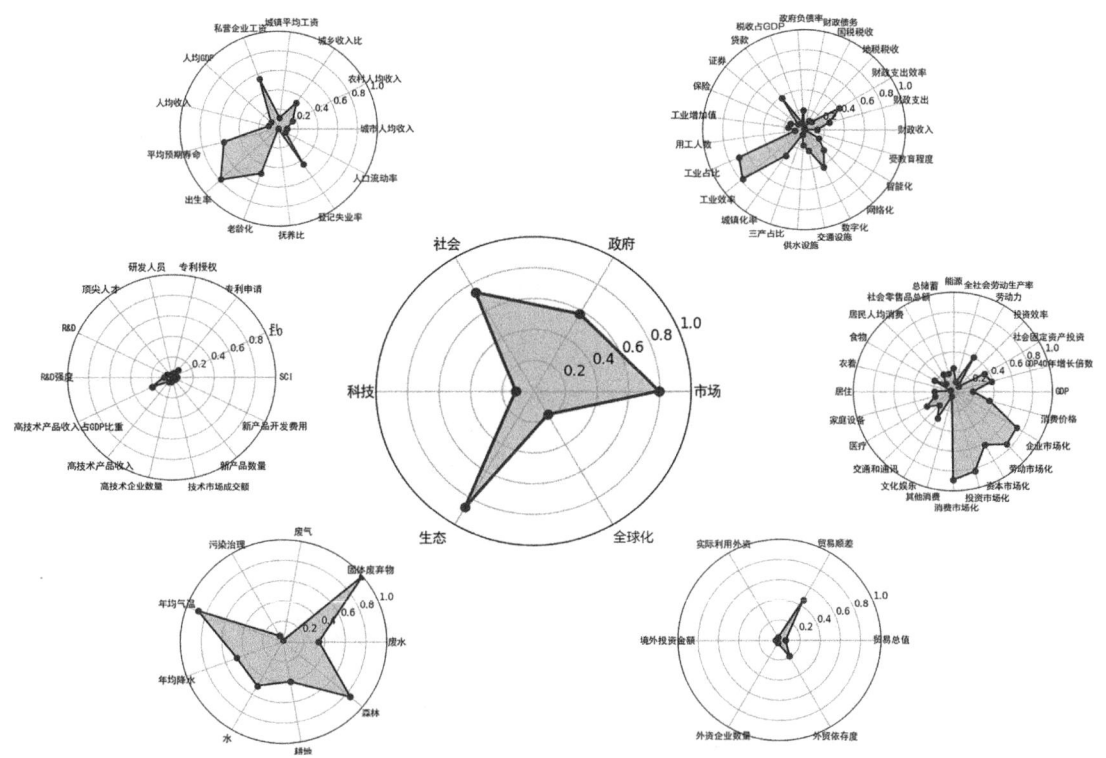

图7-22 广西经济质量差距指数

广西经济发展面临增速下滑、质量提升的双重压力。产业结构不优，投入效率不高，创新经费少，新兴产业发展慢，缩小经济差距、提升经济质量迫切需要找准经济发展的短板。从经济质量差距指数可以看出，6类要素可分为3类，其中，优势指数是生态指数，中等指数是市场、政府、社会等指数，短板指数是科技与全球化指数。科技指数为11.56，居全国第22位，在14个指标中，只有新技术产品收入占GDP比重达到全国最高值的20%，R&D强度、SCI、EI等指标均没有达到20%；全球化指数为17.57，居全国第19位，6个指标中，除贸易顺差达到全国最高值的20%外，贸易总值、实际利用外资、外资企业数量等指标均不足10%。

广西经济发展同样面临增速下降、质量难升的双重问题，存在技术、人才、资金、土地等要素不足、匹配不合理的问题，也存在基础设施、公共服务、营商环境等方面的短板。广西要提高经济质量：一要创新发展战略。探索一条生态良好、地理位置优越、经济后发地区跨越发展的新路子，采取"差异性发展战略"，向生态要效益,把高端旅游、现代养老作为经济增长点重点培育。二要创新发展模式。创造营商环境,"引资引智、借鸡生蛋",形成人才聚集、技术聚集、资本聚集、产业聚集的良好体制与机制,加速补上高科技产品。三要实施创新驱动发展战略。推进"产业升级创新行动",遴选广西有竞争优势的行业、产品,围绕产品质量升级找技术,围绕技术找人才,动员政府财力、企业及社会力量形成合力,攻克一批制约广西支柱产业升级的关键技术。四要提高全球化水平。广西全球化指数仅为广东的1/5,要着力打造一批驰名国内外的名牌产品,迅速提高广西贸易额与贸易质量。五要补上基础设施、公共服务、营商环境的短板。争取中央、地方对少数民族地区的支持,增加人才、技术、资金的支持,并不断改进匹配模式,提高投入产出效率,大幅提升自身造血功能。

八、河北省经济质量差距指数 49.90,全国第 18 位

河北省与北京、天津两个直辖市毗邻,具有独特的地理优势,对支援首都建设、承接非首都功能都发挥了不可替代的作用。河北省 GDP 从 1978 年的 183.06 亿元上升到 2017 年的 34 016.32 亿元,增长了 184.8 倍,GDP 排名上升 2 位(图 7-23)。

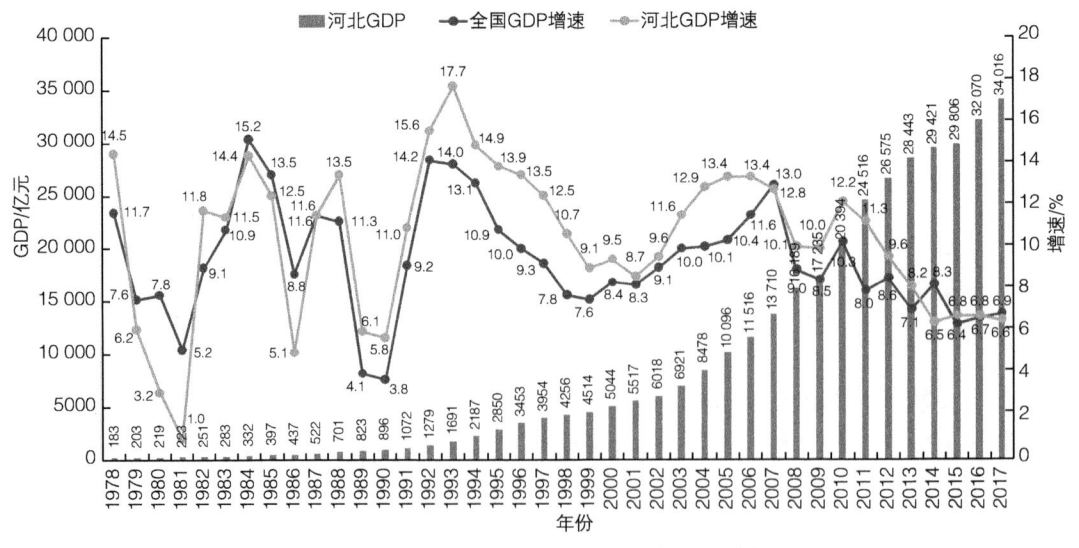

图 7-23 河北省 1978—2017 年 GDP 增长

第三篇 差距与成因
第七章 经济中等质量区

（一）经济发展"低、高、低"阶段及特征

第一阶段，低速增长阶段（1978—1987年）。河北GDP平均增速比全国平均值低0.96个百分点，在这10年中，有3年高于全国平均值，有6年低于全国平均值，有1年与全国GDP增速持平。

第二阶段，高速增长阶段（1988—2006年）。河北GDP平均增速比全国平均值高2.12个百分点，这一阶段GDP增速均高于全国平均水平。在工业化初期，河北大力发展黑色金属冶炼、电力热力生产、黑色金属矿采选等能源密集型工业和装备制造业，有力地推动了河北经济的高速增长。

第三阶段，较低速增长阶段（2007—2017年）。河北GDP平均增速比全国平均值高0.74个百分点，其中，有3年低于全国平均水平。这一阶段，河北经济增速较上一阶段有所下降，主要推进供给侧结构性改革，"三去一降一补"，去产能方面成效明显，2013—2017年累计压减炼钢产能6993万吨、炼铁产能6442万吨、水泥产能7057万吨等。

第四阶段，经济高质量发展阶段（2018年起）。河北省为贯彻落实党中央推进经济高质量发展、建设雄安新区、加速京津冀一体化建设等一系列指示，明确提出河北经济发展面临"京津冀协同发展、雄安新区规划建设、冬奥会筹办等重大机遇叠加交汇"，形成了强大的发展动力和独特的发展优势，要紧紧抓住历史性窗口期和战略性机遇期，只争朝夕、开拓创新、苦干实干，建设经济强省、美丽河北。

（二）经济结构亟待优化

河北省第一产业增加值占GDP的9.20%，第二、第三产业增加值分别占GDP的46.58%、44.21%。第二产业占比高、第三产业占比低、第一产业占比接近全国平均值是河北经济结构的显著特点。

从支柱产业分析，河北省第三产业的重点产业是：批发和零售业增加值占第三产业增加值的18.84%，交通运输、仓储和邮政业占16.61%，金融业占13.65%，房地产业占11.24%，住宿和餐饮业占3.28%。其他第三产业占35.14%（图7-24）。

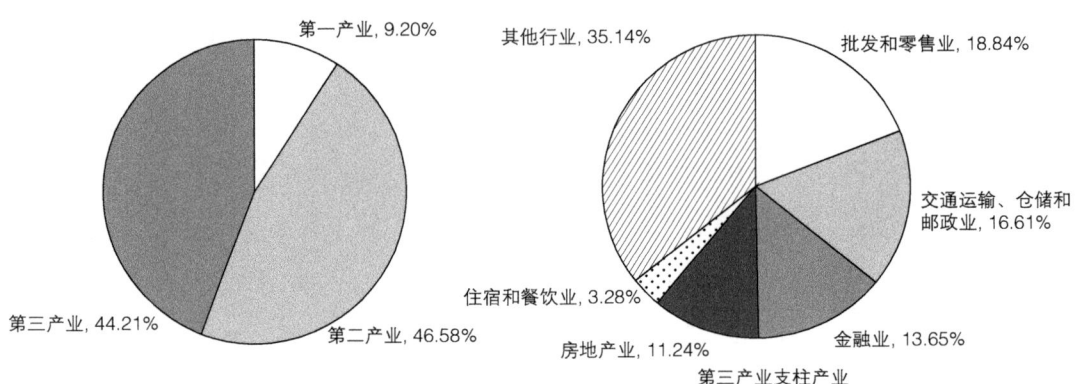

图 7-24　河北省产业结构与支柱产业

（三）经济发展要找突破口差异化发展

河北省毗邻北京、天津两个直辖市，缩小经济差距、提高经济质量，要在差异化发展、错位发展方面探索新的发展方式，向现代制造、现代服务业的"两现代"主导的产业多元化方向发展。

河北省经济质量差距指数为49.90，居全国第18位。在6类要素中，市场指数最高，为78.76，居第20位，投资市场化、消费市场化、资本市场化、企业市场化达到全国最高值的80%，劳动力、社会固定资产投资达到60%，但人均吃、住、行、医等消费仅达到20%；政府指数为70.01，居第13位，说明河北政府作用还大有潜力可挖，除工业占比达到全国最高值的90%、网络化和财政支出效率达到60%外，其余指标均没有超过40%，其中，三产占比、税收占GDP、政府负债率等指标不足10%；社会指数为69.24，居第24位，是河北省与其他省市区差距最大的指数，主要原因是人均收入低、城乡收入差距大、城镇平均工资低等（图7-25）。

经济结构不优、钢铁等行业产能严重过剩是河北省经济高质量发展面临的最主要问题，同时还存在营商环境不优、新动能不足、生态环境脆弱，特别是水资源短缺等问题。从经济质量差距指数可以看出，限制河北省经济高质量发展的主要因素中，除市场机制发挥较好外，其余5个指数均为短板，其中，较弱的两个指数分别是科技指数、全球化指数，分别为17.35和20.36，分别排在全国第19位和第14位。科技指数的14个指标均低于全国最高值的20%，顶尖人才、技术市场成交额是创新指标中与全国领先水平差距最大的指标；全球化指数6个指标中，除贸易顺差达到全国最高值的 50%、境外投资金额超过 20% 外，贸易总值、实际利用外资、外资企业数量等指标均不足全国最高值的 20%。

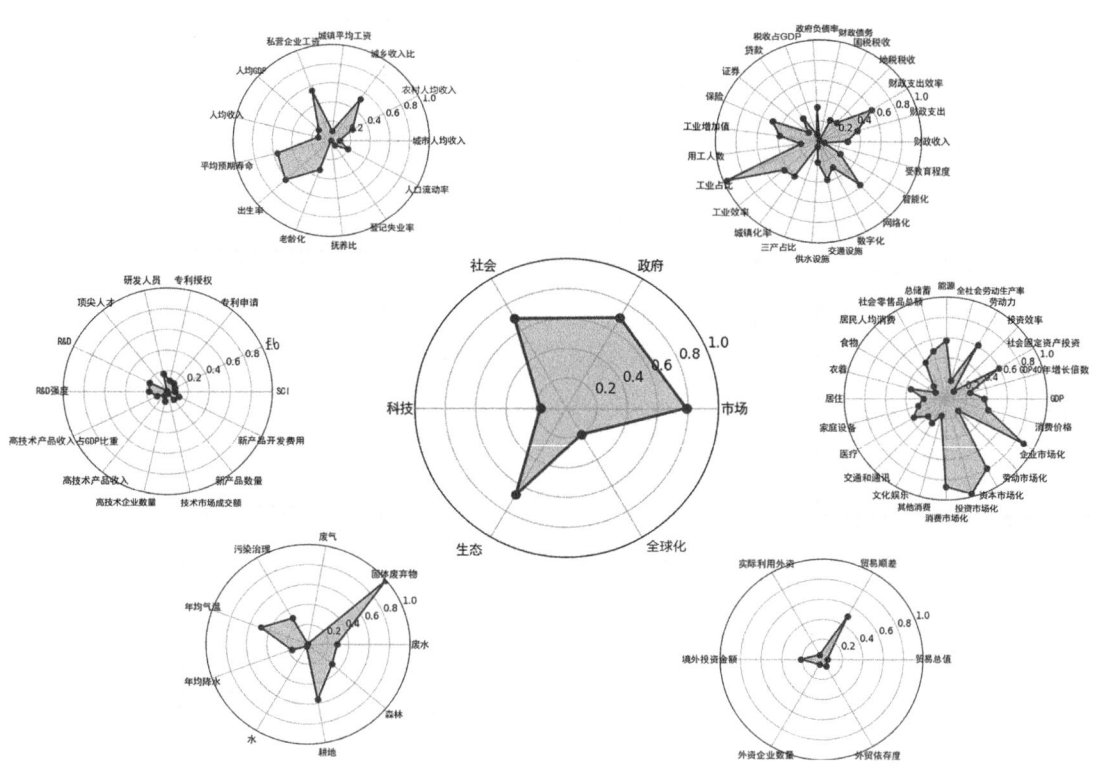

图 7-25　河北省经济质量差距指数

河北省要实现经济高质量发展：一要实施创新驱动发展战略。创新"河北发展战略"，以建设"雄安副中心"为龙头，制定"环首都经济战略"，提出河北省经济结构转型、产业升级、效率跃升的新战略、新思路、新规划，形成"与首都经济互补、相互支撑"的经济格局，北京转移的河北接（第三产业、制造业）、北京缺乏的河北补（第一产业）、北京没有的河北创（高新技术若干产品）。二要转变经济发展方式。培育新的经济增长点，把京津的经济支援变为技术、人才支援，引进技术、人才和新兴产业，把第三产业、科技产业作为未来发展的战略重点，集中力量取得重大突破。三要实施"产业升级行动"。向科技创新要经济质量，遴选河北在全国乃至全球范围有优势的产业、产品，围绕产品升级找技术，围绕技术找人才，打造一支支撑河北现代经济体系的顶尖技术人才队伍,突破一批制约河北支柱产业升级的关键技术,通过技术升级,实现产品升级、产业升级,当前要特别把钢铁产业作为重中之重,下决心吸引全球科技资源,把钢铁质量搞上去。四要推动以"节水"为核心的农业技术升级。把降低水资源,特别是要把深层地下水资源消耗作为河北农业发展、生态改善的战略性措施。五要大幅提高全球化水平。创造河北品牌产品与服务,提高贸易额与贸易顺差。

九、海南省经济质量差距指数 49.09,全国第 19 位

海南省 GDP 从 1978 年的 16.4 亿元上升到 2017 年的 4462.54 亿元,增长了 271.11 倍,增长倍数是黑龙江省的 3 倍,GDP 在全国的排名维持在第 28 位(图 7-26)。

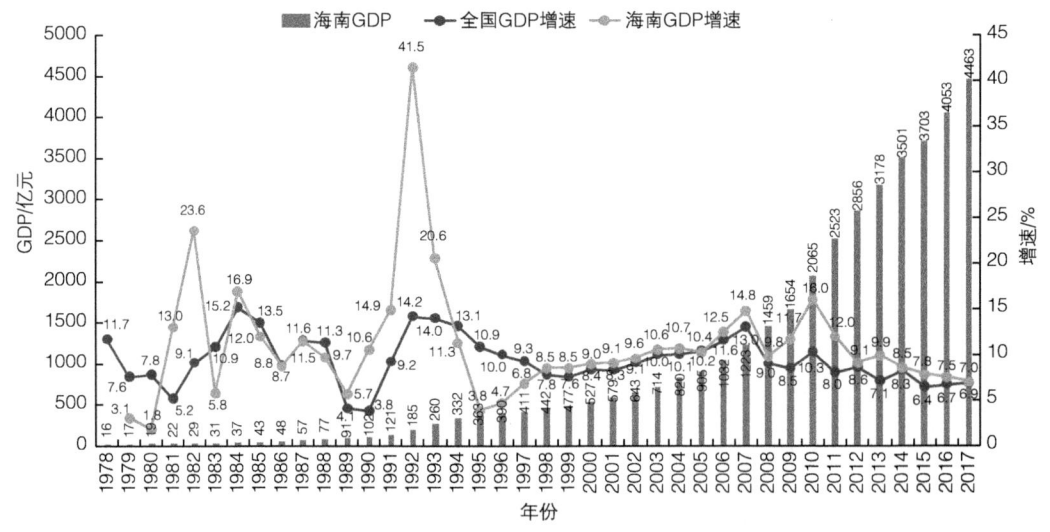

图 7-26 海南省 1978—2017 年 GDP 增长

(一)经济发展"低、高、低、中"阶段及特征

海南省是中国最年轻的省份和最大的经济特区,1988 年海南建省办特区之后,就开始积极探索经济发展的新思路、新途径。与全国经济平均增速比较,海南省经

济发展速度呈现"低、高、低、中"4个阶段，正在经历第五个阶段。

第一阶段，低速增长阶段（1978—1988年）。这一时期，海南省GDP平均增速比全国平均值低0.6个百分点，在11年中，仅有3年高于全国平均水平，表明这一阶段海南省改革开放起步慢，经济发展成效不明显，还是一个封闭的海岛。

第二阶段，高速增长阶段（1989—1993年）。1988年第七届全国人民代表大会第一次会议通过了国务院提出的关于设立海南省和建立海南经济特区的议案，大量的投资涌向海南，建省后的这5年是海南省经济增长最快的5年，GDP平均增速比全国平均值高9.28个百分点，其中，邓小平视察南方的1992年海南省GDP增速高达41.5%，比全国GDP增速高出27.3个百分点。

第三阶段，低速增长阶段（1994—2005年）。这一阶段，海南省GDP平均增速比全国平均值低1.02个百分点，12年中有7年高于全国平均值，省外投资热潮退去之后，海南省经济进入低速增长阶段。

第四阶段，中速增长阶段（2006—2017年）。这期间海南省GDP平均增速比全国平均值高1.85个百分点，GDP增速连续12年高于全国平均值。这一阶段海南省开始调整产业结构，大力发展第三产业，第三产业占GDP比重不断提升，旅游业、互联网产业、金融服务业、会展业等多个产业均实现两位数增长。

第五阶段，经济高质量发展阶段（2018年起）。海南省全面贯彻落实党中央指示，全力推进经济高质量发展，明确提出，坚持以供给侧结构性改革为主线，坚持深化市场化改革、扩大高水平开放，全面推进自贸试验区建设，探索建设中国特色自由贸易港，加快建设现代化经济体系，努力开拓新阶段经济发展的新局面。

（二）第一产业具有优势，第三产业潜力大

海南省第一产业增加值占GDP的21.58%，第二、第三产业增加值分别占GDP的22.33%、56.10%。第一产业占比远高于全国平均值、第二产业占比远低于全国平均值、第三产业占比明显高于全国平均值，是海南省经济结构的显著特点。

从支柱产业分析，海南省第二产业的支柱产业分别是：石油、煤炭及燃料加工业增加值占第二产业增加值的24.39%，电力、热力生产和供应业占12.60%，化学原料和制品制造业占11.98%，医药制造业占10.04%，非金属矿物制品业占8.21%。

差距经济学：中美经济与省区经济的差距及走势

其他制造业占 32.78%。

海南省第三产业的重点产业分别是：批发和零售业增加值占第三产业增加值的 20.1%，房地产业占 17.60%，金融业占 12.50%，交通运输、仓储和邮政业占 10.07%，住宿和餐饮业占 8.96%。其他第三产业占 30.76%（图 7-27）。

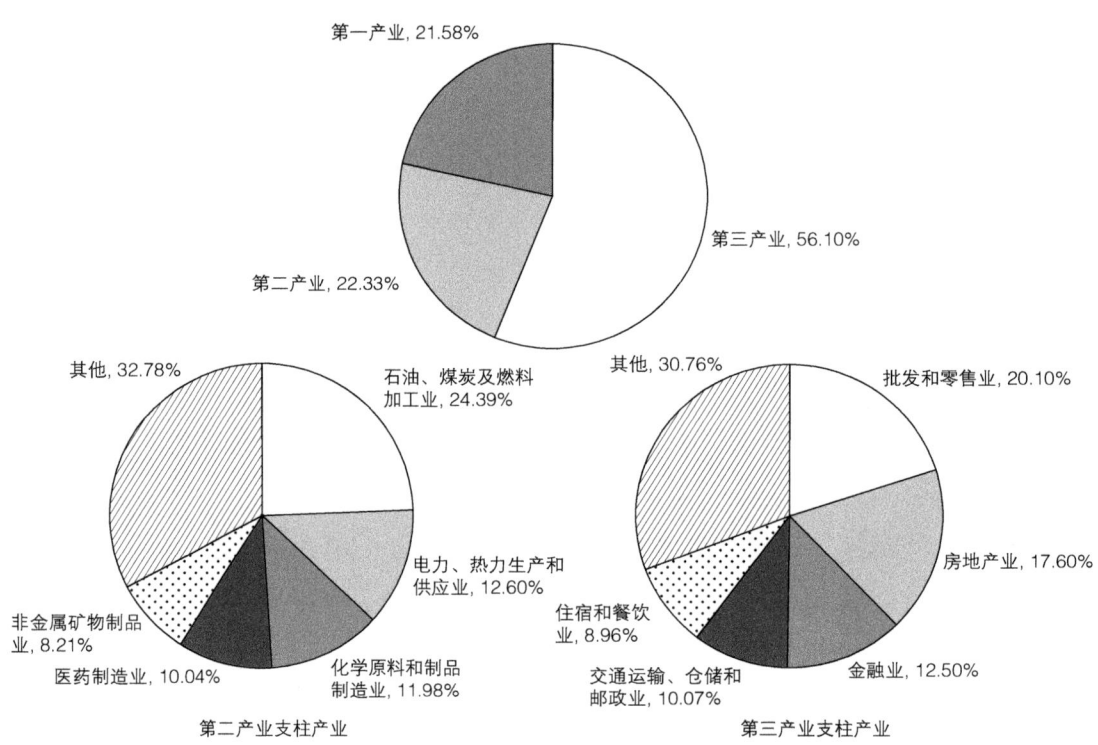

图 7-27　海南省产业结构与支柱产业

（三）建立"人类命运共同体试验区"的战略思考

2018 年，中央批准海南省建立自由贸易区，逐步探索、逐步推进中国特色自由贸易港建设，支持海南全面深化改革，争创新时代中国特色社会主义新范例，建议海南省立足海南、服务祖国、面向世界，建设"人类命运共同体试验区"，探索国际合作、利益共享、文化包容、经济差异化发展的新模式。

海南省经济质量差距指数为 49.09，居全国第 19 位。在 6 类要素中，社会、市场、生态指数 3 类指标有一定优势，而政府、全球化、科技指数明显偏低。社会指数最高，为 100，与北京、天津、浙江并列全国第 1 位，说明海南省社会和谐相关问题得到很好解决，主要优势是出生率指标接近全国最高值的80%，平均预期寿命、私营企业工资超过60%，抚养比、老龄化、登记失业率、城乡收入比等指标超过40%；市场指数为86.78，居全国第12位，消费价格接近全国最高值，劳动市场化、资本市场化、投资市场化、消费市场化等指标接近全国最高值的80%，GDP40年增长倍数等指标接近60%，吃、住、行、医等消费不足40%；生态指数为78.17，居全国第9位，主要是年平均气温高、水资源充足、森林覆盖率高、空气质量好、固体废物处理率高；政府指数为42.16，居全国第28位，说明海南省政府作用还有很大潜力可挖，城镇化率、税收占GDP两个指标达到全国最高值的50%，旅游业发达，三产占比达到全国最高值的40%，财政支出、工业占比、证券、保险明显滞后（图7-28）。

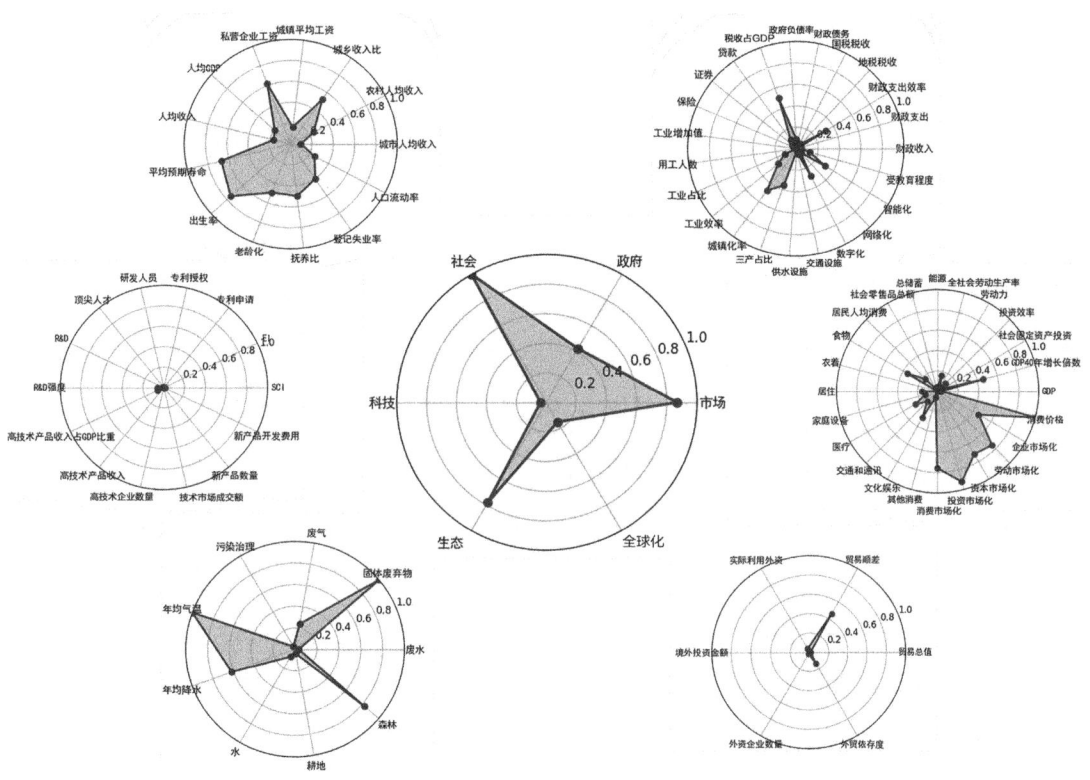

图7-28 海南省经济质量差距指数

从海南省经济质量差距指数可以看出，海南省经济高质量发展的主要限制因素有3个：一是科技创新能力弱，科技指数仅为3.84，居全国29位，科技指数14个

差距经济学：中美经济与省区经济的差距及走势

指标均不足全国最高值的 15%，缺顶尖人才、缺研发投入、缺科技基础设施、缺重大科学工程项目是限制海南省提高创新能力的主要因素；二是全球化水平低，全球化指数为 15.25，居全国第 23 位，全球化指数 6 个指标中，除贸易顺差超过全国最高值的 40% 外，贸易总值、实际利用外资、外资企业数量等指标均不足全国最高值的 20%；三是政府作用没有充分发挥，政府在发展战略创新、发展模式创新、促进工业化进程等方面还有很大潜力。

海南省经济发展正在迎来第三个春天。第一个春天是新中国建立，海南人民翻身做主人，经济实现第一次腾飞；第二个春天是改革开放，农业告别饥饿、工业告别短缺，服务业迅速崛起，海南已由第一产业为主的农业岛转变为第三产业为主的服务业岛，全面进入小康社会；第三个春天则是由旅游岛转向"国际自由贸易港"。海南省经济高质量发展必须紧紧围绕自由贸易港的建设。一要做好"战略创新"。科学确定"国际自由自贸易港的战略定位与目标"，把中央赋予海南省的特殊政策转变为经济优势，把海南省特殊的地理优势转变为经济优势。按照中央部署，建设改革开放试验区、生态文明试验区、国际旅游消费中心、国家重大战略服务保障区，力争建成"人类命运共同体试验区"，力争做到"四有"——有纽约国际贸易中心、金融中心的功能，有日内瓦国际组织聚集地的作用，有硅谷、波士顿人才聚集地的作用，有夏威夷国际旅游基地的特征。凭借制度优势、政策优势、地理优势、文化包容优势，把部分联合国组织分支机构建到海南来，把国际金融、贸易分支机构吸引到海南来，把海外高端服务业吸引到海南来，把北欧、俄罗斯等国家和地区科学家寒冷季节的研究工作搬到海南来，使海南成为高端服务业的集成地、高端人才的聚集地、高端产品的发祥地、现代思想与艺术的诞生地。二是做好"发展方式创新"，走出一条"借鸡生蛋"的发展方式。把海南省产业做大做强，遴选优势产业和优势产品，围绕产品升级找技术，围绕技术找人才，打造一支顶尖人才队伍，攻克一批关键技术，实现产品升级、产业升级。三是大幅提高全球化水平。设立国际能源、航运、大宗商品、产权、股权、碳排放权等交易场所，创造海南品牌产品与服务，把高科技产业、高端服务业作为两个新的经济增长极。

第三篇 差距与成因
第七章 经济中等质量区

十、陕西省经济质量差距指数 45.72，全国第 20 位

改革开放 40 年来，陕西省经济发展实现了量的跨越，经济增速高于全国平均水平。2017 年 GDP 为 21 899 亿元，1978—2017 年 GDP 增长 269.4 倍，增速为全国第 12 位，GDP 排名由 1978 年的第 19 位上升到 2017 年的第 15 位，上升了 4 位（图 7-29）。

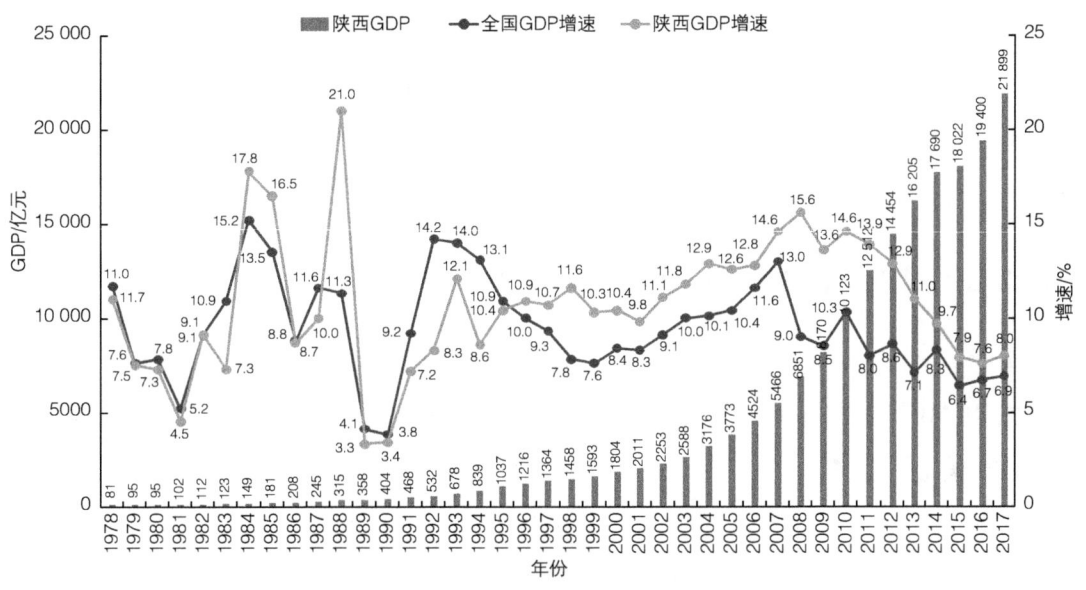

图 7-29 陕西省 1978—2017 年 GDP 增长

（一）经济发展"低、高、中"阶段及特征

陕西省经济发展不断迈上新台阶，质量效益明显提高，正在进入高质量发展的新时代。

第一阶段，低速发展阶段（1978—1995 年）。在这 18 年中，陕西省 GDP 平均增速比全国平均值低 0.44 个百分点，仅有 3 年高于全国平均值。表明西部省区改革开放起步慢，经济提速慢。

第二阶段，高速发展阶段（1996—2013 年）。这一阶段，陕西省 GDP 平均增速比全国平均值高 3 个百分点，每年增速均高于全国平均值。2010 年 GDP 达

10 123 亿元，进入"万亿俱乐部"。改革开放、西部大开发战略等政策措施，使陕西省经济发展驶入快车道，除 2001 年外，GDP 增速均保持在两位数。

第三阶段，中速发展阶段（2014—2017 年）。这期间陕西省 GDP 平均增速降至 10% 以下，比全国平均值高 1.23 个百分点。经济进入新常态之后，陕西省经济增长的绝对速度及与全国平均值的相对速度，都出现明显下降，与全国一样进入增速换挡期，由两位数高速增长逐步换挡为个位数的中速增长阶段。2017 年 GDP 增速为 8%，居全国第 9 位，高出全国平均值 1.1 个百分点。

第四阶段，经济高质量发展阶段（2018 年起）。陕西省贯彻落实党中央推进经济高质量发展的指示，明确提出坚持以供给侧结构性改革为主线，紧扣追赶超越和"五个扎实"要求，全面落实"五新"战略任务，大力发展"三个经济"，加快建设现代化经济体系，保持经济持续健康发展和社会大局稳定。

（二）经济结构优化空间很大

陕西省 2017 年第一产业增加值占 GDP 的 7.95%，第二、三产业增加值分别占 GDP 的 49.70%、42.35%。第一产业占比低、第二产业占比高于第三产业是陕西省经济结构的显著特点。

从支柱产业分析，陕西省第二产业的五大支柱产业分别是：煤炭开采和洗选业增加值占第二产业增加值的 12.64%，石油、煤炭及燃料加工业占 7.68%，有色金属冶炼和压延加工业占 6.95%，汽车制造业占 6.78%，化学原料和制品制造业占 6.21%。

陕西省第三产业的重点产业分别是：批发和零售业增加值占第三产业增加值的 19.00%，金融业占 14.02%，房地产业占 9.29%，交通运输、仓储和邮政业占 8.98%，住宿和餐饮业占 5.37%。其他第三产业占 42.10%（图 7-30）。

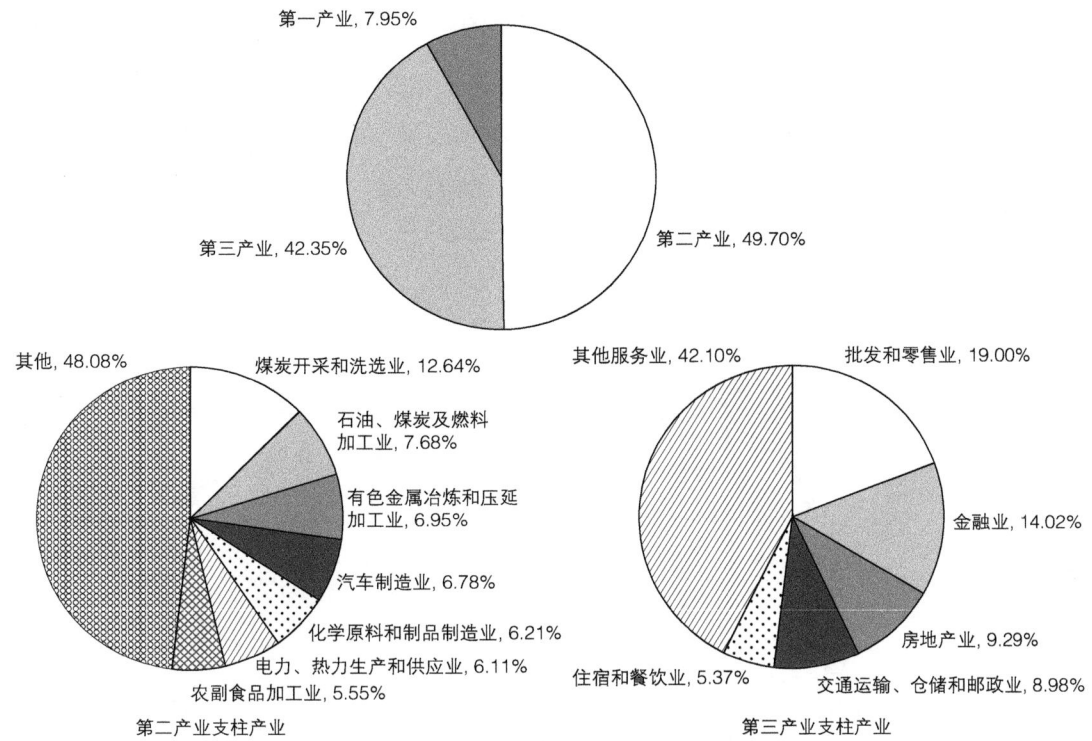

图 7-30 陕西产业结构与支柱产业

（三）经济差异化发展再创辉煌的对策

陕西省是西北省区中经济、科技、文化基础最好的省，要探索一条西部大开发、大发展的新模式、新路子，一是把缩小区域经济差距作为新时期经济高质量发展的重要目标；二是陕西省要走出一条差异化的发展道路，在西部省区中起到示范引领作用。

陕西省经济质量差距指数为45.72，居全国第20位。在6类要素中，科技指数为35.61，居全国第10位，陕西省科技创新力量较强，科技指数是陕西省与其他省市区差距最小的指数；社会指数为73.68，居全国第16位，平均预期寿命、抚养比、私营企业工资等指标接近全国最高值的60%，出生率接近50%，农村人均收入、城市人均收入等指标不足30%，陕西省农村条件差，城乡收入差距大，是造成社会指数低的一个重要原因；政府指数为69.56，居全国第14位，23个指标中工业占比接近全国最高值，工业效率接近全国最高值的60%，财政支出效率、网络化、城镇化率等指标达到40%以上，三产占比、税收占GDP、财政支出、交通设施等指标均不足40%；生态指数为65.12，居全国第16位，干旱少雨，水资源严重短缺，但固体废物处理率高；市场指数为63.30，居全国第26位，消费市场化等指标超过全国最高值的80%，企业市场化接近60%，人均消费除衣着、医疗外，其他消费均低于40%，居住、交通与文化消费则不足10%（图7-31）。

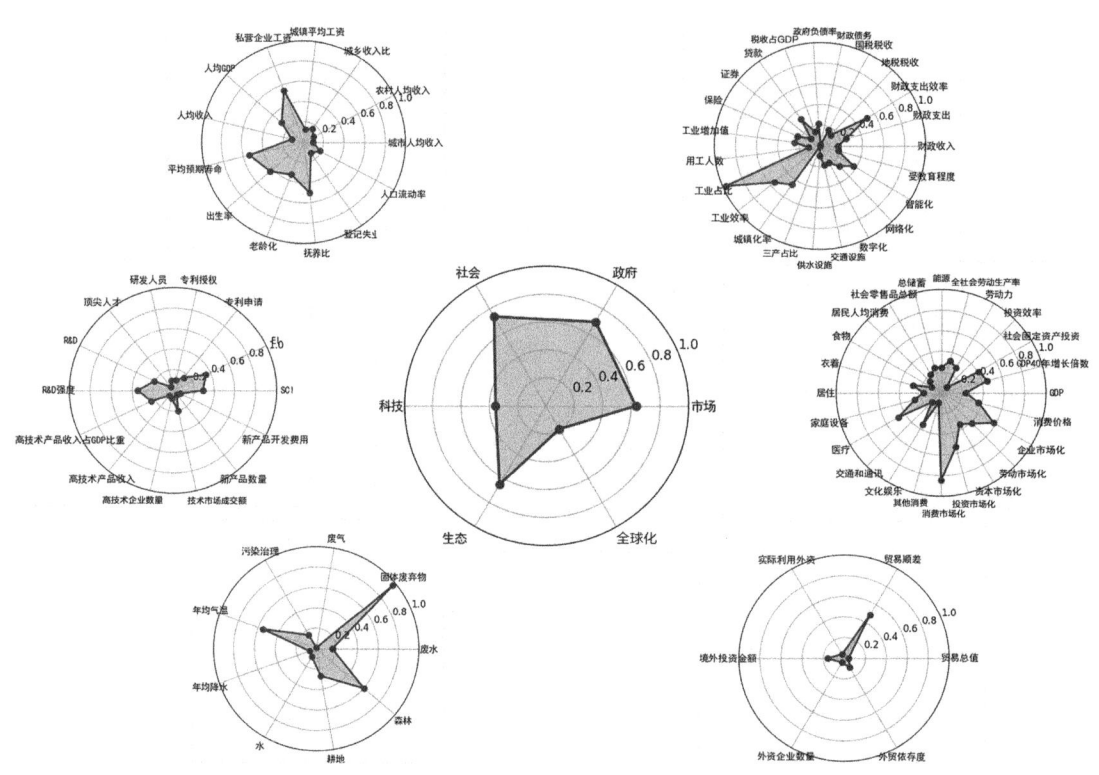

图7-31 陕西省经济质量差距指数

陕西省经济发展同样面临增速下滑、质量提升的双重压力。产业结构不优、投入效率不高、创新能力弱，新兴产业发展慢，经济质量提升难度大，迫切需要找准经济高质量发展的突破口。从陕西省经济质量差距指数可以看出几个明显的特点：一是6类指标中没有一类优势指标，全是限制经济高质量发展的短板；二是政府、市场、社会等3类指数的指标相对较高，达到全国最高值的60%以上；三是生态脆弱是陕西省经济发展的短板，但生态环境短期难以改善；四是全球化、科技是陕西省通过人为因素可望改变的发展短板。陕西省全球化指数为19.18，居全国第16位，是西北六省区中最高的，但与东部省市区差距仍然很大。全球化指数的6个指标中，除贸易顺差达到全国最高值的50%外，贸易总值、实际利用外资、外资企业数量等指标均不足20%。陕西省科技创新能力同样是西北地区最强的，但仍然是经济发展的短板与限制因素。

陕西省要提高经济质量：一要创新发展战略。创出一条西北省区跨越发展的新路子，探索"生态脆弱、地理偏远、经济落后、创新不足、文化保守"省区跨越发展的新路子，既要争取中央政策和财政的支持，又要增强自身发展动能，采取"差异性发展战略"，突出优势、扬长避短，培育新的经济增长点。二要创新发展模式。创造营商环境，"引资引智、借鸡生蛋"，用更大力度吸引人才、技术、资本，没有"外源性"经济要素的引入，短期内难以实现跨越发展。三要推进"产业升级创新行动"。遴选陕西省有竞争优势的行业和产品，围绕产品质量升级找技术，围绕技术找人才，动员政府财力、企业及社会力量形成合力，攻克一批制约陕西省支柱产业升级的关键技术，打造具有陕西省特色的现代产业群。四要提高全球化水平。陕西省全球化指数仅为广东的1/5，要着力打造一批驰名国内外的名牌产品，迅速提高陕西省贸易额与贸易质量。五要补上基础设施、公共服务、营商环境的短板。在争取中央、东部省市支持的同时，加大对急需人才、技术的支持力度，大幅提升自身造血功能。

第八章
经济中低质量区

中低质量区的经济质量差距指数为 30～44，包括黑龙江、山西、吉林、内蒙古、宁夏等 5 个省区，其主要特征是经济要素数量不足、质量不高、匹配不均，限制经济发展质量的短板明显，本来不多的经济要素，又存在配置不合理、浪费多等问题，导致经济质量不高、发展乏力（图 8-1）。

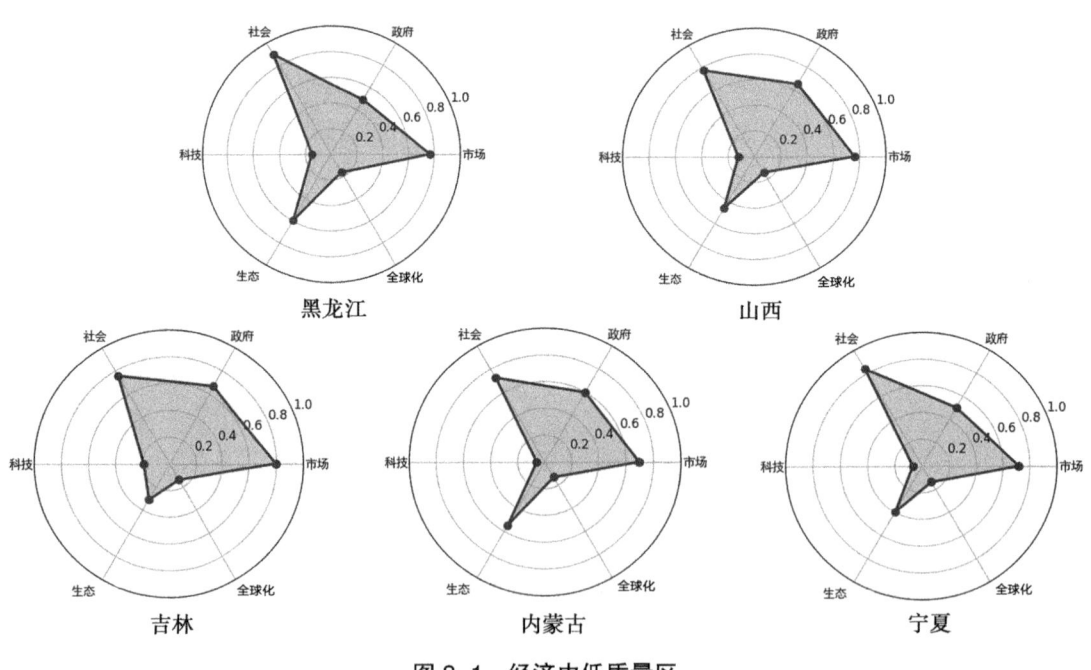

图 8-1 经济中低质量区

第三篇　差距与成因
第八章　经济中低质量区

一、黑龙江省经济质量差距指数 41.96，全国第 21 位

黑龙江省GDP从1978年的175亿元上升到2017年的15 903亿元，增长了90.5倍，GDP排名由1978年的第8位下降到2017年的第21位，下降了13位，是经济排名下降最多的省，在经济发展失速的情况下，经济高质量发展面临更加繁重的任务（图8-2）。

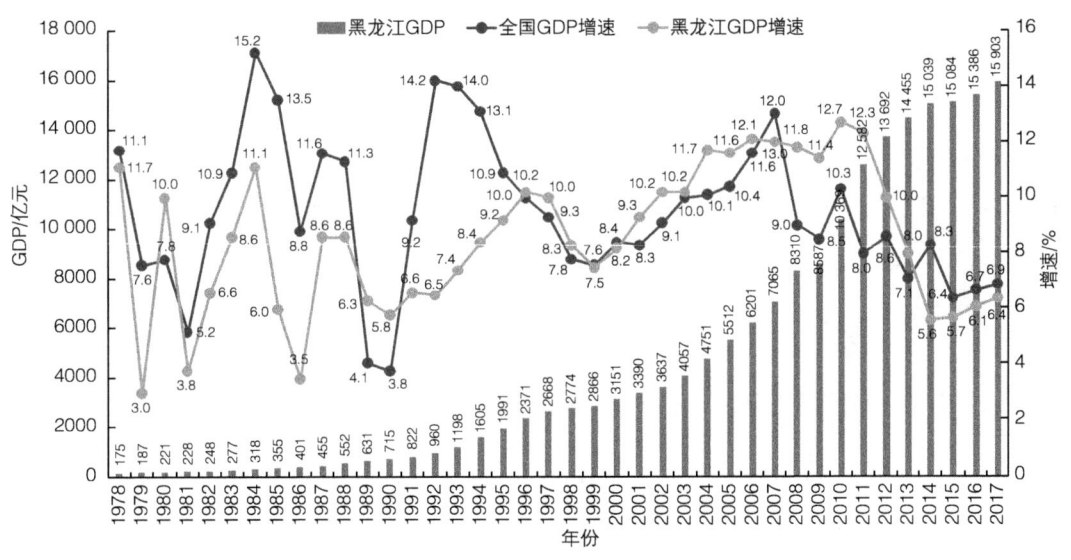

图 8-2　黑龙江省 1978—2017 年 GDP 增长

（一）经济发展"低、中、低"阶段及特征

与全国经济平均增速比较，黑龙江省经济增速呈现"低、中、低"3个发展阶段，目前，正在进入第四阶段。

第一阶段，低速增长阶段（1978—1995年）。这一时期，黑龙江省GDP平均增速比全国平均值低2.83个百分点，在这18年中，仅有3年高于全国平均值，其余均低于全国平均值。作为国家传统的机械和军工基地，在这一阶段，黑龙江省贯彻国家"调整、改革、整顿、提高"的方针，全面调整国民经济，如压缩基本建设规模，组织机械、军工等长线产品转产，因地制宜发展经济作物等，处于全面调整阶段，经济发展处于低速增长状态。

第二阶段，中速增长阶段（1996—2013年）。这一阶段黑龙江省GDP平均增速比全国平均值高1.13个百分点，其中，仅有3年低于全国平均值，其余15年均高于全国平均值。在城市改革逐步深化过程中，黑龙江省努力建成全国农业强省，成为全国重要的粮食、农畜产品生产基地。在这个时期，黑龙江省积极部署对外开放，加快外向型经济发展，推动全省经济实现中速增长。

第三阶段，低速增长阶段（2014—2017年）。这个时期黑龙江省GDP增速连续4年低于全国平均值，比全国平均值低1.13个百分点。老工业基地技术改进慢，现代工业体系没有形成，加之科技人才流动等内部因素，以及全球性金融危机等外部因素的影响，使黑龙江省经济发展再次陷入缺乏增长动力的低速发展阶段。

第四阶段，经济高质量发展阶段（2018年起）。黑龙江省贯彻落实党中央推进经济高质量发展、东北振兴等指示，明确提出大力推进改革开放，激发内生动力，增强全社会创新创业活力，推动质量变革、效率变革、动力变革，转方式调结构，优化发展环境，以新的精神状态和奋斗姿态把现代化新龙江建设不断推向前进。

（二）经济结构中农业占比全国最高

黑龙江省第一产业增加值占GDP的18.65%，第二、第三产业增加值分别占GDP的25.53%、55.82%。

从支柱产业分析，黑龙江省第二产业的五大支柱产业分别是：石油、煤炭及燃料加工业增加值占第二产业增加值的19.00%，电力、热力生产和供应业占16.86%，石油和天然气开采业占15.99%，农副食品加工业占5.91%，食品制造业占5.48%。其他制造业占36.77%。

黑龙江省第三产业的重点行业分别是：批发和零售业增加值占第三产业增加值的20.92%，金融业占10.50%，交通运输、仓储和邮政业占9.03%，房地产业占7.39%，住宿和餐饮业占6.39%。其他第三产业占45.77%（图8-3）。

第三篇　差距与成因
第八章　经济中低质量区

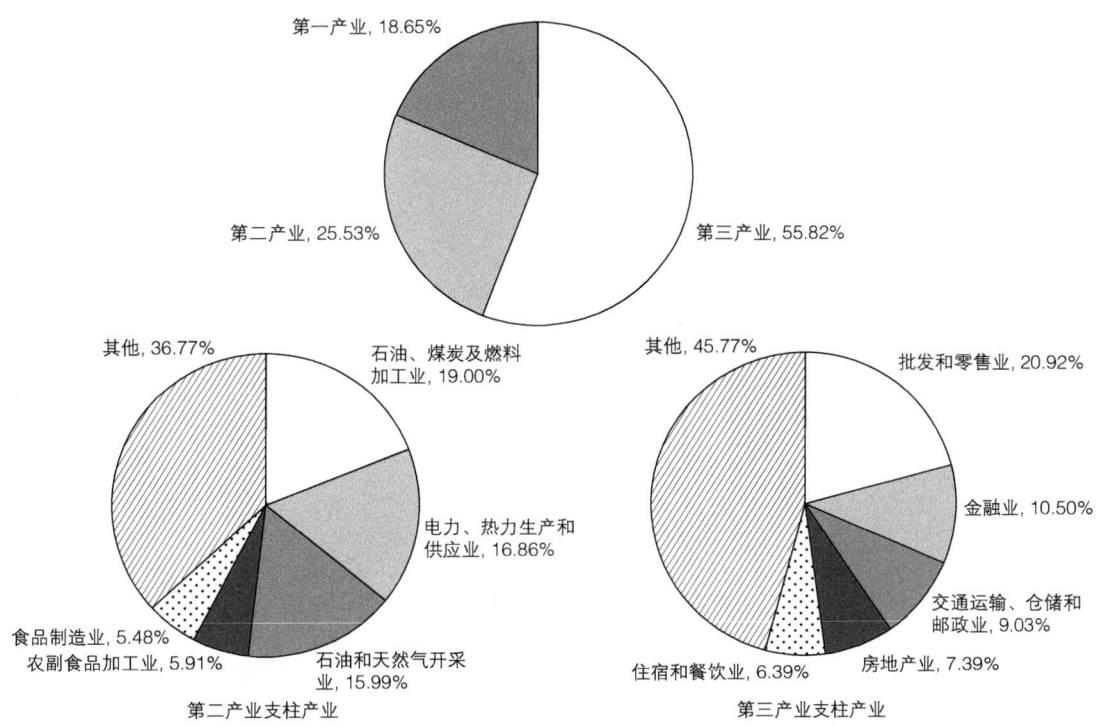

图 8-3　黑龙江省产业结构与支柱产业

（三）经济差异化发展的对策与路径

黑龙江省经济质量差距指数为 41.96，居全国第 21 位。在 6 类要素中，社会指数最高，为 89.67，居第 8 位，是黑龙江省与其他省市区差距最小的指数，主要原因是抚养比高，平均预期寿命长，城乡收入差距小；市场指数为 76.65，居第 21 位，消费市场化、投资市场化、资本市场化超过全国最高值的 80%，人均消费除医疗接近 60%、衣着接近 50% 外，吃、住、行、文化等消费均不足 20%；政府指数为 48.92，居第 25 位，是黑龙江省与其他省市区差距最大的指数，说明黑龙江政府作用还大有潜力可挖，除城镇化率接近全国最高值的 50%、工业占比和财政支出效率达到 40% 外，政府指数的其余 20 个指标均没有达到 40%，其中，三产占比、税收占 GDP 等指标不足 10%；生态指数为 59.45，居第 22 位，耕地面积大、森林覆盖率高，但光热资源明显不足、污染物处理率还不够高；科技指数为 14.98，居第 20 位，除 SCI、EI 接近全国最高值的 20% 外，其余的 12 个指标都不足全国最高值的 20%；

全球化指数为 16.26，居第 21 位，6 个指标中，除贸易顺差超过全国最高值的 40% 外，贸易总值、实际利用外资、外资企业数量等 5 个指标均不足全国最高值的 20%（图 8-4）。

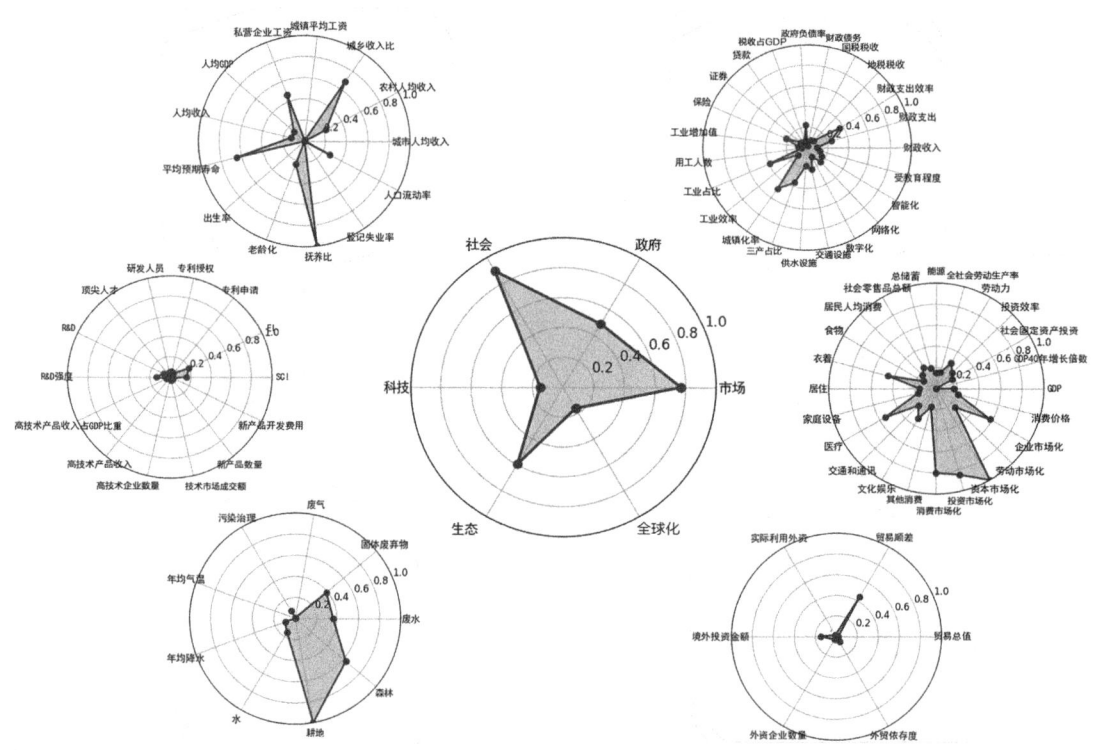

图 8-4　黑龙江省经济质量差距指数

黑龙江省经济高质量发展面临的最主要问题中，有结构不优、传统产业产能严重过剩的问题，更有新兴产业动能不足、发展缓慢，营商环境不优，外部经济要素难以引进，劳动力、资金外流突出等问题。从经济质量差距指数可以看出，黑龙江省经济高质量发展的主要限制因素 6 个指数均为短板，均有潜力可挖，其中，较弱的 3 项分别是科技创新能力弱、全球化水平低、政府作用发挥还不到位。政府财政支出少，科技投入少，引进人才难度大，使科技创新进入了"投入少、项目小、顶尖人才少、创新成果少、经济质量低、财政收入少"的"低水平循环"；全球化水平低，对俄罗斯等国出口额低，优质、品牌产品不多；政府作用发挥不够到位，在减少石油减产对第二产业的副作用、国企改革、推动民营经济发展、应对农业农垦产业萎缩方面力度不够、效果不够明显,在推动第三产业成为新增长点方面,还没有形成完善的政策体系和产业体系。

黑龙江省要缩小经济差距,实现经济高质量发展:一要实施创新驱动发展战略。制定黑龙江省"经济触底反弹的战略",推动人才、劳动力、资本的"外流转回流"。探索经济结构转型、产业升级、效率跃升的新战略、新思路、新规划。"触底反弹"的突破口是防止东北地区人才、技术、资本的外流,转外流为回流是关键,需要战略上的重大创新。二要转变经济发展方式。实施好创新驱动发展战略,补上创新能力弱的短板,向创新要质量、要效益。第二产业靠石油、第一产业靠农垦的传统发展方式已经远远不能适应黑龙江省经济高质量发展的需要,迫切需要把高新技术产业、高端服务业作为新的经济增长点。三要实施"第二产业主体转换行动"。用制造业、高新技术产业弥补石油减产的副作用,同时加速承接东部地区产业转移,扩大对俄罗斯及独联体国家出口,提高全球化水平。四要走差异化发展的路子。实施"第一产业效益倍增行动",把农业、林业、生态等优势资源转换为高质量农业,把"以种为主"转变为"加工为主",通过农产品加工实现"农业产值与效益倍增"。用高端农产品、农产品加工业替代传统农垦业,打造 21 世纪的"北大仓"。五要实施"第三产业跃升行动"。打造现代旅游、医药、金融、保险、物流等新型服务,使第三产业成为新的经济增长点。

二、山西省经济质量差距指数 41.34,全国第 22 位

改革开放 40 年来,山西省经济取得了辉煌成就,也面临着巨大的困难与挑战。山西省 GDP 从 1978 年的 87.99 亿元上升到 2017 年的 15 528.42 亿元,增长了 175.48 倍,增长倍数是黑龙江省的 1.9 倍,GDP 在全国的排名由第 15 位下降到第 22 位,下降了 7 位,是排名下降较多的省区之一(图 8-5)。

差距经济学：中美经济与省区经济的差距及走势

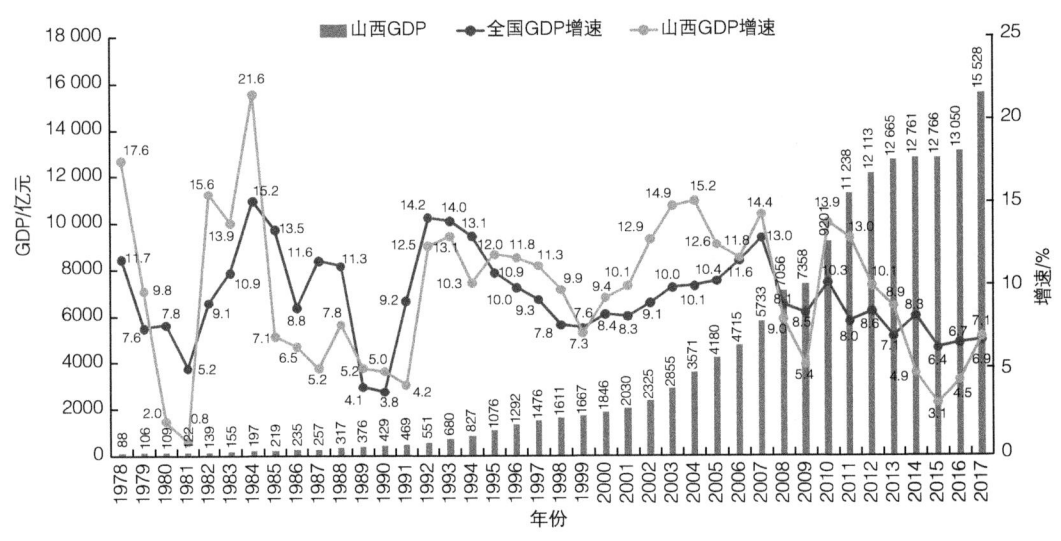

图 8-5　山西省 1978—2017 年 GDP 增长

（一）经济发展"三起三落"及其特征

山西省经济增速出现"三起三落"的波浪式发展轨迹，可分为 5 个发展阶段。

第一阶段，中高速发展阶段（1978—1984 年）。这一阶段，山西省 GDP 平均增速比全国平均值高 1.97 个百分点，7 年中有 5 年高于全国平均水平。1978 年全省三次产业构成比为 20.7∶58.5∶20.8，呈现出第二产业占主导、第一产业比重偏高、第三产业滞后的"二一三"格局，农业经济占比高是推动山西省经济这一阶段增长的主要动力。

第二阶段，低速发展阶段（1985—1994 年）。这段时期，山西省 GDP 平均增速比全国平均值低 2.67 个百分点，10 年中仅有 2 年高于全国平均值。在全国发展商品经济的同时，山西省还停留在农业经济时代，导致了山西省这一时期经济增速落后于全国。

第三阶段，中速发展阶段（1995—2007 年）。这一时期，山西省 GDP 平均增速比全国平均值高 2.08 个百分点，在 13 年中，有 12 年高于全国平均值。得益于煤炭工业的繁荣，山西省在这一阶段经济高速发展，能源经济推动工业经济增长是这一阶段经济增长的主要推动力。

第四阶段，中速发展阶段（2008—2017年）。这一阶段，山西省GDP平均增速比全国平均值低0.08个百分点，10年中有5年高于全国平均值，5年低于全国平均值。2007年以后煤炭市场再度不景气，导致山西省制造业和工业占GDP的比重连续下降，同时山西省又未能找到经济结构优化调整的方向，导致近十年山西省经济增长的动力不足，特别是2014年经济进入新常态之后，山西省GDP平均增速比全国平均值低2.18个百分点。

第五阶段，经济高质量发展阶段（2018年起）。山西省贯彻落实党中央推进经济高质量发展指示，明确提出以"三大目标"为牵引，着力激发微观主体活力，释放市场需求潜力，推动能源革命综合改革，加快构建现代产业体系，保持经济持续健康发展和社会大局稳定，推动山西省经济在由"疲"转"兴"基础上拓展转型发展新局面。

（二）产业结构与全国平均值接近

山西省第一产业增加值占GDP的4.63%，第二、第三产业增加值分别占GDP的43.65%、51.71%。三次产业占比接近全国平均值是山西省经济结构的显著特点。

从支柱产业分析，山西省第二产业的支柱产业分别是：煤炭开采和洗选业增加值占第二产业增加值的38.28%，黑色金属冶炼和压延加工业占11.66%，电力、热力生产和供应业占9.15%，石油、煤炭及燃料加工业占8.62%，计算机、通信和其他电子设备制造业占5.05%。其他制造业占27.24%。

山西省第三产业的重点产业分别是：金融业增加值占第三产业增加值的16.56%，批发和零售业占13.53%，交通运输、仓储和邮政业占13.20%，公共管理、社会保障和社会组织占10.26%，房地产业占10.02%。其他第三产业占36.44%（图8-6）。

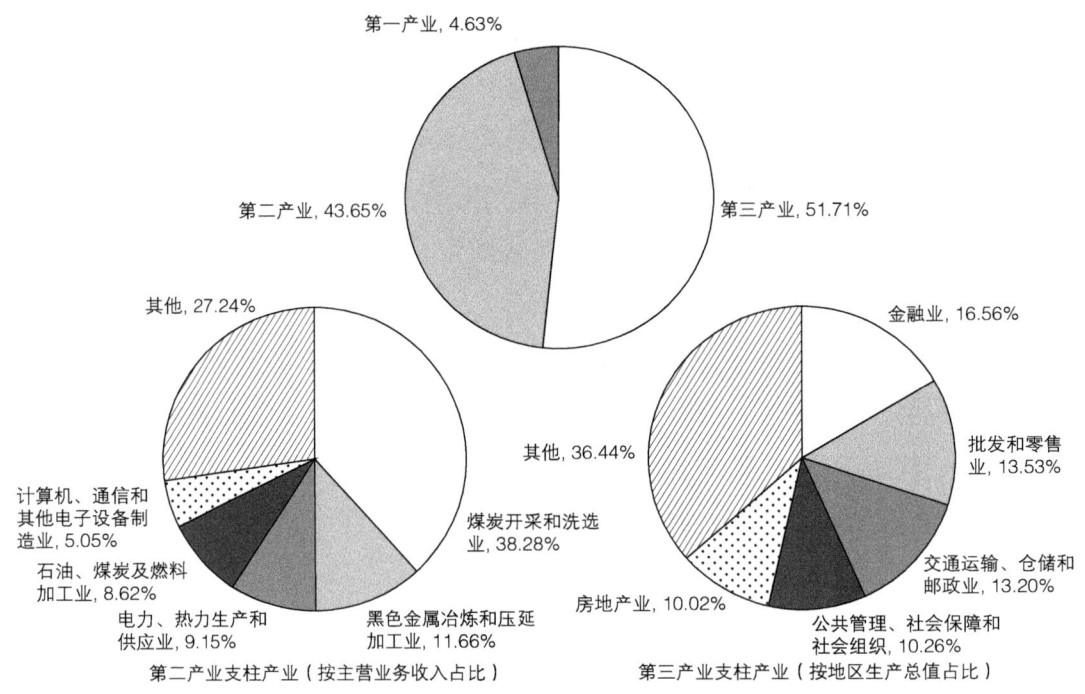

图 8-6 山西省产业结构与支柱产业

（三）缩小经济差距要找到后煤炭经济的新动能

山西省经济质量差距指数为 41.34，居全国第 22 位。社会指数为 77.61，居全国第 13 位，平均预期寿命、出生率、抚养比、老龄化、私营企业工资等 5 个指标超过全国最高值的 40%，城乡收入比达到 30%，但农村人均收入、城镇人均收入、人均 GDP 等指标不足 20%；政府指数为 65.31，居第 17 位，工业占比接近全国最高值的 90%，财政支出效率、城镇化率、政府负债率等 3 个指标达到 40% 以上，其余 19 个指标均未能达到 40%，其中，供水设施、财政支出、交通设施等指标均不足 30%；科技指数为 12.37，居第 21 位，科技指数的 14 个指标均未能达到全国最高值的 20%；生态指数为 45.88，居第 25 位，除固体废弃物达到全国最高值的 80% 外，其余指标均没有达到 50%，水资源短缺、森林覆盖率低；市场指数为 75.93，居第 22 位，消费市场化、投资市场化指标超过全国最高值的 80%，劳动市场化、投资效率超过 50%，其余指标均未能达到 40%，人均消费除衣着、医疗、文化外，其他消费均低于 30%；全球化指数为 14.11，居第 24 位，6 个指标中，除贸易顺差超过全国最高值的40%外，贸易总值、实际利用外资、外资企业数量等指标均不足10%（图8-7）。

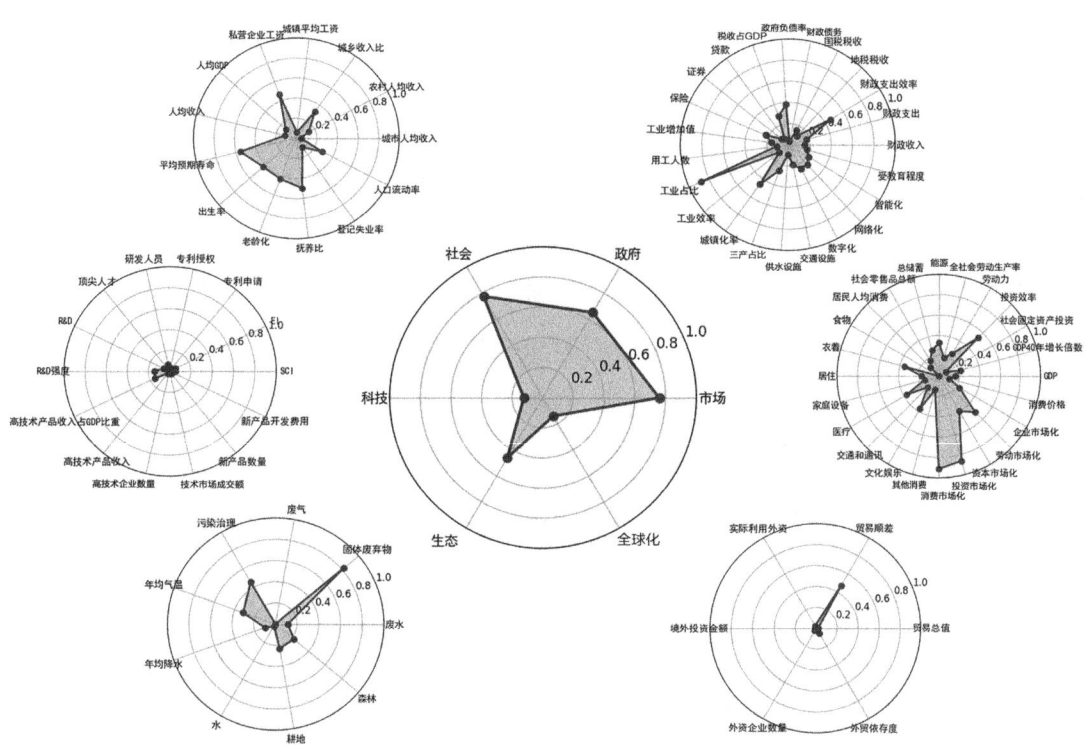

图8-7 山西省经济质量差距指数

从山西省经济质量差距指数可以看出几个明显的特点，一是6类指标全是限制经济高质量发展的短板，提高经济质量需要6类指标全面提升；二是市场、社会、政府等3类指标相对较高，为65～77，但提升的空间还很大；三是生态脆弱，干旱少雨、水土流失是山西省经济发展的短板，但短期内难以改善；四是全球化、科技创新是限制山西省经济高质量发展的最大短板，指数均不足全国最高值的15%，提高科技创新能力和全球化水平，是山西省经济高质量发展的核心任务，也是突破口。

山西省要缩小经济差距：一要创新发展战略。制定"后煤炭经济"的发展战略，找到煤炭经济之后的新增长点，发展现代"晋商文化"。探索在"生态脆弱、经济结构单一，商业文化浓、创新能力弱"条件下实现跨越发展的新路子。要向思路要出路，发展思路既要不同于过去的山西，又要不同于现在的东部地区，要差异化发展，跨越时代的超常发展，那就是"用挖煤的干劲挖人，用新技术替代老煤炭"。山西省财政困难，但民间财富相对充足，把调动民间资本挖人才、培育高新技术产业作为未来山西省经济发展的根本战略，实现"技术替代煤炭的战略性转变"。二要创新发展模式。创造营商环境，"引资引智、借鸡生蛋"。山西省地处华北，但经济、社会、生态等与西部省区更接近，靠自有经济要素实现高质量发展有难度，西部开发、东北振兴的政策在山西省都不适合，山西省在发展模式上要有重大突破，要在引入外部经济要素上"破题"，吸引人才、技术、资本与管理，再造晋商辉煌。三要推进"产业升级创新行动"。遴选山西省有竞争优势的行业、产品，围绕产品质量升级找技术，围绕技术找人才，动员政府财力、企业及社会力量形成合力，攻克一批制约山西省支柱产业升级的关键技术，打造具有山西特色的现代产业群。四要提高全球化水平。山西省全球化指数仅为广东的1/7，要着力打造一批驰名国内外的名牌产品，迅速提高山西省贸易额与贸易质量。

三、吉林省经济质量差距指数 39.31，全国第 23 位

吉林省 2017 年 GDP 为 14 945 亿元，居全国第 23 位。1978—2017 年 GDP 增长 181.3 倍，增速排名第 25 位。GDP 排名由 1978 年的第 18 位下降到 2017 年的第 23 位，下滑了 5 位，是经济地位下降较多的省区之一（图 8-8）。

（一）经济发展"中开低走"及阶段特征

改革开放以来，吉林省经济总体平稳、稳中有进，但与全国其他省市区比较，发展速度明显偏低，呈现出"中开低走"的特征，大致经历 5 个发展阶段。

第一阶段，中低速发展阶段（1978—1997 年）。在这 20 年间，吉林省 GDP 平均增速比全国平均值低 0.32 个百分点，仅有 6 年高于全国平均水平，有 14 年低于全国平均水平。吉林省地处东北地区，农业占 GDP 比重大、改革起步较晚，工业化、城镇化起步更晚，导致改革开放前 20 年 GDP 增速不高。

第三篇 差距与成因
第八章 经济中低质量区

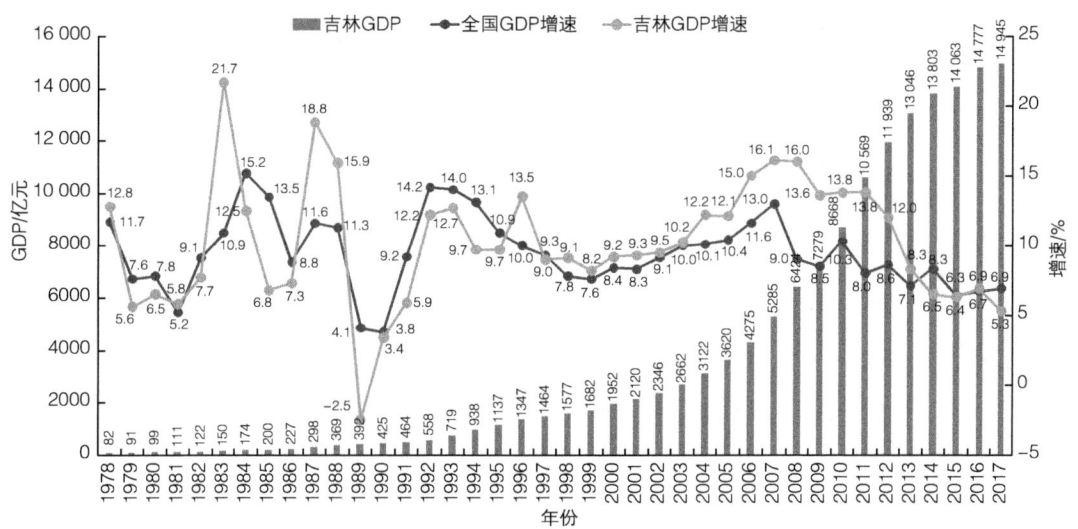

图 8-8 吉林省 1978—2017 年 GDP 增长

第二阶段，中速发展阶段（1998—2003年）。这一阶段，吉林省GDP平均增速比全国平均值高0.72个百分点，连续6年高于全国平均水平。

第三阶段，快速发展阶段（2004—2013年）。随着改革开放的深入，特别是国家振兴东北的一系列政策措施，吉林省经济追赶的速度明显加快。这10年是吉林省经济增长最快的阶段，GDP平均增速比全国平均值高3.36个百分点，从1998年开始连续16年经济增速高于全国平均水平。2011年GDP达10 569亿元，进入"万亿俱乐部"。工业化、城镇化对推动吉林省经济高速发展发挥了重要作用。

第四阶段，中低速发展阶段（2014—2017年）。2014年起吉林省GDP增速再次低于全国平均水平。经济进入新常态以来，由于吉林省经济底子薄，区域外资本、人才流向东北三省的越来越少，导致吉林省经济发展再次面临困难，GDP平均增速比全国平均值低0.83个百分点，4年中有3年低于全国，2017年仅为5.3%，比全国平均值低1.6个百分点。

第五阶段，增长速度与高质量发展并重的阶段（2018年起）。吉林省提高经济发展质量，面临着比其他省市区更加繁重的任务，既要提升经济发展质量，又要提高经济发展速度。吉林省提出以供给侧结构性改革为主线，抢抓新一轮振兴东北老工业基地历史机遇，坚持实施"三个五"发展战略，统筹协调推动中东西"三大板块"

建设,着力完善体制机制,着力推进结构调整,着力鼓励创新创业,着力保障和改善民生,走出振兴发展新路。

(二)经济结构的短板是第三产业占比明显偏低

吉林省第一产业增加值占GDP的7.33%,第二、第三产业增加值分别占GDP的46.83%、45.84%。第一产业占比低、第二产业占比高于第三产业是吉林省经济结构的显著特点。

从支柱产业分析,吉林省二产的五大支柱产业分别是:汽车制造业增加值占第二产业增加值的35.23%,农副食品加工业占10.96%,化学原料和制品制造业占6.67%,非金属矿物制品业占6.53%,电力、热力生产和供应业占4.54%。

吉林省第三产业的重点产业分别是:批发和零售业增加值占第三产业增加值的17.64%,金融业占10.36%,交通运输、仓储和邮政业占8.80%,房地产业占7.67%,住宿和餐饮业占5.47%。其他第三产业占50.06%(图8-9)。

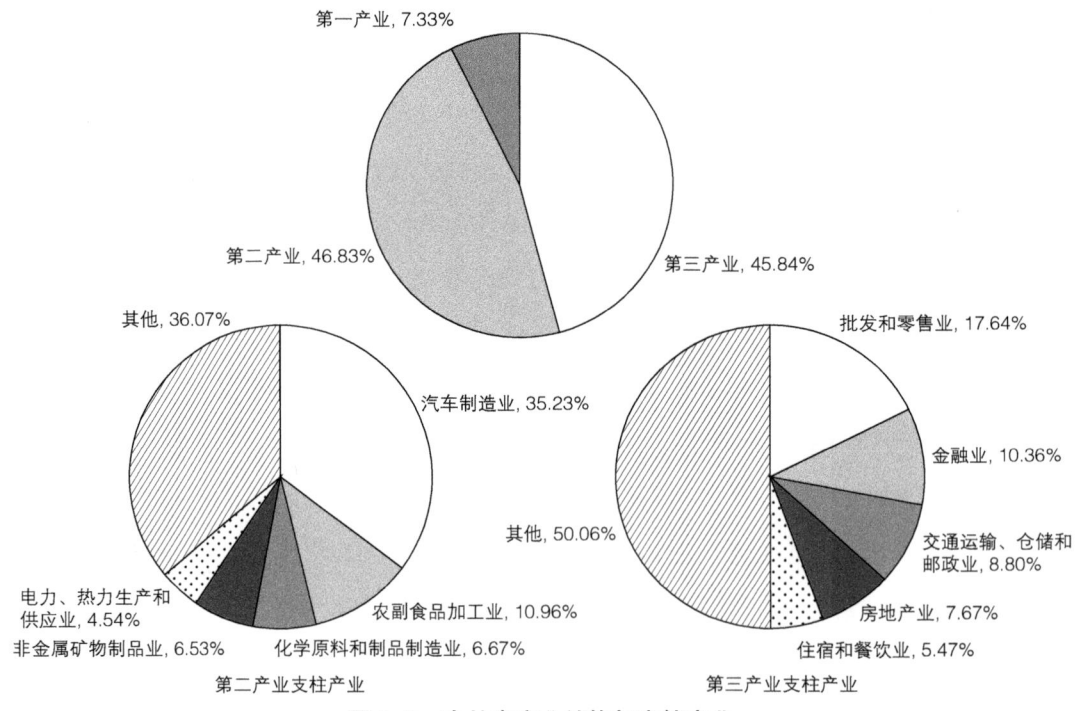

图8-9 吉林省产业结构与支柱产业

（三）缩小经济差距首先需要战略创新

吉林省经济质量差距指数为39.31，居全国第23位。在6类要素中，市场指数最高，为79.49，居全国第18位，消费市场化、投资市场化、企业市场化超过全国最高值的80%，医疗消费指标接近60%，衣着指标超过40%，吃、住、行、文化等18个指标均不足20%；社会指数为75.79，居第14位，是吉林省与其他省市区差距最小的指数，主要原因是平均预期寿命长、城乡收入差距小；政府指数为66.76，居第16位，工业占比达到全国最高值的90%以上，城镇化率、财政支出效率指标达到40%，其余20个指标均没有达到40%，其中，三产占比、税收占GDP、证券、保险、贷款等指标均不足20%；生态指数为30.78，居第30位，是吉林省与其他省市区差距最大的指数，主要原因是光热资源不足、水资源缺乏、垃圾及废物处理率低，但耕地面积较大、森林覆盖率较高；科技指数为19.11，居第18位，高技术产品收入占GDP比重超过全国最高值的30%，SCI、EI指标接近20%，其余11个指标都不足全国最高值的20%；全球化指数为13.64，居第26位，除贸易顺差超过全国最高值的40%外，贸易总值、实际利用外资、外资企业数量等5个指标均不足全国最高值的20%（图8-10）。

从吉林省经济质量差距指数可以看出，6类指标均为经济高质量发展的短板，吉林省经济高质量发展面临的最主要问题，一是从市场指数分析，传统工业长期积累的体制机制问题仍然没有得到根本性解决，体制机制改革任务仍然十分艰巨；二是从科技指数分析，经济发展创新能力弱、新兴产业发展缓慢，经济发展面临增速下行压力大、提升经济质量难的双重矛盾，政府科技支出少、引进人才难度大，使科技创新进入了"投入少、项目小、顶尖人才少、创新成果少、经济质量低、财政收入少"的"低水平循环"；三是从政府指数看，从产业结构分析，城镇化、第三产业还没有成为新的增长点，缺乏完善的政策体系、产业体系，财政收支缺口大，有钱维护、缺钱发展，营商环境欠佳，引进资金、技术与人才难度大，政府吸引国内外、海内外经济要素的能力还没有挖掘出来；四是补上创新短板、民生短板、生态短板明显缺乏资金、技术与人才，迫切需要通过政策创新、营商环境创新，引入外部经济要素才能"突破重围"实现跨越发展；五是从生态、全球化指数分析，指数值均为13～31，是吉林省经济发展的主要限制因素。

差距经济学：中美经济与省区经济的差距及走势

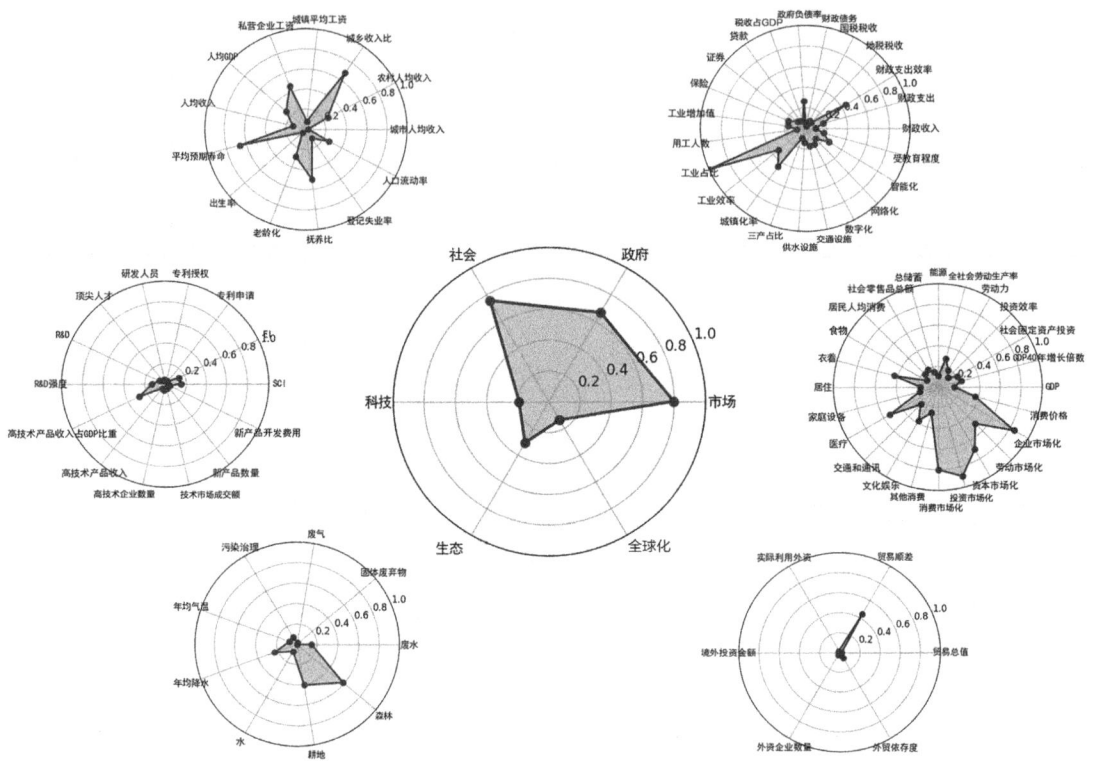

图 8-10　吉林省经济质量差距指数

吉林省要实现经济高质量发展首先需要战略创新，不能走吉林自己的老路，也不能走发达地区走过的老路。建议推进五大行动：一是"战略创新行动"。制定"老工业基地高质量发展的新战略"，战略上探索经济结构转型、产业升级、效率跃升的新战略、新思路、新规划，战术上要坚决遏制人才、劳动力、资本的外流，同时加速外部经济要素的输入。二是"发展方式创新行动"。走差异化发展道路，通过提高创新效率提升经济质量。"借钱搞创新、借人搞创新"，集中力量补上创新能力弱的短板。把高新技术产业、高端服务业作为新的经济增长点。三是"工业升级行动"。遴选吉林省的支柱产业、优势产品，围绕产品找技术，围绕技术找人才，动员全社会力量集中攻关，攻克一批制约吉林省产业升级的关键技术，打造现代产业群。四是"农业效益倍增行动"。把农业产品大省优势转换为农业效益大省，大力发展高端农产品及其加工业，通过农产品加工实现"农业产值与效益倍增"。五是实施"三产跃升行动"。把城镇化、第三产业作为新的经济增长点来培育，大力发展医疗旅游、养生养老、金融保险、物流等新型服务业。

四、内蒙古自治区经济质量差距指数 37.90，全国第 24 位

内蒙古自治区是我国少数民族地区经济发展最快的省区之一，GDP 从 1978 年的 58 亿元上升到 2017 年的 16 096.2 亿元，增长了 276.5 倍，GDP 排名由 1978 年的第 25 位上升到 2017 年的第 22 位，上升了 3 位（图 8-11）。

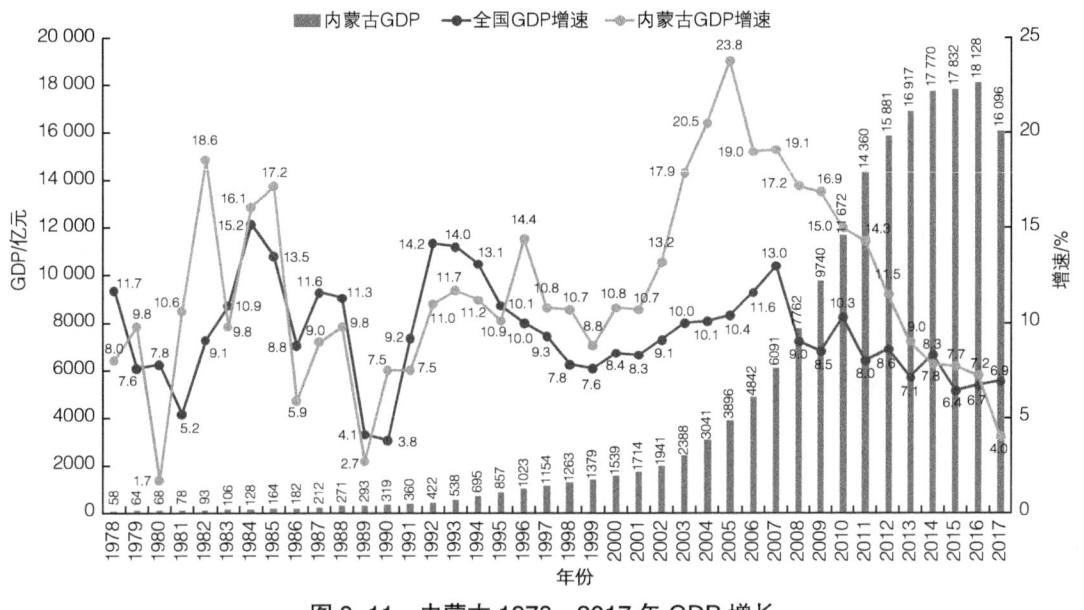

图 8-11　内蒙古 1978—2017 年 GDP 增长

（一）经济发展"中、高、低"阶段及特征

第一阶段，中速发展阶段（1978—1995 年）。内蒙古 GDP 平均增速比全国平均值低 0.21 个百分点，18 年中，有 6 年高于全国平均值，其余 12 年均低于全国平均值。党的十一届三中全会以后，内蒙古实行农业"包产到户"责任制，在全国率先实行了"草畜双承包"责任制，极大解放了农村牧区生产力，但由于工业化、城镇化水平低，经济发展速度低于全国平均值。

第二阶段，高速增长阶段（1996—2013 年）。内蒙古 GDP 平均增速比全国平均值高 5.36 个百分点，内蒙古经济发展迎来黄金时期，18 年均高于全国平均水平。内蒙古紧抓西部大开发的发展战略机遇，积极推进工业化、城镇化和农牧业产业化，特别是抓住煤炭、矿产、地产等产业发展的机遇，实现了经济增速连续 8 年全国第一，经济增速在 2005 年达到最高，为 23.8%，比全国平均水平高了 13.4 个百分点。

第三阶段，低速增长阶段（2014—2017 年）。内蒙古 GDP 平均增速比全国平均值低 0.4 个百分点。2014 年后，内蒙古围绕产业转型升级，进行产业结构调整，积极整治生态环境，经济增速较上一阶段有所下降，基本与全国平均水平持平，2 年高于全国平均值，2 年低于全国平均值。

第四阶段，经济高质量发展阶段（2018 年起）。内蒙古贯彻落实党中央推进经济高质量发展指示，提出坚持以供给侧结构性改革为主线，坚持深化市场化改革、扩大高水平开放，加快建设现代化经济体系，继续打好三大攻坚战，着力激发微观主体活力，创新和完善宏观调控，加快构建现代产业体系。

（二）经济结构是典型的"一四五"

内蒙古第一产业增加值占 GDP 的 10.25%，第二、第三产业增加值分别占 GDP 的 39.76%、49.99%。像其他省区一样，内蒙古调整产业结构，首先需要研究什么样的结构适合内蒙古的区情与实际。

从支柱产业分析，内蒙古第二产业始终是发展的短板，需要着力加强，但在全国第二产业产能过剩的情况下，内蒙古发展第二产业需要慎重选择发展重点，防止出现新的过剩。

内蒙古第三产业的五大支柱产业分别是：批发和零售业增加值占第三产业增加值的 22.60%，金融业占 13.70%，交通运输、仓储和邮政业占 13.00%，住宿和餐饮业占 9.10%，公共管理、社会保障和社会组织占 6.70%（图 8-12）。

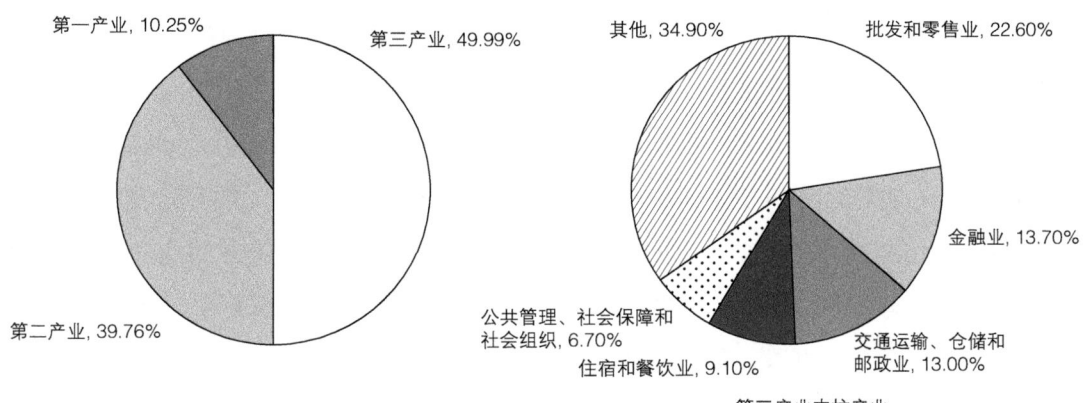

图 8-12　内蒙古产业结构与支柱产业

（三）经济高质量发展的优势与短板

内蒙古经济质量差距指数为 37.90，居全国第 24 位。在 6 类要素中，社会指数最高，为 72.61，居全国第 18 位，平均预期寿命、抚养比、私营企业工资等指标接近全国最高值的 60%，出生率、老龄化、人均 GDP 等指标接近 40%，农村人均收入、城镇平均工资等 5 个指标均不足 20%；市场指数为 69.67，居第 24 位，劳动市场化、消费市场化指标达到全国最高值的 80%，资本市场化、衣着指标到达 70%，GDP 增速、投资效率接近 60%，其余指标均未能达到 40%，人均消费除衣着外，其他消费指标均低于 40%；政府指数为 59.86，居第 21 位，工业占比接近全国最高值的 80%，城镇化率接近 60%，财政支出效率、工业效率、网络化等 3 个指标接近 40%，其余 18 个指标均未能达到 30%，其中，供水设施、三产占比、贷款等指标均不足 30%；科技指数为 5.86，居第 27 位，14 个指标均未能达到全国最高值的 20%，差距明显；生态指数为 54.75，居第 24 位，固体废弃物超过全国最高值的 60%，污染治理指标达到 40%，其余 7 个指标均没有达到 40%，气温低、水资源少、空气质量差是突出矛盾；全球化指数为 13.09，居全国第 28 位，是内蒙古与其他省市区差距最大的指数，6 个指标中除贸易顺差超过全国最高值的 40% 外，贸易总值、实际利用外资、外资企业数量等指标均不足 10%（图 8-13）。

内蒙古是自然条件差的内陆省区中经济增速最快的省区之一，在市场经济条件

差距经济学：中美经济与省区经济的差距及走势

下培育大型企业集团有一定经验，但近年经济增速明显下降，资源型产业占比大，产业结构不优，投入效率下滑，创新能力弱，新兴产业发展慢，经济发展同样面临保速度、提质量的双重挑战。从内蒙古经济质量差距指数可以看出几个明显的特点：一是6类指标全是经济高质量发展的短板，提高经济质量需要6类指标全面提升；二是市场、社会、政府等3类指数相对较高，指数为59～73，提升的空间还很大，政府指数相对偏低，说明进一步发挥政府作用还有很大空间；三是生态脆弱，资源枯竭、干旱少雨、草原退化等问题困扰内蒙古生态的改善，且短期内难以得到根本改善；四是科技创新能力弱、全球化水平低是内蒙古经济高质量发展的最大短板，科技和全球化指数值为5～14，提高科技创新能力、全球化水平是内蒙古经济高质量发展的核心任务，也是突破口。

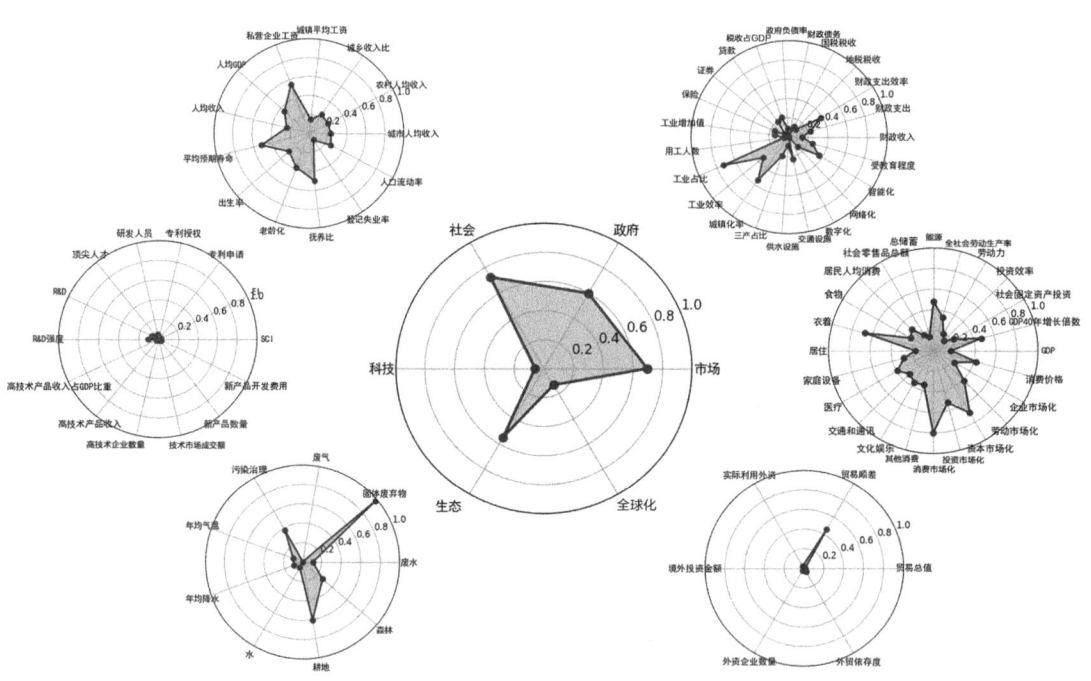

图 8-13 内蒙古经济质量差距指数

内蒙古要缩小经济差距，实现经济高质量发展：一要推进"产业升级创新行动"。遴选内蒙古有竞争优势的行业、产品，围绕产品升级找技术，围绕技术找人才，动员政府、企业及全社会力量形成合力，引进一批实用人才，攻克一批制约内蒙古支柱产业升级的关键技术，努力打造具有内蒙古特色的现代产业群。二要落实创新发展战略。制定"内蒙古创新经济发展战略"，找到畜牧、煤炭、矿产之后的经济增长点，实现资源经济向创新经济的根本性转变，创新现代"内蒙古经济、内蒙古文化"。探索一条"生态改良、生活改善、经济繁荣、民族团结"的跨越发展的新路子、新模式。三要创新发展模式。创造营商环境，"引资引智、借鸡生蛋"。内蒙古自然环境条件差、财政困难，西部大开发、东北振兴的政策，都不适用于内蒙古，因此在发展模式上必须有重大突破，特别是在引入外部经济要素上"破题"，创出一条在"自然条件差、财政实力弱、政策支持少"的条件下，实现创新、跨越发展的新模式，特别是在吸引人才、技术、资本与管理方面率先取得突破。四要提高全球化水平。内蒙古全球化指数是全国最高值的1/8，要着力打造一批驰名国内外的内蒙古名牌，迅速提高贸易额与贸易质量。

五、宁夏回族自治区经济质量差距指数32.97，全国第25位

改革开放40年，宁夏经济社会的动力和活力不断增强，极大地解放了生产力，经济规模从小到大，经济实力从弱到强，宁夏经济社会发展取得了历史性成就，发生了历史性变化。宁夏GDP从1978年的13亿元上升到2017年的3443.56亿元，增长了263.89倍，增长倍数是黑龙江省的2.9倍。2017年宁夏GDP在全国排名第29位，比1978年上升了1位（图8-14）。

（一）经济"中速发展"及其阶段特征

宁夏经济增速呈现出"中低、中、中高"的阶段特征。

差距经济学：中美经济与省区经济的差距及走势

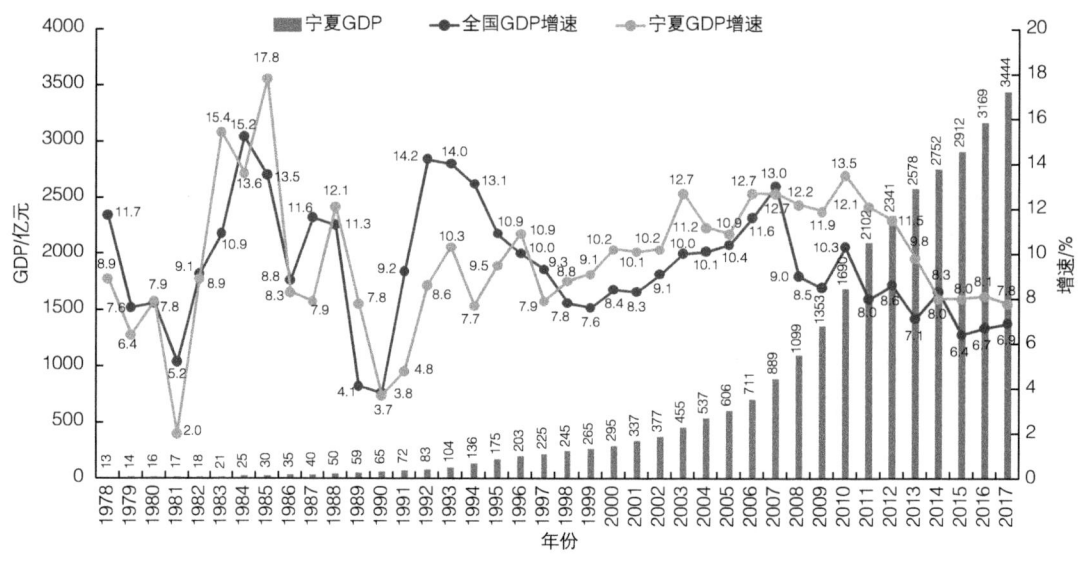

图 8-14　宁夏 1978—2017 年 GDP 增长

第一阶段，中低速增长阶段（1978—1997 年）。这一阶段，宁夏 GDP 平均增速比全国平均值低 1.05 个百分点，20 年中仅有 6 年高于全国平均值，表现出西部地区改革开放见效慢的共同特征。

第二阶段，中速增长阶段（1998—2007 年）。国家西部大开发政策加大了对宁夏经济发展的支持力度，经济发展速度较改革开放初的 20 年有一定提升，但不明显。宁夏 GDP 平均增速比全国平均值高 1.23 个百分点，10 年中有 9 年高于全国平均值。

第三阶段，中高速增长阶段（2008—2017 年）。2008 年金融危机以来，东南沿海经济发达地区经济增速明显下降，宁夏经济受影响相对较小，GDP 平均增速比全国平均值高 2.31 个百分点，10 年中有 9 年高于全国平均值。

第四阶段，经济高质量发展阶段（2018 年起）。宁夏贯彻落实党中央推进经济高质量发展指示，宁夏回族自治区党和政府明确提出抓住国家对西部地区、民族地区、革命老区支持力度加大的机遇，完善基础条件、增加要素保障、寻找新动能，推动经济高质量发展。

（二）调整经济结构，第三产业发展潜力大

宁夏第一产业增加值占 GDP 的 7.28%，第二、第三产业增加值分别占 GDP 的

45.90%、46.82%。第一产业占比接近全国平均值、第二产业占比高、第三产业占比低于全国平均值,是宁夏经济结构的显著特点。

从支柱产业分析,宁夏第二产业的支柱产业分别是:电力、热力生产和供应业增加值占第二产业增加值的17.75%,石油、煤炭及燃料加工业占15.73%,化学原料和制品制造业占12.45%,黑色金属冶炼和压延加工业占9.91%,煤炭开采和洗选业占9.53%。其他制造业占34.63%。

宁夏第三产业的重点产业分别是:金融业增加值占第三产业增加值的19.71%,交通运输、仓储和邮政业占12.48%,信息传输、软件和信息技术服务业占10.86%,公共管理、社会保障和社会组织占10.85%,批发和零售业占10.08%。其他第三产业占36.02%(图8-15)。

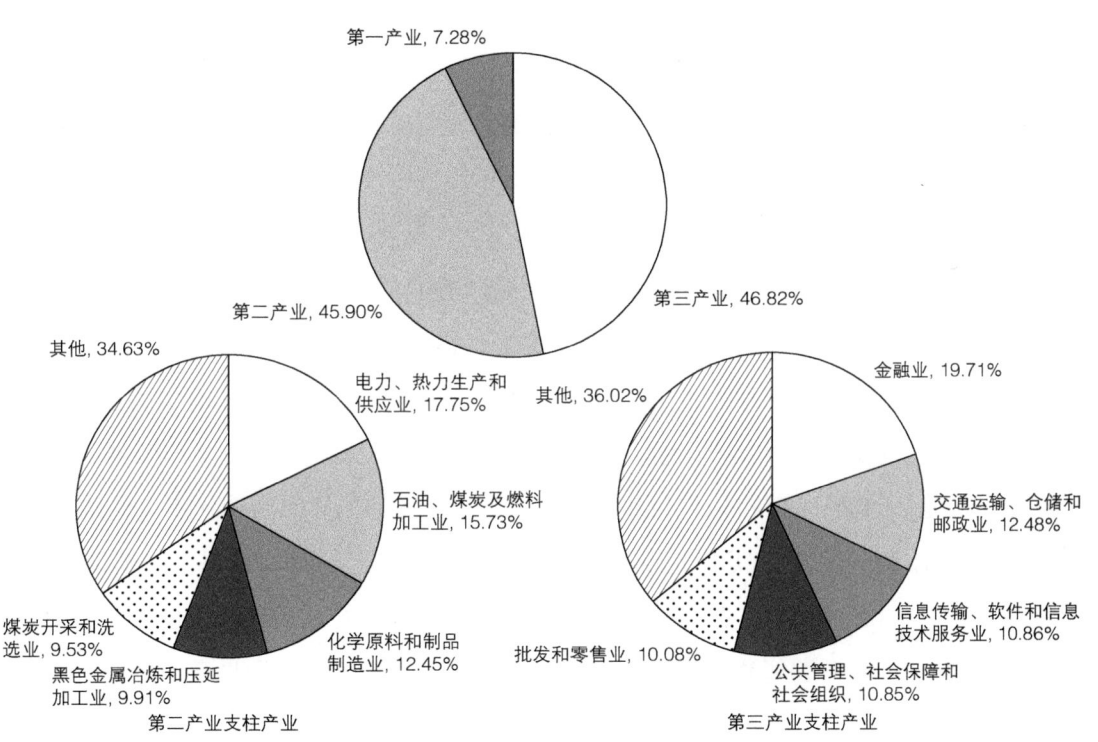

图8-15 宁夏产业结构与支柱产业

(三)经济要素短缺,要走差异化发展道路

宁夏经济质量差距指数为32.97,居全国第25位。生产要素短缺是宁夏经济发展的主要限制因素,在6类要素中,社会指数最高,为83.76,居全国第12位,是宁夏与全国其他省市区差距最小的指数,主要原因是宁夏民营企业相对发达,私营企业工资、出生率等指标达到全国最高值的60%,平均预期寿命、老龄化、抚养比等指标接近60%,农村人均收入、城市人均收入等指标不足20%;市场指数为71.97,居第23位,劳动市场化指标达到全国最高值的80%,资本市场化、投资市场化、消费市场化等指标接近80%,GDP 40年增长倍数达到40%,人均消费的医疗、衣着指标接近40%,其余指标均低于40%,其中,居住、交通与通讯消费不足10%;科技指数为6.83,居第26位,14个指标均低于全国最高值的20%;政府指数为50.30,居第24位,工业占比接近全国最高值的80%,是政府指数23个指标中与全国差距最小的一个,城镇化率、网络化指标达到40%,财政支出效率、税收占GDP达到30%,其余指标均低于全国最高值的30%,证券、三产占比、财政支出等指标均不足20%;生态指数为39.35,居第28位,沙漠面积占比大、干旱少雨、水资源短缺,但固体废物处理率高(图8-16)。

宁夏经济发展具有西部省区和少数民族地区的共同特点,经济规模小,2017年GDP仅占全国的0.4%,经济效率低,持续发展面临增速下滑、质量提升的双重压力。财政收入少,主要依靠转移支付,创新能力弱,新兴产业发展慢,迫切需要找准经济高质量发展的突破口。从宁夏经济质量差距指数可以看出几个突出特点:一是6类指标都是限制经济高质量发展的短板,需要全面提升各类要素的数量与质量;二是市场、社会、政府3类指标相对较高,达到全国最高值的50%~84%,但政府指数仅为50.30,迫切需要提升政府管理水平;三是生态指数低,是宁夏与全国其他省市区差距最大的指数,生态改善难度大、投资多,需要中央政府支持;四是全球化、科技创新是限制宁夏发展的主要因素,指数为6~14,与东部省市差距很大。

第三篇　差距与成因
第八章　经济中低质量区

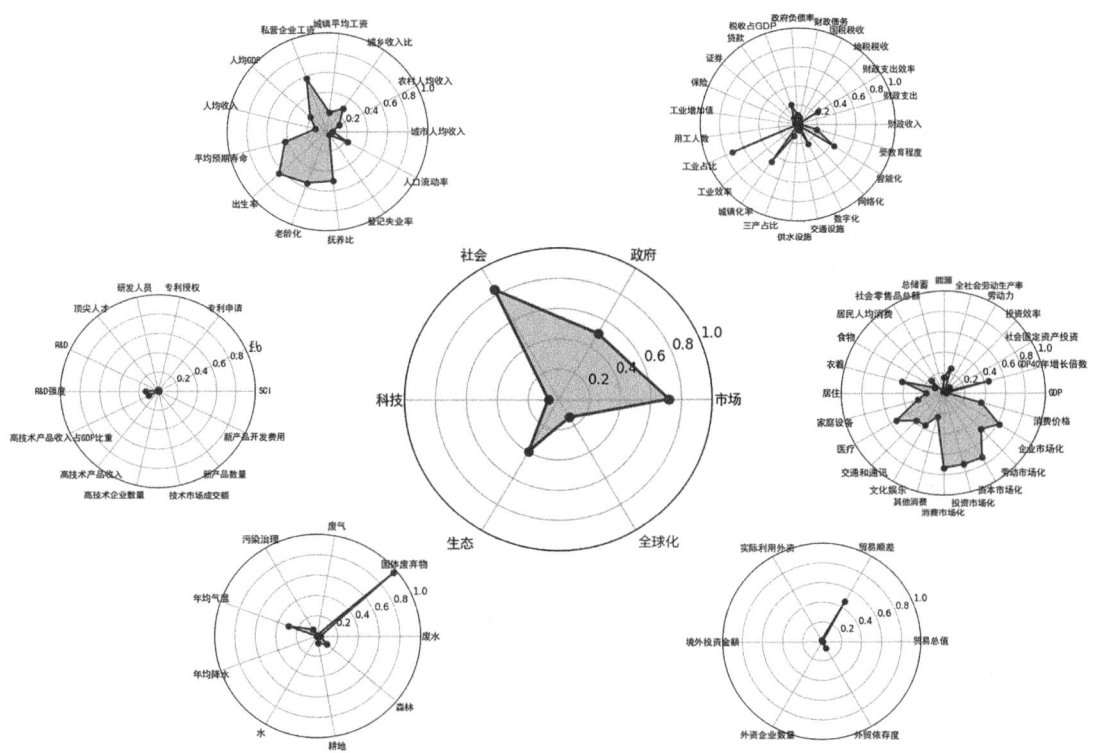

图 8-16　宁夏经济质量差距指数

宁夏要缩小经济差距，要走出一条差异化发展的新路子：一要创新发展战略。探索西北、少数民族地区"生态脆弱、地理偏远、经济落后、创新不足"实现跨越发展和高质量发展的战略与路径。既要争取中央政策、财政的支持，又要增强自身发展能力，创造优势、差异发展，找准新经济增长点。二要着力创新发展模式。营造营商环境，"引资引智"，把吸引人才、技术、资本等"外源性"经济要素作为实现跨越发展的突破口。三要推进"产业升级创新行动"。遴选宁夏有竞争优势的行业、产品，围绕产品质量升级找技术，围绕技术找人才，动员社会力量，攻克一批制约宁夏支柱产业升级的关键技术，打造具有宁夏特色的现代产业群。四要提高全球化水平。着力打造一批驰名国内外的名牌产品，迅速提高宁夏贸易额与贸易质量。五要补上基础设施、公共服务的短板。

第九章
经济低质量区

低质量区（也叫要素缺乏区）的综合指数均低于30，主要包括贵州、云南、甘肃、新疆、西藏、青海等6个省区，其共同特点是经济要素短缺，无法实现科学合理匹配，巧妇难为无米之炊。一是6类要素都是限制经济高质量发展的短板，既有经济要素数量不足的问题，又有要素配置不合理的问题，提高经济质量既要增加数量，又要科学配置；二是社会、市场指数相对较高，主要原因是资本、投资、劳动、消费等市场化率相对较高，中央政策、资金支持力度较大，脱贫使贫富差距明显缩小，医保、就业使社会和谐程度明显增加；三是政府指数明显偏低，主要是政府在提高城镇化、工业化、数字化水平方面还大有潜力可挖，在人才、项目、资金引进方面与东部发达省市差距仍然在扩大，在提高经济发展质量方面，有想法、缺办法，有文件、缺实效；三是生态指数偏低，干旱少雨、山区面积偏大、人均耕地少、森林覆盖率低、治理污染缺乏经费等问难困扰生态环境改善；四是科技创新能力弱和全球化水平低是经济低质量区的最大短板，除甘肃外科技指数均在9以下，很少有指标能达到全国最高值的20%，全球化指数为11～17，明显偏低。除贸易顺差外，其他指标均在全国最高值的20%以下，多数省区在10%以下（图9-1）。

导致经济差距的主要因素是科技创新与全球化水平，造成这一局面的原因是多方面的，既有地理位置远，思想保守，没有抓住、抓好改革开放机遇等人为因素，又有自然环境差，经济实力弱，海外资源少，引进人才、技术、项目难度大，"借鸡生蛋"难等历史、自然原因。要推动经济高质量发展，必须找准短板，集中力量解决最突出的关键技术，找准突破口，打破"缺资金、缺人才、缺技术、缺新产品、缺效益、缺资金"的低水平循环。

第三篇　差距与成因
第九章　经济低质量区

工业化加速了技术、资本、劳动力、人才等经济要素的流动，通常是由不发达地区流向发达地区，导致经济发展越来越不平衡，财富向富裕省区、富裕区域、富裕人群聚集的效应日益明显。

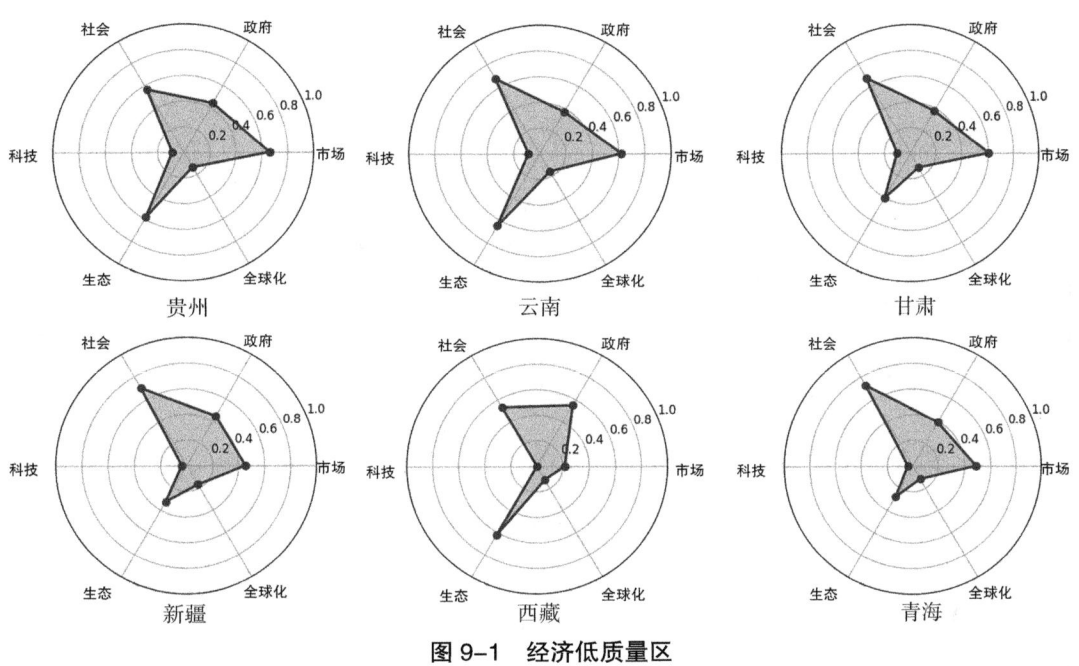

图 9-1　经济低质量区

国家之间、省区之间、区域之间的信息鸿沟正在被填平，而人才鸿沟、技术鸿沟越来越深，差距越来越大，进而导致财富鸿沟越来越深。经济发展不平衡、不协调的问题，需要战略创新、政策创新、发展环境创新等协同创新，从根本上扭转经济要素的流向，才能缩小区域发展差距。

一、贵州省经济质量差距指数 29.58，全国第 26 位

贵州省 2017 年 GDP 为 13 540.8 亿元，居全国第 25 位，1978—2017 年 GDP 增长了 287.1 倍，2017 年 GDP 增速全国第一，GDP 排名由 1978 年的第 26 位上升到 2017 年的第 25 位，上升 1 位（图 9-2）。

差距经济学：中美经济与省区经济的差距及走势

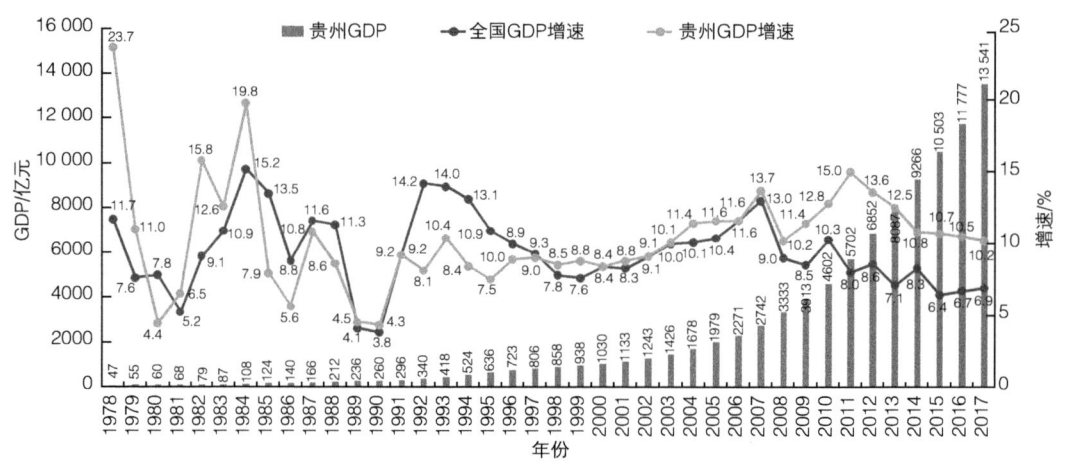

图 9-2 贵州省 1978—2017 年 GDP 增长

（一）经济发展"中、低、高"阶段及特征

贵州省抓住改革开放、西部大开发战略、数字经济等发展机遇，全省经济社会实现了跨越发展、后发赶超，取得了巨大的成就。贵州省经济发展主要经历了 5 个阶段。

第一阶段，中高速发展阶段（1978—1984 年）。贵州省改革开放起步早、发展快，这一时期，贵州省 GDP 平均增速比全国平均值高出 3.76 个百分点，7 年中仅有 1 年低于全国平均值。

第二阶段，低速发展阶段（1985—1997 年）。由于工业化、城镇化明显慢于东部沿海地区，贵州省 GDP 平均增速在这一阶段比全国平均值低 2.35 个百分点，13 年中仅有 2 年高于全国平均值。

第三阶段，中速发展阶段（1998—2008 年）。这一阶段贵州省 GDP 平均增速比全国平均值高出 0.63 个百分点，直到 2000 年，贵州省 GDP 才达到 1030 亿元，突破千亿元大关。贵州省坚持保护生态资源，拒绝污染，聚焦发展生态利用型、循环高效型、低碳清洁型、环境治理型"四型"产业，全省绿色经济"四型"产业占 GDP 比重达 37%。

第四阶段，高速发展阶段（2009—2017 年）。这一时期贵州省 GDP 平均增速比全国平均值高出 4.08 个百分点，2011 年贵州省 GDP 增速比全国平均值高出 7 个百分点，自 1998 年以来的 20 年间贵州 GDP 增速始终高于全国平均值。建设三大国家级试验区，强力实施大扶贫、大数据、大生态三大战略行动，增加投资力度，实施改革推动、开放带动、创新驱动、产业拉动等四大战略，有力地推动了贵州省经济发展。

第五阶段，高质量发展阶段（2018 年起）。贵州省经济从高速度转向高质量发展，明确提出以供给侧结构性改革为主线，守好发展和生态两条底线，推进三大战略行动，加快三大国家级试验区建设，决战脱贫攻坚、决胜同步小康，保持经济持续健康发展和社会大局稳定。

（二）经济结构中农业占比仍然较高

贵州省第一产业增加值占 GDP 的 15.01%，第二、第三产业增加值分别占 GDP 的 40.09%、44.90%。第一产业占比低、第二、第三产业占比均低于全国、第三产业占比高于第二产业，是贵州省经济结构的显著特点。

从支柱产业分析，贵州省第二产业的五大支柱产业分别是：电力、热力生产和供应业增加值占第二产业增加值的 15.45%，酒、饮料和精制茶制造业占 13.13%，化学原料和制品制造业占 12.73%，煤炭开采和洗选业占 11.96%，计算机、通信和其他电子设备制造业占 8.12%。

贵州省第三产业的重点产业分别是：交通运输、仓储和邮政业增加值占第三产业增加值的 17.60%，批发和零售业占 13.37%，金融业占 12.96%，住宿和餐饮业占 7.22%，房地产业占 4.66%。其他第三产业占 44.20%（图 9-3）。

（三）经济差异化、高质量发展的对策与措施

贵州省经济质量差距指数为 29.58，居全国第 26 位。市场指数为 65.96，是贵州省 6 类要素中最高的，居全国第 25 位，消费市场化指标达到全国最高值的 80%，投资市场化指标超过 60%，企业市场化指标接近 40%，其余指标均低于 40%，居民人均消费、社会固定资产投资等指标低于 20%；社会指数为 56.61，居第 30 位，是贵州省与其他省市区差距最大的指标，主要原因是除私营企业工资、出生率、老龄化等指标达到全国最高值的 60% 外，其余指标均未达到 40%，其中，城乡收入比、

差距经济学：中美经济与省区经济的差距及走势

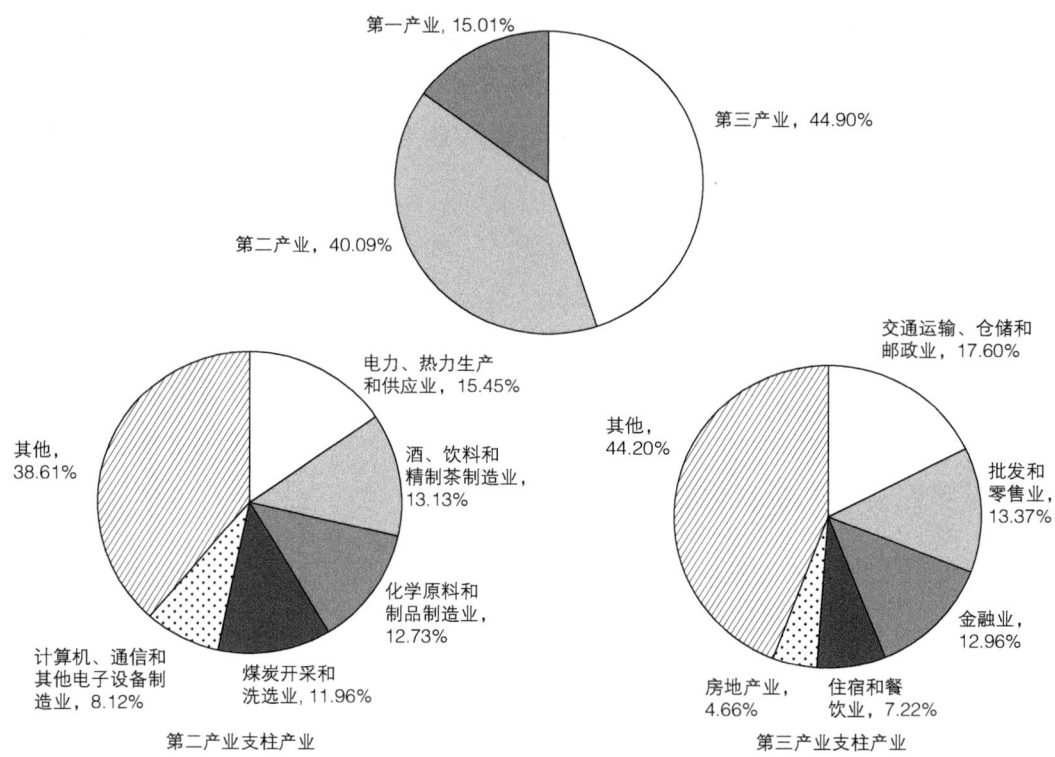

图 9-3 贵州省产业结构与支柱产业

农村人均收入、城市人均收入、抚养比等指标低于 20%；政府指数为 44.34，居第 27 位，工业占比接近全国最高值的 70%，工业效率达到 40%，城镇化率、数字化、贷款等指标接近 40%，其余指标均未达到 30%，其中，三产占比、政府负债率、证券、保险等指标不足 20%；科技指数为 8.78，居第 25 位，除高技术产品收入占 GDP 比重接近全国最高值的 20% 外，其他指标均未能达到 20%；生态指数为 58.16，居第 23 位，固体废弃物指标超过全国最高值的 80%，森林、年均气温指标接近 60%，其余 6 个指标均未达到 40%；全球化指数 13.27，居第 27 位，6 个指标中除贸易顺差超过全国最高值的 40% 外，贸易总值、实际利用外资、外资企业数量等指标均不足 10%（图 9-4）。

第三篇 差距与成因
第九章 经济低质量区

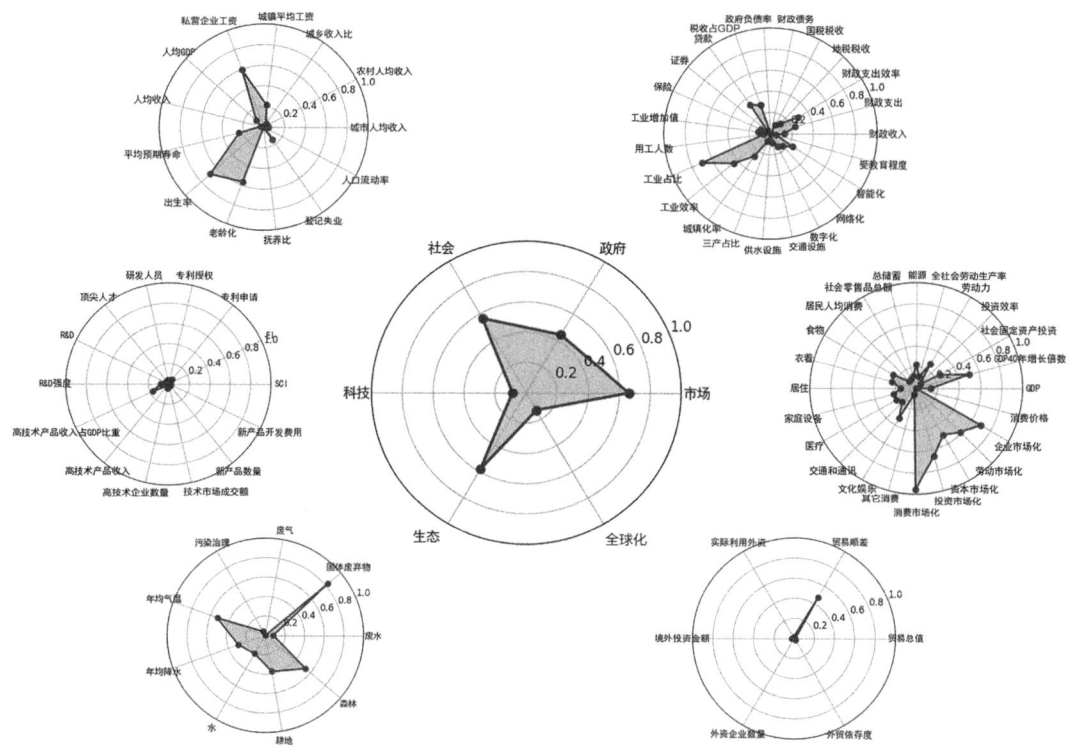

图 9-4 贵州省经济质量差距指数

贵州省是西部省区经济增速最快的省区，明显快于云南、四川等，特别是近 8 年来增速明显上升，正在加速由资源型经济向创新型经济的转型，但仍然存在产业结构不优、投入依赖外部输入、创新能力明显不足、新兴产业发展依赖外部技术的"资金技术双依赖"等问题。从贵州省经济质量差距指数可以看出：一是 6 类要素都是经济高质量发展的短板，既有经济要素数量不足的问题，又有要素配置不合理的问题，提高经济质量既要增加数量，又要科学配置经济要素，避免造成浪费；二是社会指数明显偏低，居全国倒数第 2 位，主要原因是人均收入水平偏低，贫富差距较大；三是政府指数相对偏低，需要进一步发挥政府作用，提高城镇化、工业化、数字化水平；三是生态指数低，山区面积偏大、人均耕地资源少等问题，且短期内难以根本改善；四是科技创新能力弱、全球化水平低是限制贵州省经济高质量发展的最大短板，指数为 8～14，提高科技创新能力、全球化水平是贵州省经济高质量发展的核心任务，也是突破口。

贵州省缩小经济差距的根本出路在于差异化发展，创新发展模式，数字经济、旅游经济已呈现出差异化发展的特征。一要推进"产业升级创新行动"。遴选贵州省的优势行业与特色产品，围绕产品升级找技术，围绕技术找人才，动员全社会力量，引进一批实用人才，或者协同创新、委托研发，攻克一批制约贵州省支柱产业升级的关键技术，大幅提高劳动生产率与全要素生产率。二要创新发展战略。制定"创新经济"的新战略、新路径，以数字经济为核心，不断扩大创新经济的领域，培育新的经济增长点，探索一条"脱贫与创新并行，生活与生态并重"的跨越发展的新路子。三要创新发展模式。调整产业结构，"引资引智"，善于调动省内外经济要素开发贵州市场，把数字经济等新兴产业及医疗旅游、迁徙式养老、乡村振兴等结合起来，发展高端服务业，把贵州省丰富多彩的生态环境、民族文化转换为新经济。四要提高全球化水平。着力打造一批驰名国内外的贵州省名牌产品与服务，迅速提高贸易额与贸易质量。

二、云南省经济质量差距指数 29.48，全国第 27 位

云南省是我国改革开放，特别是农村经济体制改革的先锋，对推动经济体制、机制改革发挥了不可替代的历史作用。云南省 GDP 从 1978 年的 69.05 亿元上升到 2017 年的 16 376.3 亿元，增长了 236.2 倍，GDP 排名由 1978 年的第 22 位上升到 2017 年的第 20 位，上升了 2 位（图 9-5）。

（一）经济发展"中、低、快"阶段及特征

第一阶段，中速增长阶段（1978—1993 年）。这一时期云南省 GDP 平均增速比全国平均值高 0.64 个百分点，在这 16 年中有 8 年低于全国平均值，其余 8 年高于全国平均值。从 1978 年开始，云南省从发展第一产业开始推进经济全面发展。

第二阶段，低速增长阶段（1994—2007 年）。这一阶段云南省 GDP 平均增速比全国平均值低 0.19 个百分点，在 14 年中有 6 年高于全国平均水平。作为自然资源大省，在工业化初期，云南省发展资源性产业成为必然选择，在这一阶段，云南省工业结构主要以烟草制品、化学原料、电力热力生产为主，云南省资源性

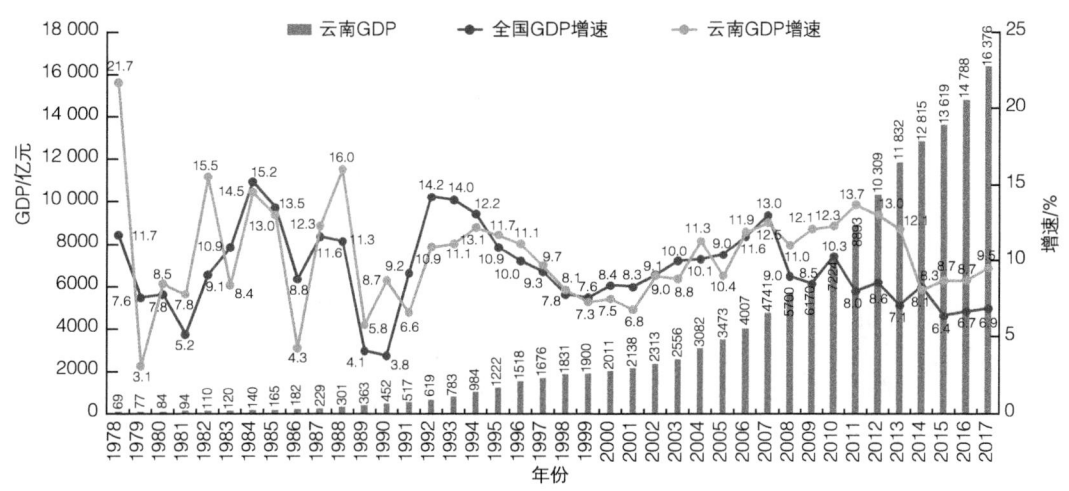

图 9-5 云南省 1978—2017 年 GDP 增长

产业产值占工业总产值的比重远高于全国平均水平。但这一时期对外贸易发展缓慢，产品主要以国内市场为主，地理优势没有真正发挥，导致经济增速低于全国平均水平。

第三阶段，快速增长阶段（2008—2017 年）。这一时期，云南省 GDP 平均增速比全国平均值高 2.94 个百分点，其中，仅 2014 年低于全国平均水平。这一阶段，云南省不断优化升级产业结构，第三产业快速发展，如发展高原特色农业，稳固加强烟草、矿业、电力等传统支柱产业，重点发展旅游文化、生物医药和大健康、物流等新兴产业，经济增速保持高速增长，基本高于全国平均水平。

第四阶段，经济高质量发展阶段（2018 年起）。云南省贯彻落实党中央推进经济高质量发展指示，明确提出加快建设现代化经济体系，继续打好三大攻坚战，着力激发微观主体活力、增强内生动力、释放内需潜力，创造性贯彻落实党中央决策部署。

（二）经济结构第一产业占比偏高，第三产业潜力巨大

云南省第一产业增加值占 GDP 的 14.28%，第二、第三产业增加值分别占 GDP 的 37.89%、47.83%。

从支柱产业分析，云南省第二产业的五大支柱产业分别是：有色金属冶炼和压

延加工业增加值占第二产业增加值的 16.48%，烟草制品业占 13.26%，电力、热力生产和供应业占 11.04%，黑色金属冶炼和压延加工业占 8.17%，化学原料和制品制造业占 7.76%（图 9-6）。

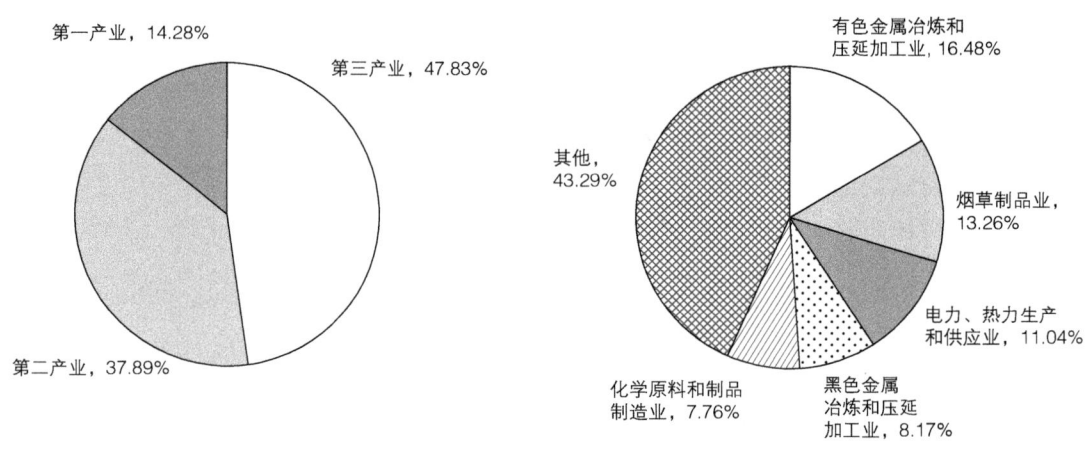

图 9-6　云南省产业结构与支柱产业

（三）把生物经济作为差异化发展的突破口

云南省地处边陲，工业化、信息化差距明显，但云南是生物资源"王国"，经济差异化发展，要在生物资源转化为生物经济方面取得重大突破，抢占下一次产业革命的制高点。

云南省经济质量差距指数为 29.48，居全国第 27 位。6 类要素中社会指数最高，为 67.38，居第 26 位，出生率、私营企业工资等指标达到全国最高值的 60%，抚养比、老龄化指标达到 50%，其余指标均不足 20%，人均收入等指标不足 10%；生态指数为 64.81，居第 17 位，是云南省与其他省市区差距最小的指数，森林、固体废弃物指标接近全国最高值的 80%，年均气温指标接近 60%，水、耕地等指标超过40%；市场指数为 61.84，居第 27 位，劳动市场化、消费市场化指标超过全国最高值的 80%，资本市场化、投资市场化分别接近 60% 和 40%，GDP 40 年增长倍数、劳动力等指标超过 40%，其余指标均低于 40%，医疗、衣着、居住、文化娱乐、交通和通讯等消费指标均不超过 20%；政府指数为 37.62，居第 31 位，是云南省与其他省市区差距最大的指数,工业占比指标不足全国最高值的60%,城镇化率、财政支出、财政支出效率、贷款等指标不足40%,其余指标均没有达到40%,其中,三产占比、证券、保险、交通设施等指标均不足20%;科技指数为8.80,居第24位,14个指标均不足全国最高值的20%;全球化指数为15.88,居第22位,除贸易顺差超过全国最高值的40%外,贸易总值、实际利用外资、外资企业数量等5个指标均不足全国最高值的20%(图9-7)。

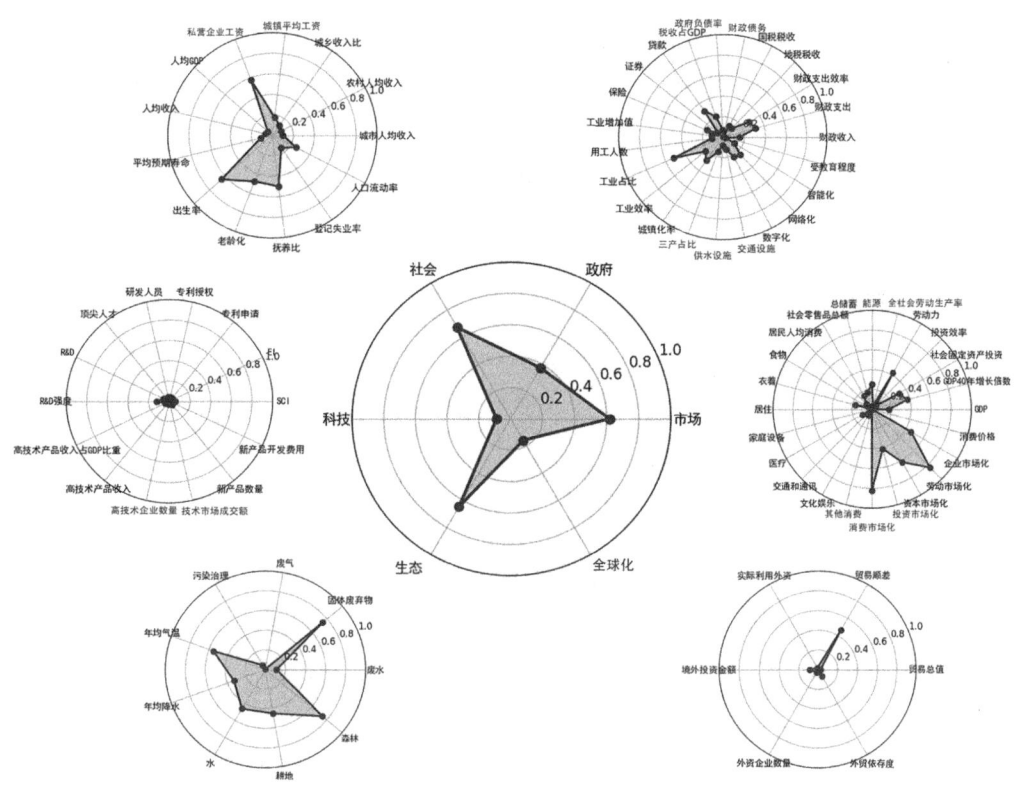

图9-7 云南省经济质量差距指数

云南省经济发展具有西部地区、少数民族地区的共同特点,发展不平衡、不协调矛盾突出,财政收入少、创新能力弱,新兴产业发展慢,面临增速下滑、质量提升的双重压力,迫切需要确立经济高质量发展的新思路、新战略、新路径。从云南省经济质量差距指数可以看出:一是6类要素都是限制经济高质量发展的短板,需要全面提升各类要素的数量与质量;二是市场、社会、生态指数相对较高,为

61~68；三是政府指数仅为37.62，城镇化、第三产业还没有成为新增长点，财政收支缺口大、营商环境欠佳，引进资金、技术与人才难度大；四是全球化、科技是云南省经济高质量发展的主要限制因素，指数为8~16，与东部省市差距很大。

云南省要实现经济高质量发展：一要创新发展战略。制定"云南高质量发展规划纲要"，要向思路要出路，打破老的思维模式，摆脱路径依赖，探索新战略、新思路、新模式，建议重点搞好3个战略转变：第一个是把生物资源优势转变为生物经济优势；第二个是把边陲优势转变为国际合作优势；第三个是把高原特色环境转变为服务业优势，发展服务经济，把旅游、医疗、养老等服务业培育成新经济增长点。二要实施"产业升级行动"。遴选云南省的支柱产业和优势产品，围绕产品找技术，围绕技术找人才，动员全社会力量集中攻关，攻克一批制约云南省产业升级的关键技术，打造现代产业群。三要实施"生物经济强省行动"。推动生物医药、生物农业、生物林业、生物能源、功能食品与保健品、生物安全等10个生物经济行动，根据每项行动的人才需求，面向全球吸引顶尖人才，抢占新科技革命制高点，开发一批具有国际竞争力的品牌产品，使云南省成为第一个以生物经济为支柱产业的省区。四要实施"第三产业跃升行动"。把第三产业作为新的经济增长点来培育，大力发展医疗旅游、养生养老、金融保险、物流等新型服务业。五要实施"农业效益倍增行动"。把农业产品大省转换为农业效益大省，大力发展高端农产品及其加工业，通过农产品加工实现"农业产值与效益倍增"。

三、甘肃省经济质量差距指数22.01，全国第28位

甘肃省曾在丝绸之路上留下了敦煌文化，新中国成立以来，"酒泉卫星基地"创造了中华民族的伟业，在未来"一带一路"上甘肃省将留下什么？2017年甘肃省GDP为7460亿元，居全国第27位。1978—2017年GDP增长113.8倍，增长倍数居全国第28位，GDP排名由1978年的第24位下降到2017年的第27位，下降了3位（图9-8）。

第三篇　差距与成因
第九章　经济低质量区

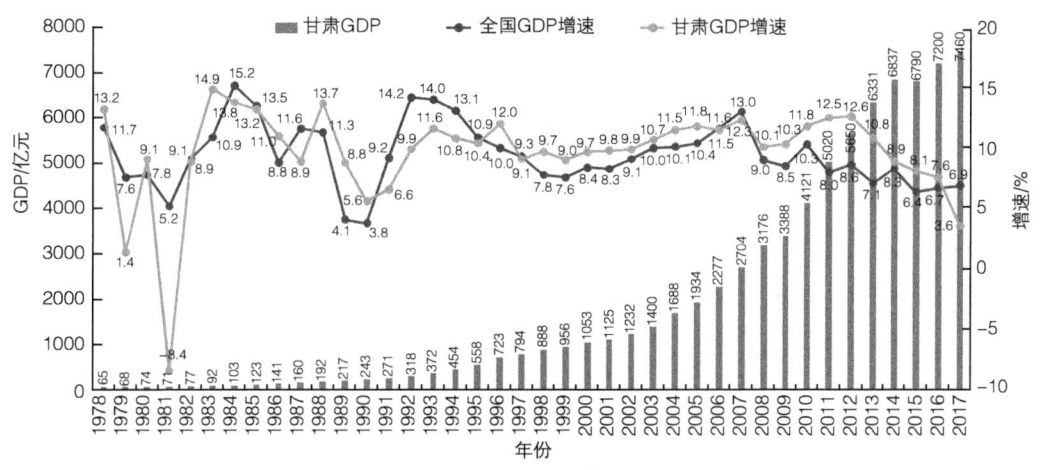

图 9-8　甘肃省 1978—2017 年 GDP 增长

（一）经济发展"反弹琵琶"及其阶段特征

改革开放40年，甘肃省始终在探索一条适合甘肃省情的发展道路，从"反弹琵琶、种草种树"到"退耕还林还牧"，从"西部大开发"到"承接产能转移"，从"创新发展"到"高质量发展"，尽管付出了巨大的努力，但是甘肃经济发展横向比较的成果并不理想，与东部地区经济差距越来越大，而且差距有可能继续扩大。甘肃省经济发展经历了4个阶段。

第一阶段，反弹琵琶，低速增长阶段（1978—1997年）。改革开放初期，甘肃省经济基础薄弱，改革起步慢，"反弹琵琶、种草种树"，其他省市区乡镇企业蓬勃发展，经济"绿了"，而甘肃省的草与树因持续干旱却"黄了"，错过了乡镇企业、民营企业蓬勃发展的机遇，甘肃省第一次拉大了与东部地区的差距。1992年邓小平南方视察之后，甘肃省引进外资、技术、人才的力度明显弱于东部地区，出现大量资金、人才外流，"孔雀东南飞、麻雀也东南飞"，从1991年开始GDP增速连续5年低于全国平均水平，差距持续扩大。20年间，甘肃省GDP平均增速比全国平均值低0.84个百分点，其中，8年高于全国平均值，12年低于全国平均值。

第二阶段，西部大开发，高速追赶阶段（1998—2013年）。从1999年开始，甘肃省忙于大面积退耕还林还牧，没有及时抓住扩大开放、引进外资的机遇，一"退"

（退耕）一"进"（引外资），甘肃省第二次与东部地区拉大了差距。1999年国家推出"西部大开发"战略以来，甘肃省经济迎来新的发展机遇，加速推进农业现代化、工业化和城镇化，16年间，GDP增速有15年超过9.7%，进入了高速追赶时期，除2006年、2007年低于全国平均值外，其余14年均高于全国平均值。但由于经济发达地区发展更快，甘肃省与东部地区的差距并没有真正缩小，而且还在拉大，只是拉大的速度有所下降。

第三阶段，进入新常态，增速下降阶段（2014—2017年）。随着全国工业产能过剩，经济进入新常态，甘肃省承接东部产能转移，但由于转移产能的增长率、利润率均偏低，甘肃省高新技术产业占GDP比重偏低原因，甘肃省GDP增速明显下滑，2017年甚至出现3.6%的全国最低值。比2012年的12.6%下降了9个百分点，是1982年以来的最低值。甘肃省与东部地区的经济差距仍在继续拉大，与江苏省比较，1980年江苏省GDP是甘肃省的4.3倍，1990年为5.8倍，2000年为8.1倍，2010年为10.1倍，2016年增加到10.7倍。改革开放40年，江苏省GDP增长了343.7倍，甘肃省增长了113.8倍，仅为江苏省的1/3。

应当看到，党的十八大以来，甘肃省投资大幅增加，为今后发展奠定了良好的基础。全省固定资产投资由1978年的9.3亿元扩大到2017年的5696.3亿元，增加了612倍，年均增长17.9%。改革开放40年来累计完成固定资产投资6.3万亿元，其中，党的十八大来累计完成3.8万亿元，占改革开放40年来累计投资的60%。

第四阶段，创新驱动，高质量发展阶段（2018年起）。甘肃省贯彻落实党中央推进经济高质量发展指示，明确提出加快建设现代化经济体系，继续打好三大攻坚战，突出实施乡村振兴战略，突出抓好十大生态产业发展，突出推进交通水利基础设施建设，突出打造全省新的增长点、增长极、增长带。

（二）第三产业占GDP的54.13%，居全国第6位

甘肃省第一产业增加值占GDP的11.52%，第二、第三产业增加值分别占GDP的34.34%、54.13%。第二产业占比低于全国平均值6个百分点，第三产业占比居全国第6位，是甘肃省经济指标在全国排名最高的指标之一，表明以旅游业为主体的第三产业，对甘肃省经济发展发挥了重要的推动作用。

从支柱产业分析,甘肃省第二产业的支柱产业分别是:有色金属冶炼和压延加工业增加值占第二产业增加值的41.97%,黑色金属冶炼和压延加工业占11.56%,石油、煤炭及燃料加工业占10.17%,电力、热力生产和供应业占9.01%,非金属矿物制品业占4.05%。其他制造业占23.24%。

甘肃省第三产业的重点产业分别是:批发和零售业增加值占第三产业增加值的14.12%,金融业占13.88%,公共管理、社会保障和社会组织占13.69%,租赁和商务服务业占8.87%,教育占8.16%。其他第三产业占41.27%(图9-9)。

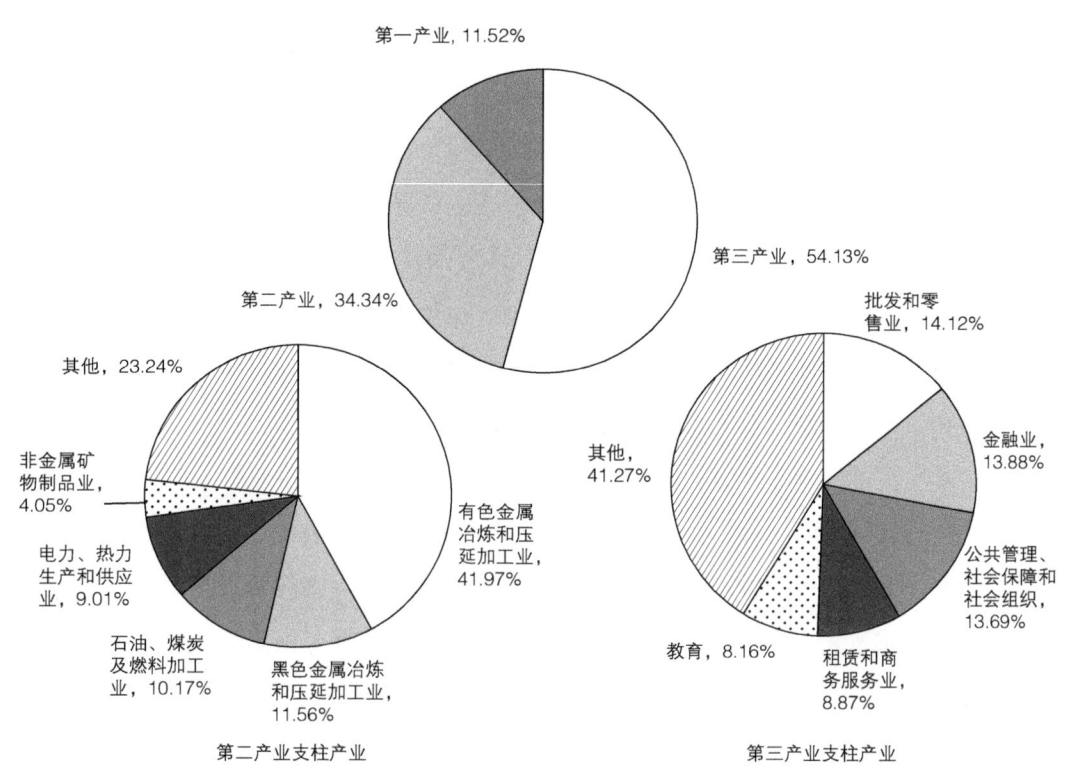

图9-9 甘肃省产业结构与支柱产业

(三)第三产业及生物经济是差异化发展的突破口

甘肃省地处西北干旱地区,自然条件差、资源短缺、人才短缺、资金短缺,经济发展"巧妇难为无米之炊",缩小经济差距的出路在差异化发展,把以旅游为龙头的第三产业作为突破口,充分发挥甘肃生物产业基础好的优势,把生物经济作为

差距经济学：中美经济与省区经济的差距及走势

新的经济增长点。

甘肃省经济质量差距指数为22.01，居全国第28位。市场指数为60.39，居第28位，消费市场化指标达到全国最高值的80%，投资市场化达到60%，劳动市场化接近50%，22个指标低于全国最高值的40%，医疗、衣着、文化娱乐指标达到30%，居住、交通与通讯不足10%；社会指数为67.55，居第25位，出生率、私营企业工资两个指标接近全国最高值的60%，抚养比、老龄化指标达到40%，平均预期寿命、登记失业率指标接近30%，人均GDP、农村人均收入、城市人均收入等指标不足10%；政府指数为38.04，居第30位，工业占比达到全国最高值的50%，三产占比、城镇化率指标达到30%，三产占比排全国第6位，是甘肃省在全国排名较高的指标，网络化、财政支出效率指标超过20%，其余指标均低于全国最高值的20%；科技指数为10.50，居第23位，是甘肃省与其他省市区差距最小的指数，是西北省区中除陕西省外最高的，也是低质量区6个省区中最高的，科技指数14个指标均低于全国最高值的20%，除R&D强度接近20%外，其余指标均明显低于15%；生态指数为40.12，居第26位，除固体废弃物达到全国最高值的80%外，耕地指标超过20%，其余指标均低于20%；全球化指数为12.89，居第29位，除贸易顺差达到全国最高值的40%外，其余指标均不足全国最高值的10%（图9-10）。

甘肃省经济的基本特点是"四低四难"："四低"是指增速低（2017年为倒数第一）、人均收入低（倒数第一）、劳动生产率低（倒数第一）、经济地位低（占全国GDP的0.75%）；"四难"包括经济提速增质难、生态环境改善难、扶贫脱困难、创新发展难。经济持续发展面临增速下行、质量难升、资金缺乏、人才流失、生态脆弱等"五重压力"，迫切需要找准经济高质量发展的突破口。从甘肃省经济质量差距指数可以看出：一是6类要素全面短缺，都是限制经济高质量发展的短板，没有一个指数超过70，既有经济要素数量不足的问题，又有要素配置不合理的问题；二是市场、社会指数相对较高，达到全国最高值的60%以上，发展民营经济、提高资本市场化、增加居民收入、缩小贫富差距、提高全社会消费能力的任务还很重；三是政府指数仅为38.04，居全国倒数第2位，既有财政支出少、转移支付少"巧妇难为无米之炊"的问题，也有提升政府管理水平、提高执行力的问题，保护生态、扶贫维稳、发展经济三者如何平衡需要新措施；四是生态指数低，是甘肃省与其他省市区差距最大的指数,生态环境短期内难以改善且投资大、见效慢,用种植的资金引进人才是否更有利于经济发展,需要比较研究;五是全球化指数低,是甘肃省经济高质量发展的主要限制因素,引进外资少、出口创汇少是甘肃省与东部省市最大的差距。

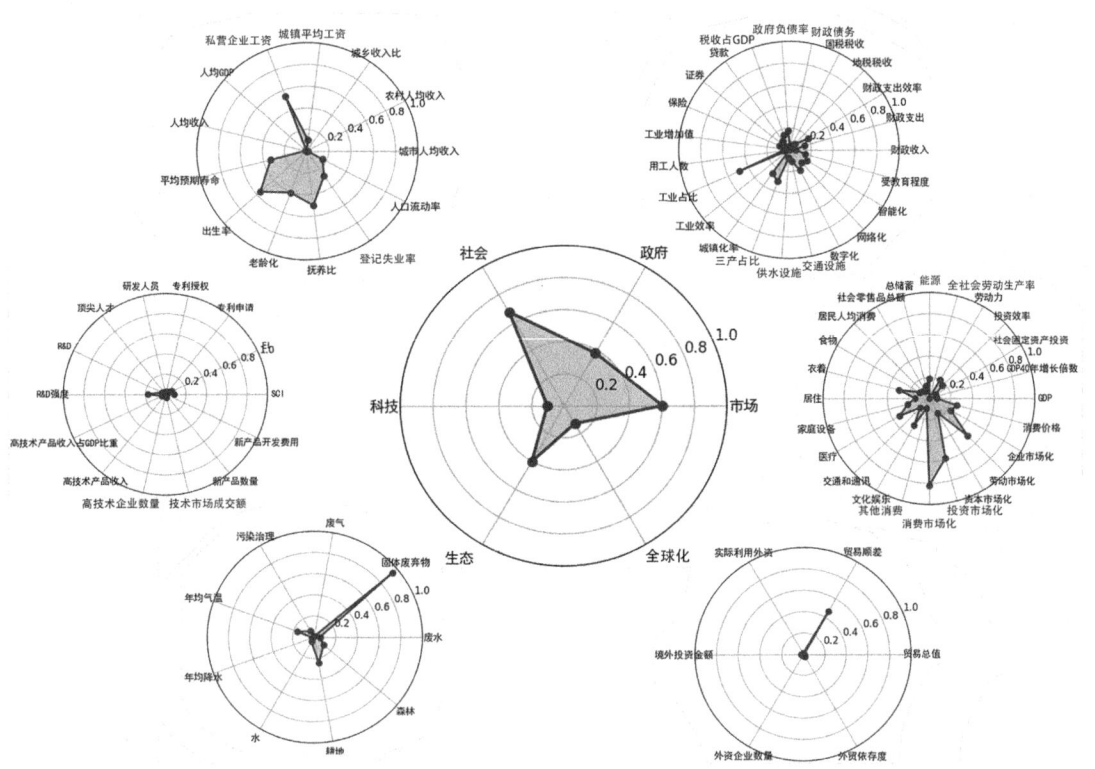

图 9-10　甘肃省经济质量差距指数

甘肃省要缩小经济差距、实现经济高质量发展,迫切需要突出"七个创新",真正走出一条适合甘肃省情、符合经济发展规律、实践证明、效果明显的差异化发展道路。一是发展战略创新。甘肃省发展的一个重要任务是"保护生态",而"反弹琵琶","退耕还林还牧",甘肃省生态问题仍然很突出。换一种发展思路,如果甘肃省高科技产业上去了,居民富起来了,农民不上山砍柴,市民不进山挖矿,生态保护的问题就好解决了。生态不断遭到破坏的重要原因之一是"贫困"的问题没有得到根本解决,迫切需要发展战略与思路的创新。二是科技创新。要把"科技创新突破"作为新时代甘肃省发展的总战略、总方针。俗话讲就是,"要在同一个鱼缸里捞鱼",东部地区发展高科技产业,甘肃省也要发展高科技产业。不能仅仅依靠东部地区淘汰的过剩产能转移推动经济发展,40年前,东部地区承接国外产能转移,今天,甘肃省承接东部地区产能转移,真正滞后了40年,仅仅依靠产能转移,经济差距不可能缩小。必须创新发展战略,以创新驱动战略为指引,以同步实现小康为目标,以科技创新为突破口,以引进顶尖人才为核心,以政策创新、体制机制创新为保障,走出一条创新驱动甘肃省跨越发展的新路子。三是发展方式创新。要实现发展方式与发达国家、发达地区"同步",既要争取中央政策和财政支持,又要增强自身发展能力,创造优势、差异化发展,找准新的经济增长点。紧紧围绕"强化特色产业、补齐短板产业、培育新兴产业"三大科技创新的重点领域,制定科技创新突破、转变发展方式的规划与行动方案。要与发达国家、发达地区争夺国际顶尖人才,发展现代高新产业。四是营商环境创新。优化营商环境,推进"产业升级创新行动"。"引资引智",吸引人才、技术、资本等"外源性"经济要素,遴选甘肃省有竞争优势的行业、产品,围绕产品质量升级找技术,围绕技术找人才,动员社会力量,攻克一批制约甘肃省支柱产业升级的关键技术,打造具有甘肃省特色的现代产业群。五是全球化格局创新。着力打造一批驰名国内外的名牌产品,迅速提高甘肃省贸易额与贸易质量。六是基础设施创新。要补上基础设施、公共服务、金融保险等方面的短板。七是科技体制机制创新。把提高科技创新质量作为突破口,加速企业成为创新主体,应用研究实施"新产品战略",建立以"新产品数量及销售额"为主的新的考核体系。

四、新疆维吾尔自治区经济质量差距指数 16.53,全国第 29 位

新疆面积占国土总面积的1/6,是国土面积最大的省区,与八国接壤,是古丝绸之路的重要通道,也是"一带一路"的桥头堡。新疆GDP从1978年的39.07亿元上升到2017年的10 881.96亿元,增长了277.52倍,增速排名全国第7位。GDP在全国的排名由第27位上升到第26位(图9-11)。

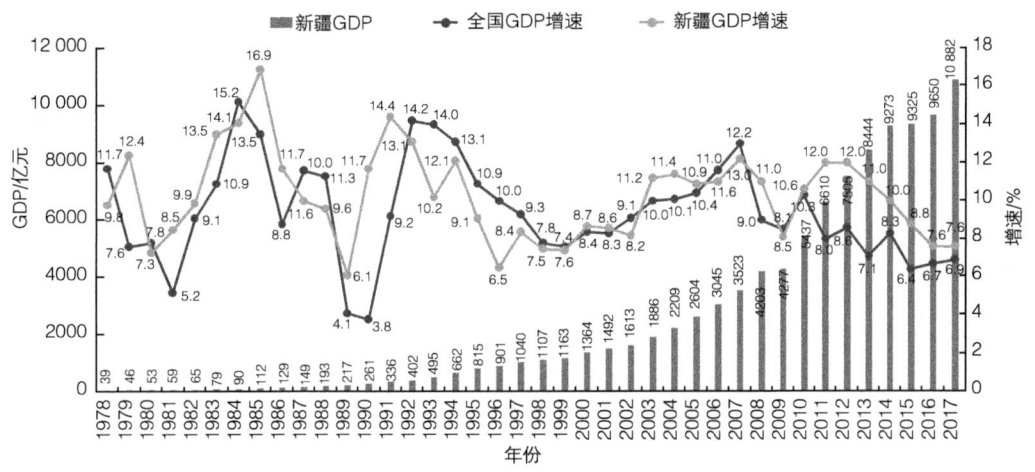

图 9-11　新疆 1978—2017 年 GDP 增长

（一）经济发展"中、低、中高"阶段及特征

第一阶段，中速增长阶段（1978—1991 年）。这一时期，新疆 GDP 平均增速比全国平均值高 1.86 个百分点，14 年间有 9 年高于全国平均值。这一阶段农业是新疆经济增长的主要推动力。

第二阶段，低速增长阶段（1992—2009 年）。新疆经济在这一阶段没有赶上全国工业化、城镇化快速发展的步伐，GDP 增速相对下降。GDP 平均增速比全国平均值低 0.54 个百分点，18 年间仅有 6 年高于全国平均值。

第三阶段，中高速发展阶段（2010—2017 年）。西部大开发政策，加上有关省市区对口支援新疆经济发展，使新疆 GDP 增速连续 8 年高于全国平均值，GDP 平均增速比全国平均值高 2.16 个百分点，这是改革开放以来新疆 GDP 相对全国平均水平增长最高的时期。

第四阶段，高质量发展阶段（2018 年起）。新疆贯彻落实党中央推进经济高质量发展指示，提出全面贯彻"巩固、增强、提升、畅通"的方针，加快建设现代化经济体系，继续打好三大攻坚战，着力激发微观主体活力，创新和完善宏观调控，保持社会大局稳定和经济持续健康发展。

（二）调整经济结构，发展第三产业潜力巨大

新疆第一产业增加值占 GDP 的 14.26%，第二、第三产业增加值分别占 GDP 的 39.80%、45.94%。第一产业占比高，第二、第三产业占比低，是新疆经济结构的显著特点。

从支柱产业分析，新疆第二产业的支柱产业分别是：石油、煤炭及燃料加工业增加值占第二产业增加值的 14.26%，电力、热力生产和供应业占 12.23%，有色金属冶炼和压延加工业占 11.43%，石油和天然气开采业占 10.06%，化学原料和制品制造业占 9.58%。其他制造业占 42.46%。

新疆第三产业的重点产业分别是：公共管理、社会保障和社会组织增加值占第三产业增加值的 17.34%，批发和零售业占 14.54%，交通运输、仓储和邮政业占 13.84%，金融业占 12.92%，教育占 10.39%。其他第三产业占 30.98%（图 9-12）。

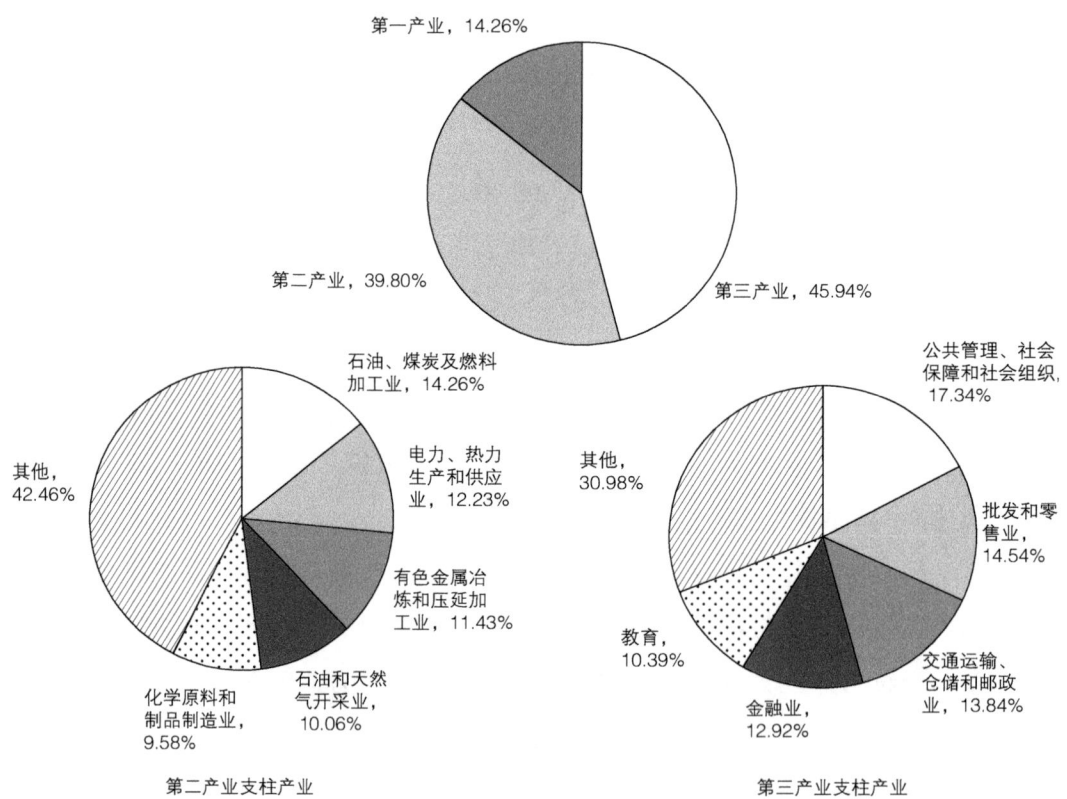

图 9-12 新疆产业结构与支柱产业

（三）经济差异化、多元化的对策与措施

新疆经济质量差距指数为16.53，居全国第29位。市场指数为45.21，居第30位，是新疆与其他省市区差距较大的指数，劳动市场化超过全国最高值的60%，资本市场化、投资市场化、衣着指标达到40%，其余指标均低于40%，医疗、住宿、文化娱乐、交通和通讯等消费指标不超过20%；社会指数为69.89，居第22位，出生率超过全国最高值的80%，私营企业工资、老龄化达到60%，其余指标均不足40%，人均收入指标不足20%；政府指数为44.51，居第26位，工业占比达到全国最高值的70%，城镇化率接近40%，财政支出、财政支出效率、贷款等指标均不足30%，其中，三产占比、证券、保险等指标不足20%；生态指数为32.36，居第29位，固体废弃物指标接近全国最高值的60%，耕地指标达到40%，其余7个指标均低于20%；科技指数为3.79，居第30位，14个指标均不足全国最高值的20%，是新疆与其他省市区差距最大的指数；全球化指数为16.91，居第20位，是新疆与其他省市区差距最小的指数，贸易顺差超过全国最高值的50%，其余指标均不足20%，其中，贸易总值、实际利用外资、外资企业数量不足10%（图9-13）。

新疆经济发展具有西部地区、少数民族地区的共同特征，发展不平衡、不协调矛盾突出，财政收入少、转移支付多、社会投资少、创新能力弱、新兴产业发展慢，面临增速下滑、质量提升、生态改良、民生改善等多重压力，迫切需要找到经济高质量发展的突破口。从新疆经济质量差距指数可以看出：一是6类要素都是经济发展的短板，最高的指数不足全国最高值的70%，经济高质量发展既要提升各类经济要素的数量，又要重视要素的合理配置；二是市场、社会、政府3个指数相对较高，为全国最高值的44%～70%，市场经济体制机制初步建立，但由于中央转移支付、地方援助资金比重较高，投资市场化、资本市场化指标相对偏低，城镇化、第三产业还没有成为新增长点，财政收支缺口大、营商环境欠佳，引进资金、技术与人才难度大；三是全球化水平低、创新能力弱是限制新疆经济发展最主要的两个因素，指数值为3～17，特别是创新能力弱，严重制约新疆经济质量的提升。

差距经济学：中美经济与省区经济的差距及走势

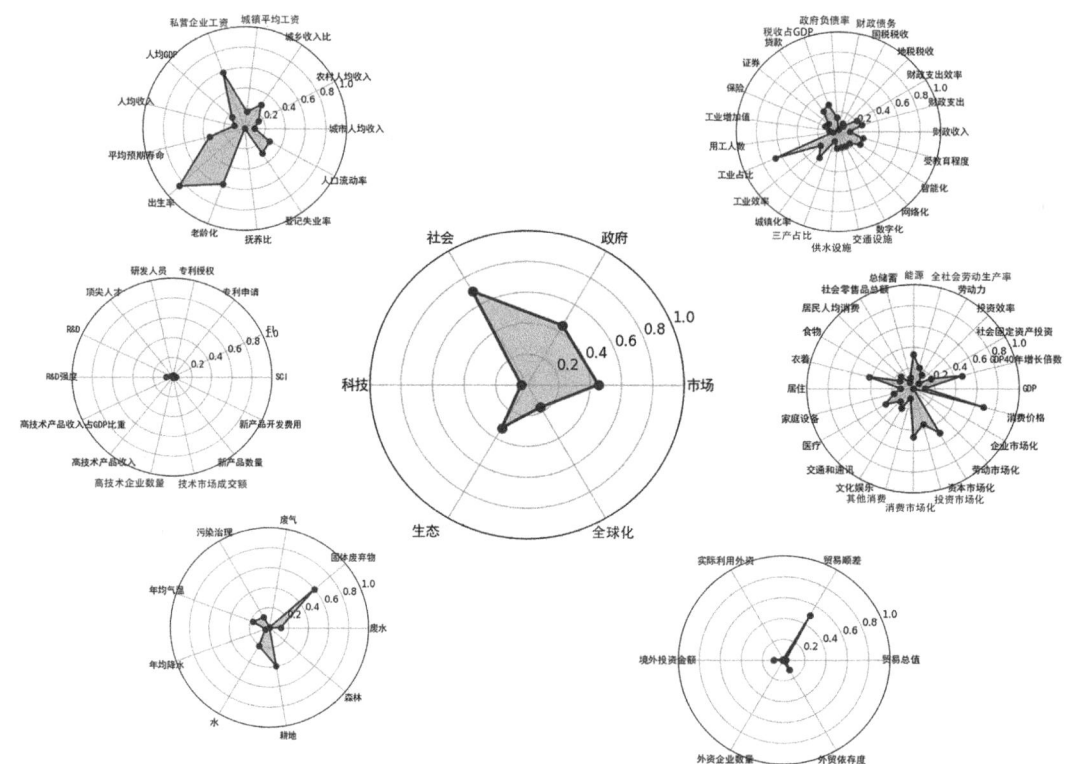

图 9-13 新疆经济质量差距指数

近年来，新疆在国家及有关省市区对口支援的情况下，经济发展速度明显高于全国平均水平，但未来新疆要实现经济高质量发展，必须提高内生动力。一要创新发展战略。制定"新疆高质量跨越发展战略"，建议重点推进 3 个战略转变，更加注重智力援疆，努力实现财力援疆与智力援疆并举，把资源优势转变为经济优势，向资源深度加工要质量，把边陲优势转变为国际合作优势，提高新疆全球化水平。二要实施"第二产业升级行动"。遴选新疆的支柱产业、优势产品，围绕产品找技术，围绕技术找人才，动员全社会力量集中攻关，攻克一批制约新疆产业升级的关键技术，打造新疆特色现代产业群。三要实施"第一产业效益倍增行动"。延长新疆特色农产品的生产、加工、流通产业链，把农产品加工、流通的利润留存新疆。四要实施"三产跃升行动"。把第三产业作为新的经济增长点来培育，大力发展旅游、迁徙式养老、金融保险、物流等新型服务业。

五、西藏自治区经济质量差距指数 15.97，全国第 30 位

西藏 2017 年 GDP 为 1310.6 亿元，居全国第 31 位。1978—2017 年 GDP 增长 186.2 倍，增长倍数排名第 23 位，GDP 排名 40 年没有变化（图 9-14）。

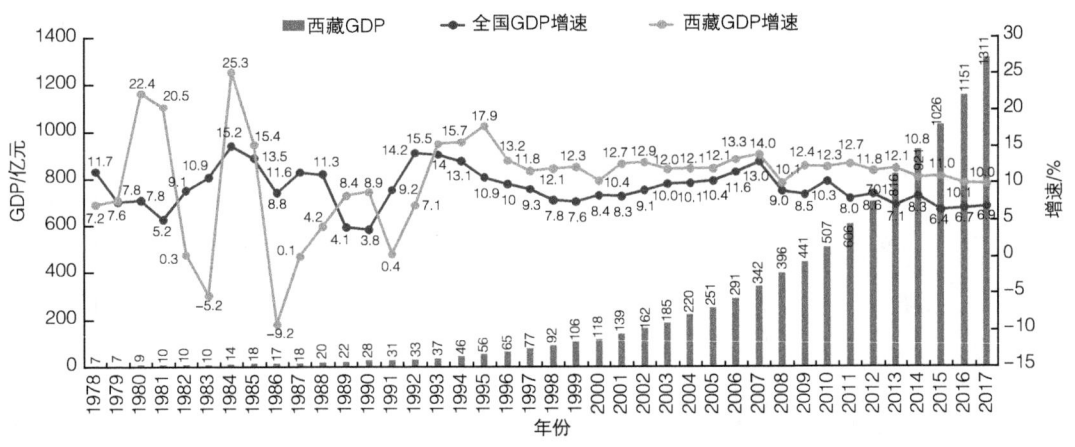

图 9-14　西藏 1978—2017 年 GDP 增长

（一）高原经济"低速、高速"发展阶段及特征

改革开放 40 年，西藏经济取得了巨大的成就，人民生活大幅改善，经济发展大致经历了低速、高速两个阶段。

第一阶段，低速增长阶段（1978—1992 年）。这一时期，西藏 GDP 平均增速比全国平均值低 2.03 个百分点，15 年间有 8 年低于全国平均值，7 年高于全国平均值。西藏高原经济的特征是农业经济占比高、受气候变化影响大、经济增长波动大。1980 年、1984 年 GDP 增速分别达 22.4%、25.3%，而 1983 年、1986 年、1991 年则为 -5.2%、-9.2% 和 0.4%。

第二阶段，高速发展阶段（1993—2017 年）。1993 年以来，西藏 GDP 增速一直保持在 10% 以上。连续 25 年 GDP 增速高于全国平均值，GDP 平均增速比全国平均值高 2.12 个百分点，这是中央支援西藏政策的结果。为推动西藏经济社会全面、持续发展，中央先后召开 6 次西藏工作座谈会，制定了不同时期西藏工作的指导思

想和优惠政策，从政策、资金、技术、人力、物力等方面大力支援西藏建设，取得了显著的成效，极大改善了西藏各族群众的生产生活条件，极大促进了西藏的繁荣稳定，西藏社会体制发生深刻变革。

第三阶段，经济高质量发展阶段（2018年起）。西藏贯彻落实党中央推进经济高质量发展指示，西藏提出坚持稳中求进、进中求好、补齐短板工作总基调，深化改革、扩大开放，处理好"十三对关系"，打好"三大攻坚战"，推进"十大工程"，聚力"七大产业"等一系列对策与措施。

（二）经济结构接近全国平均值

西藏第一产业增加值占GDP的9.36%，第二、第三产业增加值分别占GDP的39.18%、51.46%，是典型的1∶4∶5的结构，表明西藏以高原旅游业为主的第三产业对西藏经济发展贡献很大。

从支柱产业分析，西藏第二产业的五大支柱产业分别是：非金属矿物制品业增加值占第二产业增加值的29.06%，电力、热力生产和供应业占21.48%，有色金属矿采选业占20.99%，酒、饮料和精制茶制造业占10.99%，医药制造业占4.57%（图9-15）。

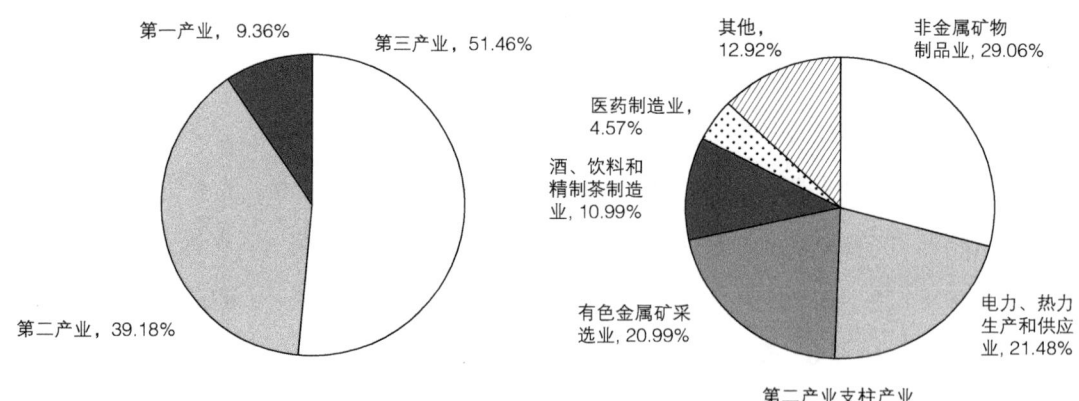

图9-15 西藏产业结构与支柱产业

（三）高原经济是差异化发展的突破口

西藏具有独特的自然环境与人文环境，差异化发展是必然的选择，迫切需要探索设计一条西藏经济差异化发展的新路径。

西藏经济质量差距指数为 15.97，居全国第 30 位。政府指数为 55.21，居第 23 位，财政支付依靠援助，政府负债率仅 7.5%，财政债务仅为 98.64 亿元，两个指标均为全国最高，税收占 GDP、三产占比等指标达到全国最高值的 20%，其余 19 个指标均低于 20%，其中，证券、保险、交通设施等指标低于 10%；社会指数为 53.47，居第 31 位，出生率、老龄化等指标超过全国最高值的 80%，城镇平均工资达到 70%，其余指标均低于 20%；市场指数为 21.45，居第 31 位，劳动市场化、GDP40 年增长倍数等指标达到全国最高值的 80%，资本市场化达到 70%，食物指标达到 30%，其余指标均低于 20%，医疗、衣着、居住、文化娱乐、交通和通讯等消费指标为 10% 左右；生态指数为 61.65，居第 21 位，水、废气、固体废弃物指标超过全国最高值的 80%，环境污染少；全球化指数为 12.14，居第 30 位，除贸易顺差达到全国最高值的 40% 外，贸易总值、实际利用外资、外资企业数量等 5 个指标均低于 10%；科技指数不到 1，全国倒数第一，14 个指标均有明显差距，科技人员与经费投入少、产出少（图 9-16）。

西藏经济是典型的传统经济，经济规模小、质量低，以第一、第三产业为主，第二产业占比较小。经济结构不合理，发展不平衡、不协调，财政收入少、民生改善任务重，工业化、城镇化任务很重。从西藏经济质量差距指数可以看出：一是 6 类要素都是经济发展的短板，需要全面提升各类要素的数量与质量；二是生态、政府、社会等 3 个指数相对较高，为 53～62；三是市场指数仅为 21.45，是全国最低的，说明西藏政府投资多、援助资金多，市场发育不充分，民营经济没有发展起来，引进资金、技术与人才难度大，社会资金比重低；四是科技、全球化是西藏经济发展最主要的限制因素，科技投入少，科技人员少，新产品开发能力弱。

差距经济学：中美经济与省区经济的差距及走势

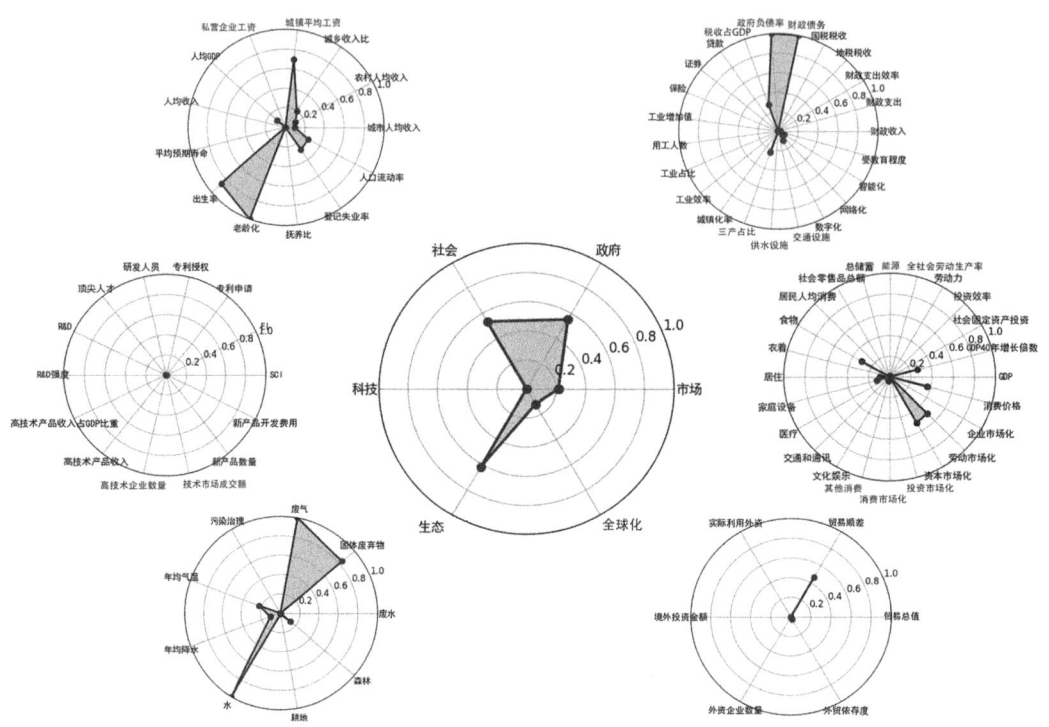

图 9-16　西藏经济质量差距指数

西藏要缩小经济差距、实现经济高质量发展：一要创新发展战略。走差异化发展的路子，实行"三管齐下战略"，争取中央政府、兄弟省市区对西藏建设的支持，创造营商环境吸引企业到西藏投资，不断壮大自身经济实力。二要创新发展方式。依靠科技创新把西藏"高原生物、清洁能源、旅游文化、特色食品、现代服务、边贸物流"等特色产业做大做强。依靠市场换技术，借助外力搞创新，针对西藏资源与特色产业发展需求，引进区外、境外技术、资金、人才共同发展西藏现代经济，打造西藏现代经济产业群。三要把生物经济作为新的经济增长点。努力把高原生物资源优势转变为生物经济优势，开发生物农业、生物医药、生物能源、保健食品、功能食品等特色、名优产品，加强藏医药科技创新和标准体系建设，壮大藏药产业体系。四要把第三产业作为未来的支柱产业来抓。把高原特色生态环境转变为旅游产业优势，打造"地球第三极"旅游等品牌，围绕旅游业把住宿、文化、食品、医疗、金融、保险、物流等第三产业带动起来。五要实施"农业效益倍增行动"。开发西藏有机、绿色、特色优质品牌农产品,通过农产品加工、流通,实现"农业产值与效益倍增"。六要把边陲优势转变为国际合作优势。开发一批具有国际竞争力的西藏品牌产品,扩大边境贸易,提高全球化水平。

六、青海省经济质量差距指数 14.49,全国第 31 位

青海省是我国改革开放,特别是农村经济体制改革的先锋,对推动经济体制、机制改革发挥了不可替代的历史作用。青海省 GDP 从 1978 年的 15.54 亿元上升到 2017 年的 2624.83 亿元,增长了 167.9 倍,GDP 排名由 1978 年的第 29 位下降到 2017 年的第 30 位,下降了 1 位(图 9-17)。

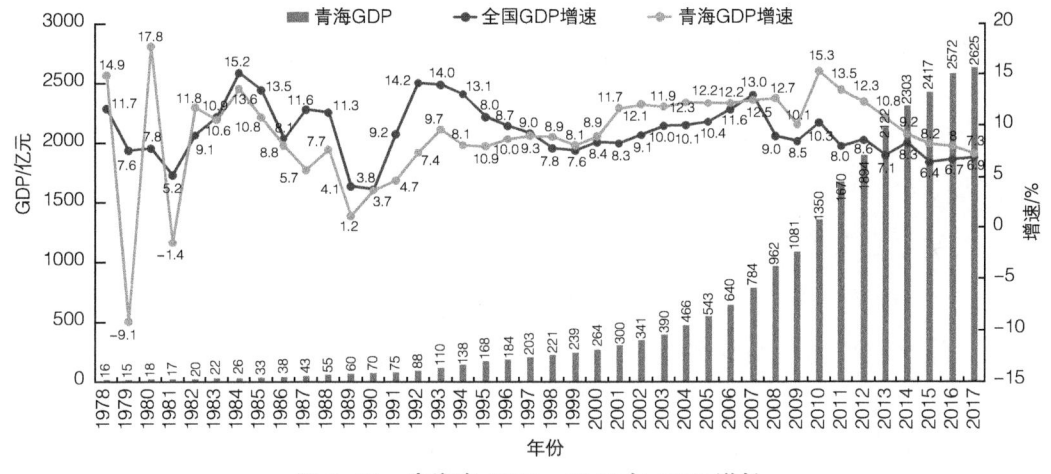

图 9-17 青海省 1978—2017 年 GDP 增长

(一)经济发展"20 年滞后、20 年追赶"阶段及特征

青海省经济发展近 40 年与全国平均水平差距明显,前 20 年发展相对滞后,后 20 年努力追赶。

第一阶段,发展失速阶段(1978—1997 年)。这一时期,青海省 GDP 平均增速比全国平均值低 2.51 个百分点,20 年间仅有 3 年高于全国平均水平,拉大了与

其他省市区的差距，是导致青海省经济质量差距指数全国最低的主要原因之一。青海省经济同样具有高原经济的特征，农牧业发展条件差，工业化、城镇化基础薄弱，自身创新能力弱，发展动力不足，省外支援力度偏小，旅游业偏小，是导致青海省经济发展相对较慢的主要原因。

第二阶段，加速追赶阶段（1998—2017年）。这20年间，青海省GDP平均增速比全国平均值高2.1个百分点，只有2007年低于全国平均值。中央政府西部大开发等支持西部发展的政策产生了巨大效果，青海省经济加速追赶，其中，2001—2013年GDP增速始终保持在10%以上，但2014年以后下降明显。

第三阶段，经济高质量发展阶段（2018年起）。为贯彻落实党中央推进经济高质量发展指示，青海省提出坚持以供给侧结构性改革为主线，深化改革、扩大开放，深入实施"五四战略"，奋力推进"一优两高"，推动社会治理水平不断提升。

（二）产业结构优化潜力巨大

青海省第一产业增加值占GDP的9.08%，第二、第三产业增加值分别占GDP的44.29%、46.63%。

从支柱产业分析，青海省第二产业的五大支柱产业分别是：有色金属冶炼和压延加工业增加值占第二产业增加值的26.41%，电力、热力生产和供应业占21.59%，化学原料和制品制造业占15.55%，黑色金属冶炼和压延加工业占7.86%，石油和天然气开采业占7.27%。

青海省第三产业的重点行业分别是：金融业增加值占第三产业增加值的22.50%，公共管理、社会保障和社会组织占17.33%，批发和零售业占13.86%，交通运输、仓储和邮政业占8.50%，信息传输、软件和信息技术服务业占7.21%。其他制造业占30.60%（图9-18）。

第三篇 差距与成因
第九章 经济低质量区

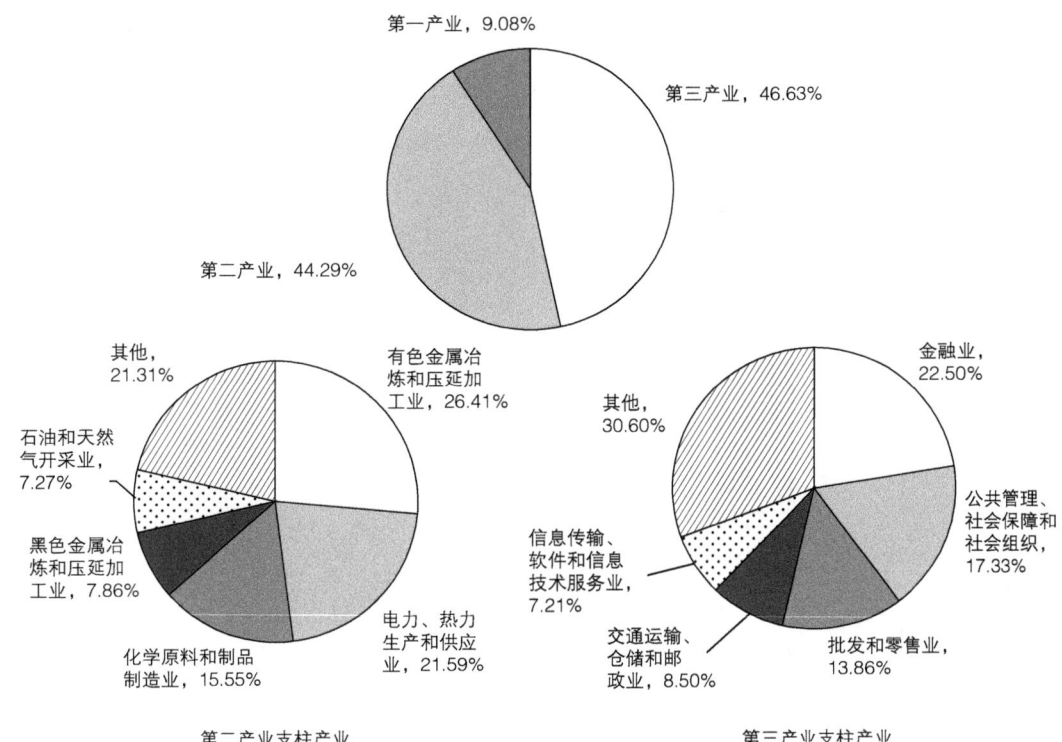

图 9-18　青海省产业结构与支柱产业

（三）经济差异化发展需要全面创新

青海省经济质量差距指数全国最低，经济发展需要全面创新，在战略创新、发展方式创新、技术创新等方面取得突破性、颠覆性创新。

青海省经济质量差距指数为 14.49，居全国第 31 位。在 6 类要素中，社会指数最高，为 72.64，居第 17 位，是青海省与其他省市区差距最小的指数，出生率、私营企业工资接近全国最高值的 80%，老龄化、私营企业工资达到 60%，抚养比接近 50%，其余指标均低于 40%，农村人均收入、城市人均收入等指标不足 20%；市场指数为 48.72，居第 29 位，民营经济不发达，市场指数低，劳动市场化达到全国最高值的 80%，GDP 40 年增长倍数达到 60%，投资市场化、消费市场化、医疗、衣着等达到 40%，其余指标均低于 40%，其中，居住、社会零售品总额、投资效率等指标不足 10%；政府指数为 39.23，居第 29 位，工业占比达到全国最高值的 70%，

差距经济学：中美经济与省区经济的差距及走势

城镇化率、网络化分别达到 40% 和 30%，其余指标均低于全国最高值的 20%，工业增加值、三产占比、国税税收、地税税收、证券、财政支出等指标均不足 10%；生态指数为 27.55，居第 31 位，除固体废弃物达到全国最高值的 80% 外，其余 8 个指标均低于 20%；科技指数为 4.09，居第 28 位，14 个指标均低于全国最高值的 15%；全球化指数为 11.68，居第 31 位，除贸易顺差达到全国最高值的 40% 外，其余 5 个指标均低于 10%（图 9-19）。

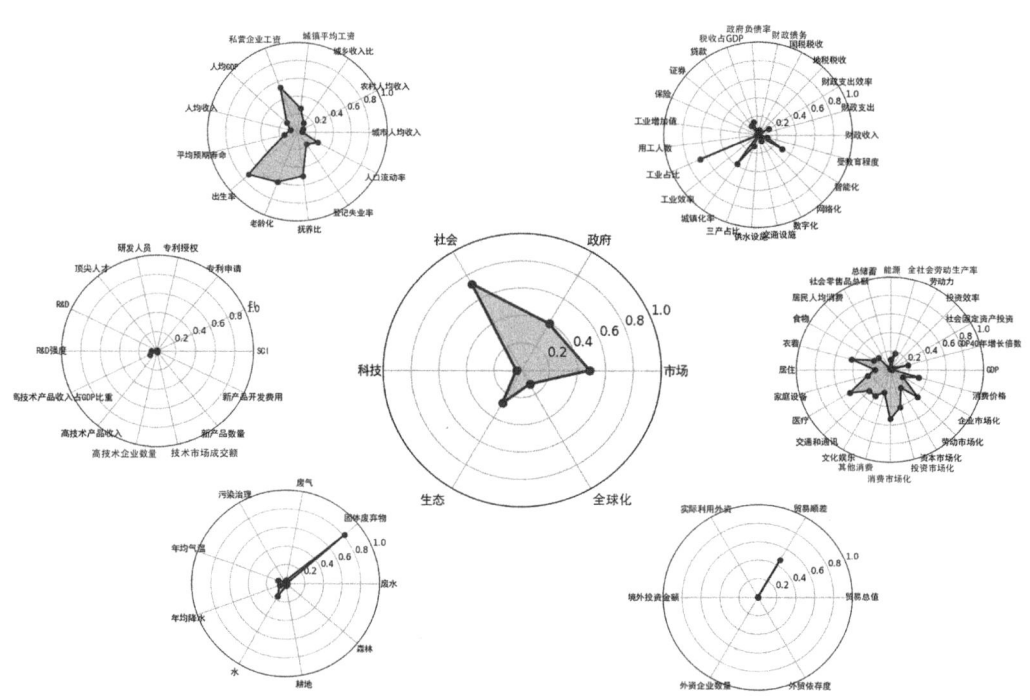

图 9-19 青海省经济质量差距指数

青海省经济发展具有高原地区、少数民族地区的共同特点，规模小，2017 年 GDP 仅占全国的 0.3%，工业化水平及经济效益低，经济发展面临增速下滑、质量提升等多重压力。财政收入少，创新能力弱，新兴产业发展慢，保护生态、改善民生、强化基础设施任务艰巨，迫切需要找准经济高质量发展的突破口。从青海省经济质量差距指数可以看出：一是 6 类要素都是限制经济高质量发展的短板，指数为 4～73，要素数量不足、配置不合理问题都很突出；二是市场、社会、政府 3 类指数相对较高，达到全国最高值的39%～73%，其中，政府指数仅为39.23，提高市场化水平、改进政府管理都有很大空间；三是生态指数低，草原退化、水源减少、环境污染等问题仍然突出；四是全球化、科技创新是青海省经济发展的主要限制因素，指数为4～12，资金、人才缺乏导致技术创新能力弱，地理位置偏远、营商环境不佳影响技术、人才引进，使青海省进入"缺资金、缺人才、缺技术、低效益"的不良循环，迫切需要找到突破口，打破旧循环，建立新循环，从事创新活动，缩小与东部省市的差距，没有创新，没有新产品，就难以提高全球化水平，青海省经济高质量的最短板就是缺乏人才，缺乏人才的原因是引进人才的资金与能力都不足。

青海省要提高经济发展质量：一要创新发展战略。落后省区要实现跨越发展，避免差距越来越大，必须率先在战略思维上有重大突破，探索高原地区、少数民族地区在"生态脆弱、地理偏远、经济落后、创新不足"条件下，实现跨越发展、高质量发展的新战略、新路径，走出一条"资金人才制约条件下的创新之路"，创造发展政策与环境，差异化发展，切实找准新的经济增长点。二要创新发展模式。创造营商环境，把"借鸡生蛋"作为跨越发展的突破口。很显然，青海省仅仅依靠本省经济要素实现跨越发展是不可能的，必须吸引人才、技术、资本等"外源性"经济要素，给青海省经济注入新活力、新动力，政府要把创新营商环境作为实现高质量发展的突破口。三要推进"产业升级创新行动"。遴选青海省有竞争优势的行业、产品，围绕产品质量升级找技术，围绕技术找人才，动员社会力量，攻克一批制约青海省支柱产业升级的关键技术，打造具有青海特色的产业群。四要提高全球化水平。着力打造一批驰名国内外的名牌产品，迅速提高青海省贸易额与贸易质量。五要补上基础设施、公共服务的短板。

第十章
6 类经济要素差距指数的省区比较

研究不同国家、地区之间经济质量差距是经济学重要的理论问题，也是经济活动中亟待解决的现实问题。本章运用"经济质量差距模型"，计算不同省区市场、政府、科技、生态、社会、全球化等 6 类要素的差距指数，并根据要素指数对不同省区经济质量进行比较。需要指出的是，各类差距指数是一个相对值，最高值为 100，表明与其他省市区比较差距最小，但并不代表该指数已无潜力可挖。例如，广东省市场指数为 100，表明与其他省市区比较，广东省市场机制作用发挥充分，但仍然有许多需要改进的地方。

一、市场机制指数

市场机制指数（以下简称"市场指数"）是衡量一个国家、地区经济发展中市场机制及其效率的指数。市场机制是经济活动的基础规律，良好的市场机制就是市场在要素配置中发挥决定性作用。其核心是"放"，即放开对资本、劳动力、价格、消费等要素流动的过多干预，让要素配置等经济活动遵循"水向低处流"的自然规律。

本研究在市场指数作为一级指标的基础上，选取了产出、投资、储蓄、消费、体制、价格等 6 个二级指标，以及 25 个三级指标（表 10-1），通过"经济质量差距模型"计算各指标的权重。在政府公布的统计数据的基础上，增加了投资市场化、资本市场化、劳动市场化、企业市场化、价格市场化、消费市场化等指标，衡量市场机制在配置资源、促进经济发展中的作用。

第三篇 差距与成因

第十章 6类经济要素差距指数的省区比较

表10-1 市场指数指标体系

一级指标	二级指标	三级指标	指标内容与单位
1.0 市场	1.1 产出	GDP	地区生产总值：亿元
		GDP增速	地区生产总值增速
		GDP40年增长	1978—2017年GDP增长倍数：倍
	1.2 投资	社会固定资产投资	全社会固定资产投资：亿元
		投资效率	全社会固定资产投资效率
		劳动力	从业人员总数：万人
		全社会劳动生产率	万元/人
		能源	电力消费量：亿千瓦时
	1.3 储蓄	总储蓄	城乡居民储蓄存款年底余额：亿元
	1.4 消费	社会零售品总额	社会消费品零售总额：亿元
		居民人均消费	居民人均消费支出：元
		食物	居民家庭人均食品消费支出：元
		衣着	居民家庭人均衣着消费支出：元
		居住	居民家庭人均居住消费支出：元
		家庭设备	居民家庭人均设备及用品消费支出：元
		医疗	居民家庭人均医疗保健消费支出：元
		交通和通讯	居民家庭人均交通通信消费支出：元
		文化娱乐	居民家庭人均文教娱乐服务消费
		其他消费	居民家庭人均其他消费支出：元
	1.5 体制	消费市场化	非政府支出占总消费
		投资市场化	非国有投资占固定资产总投资
		资本市场化	非国有工业资本占工业总资本
		劳动市场化	非国有机构劳动力占总劳动力
		企业市场化	非国有工业企业数量占规模以上企业之比
	1.6 价格	消费价格	居民消费价格指数

差距经济学：中美经济与省区经济的差距及走势

（一）影响市场指数的主要指标

根据不同指标对市场指数影响的大小，可将 25 个指标依据其权重的大小分为决定性、制约性、影响性等 3 类指标。

一是决定性指标，指标权重占市场指数总权重达到 10% 左右，直接决定着市场指数的大小。主要有：投资市场化为 19.06%、消费市场化为 17.92%、劳动市场化为 14.03%、消费价格为 9.80%、资本市场化为 9.26%。说明资本、劳动、价格、消费的市场化率一定程度上决定着市场指数。

二是制约性指标，其权重占市场指数总权重的 5% 左右，对市场指数具有明显的制约作用。主要有：投资效率为 7.66%、医疗为 7.17%、居民人均消费为 7.17%、劳动力为 4.34%。

三是影响性指标，其权重占市场指数总权重的 5% 以下，对市场指数具有一定的影响。主要有社会固定资产投资、社会零售品总额、总储蓄等反映经济规模的数量型指标。

（二）不同省市区市场指数比较

从不同省市区分析，市场指数最高值与最低值相差达 5 倍。广东、上海、江苏、浙江等 4 个省市市场化程度高，指数均为 100，而西藏、新疆、青海等 3 个省区市场化程度最低，市场指数分别是 21.45、45.21 和 48.72，其余省市区为 60～99。根据市场指数的高低，可将 31 个省市区分为 5 个区（图 10-1）。

第一，高效区（市场指数＞95）：都是经济发达省市，共包括 6 个省区。广东、上海、江苏、浙江的市场指数均为 100，天津、山东分别为 98.29 和 97.67。高效区的市场化程度高，市场机制在资本、劳动、消费等资源配置中发挥了很好的作用。

但高效区省市之间也有明显差异，从雷达图（图 10-2）上看，上海、天津的市场指数雷达图比较接近，雷达图左下区指标值较高，右上区指标较弱，也就是说消费市场化、消费水平较高，拉升了市场指数，而GDP、GDP 40年增长倍数等指标偏低；广东、江苏、浙江、山东等 4 个省的市场指数雷达图比较接近，右下区指标值较高，也就是说投资市场化、企业市场化、资本市场化、劳动市场化、社会零售品总额等指标数值较高。

第三篇 差距与成因
第十章 6类经济要素差距指数的省区比较

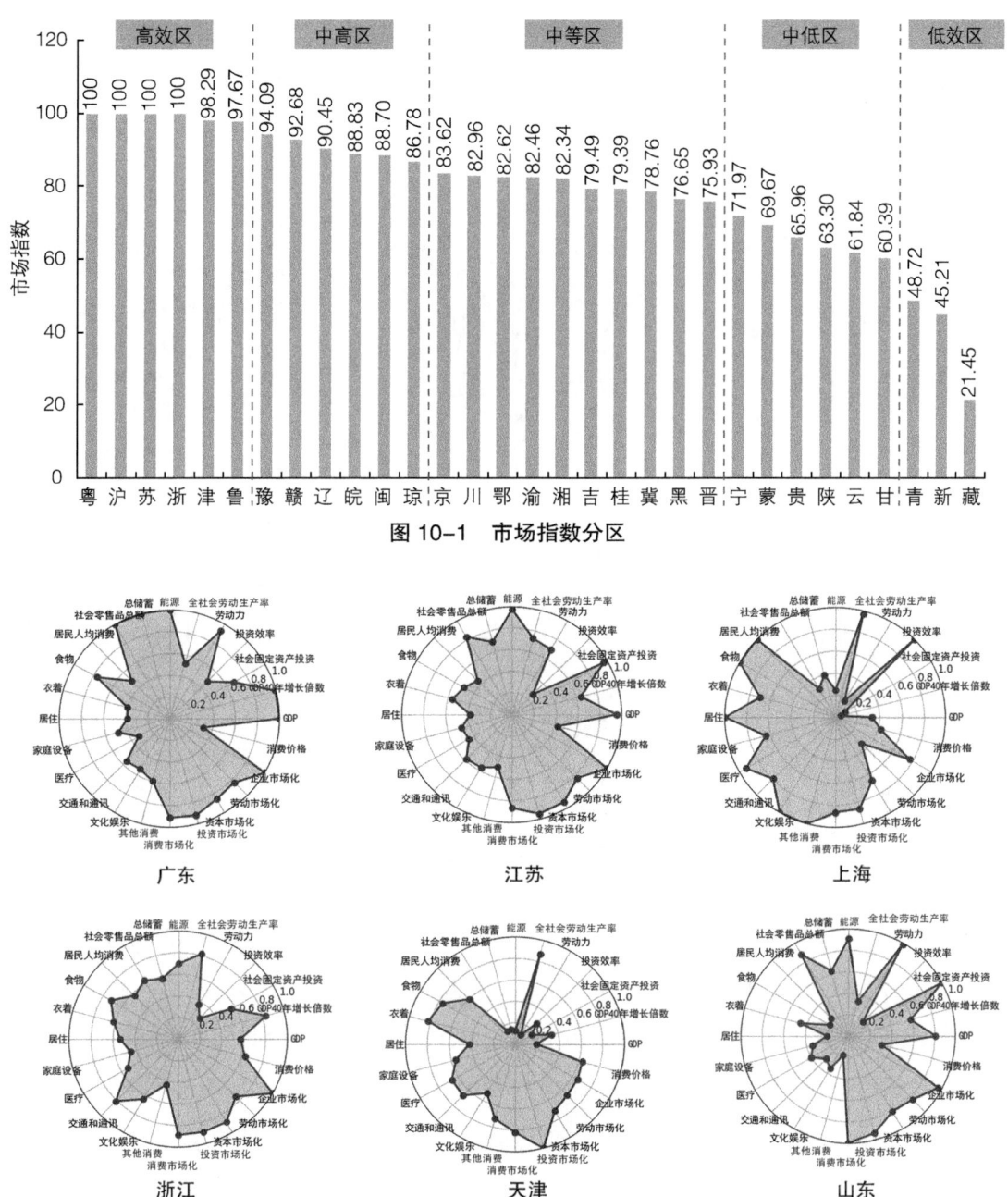

图 10-1 市场指数分区

图 10-2 市场指数高效区

第二，中高区（市场指数为 85～95）：包括 6 个省区，市场指数分别为河南 94.09、江西 92.68、辽宁 90.45、安徽 88.83、福建 88.70、海南 86.78。中高区的共

差距经济学：中美经济与省区经济的差距及走势

同特点是劳动市场化、资本市场化、企业市场化指标较高，而人均消费水平偏低，其中，江西省由于投资市场化高达最高值的83.21%，而投资市场化在市场指数中的权重又较大，所以江西进入了中高区（图10-3）。

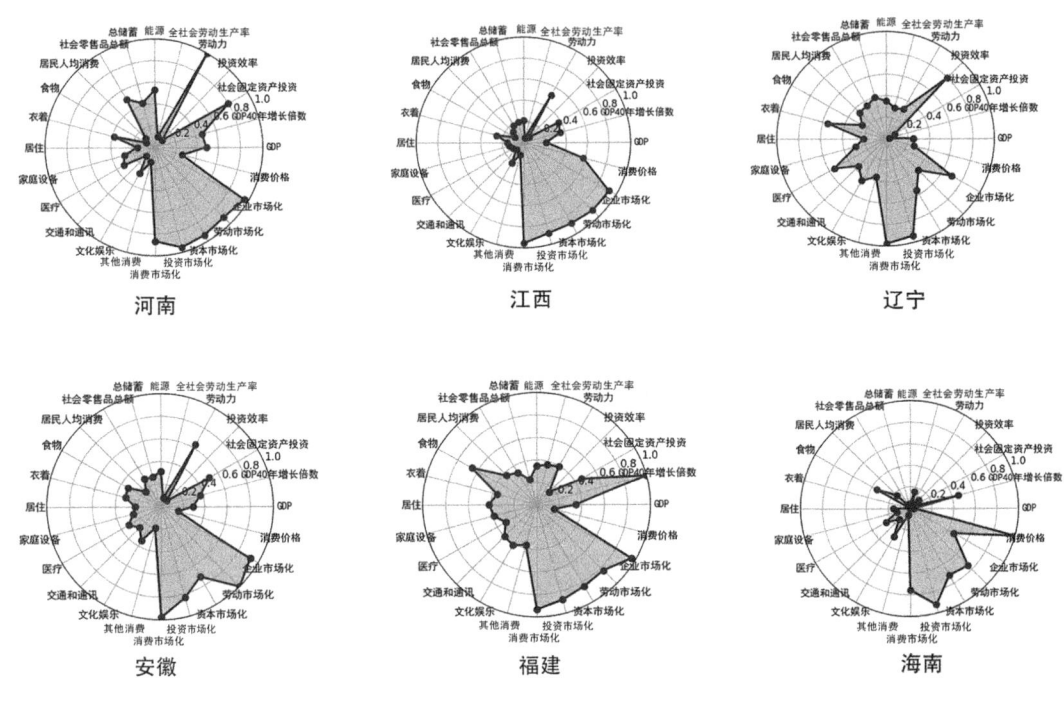

图10-3 市场指数中高区

第三，中等区（市场指数为75～85）：共10个省市，市场指数分别为北京83.62、四川82.96、湖北82.62、重庆82.46、湖南82.34、吉林79.49、广西79.39、河北78.76、黑龙江76.65、山西75.93，市场指数居中等水平。从雷达图（图10-4）分析，北京与其他省明显不同，消费类指标明显较高，由于北京是国有企业最集中的地区，投入、资本（固定资产总值）、消费、劳动市场化率相对偏低。

第四，中低区（市场指数为60～75）：主要包括西北、西南地区的6个省区，市场指数分别为宁夏71.97、内蒙古69.67、贵州65.96、陕西63.30、云南61.84、甘肃60.39。中低区的主要特征有两个：一是劳动市场化、投资市场化是相对有优势的指标；二是主要经济指标明显不足，雷达图3/4的区域基本上都是空白（图10-5）。

第三篇 差距与成因
第十章 6类经济要素差距指数的省区比较

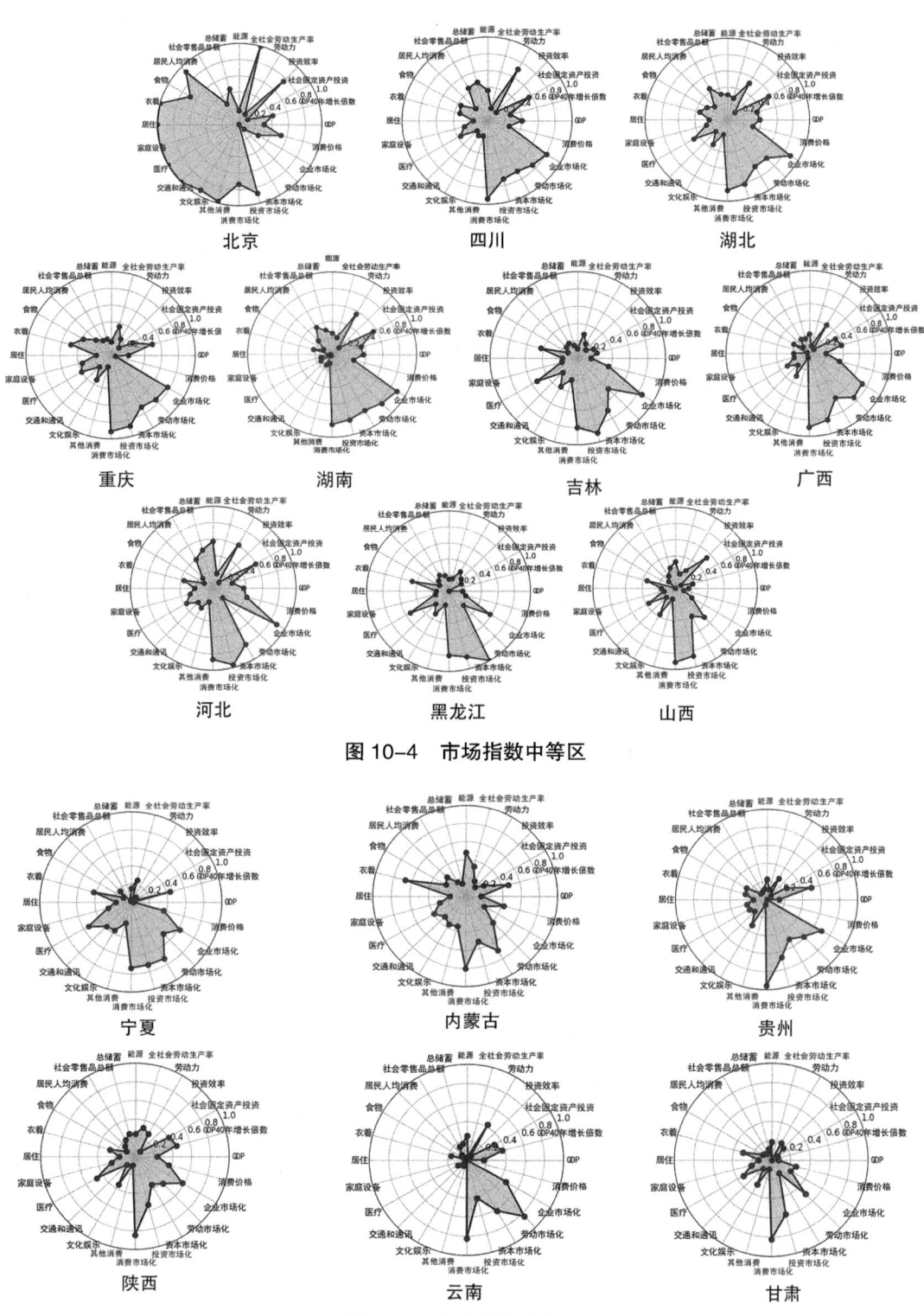

图 10-4　市场指数中等区

图 10-5　市场指数中低区

差距经济学：中美经济与省区经济的差距及走势

第五，低效区（市场指数小于60）：包括青海、新疆、西藏3个省区，除了劳动市场化外，没有明显优势指标，主要经济要素数量明显不足，制约经济发展（图10-6）。

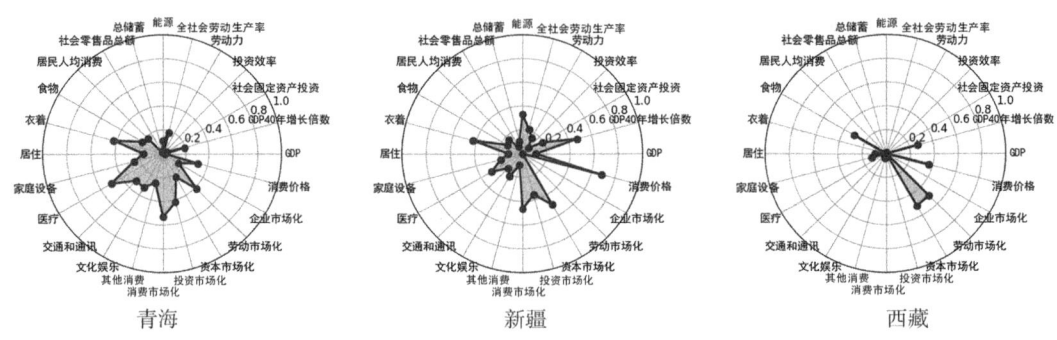

图10-6 市场指数低效区

二、政府作用指数

政府作用指数（以下简称"政府指数"）是衡量一个国家、地区经济发展中政府作用及其效率的指数。政府调控是经济活动的根本保障，现代经济离不开政府作用的保障，现代政府离不开经济基础的支撑。政府作用通常包括两个方面：一是保障作用，通过经济法规、财政政策、货币政策、分配政策、贸易政策、生态政策等保障经济活动公正、公平、稳定的秩序；二是促进作用，通过产业政策、创新政策、区域政策等发挥"开渠引水"的作用，驱动经济高效、持续发展。政府的第一个作用得到包括市场经济国家等的广泛认同，但对第二个作用，特别是产业政策、区域政策，一些国家或学者有不同看法，认为是政府干预经济活动。

在政府指数作为一级指标的基础上，选取了财政政策、货币政策、工业化、城镇化、信息化、教育等6个二级指标，以及23个三级指标（表10-2），从规划、财政、货币、分配、产业政策、储蓄、汇率、债务等方面，衡量政府对经济发展的作用及其效率。

第三篇　差距与成因
第十章　6类经济要素差距指数的省区比较

表 10-2　政府指数指标体系

一级指标	二级指标	三级指标	指标内容与单位
2.0 政府	2.1 财政政策	财政收入	地方财政一般预算收入：亿元
		财政支出	地方财政一般预算支出：亿元
		财政支出效率	财政支出效率
		地税税收	地税税收：亿元
		国税税收	国税税收：亿元
		财政债务	地方债务总额：亿元
		政府负债率	地方财政负债率
		税收占GDP	税收占GDP比重
	2.2 货币政策	贷款	各项贷款：亿元
		证券	各地区上市公司数量：家
		保险	原保险保费收入：亿元
	2.3 工业化	工业增加值	工业增加值：亿元
		用工人数	工业就业人员：万人
		工业占比	工业增加值占GDP比重
		工业效率	工业利润率
	2.4 城镇化	城镇化率	城镇化率
		三产占比	第三产业增加值占GDP比重
		供水设施	供水综合生产能力：万立方米/日
		交通设施	道路长度：万千米
	2.5 信息化	数字化	城镇家庭平均每百户计算机拥有量：台
		网络化	互联网宽带接入用户：万户
		智能化	人均移动电话拥有量：部
	2.6 教育	受教育程度	

（一）影响政府指数的主要指标

根据不同指标对政府指数影响的大小，可将23个指标依据其权重的大小，分为决定性、制约性和影响性等3类指标。同一指标在不同年份的作用是动态变化的，如工业化占比目前居于决定性因素，工业化后期可能成为影响性因素。

一是决定性指标，指标权重占政府指数的总权重大于10%，直接决定着政

差距经济学：中美经济与省区经济的差距及走势

府指数的大小。主要有：城镇化率为14.46%、工业占比为14.03%、财政债务为14.03%、政府负债率为14.03%、财政支出效率为11.53%、三产占比为10.28%、工业效率为10.27%。说明城镇化、工业化、财政效率、工业效率、三产占比在一定程度上决定着政府指数。

二是制约性指标，其权重占政府指数总权重的5%左右，对政府指数具有明显的制约作用。主要有信息化为7.85%。

三是影响性指标，其权重占政府指数总权重的5%以下，对政府指数影响不明显。主要有受教育程度、保险、地税税收、国税税收、证券等反映经济规模的数量型指标。

（二）不同省市区政府指数比较

从不同省市区分析，政府指数最高值与最低值相差达3倍，小于市场指数的差距（图10-7）。广东、上海、江苏等三省市的政府指数均为100，表明与别的省市区比较，其政府作用发挥相对较好，没有差距，但并不代表其政府作用已没有潜力可挖，从政府作用指数雷达图（图10-8）清晰可见。北京为95.07，主要是工业占比低、交通状况较差造成的。云南、甘肃政府指数较低，分别是37.62和38.04，多数省市区为50～95。依据政府指数可将31个省市区分为5个区。

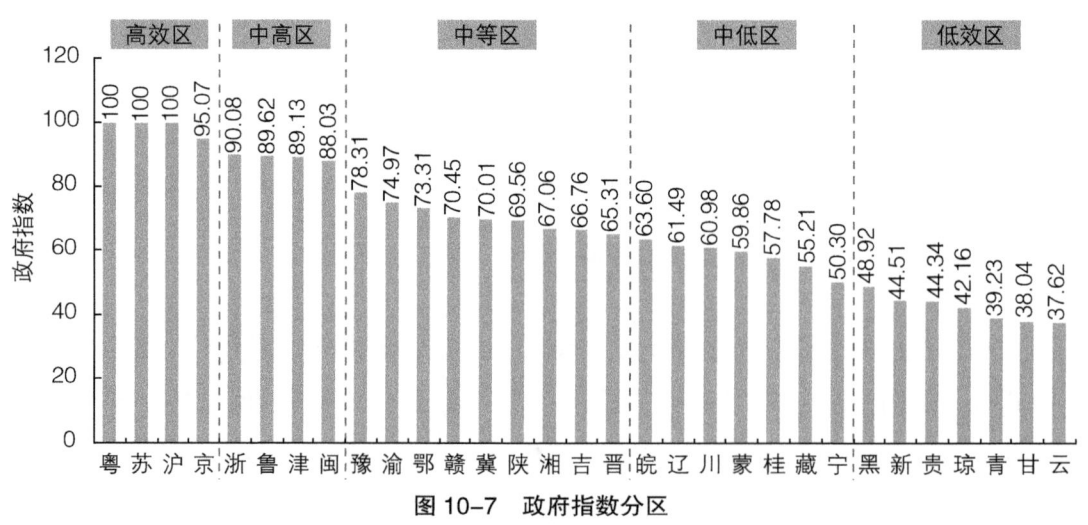

图10-7 政府指数分区

第一，高效区（政府指数＞95）：高效区都是东部沿海经济发达省市，其主要特征是城镇化率、工业占比、三产占比、信息化水平高，财政支出效率、财政收入高。广东、上海、江苏等3个省市的政府指数均为100，北京为95.07。广东、江苏两省的政府指数雷达图相似（图10-8），有近10个指标居全国前列。广东省的财政收入、财政支出、地税税收、国税税收、贷款、工业增加值、工业占比等指标居全国前列，其中，财政收入为11 320.35亿元，财政支出为15 037.48亿元，均列全国第1位；江苏省的财政支出效率、地税税收、国税税收、工业增加值、工业占比等指标居全国前列，财政支出效率达到8.08；上海的城镇化率、证券、信息化、税收占GDP等指标居全国前列，城镇化率达87.72%；北京三产占比是全国最高的，为80.56%，城镇化率达86.5%，信息化水平居全国前列。

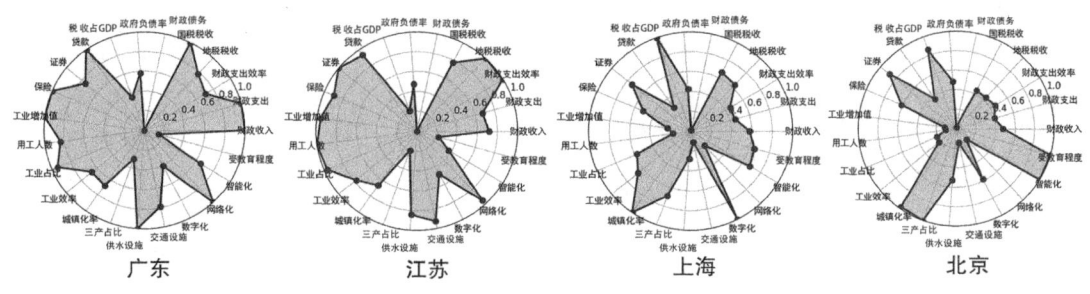

图10-8 政府指数高效区

第二，中高区（政府指数为85～95）：中高区包括浙江、山东、天津、福建等4个省市，政府指数分别为90.08、89.62、89.13、89.03。中高区的共同特点是有3个左右的指标居全国前列。浙江省财政支出效率为6.87、工业占比为37.62%、证券（各地区上市公司数量）达280家，均已进入全国前列；山东省工业占比为39.52%，财政支出效率、交通设施有一定优势；天津市的城镇化率、工业占比相对较高，分别为82.92%和37%，但其他指标明显不足；福建省工业占比较高，为39.38%，财政支出效率较高，达6.87（图10-9）。

差距经济学：中美经济与省区经济的差距及走势

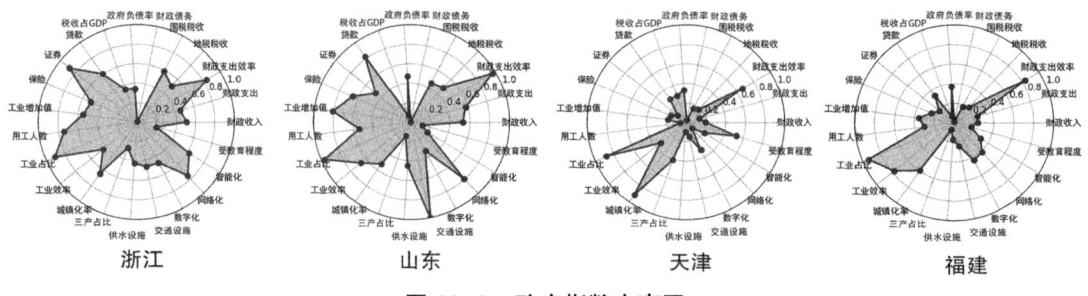

图 10-9　政府指数中高区

第三，中等区（政府指数为 65～85）：共包括 9 个省市，政府指数分别为河南 78.31、重庆 74.97、湖北 73.3、江西 70.45、河北 70.01、陕西 69.56、湖南 67.06、吉林 66.66、山西 65.31。中等区的基本特征是只有 1～2 个指标能够进入全国前列，工业占比高是中等区最明显的特征，但工业效率、财政收入、财政支出效率、证券、交通设施等指标均没有优势。重庆市除工业占比较高外，城镇化率也有一定优势，达 64.1%；江西省除工业占比为 38.94% 外，工业效率也有一定优势，达 10.93%；山西省的主要指标均偏低（图 10-10）。

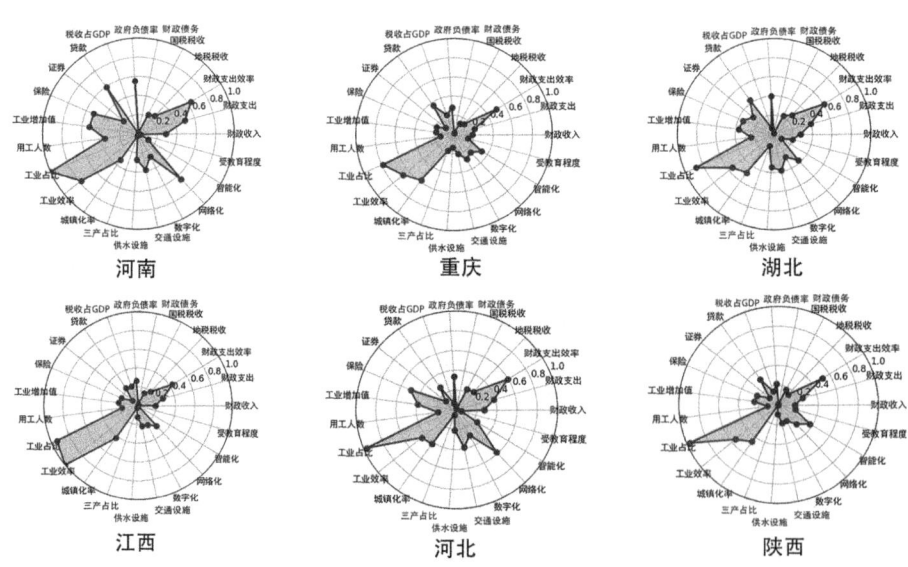

第三篇 差距与成因
第十章 6类经济要素差距指数的省区比较

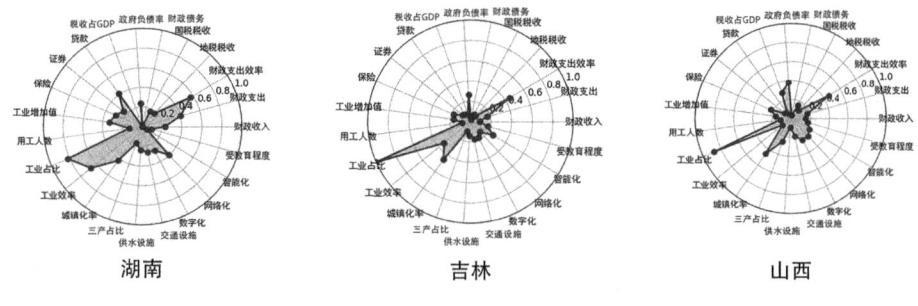

图 10-10 政府指数中等区

第四，中低区（政府指数为 50~65）：共包括 7 个省区，政府指数分别为安徽 63.60、辽宁 61.49、四川 60.98、内蒙古 59.86、广西 57.78、西藏 55.21、宁夏 50.30。除西藏政府负债率低（以拨款为主，仅为 7.52%）、安徽省工业占比高外，中低区 7 个省区没有明显优势指标（图 10-11）。中低区省区三产占比低，第二产业效率不高，创新能力弱，提高工业效率难度大，经济进入"效率低—研究经费少—创新难—新产品少—效率低"的恶性循环，这是造成经济质量不高的最根本原因。

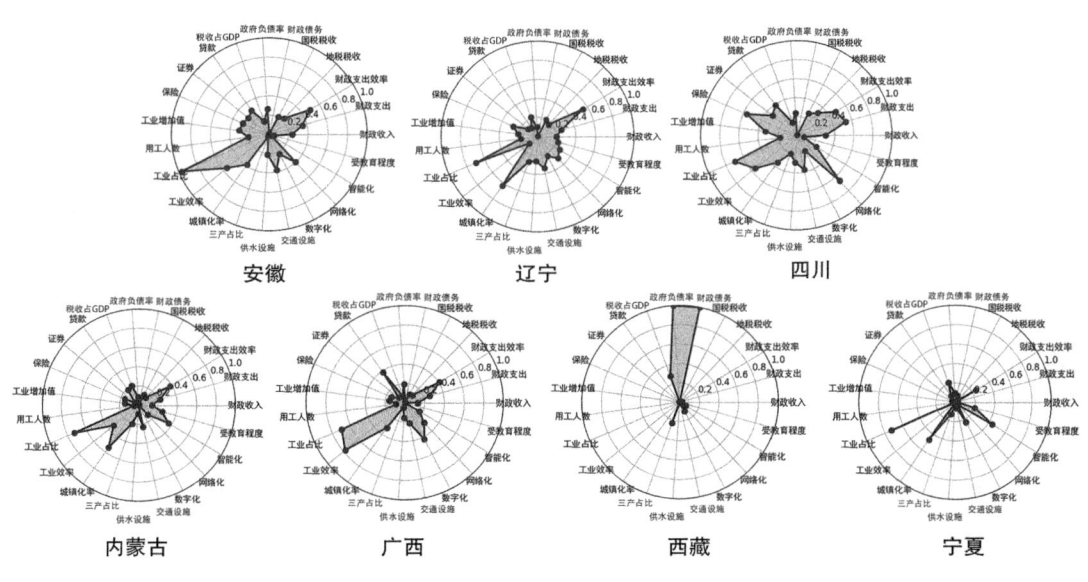

图 10-11 政府指数中低区

第五，低效区（政府指数＜50）：包括 7 个省区，政府指数分别为黑龙江

48.92、新疆 44.51、贵州 44.34、海南 42.16、青海 39.23、甘肃 38.04、云南 37.62。低效区的共同特征是财政支出效率、财政收入、城镇化、工业化、信息化等指标基本没有一项具有比较优势（图 10-12）。

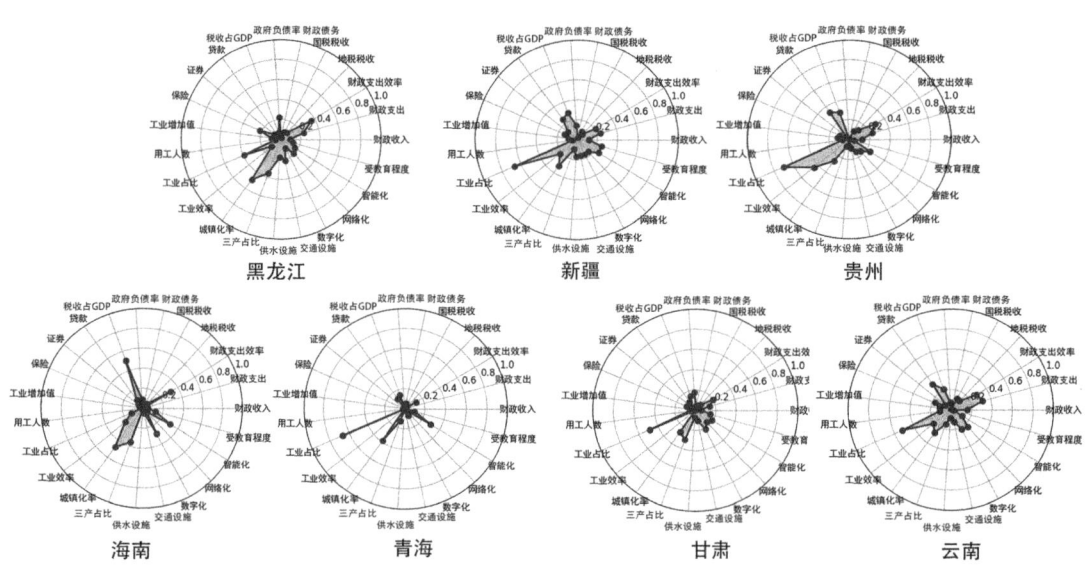

图 10-12　政府指数低效区

三、科技创新指数

科技创新指数（以下简称"科技指数"）是衡量一个国家、地区经济发展中科技创新能力及其效率的指数。科技创新是经济发展的第一动力，在经济体制机制完善后，创新能力决定经济实力。国内外衡量科技创新的指标与方法很多，测算科技创新能力的主要指标有论文、专利、技术市场交易额、研发强度（R&D/GDP）、研发人员数量等，测算科技对经济增长贡献的主要指标包括科技贡献率、创新指数、科技竞争力、全要素生产率、新产品数量等。

本研究在科技指数作为一级指标的基础上，选取了论文、专利、人才、投入、高技术、新产品等 6 个二级指标，以及 14 个三级指标（表 10-3），从科技创新能力、科技驱动能力两个方面衡量科技对经济发展的作用与效率。衡量科技创新能力的主要指标有论文、专利、人才、研发投入等，评价科技驱动能力的主要指标有新产品数量、技术市场交易额、高技术产品收入占 GDP 比重、研发人员等。

表 10-3 科技指数指标体系

一级指标	二级指标	三级指标	指标内容与单位
3.0 科技	3.1 论文	SCI	SCI 论文数量单位：篇
		EI	EI 论文数量单位：篇
	3.2 专利	专利申请	国内专利申请受理量：项
		专利授权	国内专利申请授权量：项
	3.3 人才	研发人员	规模以上工业企业 R&D 人员全时当量：人年
		顶尖人才	工程院和科学院院士：人
	3.4 投入	R&D	各地区 R&D 内部支出：万元
		R&D 强度	R&D/GDP
	3.5 高技术	高技术产品收入占 GDP 比重	
		高技术产品收入	高技术产品收入：亿元
		高技术企业数量	高技术企业数量单位：个
		技术市场成交额	技术市场成交额单位：亿元
	3.6 新产品	新产品数量	规模以上工业企业新产品项目数：项
		新产品开发费用	规模以上工业企业开发新产品经费：万元

（一）影响科技指数的主要指标

根据不同指标对科技指数影响的大小，可将 14 个指标依据其权重的大小，分为决定性、制约性、影响性等 3 类指标。这一分类随着科技发展会有变化，不是一成不变的。

一是决定性指标，指标权重占科技指数总权重达到 10% 以上，直接决定着科技指数的大小。主要有：R&D 强度为 16.74%、高技术产品收入占 GDP 比重为 16.74%、SCI 为 16.02%、R&D 为 10.26%。

二是制约性指标，其权重占科技指数总权重的 3% ～ 10%，对科技指数具有明显的制约作用。主要有：新产品数量为 9%、专利授权为 7.42%、专利申请为 3.32%、研发人员为 3.26%。

三是影响性指标，其权重占科技指数总权重的 3% 以下，对科技指数具有一定的影响。主要有技术市场成交额、新产品开发费用、高技术企业数量、高技术产品收入、顶尖人才等。

（二）不同省市区科技指数比较

从不同省市区分析，科技指数是各省市区之间差距最大的指数，广东、北京、江苏的科技指数均为 100，而海南、新疆的科技指数分别为 3.84 和 3.79，指数最高值与最低值相差达 25 倍以上。根据科技指数的高低，将 31 个省市区分为 5 个区域（图 10-13）。

第一，高效区（科技指数 > 80）：高效区的特征是"双强"，即科技创新能力强、科技驱动能力强，R&D、研发人员指标较高，研发体系完善，创新机制良好。高效区主要是经济发达的省市，包括广东、江苏、北京，科技指数均为 100。

从雷达图（图 10-14）可以看出，北京与广东、江苏的科技创新有明显区别。北京的科技创新优势在 SCI、EI、顶尖人才、技术市场成交额，特别是在研发强度上，SCI、EI 分别达 46 179 篇和 38 460 篇，顶尖人才为 116 人，技术市场成交额达 4486.89 亿元；但弱势是成果转化率不高，一是由于论文成果多，二是许多产品型成果转移到北京以外地区转化。广东、江苏的科技创新优势集中在专利、高技术产品收入占 GDP 比重、高技术企业、研发人员等指标，广东、江苏的高技术产品收入占 GDP 比重分别达到了 47% 和 40%，高技术企业分别为 6570 个和 5007 个。在自主研发的同时，广东、江苏更加注重引智、引技，"借鸡生蛋"是广东、江苏科技指数高的重要经验，但原始创新不足。

第三篇　差距与成因
第十章　6类经济要素差距指数的省区比较

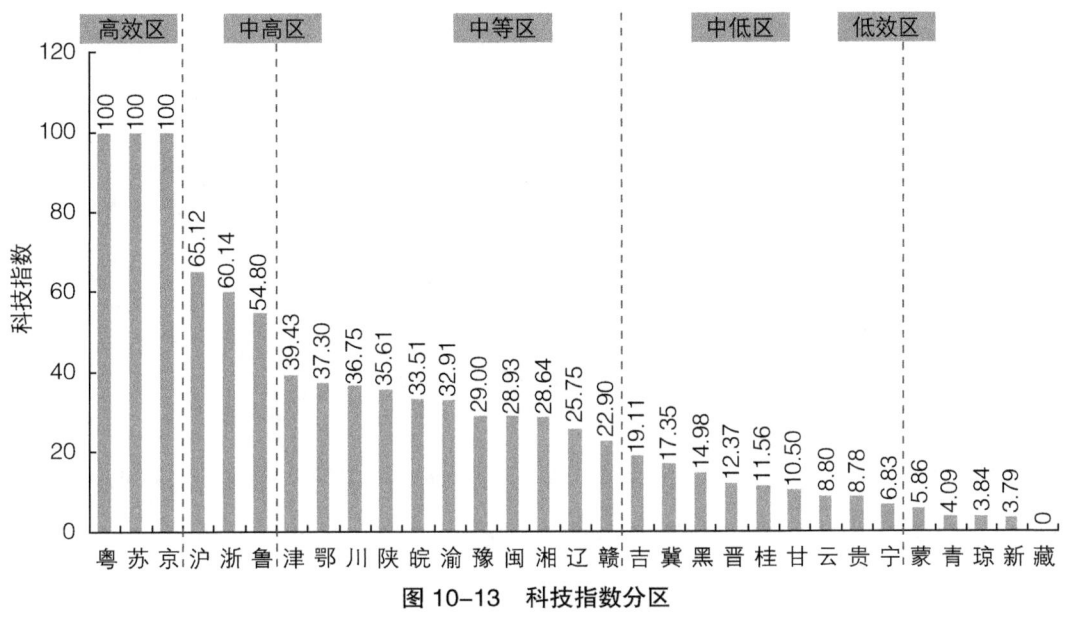

图10-13　科技指数分区

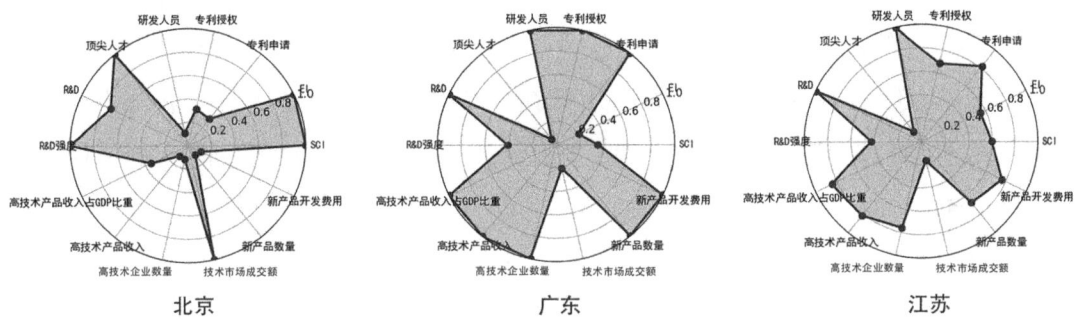

图10-14　科技指数高效区

第二，中高区（科技指数为50～80）：中高区的主要特征是科技创新能力、科技驱动能力只有"一强"，经济总量大、研发投入高、研发人员多，论文、专利、产品的产出较多，包括3个省市，科技指数分别为上海65.12、浙江60.14、山东54.80。上海市的创新能力强、研发强度高、研发体系发达、论文多，但专利、新产品数量不足，对经济驱动作用还不够强，缺乏华为、比亚迪等依靠自主创新技术支撑的大型企业；浙江、山东专利申请量与授权量较高，分别达72 083项和38 273项，新产品数量较多，但SCI、EI明显不足，原始创新不足（图10-15）。

差距经济学：中美经济与省区经济的差距及走势

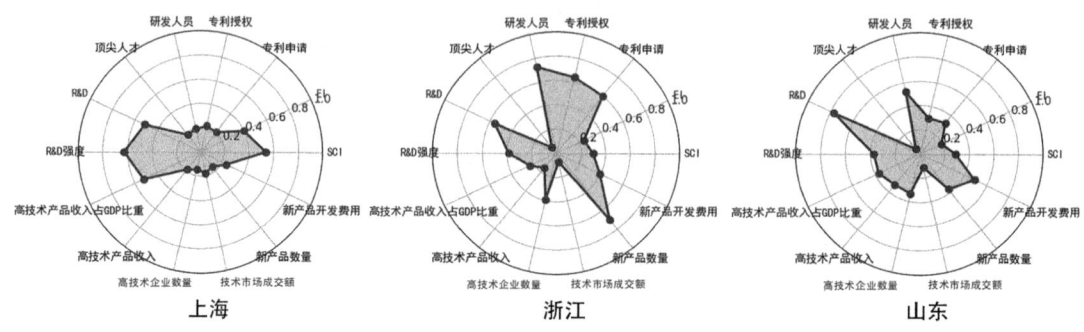

图 10-15　科技指数中高区

第三，中等区（科技指数为 20～50）：中等区的基本特征是科技创新能力、科技驱动能力优势都不明显，但在一些技术领域或技术方向具有创新优势，包括 11 个省市区，科技指数分别为天津 39.43、湖北 37.30、四川 36.75、陕西 35.61、安徽 33.51、重庆 32.91、河南 29.00、福建 28.93、湖南 28.64、辽宁 25.75、江西 22.90，科技指数居中等水平。中等区的科技投入、研发人员、论文、专利等均处中等水平，缺乏明显具有优势的指标，但个别省市区在一些技术领域或技术方向居全国乃至世界领先水平，如湖南的杂交水稻、湖北的光纤、安徽的量子科学、陕西的旱地农业等（图 10-16）。

第四，中低区（科技指数为 6～20）：中低区的基本特征是"双弱"，科技创新能力弱、科技驱动能力弱，缺乏优势科技指标，科技指数低于 20，包括 9 个省区，科技指数分别为吉林 19.11、河北 17.35、黑龙江 14.98、山西 12.37、广西 11.56、甘肃 10.50、云南 8.80、贵州 8.78、宁夏 6.83。中低区的共同特点：一是研发投入少、研发人员不足；二是创新能力不足，缺乏原始创新能力，低水平、重复性研究较多（图 10-17）。

第三篇 差距与成因
第十章 6类经济要素差距指数的省区比较

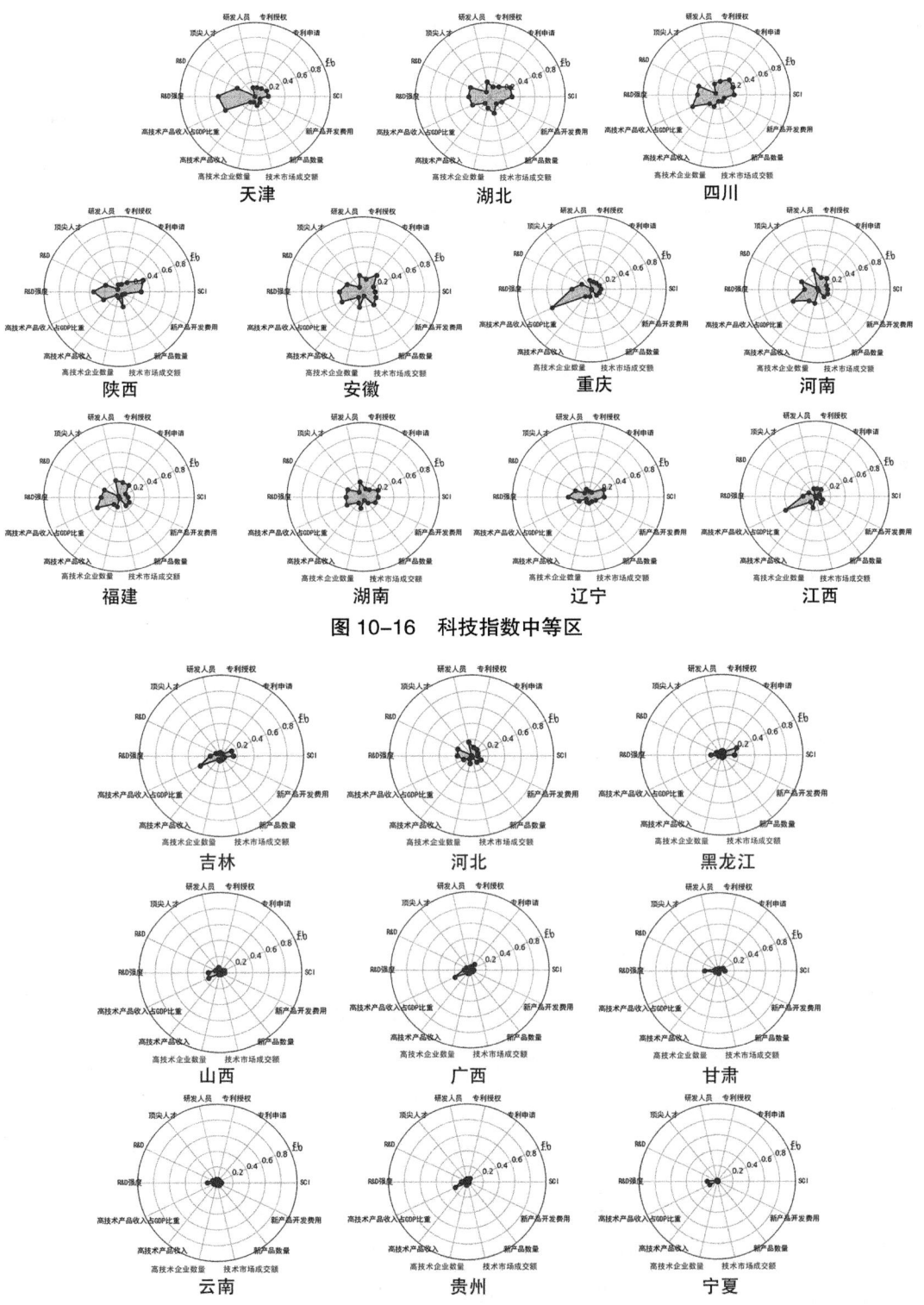

图 10-16 科技指数中等区

图 10-17 科技指数中低区

245

第五，低效区（科技指数＜6）：低效区的基本特征是创新体系不健全、创新活动不活跃、创新效率低，包括5个省区，科技指数分别为内蒙古5.86、青海4.09、海南3.84、新疆3.79、西藏不足1。低效区的雷达图几乎都是一个点，共同特点是缺乏创新要素，没有形成基本的创新体系，重复性研究工作多，研发工作多成为培养人才的"养人"式创新，而不是"创造"式创新（图10-18）。

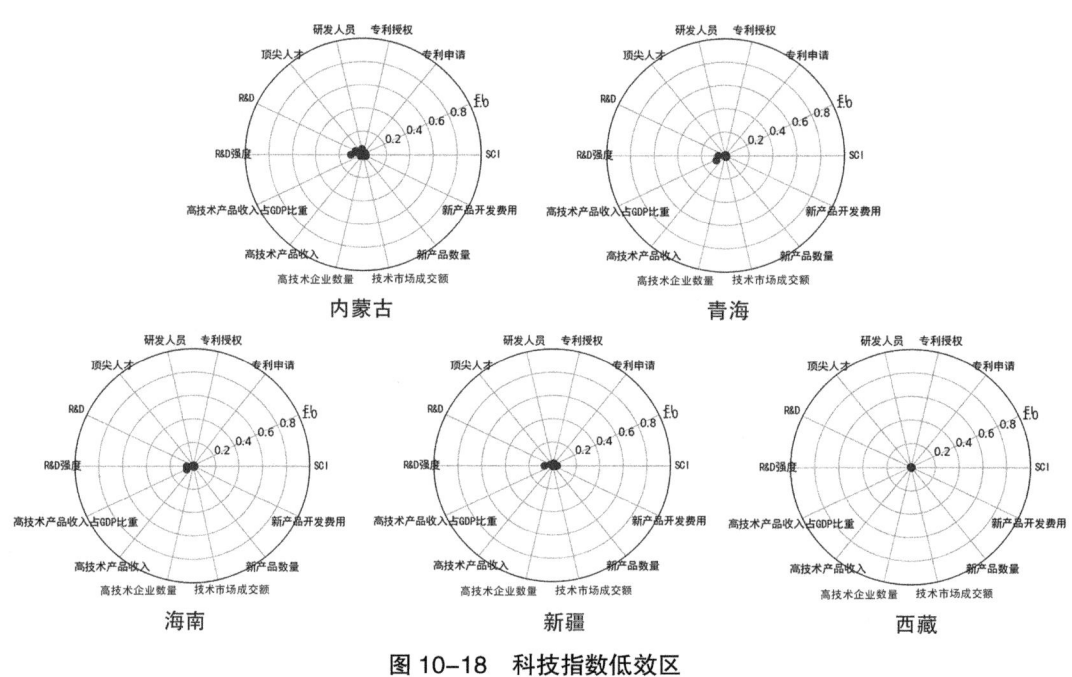

图10-18 科技指数低效区

四、生态资源指数

生态资源指数（以下简称"生态指数"）是衡量一个国家、地区经济发展中生态资源及其效率的指数。生态与资源是经济发展的自然屏障，突破自然屏障的"底线"，经济就难以持续发展。经济发展必然要考虑生态能不能承受、资源能不能承载。20世纪末，生态平衡、可持续发展等理念得到国际社会的广泛认同，国内外衡量生态资源与经济发展关系的主要理念与指标有绿色发展、绿色指数、生态平衡、生态指数、生态文明、资源承载力等，环境因素主要有废水、废气、废渣等废物的无害化处理率等。但生态指标还没有作为变量列入经济增长模型。

第三篇 差距与成因
第十章 6类经济要素差距指数的省区比较

本研究探索将生态指标写入经济质量差距模型,在生态指数作为一级指标的基础上,选取了生态、资源2个二级指标,以及9个三级指标(表10-4),衡量生态、资源因素对经济发展的作用与效率。

表10-4 生态指数指标体系

一级指标	二级指标	三级指标	指标内容与单位
4.0 生态	4.1 生态	废水	污水处理能力:万立方米/日
		固体废弃物	垃圾处理率
		废气	二氧化硫排放量:吨
		污染治理	工业污染治理完成投资:万元
	4.2 资源	年均气温	各城市年均气温:℃
		年均降水	各城市年均降水:毫米
		水	水资源总量:亿立方米
		耕地	农作物总播种面积:千公顷
		森林	森林覆盖率

(一)影响生态指数的主要指标

工业化过程中对生态"先破坏、后治理"是发达国家工业化走过的老路。中国实施可持续发展战略,力图走出一条经济发展、生态环境不破坏的新路,但没有成功避开工业化导致生态恶化的"雷区"。根据不同指标对生态指数影响的大小,可将9个指标依据其权重的大小,分为决定性、制约性、影响性等3类指标。

一是决定性指标,指标权重占生态指数总权重达到15%以上,直接决定着生态指数的大小。主要有:废水为17.99%、固体废弃物为17.99%、废气为17.98%、森林为17.22%。说明废水、废物、废气的处理率及森林覆盖率是衡量生态环境质量的主要标准。

二是制约性指标,其权重占生态指数总权重的5%以上,对生态指数具有明显的制约作用。主要有:耕地为12.64%、年均气温为11.58%。这两个指标主要反映资源的数量与质量。

三是影响性指标,其权重占生态指数总权重的5%以下,对生态指数具有一定的影响。主要有水和年均降水等。

（二）不同省市区生态指数比较

从不同省市区分析，生态指数最高值与最低值相差达4倍。广东的生态资源化程度最高，指数为100，天津、宁夏、新疆、吉林、青海的生态指数在40以下，其余省市区为40～90。根据生态指数的高低，可将31个省市区分为5个区域（图10-19）。生态指数不仅包含生态、环境两个因素，还包含环境治理的力度等因素。

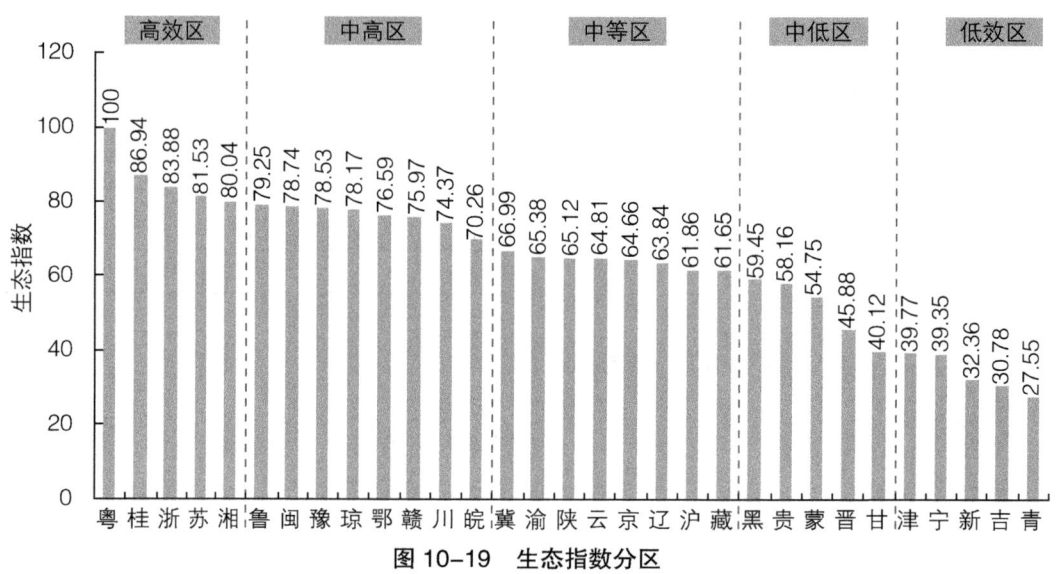

图10-19　生态指数分区

第一，高效区（生态指数＞80）：高效区的基本特征是经济发达、生态良好，9个生态指标中有4个左右的指标在省区比较中有一定优势，主要包括5个省区，均地处长江以南，生态指数分别为广东100、广西86.94、浙江83.88、江苏81.53、湖南80.04。高效区的主要特点是较好地处理了发展经济与保护生态的关系，一是拥有自然资源丰富、生态条件好，年均气温高、年降水量多、植被覆盖率高等突出优势；二是固体废弃物处理率高，在经济发展的同时，环境保护措施有力（图10-20）。

高效区省区之间也有明显差异，广东、浙江、江苏经济相对发达，工业化后期对环境保护支持力度大，固体废弃物、废水处理率高，同时部分高污染产业向中西部转移，保持了良好的生态环境。广西、湖南两省对环境破坏相对较少，固体废弃物处理率、森林覆盖率有一定优势,但废水处理率明显低于经济发达的省市区。

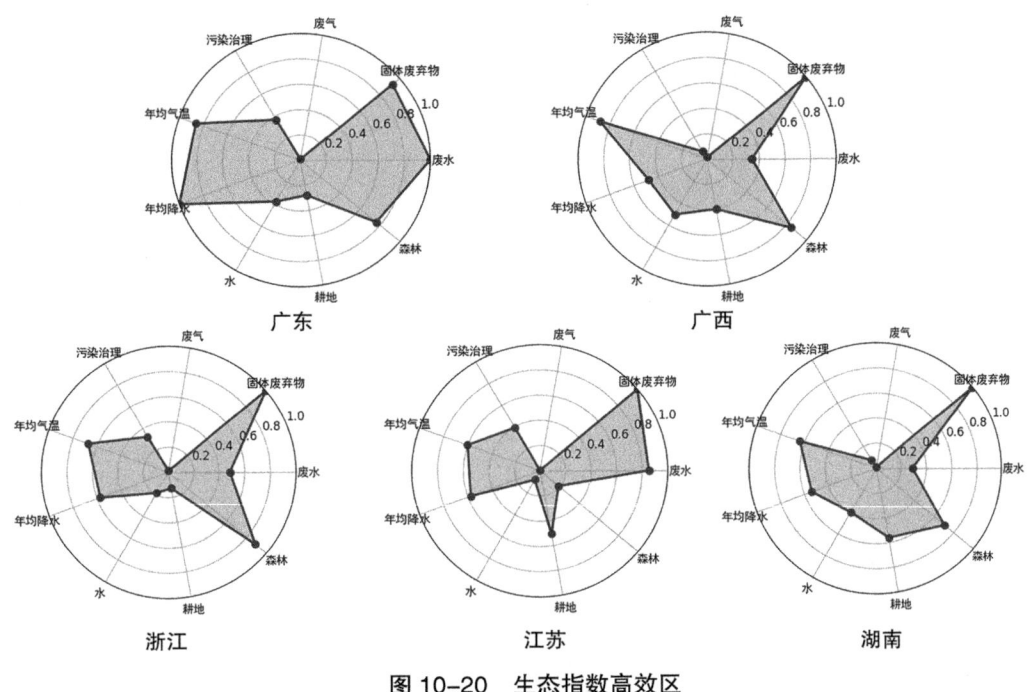

图 10-20　生态指数高效区

第二,中高区(生态指数为 70～80)。中高区的基本特征是经济比较发达,生态环境较好,9 个生态指标中只有 2 个左右的指标有一定优势,包括以中南部省区为主的 8 个省,生态指数分别为山东 79.25、福建 78.74、河南 78.53、海南 78.17、湖北 76.59、江西 75.97、四川 74.37、安徽 70.26。中高区有 3 个主要特点:一是 8 个省的固体废弃物处理率都比较高;二是福建、江西、海南的森林覆盖率较高,分别达到 66%、60% 和 55.4%;三是河南、山东、安徽的耕地资源较多,分别为 1473.25 万公顷、1110.78 万公顷和 872.67 万公顷(图 10-21)。

第三,中等区(生态指数 60～70):中等区的基本特征是经济发达、环境脆弱,或者生态良好但经济不发达,共包括 8 个省市区,分布地域性不明显,生态指数分别为河北 66.99、重庆 65.38、陕西 65.12、云南 64.81、北京 64.66、辽宁 63.84、上海 61.86、西藏 61.65。中等区的主要特点:一是北京、上海固体废弃物、废水处理率高,但废气污染严重、耕地面积小;二是除云南省外其余 7 个省市区的固体废弃物处理率都较高，云南省固体废弃物处理率仅为 92.7%；三是西藏废气、水等两个指标具有明显优势（图 10-22）。

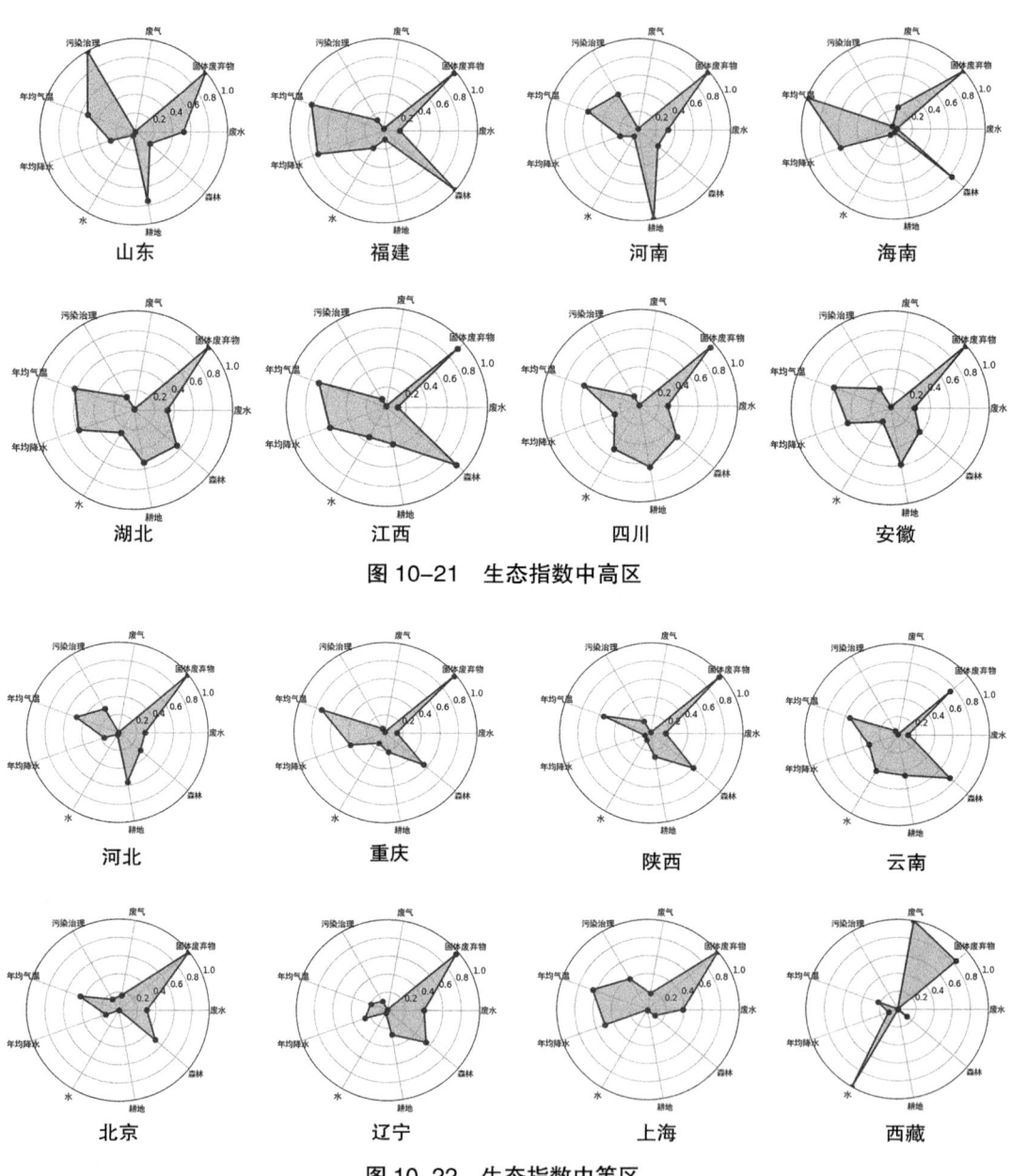

图 10-21　生态指数中高区

图 10-22　生态指数中等区

第三篇　差距与成因
第十章　6类经济要素差距指数的省区比较

第四，中低区（生态指数40～60）：中低区的基本特征是经济不发达，绝大多数省区生态脆弱、环境保护力度不够，9个生态指标中，除个别省区外，几乎没有指标有比较优势。中低区包括5个省区，生态指数分别为黑龙江59.45、贵州58.16、内蒙古54.75、山西45.88、甘肃40.12。中低区的主要特点：一是黑龙江省耕地资源丰富，达1476.76万公顷，森林覆盖率较高，为43.2%；二是内蒙古、甘肃的固体废弃物处理率较高，其余省区没有明显比较优势（图10-23）。

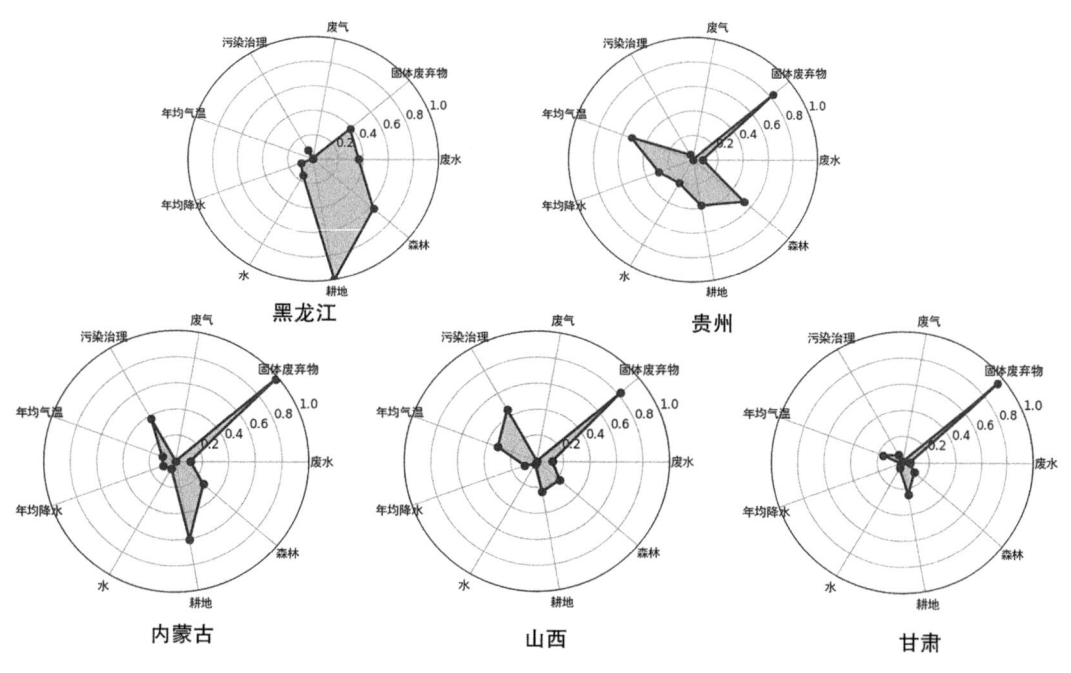

图10-23　生态指数中低区

第五，低效区（生态指数＜40）：低效区的基本特征是生态脆弱、环境保护力度不够，除天津市外其余省区经济均欠发达，9个生态指标均无比较优势。低效区包括5个省市区，生态指数分别为天津39.77、宁夏39.35、新疆32.36、吉林30.78、青海27.55。天津由于水资源少、空气污染严重被列入低效区，吉林则由于固体废弃物、废水处理率低被列入低效区，吉林耕地面积、森林覆盖率较高，其余几个省区生态脆弱，环境保护力度明显不足（图10-24）。

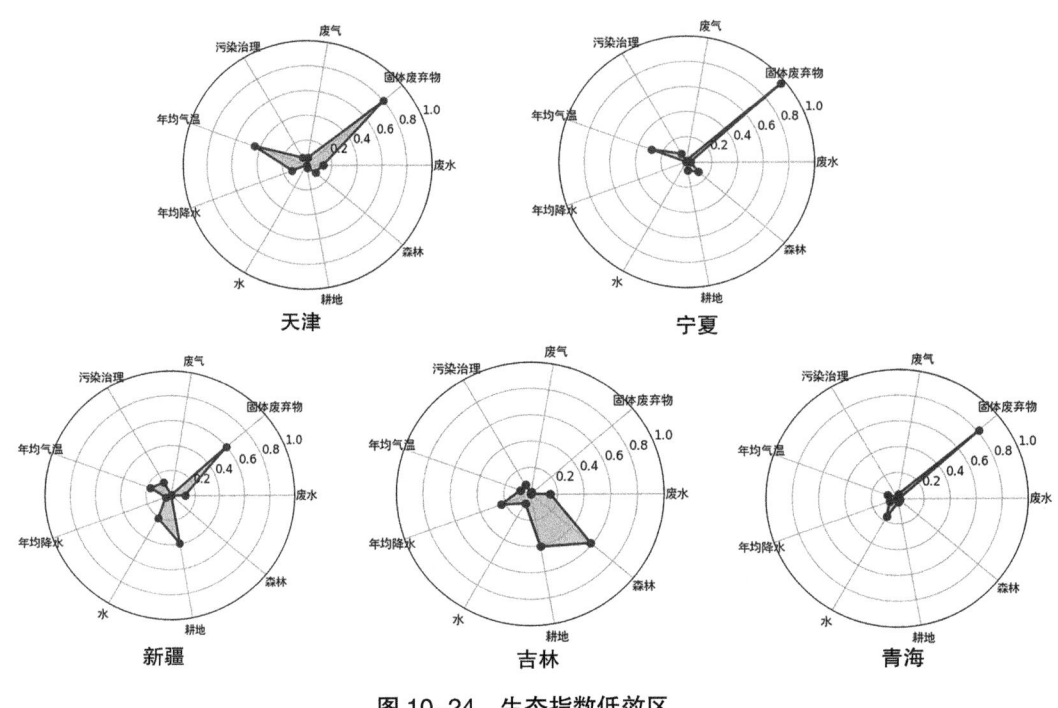

图 10-24　生态指数低效区

五、社会和谐指数

社会和谐指数（以下简称"社会指数"）是衡量一个国家、地区经济发展中社会和谐程度及其对经济发展影响效率的指数。社会和谐是经济活动的重要前提，社会稳定与否往往对经济发展产生颠覆性影响。与自然灾害、战争、金融危机一样，社会不稳定往往会导致经济动荡，甚至改朝换代。国内外衡量社会因素对经济发展影响时通常涉及的主要因素有社会公平、贫穷差距、区域差距、消费文化、民族习俗等，常用指标有人均收入、贫困标准、基尼系数、恩格尔系数、犯罪率等，但目前这些指标还没有被列入经济发展模型，本书做了初步探索，还有待进一步深入研究。

本研究在社会指数作为一级指标的基础上，选取了贫富差距、区域差距、社会和谐等3个二级指标，以及13个三级指标（表10-5），衡量社会因素对经济发展的作用及其效率。

表 10-5　社会指数指标体系

一级指标	二级指标	三级指标	指标内容与单位
5.0 社会	5.1 贫富差距	城市人均收入	城镇居民人均可支配收入：元
		农村人均收入	农村居民家庭人均纯收入：元
		城乡收入比	城镇/农村
	5.2 区域差距	城镇平均工资	城镇就业人员平均工资：元
		私营企业工资	城镇私营就业人员平均工资：元
		人均GDP	人均GDP：元
		人均收入	人均收入：元
	5.3 社会和谐	平均预期寿命	平均预期寿命：岁
		出生率	人口出生率
		老龄化	65岁以上人口/总人口
		抚养比	
		登记失业率	城镇登记失业率
		人口流动率	

（一）影响社会指数的主要指标

根据不同指标对社会指数影响的大小，可将 13 个指标依据其权重的大小，分为决定性、制约性、影响性等 3 类指标。

一是决定性指标，指标权重占社会指数总权重达到 20% 以上，直接决定着社会指数的大小。主要有：平均预期寿命为 21%、抚养比为 20.03%。平均预期寿命反映了诸多社会因素共同作用形成的长期结果，是社会因素的综合体现；抚养比直接影响未来经济发展的活力。

二是制约性指标，其权重占社会指数总权重的 10% 以上，对社会指数具有明显的制约作用。主要有：私营企业工资为 14.49%、出生率为 14.48%、老龄化为 14.48%、城乡收入比为 12.13%。

三是影响性指标，其权重占社会指数总权重的 10% 以下，对社会指数具有一定的影响。主要有城镇平均工资、城市人均收入、登记失业率、农村人均收入、人口流动率、人均收入和人均 GDP。

（二）不同省市区社会指数比较

从不同省区分析，社会指数最高值与最低值相差达 2 倍，是 6 类指数中差距最小的，表明我国社会主义市场经济体制下各省市区普遍重视缩小贫富差距、区域差距，促进社会和谐。北京、海南、天津、浙江的社会化程度最高，指数均为 100，贵州、西藏的社会指数分别为 56.61、53.47，其余省市区为 60～98。根据社会指数的高低，可将 31 个省市区分为 5 个区域（图 10-25）。

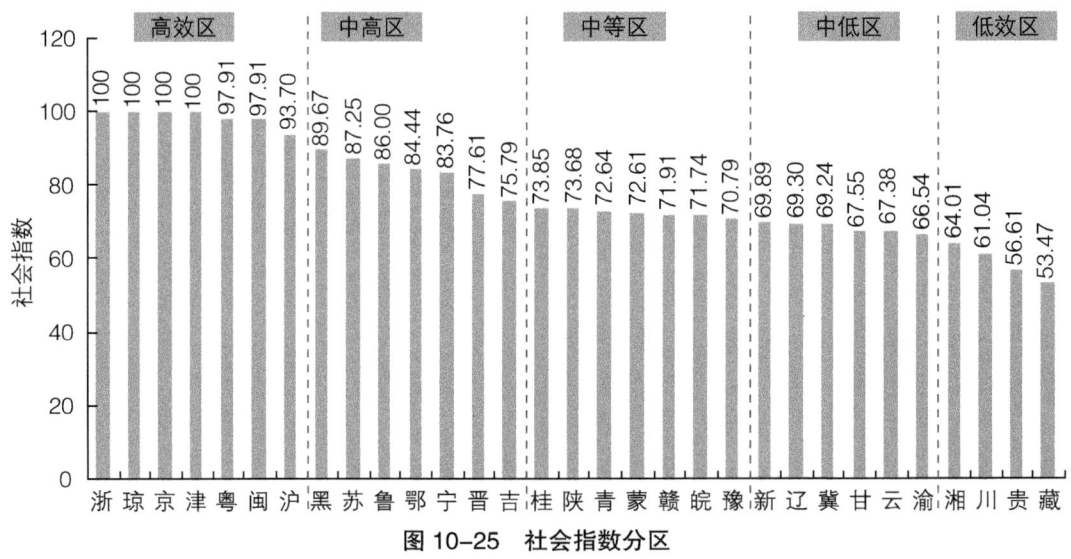

图 10-25　社会指数分区

第一，高效区（社会指数＞90）：高效区包括 7 个省市，其中，浙江、海南、北京、天津的社会指数均为 100，广东、福建均为 97.91，上海为 93.70。高效区的主要特征是平均预期寿命长、经济发达。

高效区各省市之间也有明显差异，北京、天津、上海的人均 GDP、平均预期寿命、人均收入、城镇平均工资等在全国具有明显优势。北京、天津、上海的人均 GDP 高，超过或接近 12 万元，北京、上海的平均预期寿命超过 80 岁，北京的城镇平均工资超过 13 万元，接近大部分省市区的 2 倍，但出生率低、老龄化程度高、城乡收入差距大是社会指数的短板，天津的人口出生率仅为 7.65‰，北京、上海的老龄化程度高，分别为 16% 和 18%，北京的城乡收入比高达 2.57。浙江、广东的社会指数指标没有明显优势，但短板也不明显。福建、海南进入社会指数高效区的主要原因是平均预期寿命、出生率都相对较高，分别是 75.76 岁、15‰和 76.3 岁、14.73‰（图 10-26）。

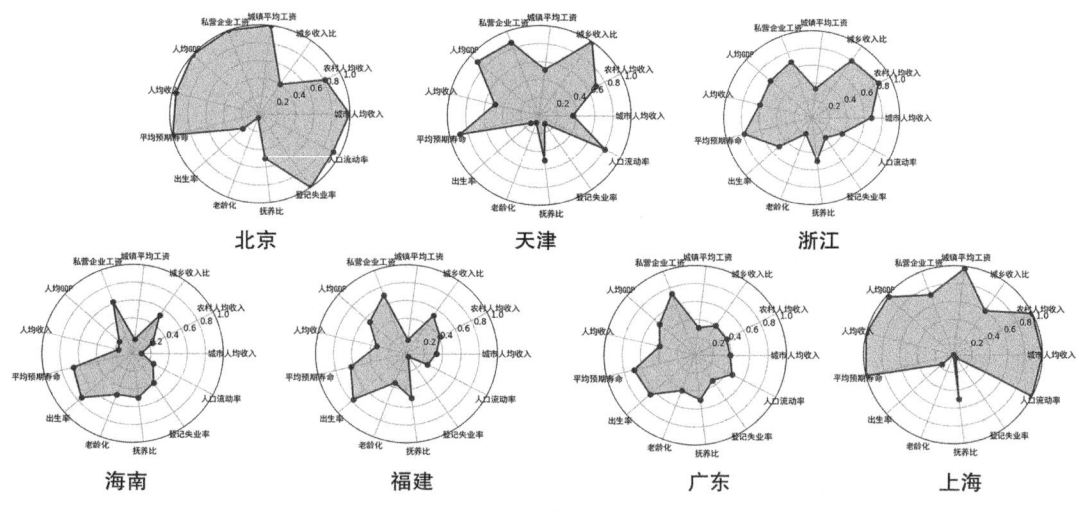

图 10-26　社会指数高效区

第二，中高区（社会指数为 75～90）。中高区包括 7 个省区，社会指数分别为黑龙江 89.67、江苏 87.25、山东 86.00、湖北 84.44、宁夏 83.76、山西 77.61、吉林 75.79。中高区的主要特点是没有明显的优势指标，但多数指标在全国处于中等偏上水平。江苏省的各项指标比较均衡，但出生率、老龄化问题突出，分别为 9.71‰和 12%；宁夏的出生率、老龄化、抚养比等有一定优势，出生率达到 13.44‰，老龄化率仅为 7%，所以进入了中高区（图 10-27）。

差距经济学：中美经济与省区经济的差距及走势

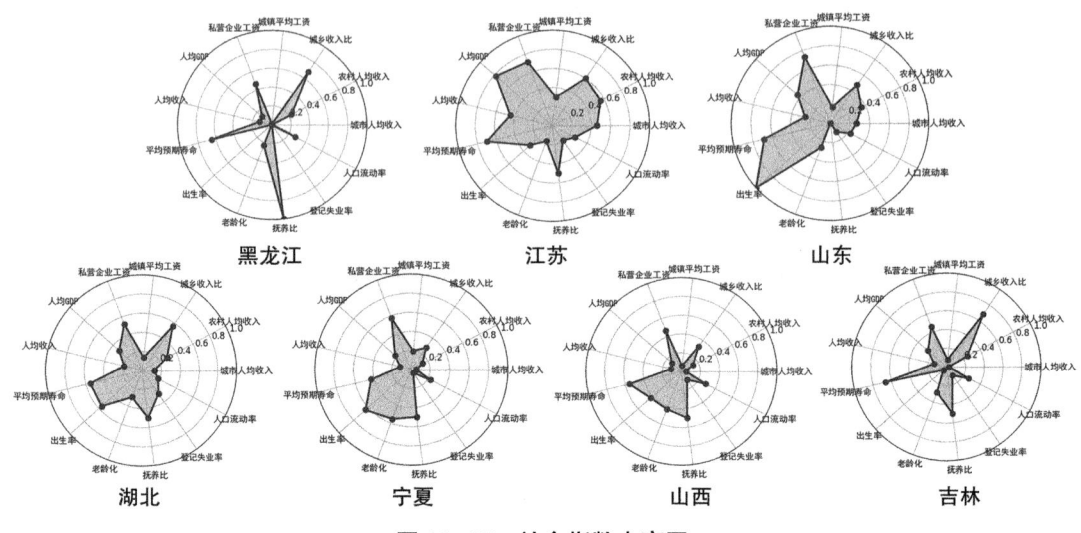

图 10-27　社会指数中高区

第三，中等区（社会指数 70~75）：中等区共 7 个省区，社会指数分别为广西 73.85、陕西 73.68、青海 72.64、内蒙古 72.61、江西 71.91、安徽 71.74、河南 70.79。中等区的主要特点是出生率、老龄化指标有一定优势，人均收入、城镇平均工资、私营企业工资等指标居中等水平。农业大省吉林、安徽、江西的城乡收入比相对较小，分别为 2.19、2.48、2.36。陕西、青海、内蒙古的出生率、抚养比指标有一定优势，其中，青海的出生率高达 14.42‰，内蒙古的抚养比仅为 28.6%（图 10-28）。

第四，中低区（社会指数 65~70）：中低区包括 6 个省市区，社会指数分别为新疆 69.89、辽宁 69.30、河北 69.24、甘肃 67.55、云南 67.38、重庆 66.54。中低区除河北、辽宁外，都属于西部省区。中低区共同特点是该区域的出生率、抚养比指标相对较高，新疆、云南、河北的出生率分别为 15.88‰、13.53‰、13.2‰，辽宁的抚养比为 31.34%，但人均 GDP、人均收入、私营企业工资等收入类指标明显偏低，甘肃、云南的人均 GDP 分别为 28 497 元和 34 221 元，仅为北京的 1/4 左右，甘肃的人均收入为 16 011 元，在 31 个省市区中仅高于西藏（图 10-29）。

第三篇 差距与成因
第十章 6类经济要素差距指数的省区比较

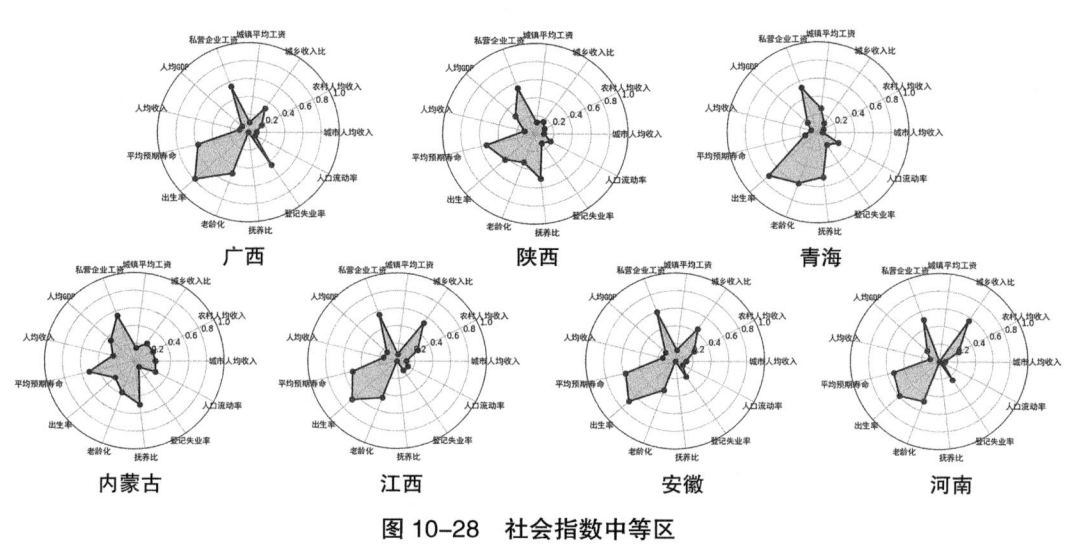

图 10-28 社会指数中等区

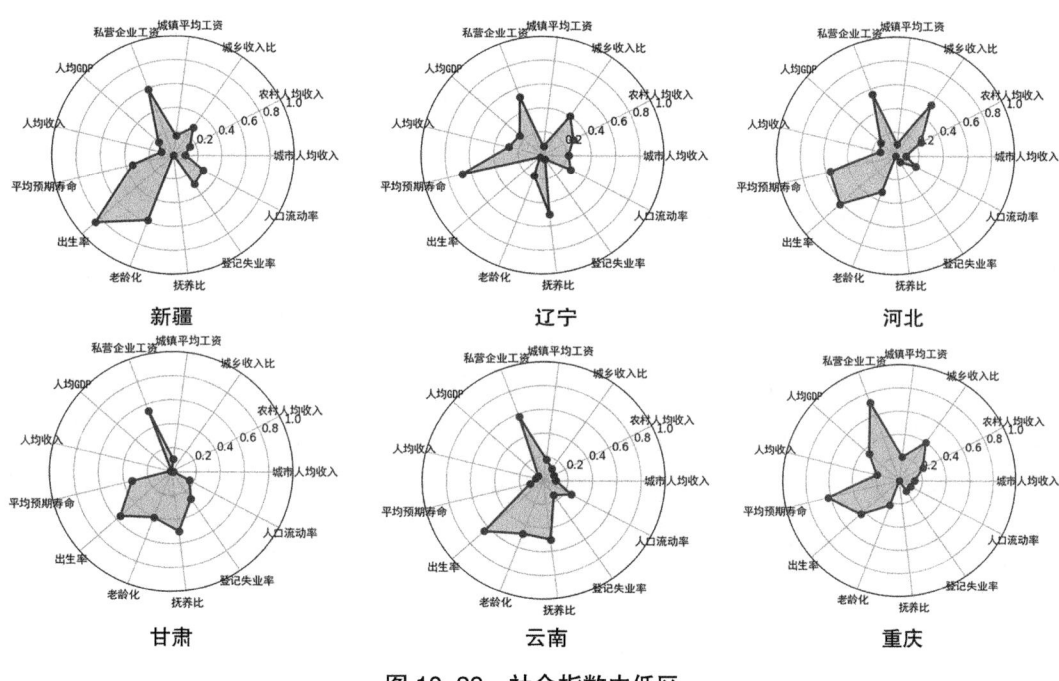

图 10-29 社会指数中低区

第五，低效区（社会指数＜65）：低效区包括4个省区，社会指数分别为湖南 64.01、四川 61.04、贵州 56.61、西藏 53.47。低效区各省区的主要特点是除了出

差距经济学：中美经济与省区经济的差距及走势

生率、老龄化两个指标外，其余指标均处于全国最低水平，西藏的城市人均收入、老龄化指标优势较明显，城镇平均工资达到 108 817 元，仅次于北京和上海，老龄化程度全国最低，仅为 4%，但其余指标基本都是全国最低值。湖南、四川两省的人均 GDP、人均收入均较低，收入差距大，登记失业率高，人均 GDP、人均收入分别为 49 558 元、23 102.71 元和 44 651 元、20 579.82 元，城乡收入比分别为 2.62、2.51，两省的登记失业率均为 4%，在全国 31 个省市区中仅低于黑龙江，所以被列入低效区（图 10-30）。

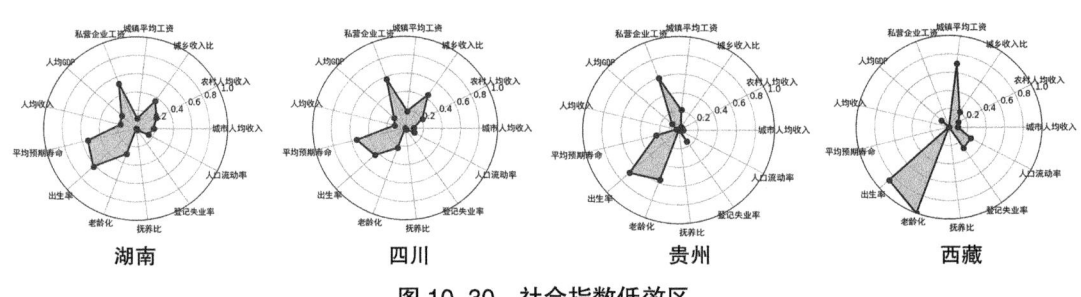

图 10-30　社会指数低效区

六、全球化程度指数

全球化程度指数（以下简称"全球化指数"）是衡量一个国家、地区经济发展中全球化程度及其效率的指数。全球化是现代经济的重要标志，现代经济必然是充分服务国际市场、充分发挥技术与服务最大效率的经济。国际上通常用资本流动、科技和文化交流、劳动力流动、国际旅行、国际电话等指标测算全球化指数，用贸易额、贸易量（实物量）、贸易顺差、贸易规则与条件等指标计算贸易指数或贸易竞争力指数。

本研究在全球化指数作为一级指标的基础上，选取了贸易、外资、依存度 3 个二级指标，以及 6 个三级指标（表 10-6），衡量全球化在经济发展中的作用。

第三篇 差距与成因
第十章 6类经济要素差距指数的省区比较

表10-6 全球化指数指标体系

一级指标	二级指标	三级指标	指标内容与单位
6.0 全球化	6.1 贸易	贸易总值	经营单位所在地进出口总额：千美元
		贸易顺差	贸易差额：千美元
	6.2 外资	实际利用外资	外商投资企业投资总额：百万美元
		境外投资金额	对外承包工程合同金额：万美元
		外资企业数量	年末登记外商投资企业数：个
	6.3 依存度	外贸依存度	贸易总额/GDP

（一）影响全球化指数的主要指标

根据不同指标对全球化指数影响的大小，可将6个指标依据其权重的大小，分为决定性、制约性、影响性等3类指标。

一是决定性指标，指标权重占全球化指数总权重达到20%以上，直接决定着全球化指数的大小。6个指标中只有贸易顺差的权重超过20%，为23.66%，说明贸易顺差的大小是对一个国家、地区经济发展影响最大的因素。

二是制约性指标，其权重占全球化指数总权重的10%以上，对全球化指数具有明显的制约作用。具体包括4个指标，分别为境外投资金额18.93%、外贸依存度18.93%、外资企业数量14.48%、实际利用外资14.2%。

三是影响性指标，其权重占全球化指数总权重的10%以下，对全球化指数具有一定的影响，主要有贸易总值。

（二）不同省市区全球化指数比较

从不同省市区分析，全球化指数最高值与最低值相差达8倍，是6类要素中差距较大的指数，表明改革开放40年来，导致不同省市区经济发展差距的最重要因素之一是全球化水平。广东的全球化指数为100，上海、江苏的全球化指数分别为59.2、55.9，其余省市区均在50以下，青海仅为11.68。根据全球化指数的高低，可将31个省市区分为5个区域（图10-31）。

差距经济学：中美经济与省区经济的差距及走势

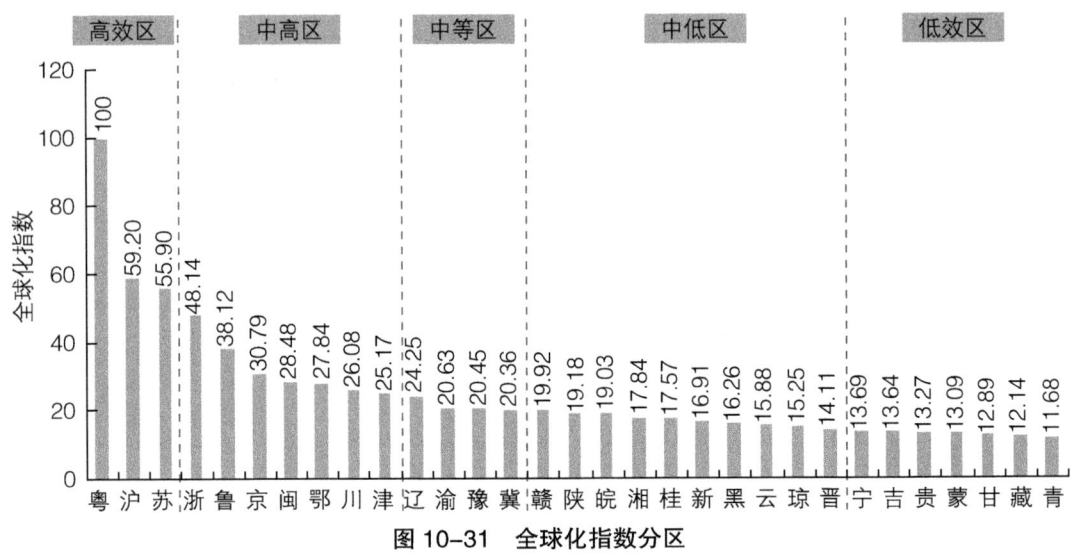

图 10-31　全球化指数分区

第一，高效区（全球化指数＞50）：高效区都是经济发达省市，共包括 3 个省市。广东、上海、江苏的全球化指数分别为 100、59.20、55.90。广东省贸易顺差、贸易总值、外资企业数量、实际利用外资、境外投资金额等 5 个指标都是全国最高的。上海和江苏仅次于广东，但上海除了外贸依存度高于广东之外，其他指标与广东都有很大差距，特别是贸易顺差，上海为 –899.1 亿美元，而广东为 2390.6 亿美元；江苏贸易顺差有一定优势，为 1352.7 亿美元，但是外贸依存度仅为 46.45%（图 10-32）。

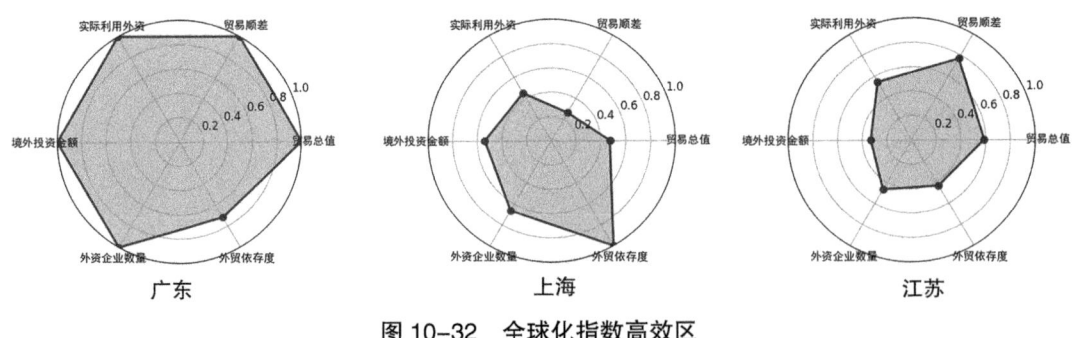

图 10-32　全球化指数高效区

第二，中高区（全球化指数为 25～50）。中高区包括 7 个省市区，全球化指数分别为浙江 48.14、山东 38.12、北京 30.79、福建 28.48、湖北 27.84、四川

26.08、天津 25.17。中高区的共同特点是贸易顺差有一定优势,贸易总值、外资企业数量、实际利用外资与广东有明显差距。浙江、山东、天津、福建、四川等省市贸易顺差均有一定优势,浙江贸易顺差高于江苏,达到 1956.8 亿美元,但是贸易总值、实际利用外资、境外投资金额和外资企业数量都低于江苏;山东、湖北、四川的境外投资金额有一定优势,分别达到 126.7 亿美元、126.4 亿美元和 99.8 亿美元,高于江苏和浙江;北京全球化指数低的主要原因是贸易顺差小、外资企业数量、境外投资金额等指标都在全国排中等水平,北京出口产品少,贸易逆差高达 2068.9 亿美元,外资企业数量为 30 401 家,仅为广东的 1/4,境外投资金额为 51.4 亿美元,不到上海的一半、广东的 1/4(图 10-33)。

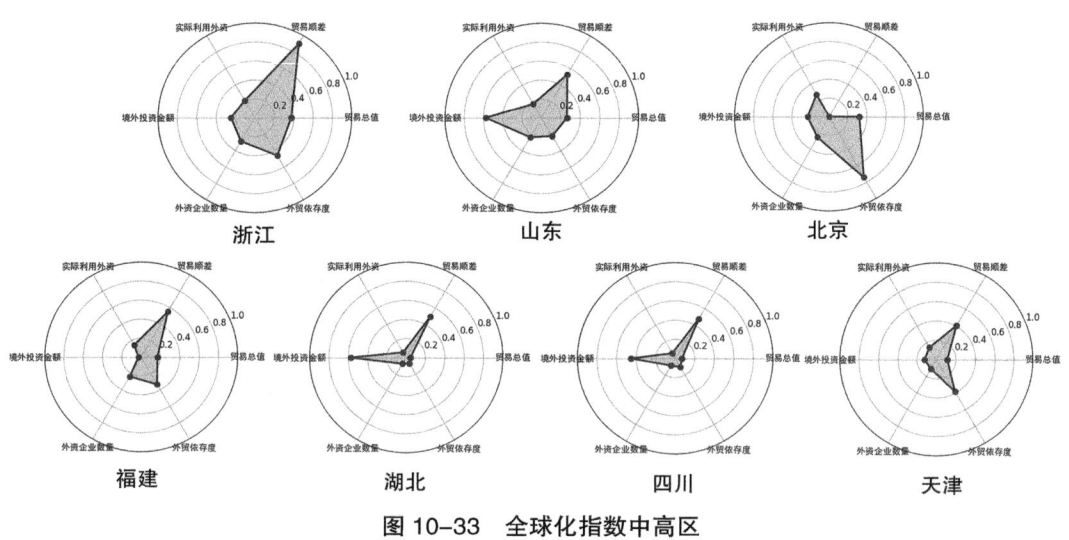

图 10-33 全球化指数中高区

第三,中等区(全球化指数 20~25):中等区共包括 4 个省市,全球化指数分别为辽宁 24.25、重庆 20.63、河南 20.45、河北 20.36。中等区的主要特点是有一定贸易顺差,重庆的贸易顺差为 185.9 亿美元,但贸易总值不大、实际利用外资、境外投资金额明显偏低,如重庆与广东比较,重庆的贸易总值、实际利用外资、境外投资金额分别为 666 亿美元、945.6 亿美元和 18.6 亿美元,而广东分别为 10 066.8 亿美元、17 622.3 亿美元和 219.9 亿美元,分别是重庆的 15.1 倍、18.6 倍和 11.8 倍(图 10-34)。

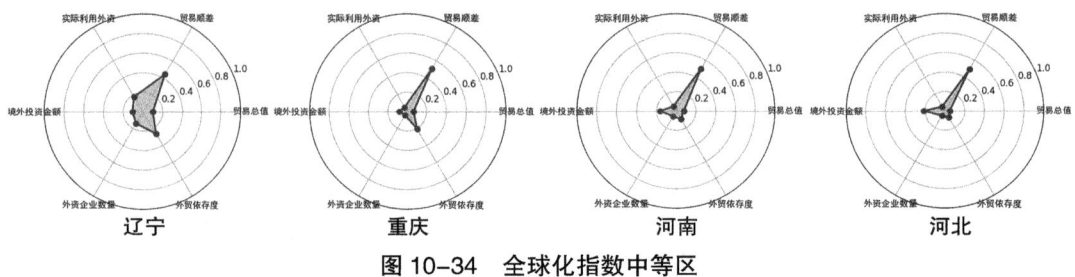

图 10-34　全球化指数中等区

第四，中低区（指数 14～20）：中低区包括 10 个省区，全球化指数分别为江西 19.92、陕西 19.18、安徽 19.03、湖南 17.84、广西 17.57、新疆 16.91、黑龙江 16.26、云南 15.88、海南 15.25、山西 14.11。中低区的主要特征有两个：一是相对优势指标都是贸易顺差，江西贸易顺差达到 206.4 亿美元；二是其余 5 个指标很低，如海南的境外投资金额为零，新疆的外资企业数量为 1474 个，广西的贸易逆差为 17 亿美元（图 10-35）。

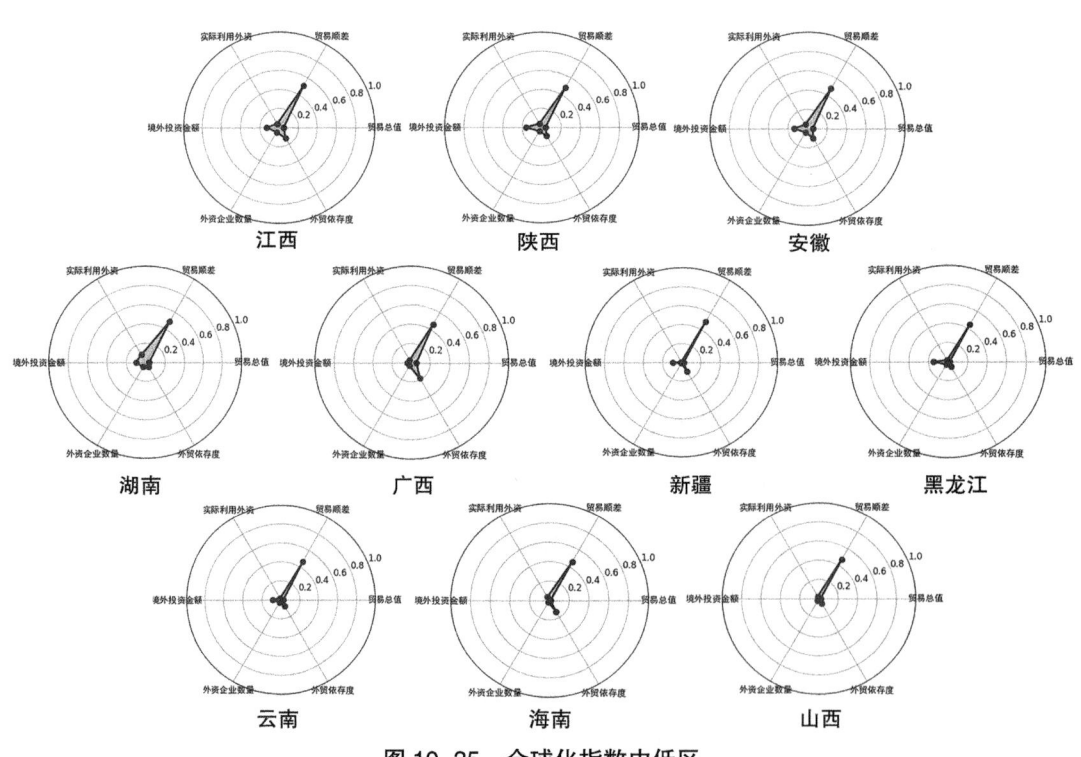

图 10-35　全球化指数中低区

第五，低效区（全球化指数＜14）：低效区包括7个省区，全球化指数分别为宁夏13.69、吉林13.64、贵州13.27、内蒙古13.09、甘肃12.89、西藏12.14、青海11.68。低效区的共同特点：一是贸易顺差是相对优势；二是其余指标接近零（图10-36）。如广东与甘肃比较，2017年广东省贸易总值、实际利用外资、境外投资金额、外资企业数量分别是甘肃省的208.6倍、87.2倍、46.6倍和57.6倍。

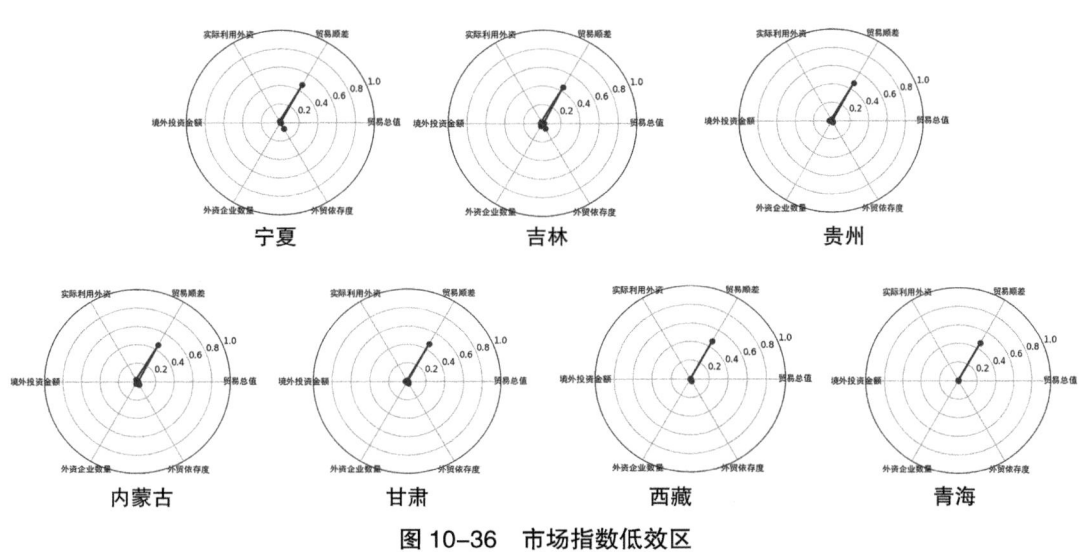

图10-36　市场指数低效区

综上分析，市场、政府、科技、生态、社会、全球化等6个指数，省市区之间差距较小的是社会、政府与生态指数，指数最高值与最低值之比分别为1.87、2.66和3.63。省市区之间差距较大的是科技、全球化和市场指数，指数最高值与最低值之比分别为26.39、8.56和4.66。说明造成当前区域经济差距的第一因素是科技创新能力，第二因素是全球化水平，第三因素是市场化水平，而各省市区的政府管理能力差异不显著。

第四篇

战略与对策

人类对经济发展的思想、理论、战略、战术、措施的探索从来没有停止过，每一个经济思想、理论、战略、战术、措施都不同程度地推动了经济发展、社会进步与人类文明，但每个思想、理论、战略、战术、措施都没有，也不可能最终解决人类经济发展中的全部问题。不同国家、不同区域、不同时代经济发展都面临不同的矛盾，旧的矛盾解决了，新的问题又诞生了，经济理论与实践不断与时俱进。

中国经济发展不平衡、不充分成为主要矛盾，实现经济高质量发展成为主要目标，创新驱动发展成为重要战略。中美国力角逐走势"不误判"，全社会动员填平"第二经济大国陷阱"；改革开放"不动摇"，强化支撑40年快速发展的六大支柱；抓"六期叠加"新机遇，实施创新驱动发展战略，加速消除"不充分、不高效"，科学运用均衡发展、差异化发展两大发展方式，逐步消除"不均衡、不协调"；加速经济由高速度发展向高质量发展的根本转变，坚持"跃居、巩固、保持"三步走战略，加速第二经济大国向第一经济大国、经济强国的战略转变。

第十一章
不误判，全社会动员填平陷阱

世界经济出现百年未有之大变局，中国经济能否实现由高速度向高质量发展的转变，能否成为世界经济强国，很大程度上取决于中国能否成功应对、化解中美贸易摩擦，能否创造一个中美双赢、世界多赢的贸易与经济发展新秩序、新格局，迎来全球化新时代。

当前，举世瞩目的中美贸易摩擦，涉及经济规模之大、波及范围之广、采取措施之猛、关注人数之多，在世界贸易史上都是空前的。中美贸易摩擦，也有学者称贸易战，其真相是什么？走向又将如何？美国不会容忍超越，中国不会放弃发展，路在何方？

美国成为第一经济大国 129 年来，所有第二经济大国无一例外地先后衰退。2010 年中国成为世界第二经济大国，能否摆脱以往第二经济大国的厄运？能否成为第一个不衰退的第二经济大国？对于美国以贸易战为序幕，采取制度战、体制战、贸易战、科技战、人才战、货币战、网络战、粮食战、石油战，甚至局部军事战等手段，全面遏制中国崛起的新战略，我国要做到真相不误判、走向不幻想、应对不懈怠、措施不疲软。

一、贸易摩擦真相不误判

对贸易战的真相不能误判，美国发起贸易战，既要贸易平衡更要遏制中国崛起，既要钱更要命。贸易摩擦只是过程，遏制中国崛起、阻止中国超越、保持美国绝对领先地位，才是美国发动贸易战的最终目的。

差距经济学：中美经济与省区经济的差距及走势

从以往经济大国的兴衰规律分析，弱肉强食的丛林法则仍在发挥作用，"第二经济大国陷阱"客观存在。"第二经济大国陷阱"是指在大国竞争中，第二经济大国经过一定发展时期，由于多种原因出现经济衰退，并丧失第二经济大国地位的现象。

2000多年来，第一经济大国地位相对稳定，只有古印度、中国和美国3个。欧洲国家由于国土面积小、人口少，尽管人均经济占有量很高，但除殖民地之外的本土经济总量，没有一个国家达到过世界第一。第二经济大国命运多舛，自从美国成为世界第一经济大国129年来，曾经的世界第二经济大国包括英国、法国、德国、苏联、日本等国家，无一例外地相继衰退，这绝对不是偶然巧合，大国竞争中除了"修昔底德陷阱"之外，还有"第二经济大国陷阱"。

美国挑起的贸易摩擦就是制造新的"第二经济大国陷阱"，极可能引发继1928年、2008年之后的又一次全球性危机，危害世界贸易体系，导致全球经济滑坡，引发国际争端。贸易摩擦已引起中国汇市、股市、房价、投资，乃至外交、经济、金融、社会等领域不同程度的变化，同时导致世界贸易、经济秩序与规则的破坏，世界经济发展速度明显下滑，不确定因素持续增加，引起国际社会的广泛关注与担忧。中国能否走出"第二经济大国陷阱"的怪圈？

对于中美贸易摩擦的真相，国内外主要有3种不同的观点：第一种观点认为美国发起贸易战单纯是为了追求贸易平衡，认为中美贸易顺差大且还在增加，美国发起贸易战以争取贸易平衡。在贸易战初期，这一观点比较流行，但很快被事实证明这种观点没有看到贸易战的本质。第二种观点认为贸易战的核心是科技战，阻止中国经济超过美国。美国针对《中国制造2025》，为了限制高科技出口，通过科技战遏制中国高科技产业发展。国内外许多研究报告都认为中国经济总量可能在2030年前后超过美国，全力遏制中国经济超越美国是美国发动贸易战的最终目标。第三种观点认为中美贸易摩擦其实是"综合国力战"，美国已将中国列为头号"战略竞争对手"，特朗普明确表示要"采取一切手段"遏制中国崛起。贸易战以来，美国不断以贸易谈判的极限施压，胁迫中国推进结构性改革，甚至要求中国改变社会主义制度，以遏阻中国的复兴。

我们研究认为，中美贸易摩擦的本质是美国要制造新的"第二经济大国陷阱"。

中国崛起路上遇到"强盗",当中国追加购买美国产品、促进贸易平衡,准备"花钱消灾"时,却发现"强盗"不仅要钱,而且要命。因此,要钱可以,要命绝对不可能。中国只能做好自己的事,不断强大自己,做好长期应对的准备。

从大国兴衰的规律看,美国遏制中国是历史的必然,是迟早要发生的事。美国不惜破坏国际规则,"采取一切手段"遏制中国崛起,特朗普政府上台以来,已经通过了有关我国台湾问题的5个法案,在南海、东海、朝鲜等敏感地区冲击中国的底线,遏制意图越来越明显、遏制措施越来越综合、遏制频率越来越高,美国两党、社会各界对华态度已经发生实质性变化,遏制中国发展与超越是美国发起贸易战的最终目标,花钱消灾不管用,依靠自己、做好自己、强大自己才是出路。

二、贸易摩擦走向不幻想

对中美贸易摩擦的走向不能幻想,美国不会容忍超越,中国不会放弃发展,这个大趋势不会变。一是不要幻想贸易协议或阶段性贸易协议签订后,美国就会放松甚至放弃对中国的遏制。二是不能幻想美国下一届政府可能放松、放弃对中国的遏制。从美国两党对有关中国大陆(内地)、中国台湾和中国香港等地法案的投票率分析,遏制中国发展已经成为美国两党的共识。三是不要幻想美国会容忍中国超越,因为美国没有容忍欧盟、日本、苏联的超越,更不会容忍一个意识形态、发展道路与美国明显不同的第二经济大国的超越。

中美贸易摩擦的走向是全世界共同关注的热点问题之一,至少有3种不同的观点:一是两败俱伤论。认为贸易战必然导致两败俱伤,而且殃及全球。中国政府,以及国际货币基金组织、世界银行等国际机构都多次明确指出,贸易战没有赢家,必然是两败俱伤。美国一些研究报告也认为,美国政府遏制中国的政策不会奏效,"贸易纠纷升级将令美国家庭年均支出增加1000美元"。其实特朗普也明白贸易战是两败俱伤,他曾在2019年9月4日公开说:"如果我对中国什么也不做(指不发动贸易纠纷),那我的股市、我们的股市,会比现在要高出10 000点。"2019年9月,经合组织对全球经济增长率的预测由3.2%下调至2.9%,这是2008年以来的最低值,表明贸易战已经显著影响了全球经济的发展。二是美国胜利论。一些学

差距经济学：中美经济与省区经济的差距及走势

者或机构认为，尽管贸易战两败俱伤，但美国有技术、经济优势，最终会成功遏制中国。特朗普总统甚至认为美国的遏制已经奏效，2019年8月21日，他在西弗吉尼亚州的一个集会上明确表示："当我上任时，我们正在朝着让中国在非常短的时期内超越美国的方向上前进。但那种情况不会再发生了"，中国的市场已经在下滑。三是中国胜利论。许多专家认为，中国人均GDP刚刚过9600美元，还有很大发展空间，中国具有世界上最大的潜在市场，美国不与中国合作，会有其他国家补上美国的空缺，贸易战的胜者最终将是中国。美国学者约翰·奈斯比特、多丽斯·奈斯比特在《大变革》一书中也认为中国最终会是胜者，"1820年，中国的经济总产值几乎是全球经济总产值的1/3，而在此之前的两千年里，中国一直是个强大的国家。美国超越中国的日子就像是个小插曲，如今也该谢幕了。"

我们对贸易战走向研究的初步结果如下，以供讨论。

第一，美国不会容忍超越，中国不会放弃发展。贸易战将是持久战。"第二经济大国陷阱"只能通过综合国力的角逐来填平，中国社会稳定、制度优越、工业体系完善、市场潜力巨大、科技创新基础良好，基本国情与当年的日本、苏联完全不同，小幅度加税对中国经济影响将在0.1～0.6个百分点，美国不可能像遏制日本、苏联一样快速、有效遏制中国的发展。只要中国保持社会稳定、坚持改革开放、金融不出现重大失误，经济发展短期会受影响，但不会出现滑坡，贸易战不会是速决战，必然是持久战。

第二，美国发展需要中国市场，中国发展需要美国技术。合作双赢，脱钩俱损。中国是当今世界最大、最稳定的潜在市场，谁远离"第一市场"，谁将失去发展空间，美国绝对不会放弃中国市场。另外，中国发展需要美国技术，美国是当今世界的科学中心，中国要转变经济发展方式，提高经济发展质量，不会远离科学中心。美国不会轻易容忍中国崛起，也绝不会放弃世界上最大的潜在市场；中国绝对不会放弃发展的权利与机遇，也不会远离世界科学中心。中美两个经济大国各有所长、各有所需，美国发动冷战与热战都将是21世纪人类最大的错误。

第三，贸易战近期对中国不利，远期对美国不利，始终对世界不利。美国发起的贸易战已经给低迷的世界经济雪上加霜，已对中国贸易、股市、汇市、房市、金融、科技、投资产生了不同程度的不利影响，2019年前半年对美国贸易额下降9%，经济发展不确定性因素明显增长，一定程度上影响了投资者的信心。美国停止芯片供应一度使中兴公司瘫痪，打压华为会使许多国家放弃与华为合作，限制高端科研仪器设备出口，使中国科技创新质量受阻。但也要看到，贸易战长远对美国不利，"美国优先"撕掉了自由、民主的"遮羞布"，不断退出国际组织使美国产生信誉危机，许多国家运回黄金近期将动摇美元汇率，远期可能撼动美元地位。贸易战已经打醒了中国，核心技术必须要掌握在自己手中，技术封锁必然激发中国创新能力跃升，美国会失去遏制中国最有力的手段，贸易战远期必然对美国不利。

第四，美国可能有12种手段遏制中国，目前只用了一半。美国可能采用制度战、体制战、贸易战、科技战、人才战、货币战、网络战、粮食战、石油战、生物战、空间战、局部军事战等12种途径遏制中国发展。目前已有前5种非常规战在不同程度地实施化危为机需要大战略、大智慧，还未采取的措施破坏力度则更大，需要科学预测、预判、预警，防患于未然。化危为机，需要大战略、大智慧。

第五，中国应对贸易摩擦有六大优势。必须看到，当前中国应对贸易摩擦比当年应对加入WTO的困难要小得多。一是制度优势。中国社会主义制度具有社会稳定、政府动员能力强等明显优势。二是市场优势。2018年，中国有13.9亿人口，人均GDP超过9600美元，是世界上最大的潜在消费市场。三是经济规模优势。中国第一、第二产业的增加值分别是美国的5.6倍和1.4倍，发展第三产业潜力巨大；同时中国拥有世界上体系最全、规模最大的工业体系，产业链完整。四是资金优势。中国外汇储备丰富。五是劳动力优势。中国专科以上毕业的就业人口达到1.4亿人，超过许多国家的总人口。六是技术优势。中国已成为具有国际影响力的创新大国，虽然一些核心技术受制于人、创新质量指标与发达国家差距还比较大，但研发人员、论文、专利、研发投入等创新数量指标已居世界前2位，创新具有良好基础。

三、贸易摩擦应对不懈怠

贸易战是持久战、综合战，仅仅靠一个部门、一个时期的努力是远远不够的，需要全社会的共同、长期努力。向最好处努力、做最坏的准备，既要努力争取通过贸易协议停止贸易摩擦，又要应对贸易摩擦升级、技术脱钩、局部军事摩擦对中国

差距经济学：中美经济与省区经济的差距及走势

经济发展的影响。

2019年9月，美国助理国务卿福特表示，美国政府正制定"全政府"措施以应对中国给美国及其盟友造成的安全挑战。这说明美国正在"全政府"动员遏制中国崛起。作为应对措施，中国必然要全社会动员应对美国遏制，应对贸易摩擦或贸易战，不再只是商务部、农业部、外交部等部门的工作，而应是全社会的迫切任务。破除美国对中国经济社会发展"不择手段"的全面遏制，是中国实现经济高质量发展的前提与根本保障。建议动员全社会力量填平"第二经济大国陷阱"。

（一）完善社会主义市场经济体制及其理论，打赢体制战

坚持改革开放，总结40年经济发展的经验与规律，不断完善社会主义市场经济体制及其运行机制，探索"无形"与"有形"之手高效协调的体制机制，创新市场与政府相结合的经济发展理论体系与管理模式，用经济发展的事实让西方国家政府认同中国市场经济的地位与经济模式、经济理论。

（二）力争贸易不锐减、经济不滑坡，打赢贸易战

一要坚持推进全球化，争取国际社会广泛支持，坚决维护国际贸易秩序。二要坚持深化改革，确保经济不滑坡。分领域、分行业研究贸易摩擦的影响，将不同行业分为"颠覆性冲击""滑坡式影响""倒逼创新、先滑后升""影响不大"等4类，逐一提出对策与措施。三是坚持对外开放，力争贸易不锐减。研究增加对美国以外其他国家贸易的途径，使"一带一路"贸易迈上新台阶。四是研判贸易战对汇率、股市、房市、投资、物价，以及科技创新、人才引进、外资引进、国际合作的影响，制定应对方案，确保汇率、股市、物价、房价不出现大波动。五是研究并提出世界贸易规则不合理之处，向WTO提出修改建议。例如，"只统计商品贸易，不统计服务贸易"，美国服务业产值占GDP的80%，贸易中不统计服务业对美国有利，对中国不公平；再如，"只计算最终产品，不计算中间产品"，苹果手机在中国生产，产品增值中国只占1.5%，但商品出口额的100%计入中国账户，十分不合理；又如，"只统计产品出口，不统计商业存在"，美国在华企业在华直接销售达3000多亿美元，中国在美企业直接在美国销售几乎为零，这些商业存在不统计，贸易顺差明显被夸大。

综合考虑商品贸易、服务贸易、商业存在等因素，中国对美国的贸易顺差不是美国商务部公布的 3752 亿美元，也不是中国商务部公布的 2758 亿美元，而只有 300 亿美元左右。

（三）设立"国家应急技术专项"，打赢科技战

"中兴事件"打醒了国人，要打赢科技战，就要采取综合性对策。一是设立"国家应急技术专项"，分行业、分学科研判美国技术封锁、顶尖人才封锁对中国高新技术产业、制造业、农业，以及科技创新、人才引进、留学生培养、国际创新合作等的影响，尽快列出影响超过"千亿元"的关键技术清单，调动全球创新资源，限期攻克；二是实施"新产品战略"，调整科技导向、重构奖励与考核指标体系，应用研究一律只考核新产品、新服务，不再考核论文与专利，全国 400 万名全时研究人员中，留 100 万人做基础研究，其余 300 万人才进入经济主战场、开发新产品，10 年之后，中国就可能成为新产品创新大国，就能打赢科技战。

（四）打造国际顶尖人才队伍，打赢人才战

世界经济中心、军事中心、文化中心总是随着科技中心的转移而转移，而科技中心则随着人才中心的转移而转移。第一经济大国必然要引领一次科技革命，必然要率先成为世界人才中心。经过连续 18 年的跟踪研究，我们认为生物技术将引领信息技术革命之后的新科技革命，美国虽然在生物技术方面处于绝对领先地位，但许多技术领域华人科学家已经走在世界前列，我们应大力培养国际顶尖生物技术人才，打造国际一流人才队伍，并吸引国际顶尖人才来中国创新、创业，打赢人才战是打赢科技战、经济战的前提。

（五）保障网络安全，打赢网络战

制定中国网络标准，加速开发自主知识产权的网络软硬件产品，形成独立的网络体系，防止、降低有关国家突然关闭网络根服务器导致网络中断、瘫痪对经济、社会发展的影响。

（六）防止系统性金融风险，打赢金融战

金融领域是当前最容易被竞争对手攻克的薄弱环节之一，要坚持"金融半接轨"，金融要放开，但要确保放得活、管得住、走得稳。社会高度稳定、产业体系齐全、消费市场巨大，只要金融上不出现系统性问题，中国经济发展只是快慢的问题，不会出现大起大落。截至2017年12月末，中国广义货币（M2）余额167.68万亿元，比美国与日本之和还多20万亿元，外汇储备31 400亿美元，只要管理得当，中国完全有能力建成世界一流的金融体系。建立并加速完善符合中国国情的金融体系，充分运用互联网、大数据、云计算、区块链、人工智能等技术建立稳固强大、坚不可摧的现代金融体系。

（七）建立海外基地，藏粮于技，打赢粮食战

中国口粮自给率达98%以上，但2019年进口粮食相当于8.9亿亩耕地的产量，海外9亿亩土地给中国种粮的问题不容忽视，粮食隐性自给率只有70%，不容忽视。当年美国通过减少对苏联的玉米出口，迫使苏联饲料价格、肉类价格上升，进而抬高了物价，引发民众对政府的不满，为和平演变起到了推波助澜的作用。同样地，美国极有可能用粮食战来遏制中国，如果美国补贴本国农民130亿美元，限制向中国出口大豆，中国就会出现老百姓炒菜缺油、猪缺饲料、市场缺肉、物价上涨等问题。目前猪肉上涨的势头需要尽快遏制，必须防患于未然，重新调整粮食安全、食品安全的策略，确保打赢粮食战。

（八）应对石油封锁或涨价造成的危机，打赢石油战

根据世界银行2019年8月公布的数据，中国千人汽车拥有量为173辆，居全球第17位，而美国为837辆、日本为591辆、巴西为350辆，分别是中国的4.8倍、3.4倍和2.0倍。中国石油对外依存度已超过65%，未来还会进一步增加，为保障能源安全乃至国家安全，一要构建多元化的能源体系，减少对石油的过度依赖，大力发展新能源，防御石油战；二是充分发挥上海原油期货的作用，保障长期稳定的石油供给；三要力争智能电动汽车"换道超车"，电动汽车的核心技术是电池，华人

科学家已走在国际电池研究的最前列,我们应把国内电池生产规模与新能源技术有机融合,中国电动汽车完全有可能像冰箱等家电一样跨越发展,不仅能够减少石油依赖、净化空气,还将培育新的万亿元产业。

(九)建立生物盾牌,打赢生物战

转基因技术、基因编辑技术,特别是合成生物技术的发明,使人类认识生物、改造生物、合成生物的能力迅速攀升,生物安全的潜在风险则急剧增加。必须从法规制定、防御体系建设、设备与药物开发、公众意识等方面,重构国家生物安全防御体系。一要尽快完成《中华人民共和国生物安全法》立法工作。保障生物技术和生物经济依法、有序、快速发展。二是完善"国家生物安全保障体系"。建立健全法规体系、生命安全保障体系、农业生物安全保障体系、生物资源安全保障体系、生物实验室安全保障体系、生物武器防御体系、重大生物安全事件应急体系等,形成高效协调的"国家生物安全保障体系"。三是加快研究防御新型生物战剂的药物与疫苗。一些国家或机构可能利用生物合成等技术"创造"新的病原生物。实际上,第二次世界大战期间德国、日本都曾经研究过生物战剂,在核武器逐渐成为自杀性武器的今天,生物战剂有可能成为第三次世界大战的主导性,甚至是决定性武器。中国不制造、不使用生物武器,但要防御生物武器,要在预测新型生物武器的基础上,开发新的、广谱性的疫苗、药物和防护设备设施。这是决定未来战争胜负、保障国家安全的关键性因素,迫切需要及早部署,打赢未来可能发生的生物战。

(十)突破空间技术,打赢空间战,防止"头顶悬剑"

空间是继海洋、极地之外,又一个国际争夺的重要阵地。中国是世界上第三个能够独立建立空间站的国家,"天眼"有望使中国空间观测能力在20年内保持世界第一,但中国在空间探测、高空侦察、火星等星球探测、大推力运载火箭等方面,与美俄还有很大差距。建议进一步加强空间技术的研发与应用,抢占更多的制空权,从而有效应对高空侦察、地震诱发、控管操纵气象等高科技战。

中国与美国政治制度不接轨、外交相向不并轨、经济半接轨、金融半接轨、科技竞争加剧、文化交流频繁,美国除了在高科技、金融、顶尖人才等方面能制约我国外,其余方面将逐渐失去遏制能力。只要我们防御金融风险,争取15年左右的"创新窗口期",倒逼科技创新、体制创新、文化创新,突破核心技术短缺的瓶颈,中国完全能够填平"第二经济大国陷阱"。

四、应对贸易摩擦已经迈出关键三步

历史上第二经济大国全部衰退,中国能否填平"第二经济大国陷阱",成为世界上第一个不衰退的第二经济大国?美国不会容忍超越,中国不会放弃发展,路在何方?

在过去13次贸易谈判中,美国政府出尔反尔,中国政府镇定自若,坚持道路自信、理论自信、制度自信、文化自信,从当前形势看,中国填平"第二经济大国陷阱"已经迈出关键三步。

第一步:搞好自身发展是填平陷阱的前提,给民营经济吃下定心丸。中美贸易摩擦以来,中美贸易减少,加上中国调结构、去杠杆、强环保、稳金融等措施的综合作用,中国经济下行压力明显增加,一些人误认为是中美贸易摩擦造成的结果,对未来经济潜力信心不足,甚至产生了准备"过冬"的思想,民间投资、新增就业出现下滑趋势。同时,社会上还出现一些否定民营经济的奇谈怪论。习近平总书记2018年11月"在民营企业座谈会上的讲话"中明确了社会主义新时代毫不动摇地鼓励、支持、引导非公有制经济发展的大政方针,彻底否定了"民营经济离场论""新公私合营论""企业党建控制论"等错误说法,这是继1978年十一届三中全会确立"以经济建设为中心"的党的基本路线、1992年党的十四大提出"建立社会主义市场经济体制"、1997年党的十五大提出"公有制的实现形式可以而且应当多样化"之后的又一次思想大解放。

习近平总书记明确指出,"民营经济只能壮大、不能弱化,而且要走向更加广阔的舞台""各级党委和政府要把构建亲清新型政商关系的要求落到实处,把支持民营企业发展作为一项重要任务",这给民营企业吃了定心丸,应对贸易摩擦,首先要把国内的事情办好,填平"第二经济大国陷阱"迈出关键的第一步。

第二步:正确驾驭中美关系是关键,多次按下加税暂停键。自2018年3月美国提出第 6 份 301 报告以来，先后多次提出要对中国 500 亿美元、2000 亿美元、5000 亿美元出口商品加征关税，其加税的额度超过了国际贸易史上最高纪录的数十倍，加税政策改变频率之快、规模之大都创造了国际贸易史的新纪录。美国每次提出加税，都引起国内外不少机构、学者，甚至有些国家的政府都担心出现"经济冷战""技术冷战"或新冷战。2018 年 12 月 1 日，二十国集团领导人第十三次峰会期间，中美两国元首会晤取得了多项重大成果，双方同意"推进以协调、合作、稳定为基调的中美关系"，停止相互加征新的关税，在关键时刻按下了美国持续加税的暂停键，同时多次明确提出美国取消已经增加的关税是签订中美贸易协议的前提，使中美贸易谈判多次回到"边谈边打"，争取"谈成"、力争双赢的正确轨道。正确驾驶中美关系，填平"第二经济大国陷阱"迈出了关键的第二步。

第三步：新型国际关系有了大方向，共建人类命运共同体。习近平总书记 2013 年提出"构建人类命运共同体"，已经得到许多国家及联合国有关组织的广泛认同和赞许。"构建人类命运共同体"已写入联合国、安理会、联合国人权理事会的有关决议，人类发展正在由各国各自为政的救生圈，转向人类命运共同体的航空母舰。"一带一路"的构想，目标是实现世界多国人民的共同富裕和繁荣，不仅有助于中国经济发展，也必将改善世界人民生活，促进世界经济发展。

填平"第二经济大国陷阱"，人类将走向更高文明，用文明对冲"丛林法则"已经得到越来越多的国家和人民的认同与支持。世界之大，能容得下不同的发展道路与模式，中美两国存异求同，寻求共同利益，共同发展，在竞争中发展，在发展中竞争，实现双赢，为世界经济繁荣与人类文明做出新贡献。

第十二章

不动摇，强化支撑40年发展的六大支柱

从差距经济学的观点看，中国改革开放40年的最大成就来源于差异化的发展道路，通过理论创新、道路创新、战略创新等全面创新与探索，走出了一条既不同于西方资本主义制度的经济发展道路，又不同于中国前30年计划经济时期的发展道路。中国缩小经济发展差距，实现经济高质量发展，仍然需要强化40年经济高速增长的六大支柱，在继承中发展，在发展中继承。

2018年，中国经济总量为919 281亿元，是1949年466亿元的1972.7倍，是1978年3678.7亿元的250.0倍（图12-1）。中国靠什么取得连续40年经济平均增速为9.5%的发展奇迹？国内外政治家、经济学家、企业家、科学家，乃至广大公众对中国改革开放40年的巨大经济成就高度认同。但是，对这份成就产生的原因则有不同的观点。多数观点认为，改革开放推动了中国体制、机制、技术的全面创新，进而推动了经济高速发展；有一种观点认为，市场经济体制与技术进步共同推动了经济高速发展；也有一种观点认为，加入WTO、引进国外技术及参与国际贸易是经济发展的主要动力；还有一种观点认为，技术创新与管理创新推动了经济发展。

我们研究表明，支撑中国经济40年高速增长的六大支柱是体制创新、机制创新、结构创新、科技创新、理念创新和市场创新。通过六大创新，补上了农业现代化、工业化的课，紧跟信息化的步伐，大力推进城镇化，大幅缩小了与发达国家的差距，走出了差异化发展的新路子，改变了中国、影响了世界。中国近40年的经济高速发展主要源于"六个创新"，未来经济高质量发展仍然需要坚持并不断强化。

第四篇 战略与对策
第十二章 不动摇，强化支撑40年发展的六大支柱

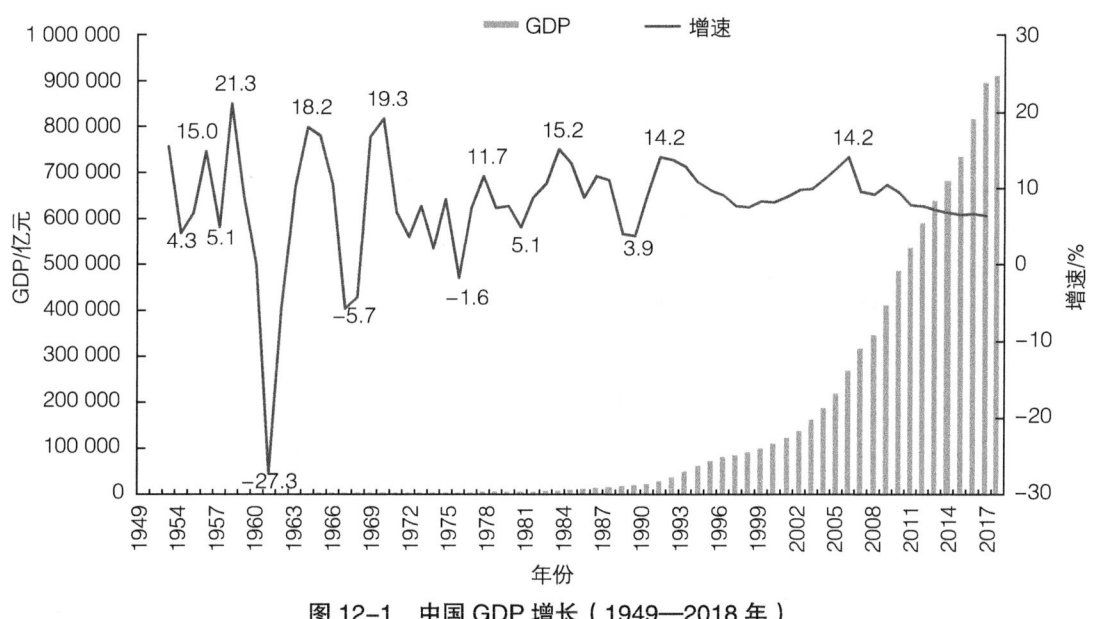

图 12-1 中国 GDP 增长（1949—2018 年）

一、强化制度创新，以经济建设为中心毫不动摇

改革开放40年，通过制度创新，中国完成了以阶级斗争为纲向以经济建设为中心的根本性变革。经济高质量发展，仍然需要制度创新进一步释放、解放生产力。

制度创新是经济发展的前提，没有制度创新，其他创新无从谈起。40年改革开放取得辉煌成就的最根本原因，毫无疑问是制度创新的结果，确立了以经济建设为中心的发展方向，使经济社会发展步入了正确的轨道。

以经济建设为中心是改革开放的出发点、落脚点，是40年经济快速发展的制度保障与前提。假如没有制度创新，十几亿人继续斗下去，一切经济成就无从谈起。取消个人成分论、人人平等，极大地激发了亿万人民的积极性和创造性，这是继新中国成立激发亿万人民的主人公意识、投身新中国建设奋斗之后的又一次民族大动员、精神大解放、全民大行动，极大地释放了占全世界20%人口的创造力、执行力、凝聚力。

土地面积没有变，耕地面积有所下降，人口持续增加，为什么改革开放前吃不饱，而改革开放后会出现粮食过剩？最根本的原因就是制度创新解放了生产力，激发了

亿万农民的积极性、创造性。这就是制度创新的力量。

经济高质量发展同样需要制度创新，需要进一步解放、释放生产力。制度创新同样是经济高质量发展的前提与保障，要坚持以经济建设为中心，调动全社会力量促进经济社会发展。一要调动企业家的积极性与创新性。增强企业家信心、弘扬企业家精神，使企业家愿意投资、善于投资、敢于投资。当前，衡量企业家信心的一个重要标志就是看能否有效遏制民间固定资产投资下滑、海外移民申请增加的势头。要切实把"两个毫不动摇"落到实处，即毫不动摇地巩固和发展公有制经济，毫不动摇地鼓励、支持和引导非公有制经济发展，要"保证各种所有制经济依法平等使用生产要素、公平参与市场竞争、同等受到法律保护""保护各种所有制经济产权和合法利益，坚持权利平等、机会平等、规则平等"。激发非公有制经济活力和创造力。二是调动机关工作人员的积极性、创新性。特别是基层公务员的主动性、创新性，坚决遏制"不作为、不担当"的势头，重用敢于担当、勇于奉献的干部。没有企业家与机关工作人员的主动性、创新性劳动，经济高质量发展的目标就很难顺利实现，迫切需要制度创新保障经济高质量发展。

二、体制机制创新，完善社会主义市场经济体制

40年改革开放，中国经济体制创新完成了从计划经济转向社会主义市场经济的根本性转变。从计划经济到市场调节、政府调控，再到市场在资源配置中起决定性作用，加强政府调控，市场机制在要素配置中的作用在逐步加强。经济高质量发展，需要调动全社会力量，需要更好地发挥市场在资源配置中的决定性作用，政府把更大责任放在提供公共服务、维护公平正义等方面，这是深化经济体制改革的大方向。

西方发达国家普遍承认中国40年经济发展的巨大成就，但却不认同中国的经济制度。如果说西方经济制度"好"，为什么发展速度慢？其实每个国家的国情有所不同，不可能全世界只采用一种经济制度，这本身不符合市场经济规律。

体制创新是根本，改革开放的40年，解决了"怎么干、谁来干"的问题。回答了社会主义社会有没有市场、承认不承认市场，有市场就应该遵循市场经济规律等的重大理论和意识形态问题。体制创新的核心是如何协调好政府作用与市场机制

第四篇 战略与对策
第十二章 不动摇，强化支撑40年发展的六大支柱

"两只手"的协调性问题，既要解决好少量政府干预过多与作用不到位的问题，更要把握市场规律与保障市场公平的问题。体制创新有成就，也有许多需要不断创新的问题。

40年来，围绕经济体制要不要改、如何改、改哪里的争论和讨论从来没有间断过。从改革体制、发展经济的政策路线图分析，经济体制机制改革的基本方向是市场作用越来越壮大、政府作用越来越精准，"按市场机制干，让百姓自己干"是正确的方向和必然的选择。在经济政策与措施方面，核心的财政政策、货币政策、产业政策、税收政策、社会保障政策等的创新与实践都是正确而富有成效的（表12-1），少数政策可能导致新问题的产生，但还是利大于弊，如劳动法和最低工资标准等，提高了低收入人群的福利，但增加了产品成本，降低了国际竞争力，有些专家提出不同意见，这都是发展中的问题。

表12-1 1978—2018年中国经济主要政策与措施

年份	中央经济工作会议政策要点	年份	中央经济工作会议政策要点
1978	中共十一届三中全会召开	1994	住房市场化改革施行
1979	中美建交，中央批准设立经济特区	1995	提出"两个根本性转变"
1980	《关于党内政治生活的若干准则》	1996	外汇管理体制改革取得重大进展
1981	发行国库券	1997	香港回归
1983	建立乡政府	1998	大型央企工作委员会成立
1984	提出有计划的商品经济	1999	提出西部大开发战略，澳门回归
1985	中国人民解放军裁军100万	2000	突出抓好国企改革
1986	全民所有制企业改革启动	2001	加强和改善宏观调控
1987	"一个中心、两个基本点"基本路线	2002	全面建设小康社会奋斗目标确定
1988	"科技是第一生产力"提出	2003	振兴东北老工业基地战略提出
1989	邓小平提出"稳定压倒一切"	2004	国有商业银行股改，保护私有财产入宪
1990	上海证券交易所正式成立	2005	农业税条例废止，股权分置改革试点
1991	深圳证券交易所正式开业	2006	关于构建社会主义和谐社会重大决定
1992	社会主义市场经济体制改革目标确立	2007	《物权法》出台，科学发展观写入党章
1993	建立现代企业制度，进行分税制改革	2008	奥运经济，国际金融危机，扩大内需

差距经济学：中美经济与省区经济的差距及走势

续表

年份	中央经济工作会议政策要点	年份	中央经济工作会议政策要点
2009	产业振兴，创业板开张	2014	稳中求进，新常态，全面深化改革
2010	稳中求进，新兴产业、淘汰产能、民间投资	2015	供给侧改革，"四个全面、五位一体"
2011	稳中求进，稳增长、抑通胀、调结构	2016	"三去一降一补"
2012	稳中求进，调整结构，推进城镇化	2017	现代经济体系，经济高质量发展
2013	稳中求进，三期叠加，贷款利率管制	2018	现代化经济体系，巩固、增强、提升、畅通

体制创新是一个不断解放思想、不断创新、不断改革的过程。从"政府调控、市场调节"，转为"让市场在资源配置中发挥决定性作用、加强政府调控"，只改了几个字，却用了20年的时间，不能不说是一个巨大的进步，市场的作用在逐步地、显著地扩大。发展民营经济，让亿万人民自主发展，按市场机制公平竞争，政府的主要任务是创造发展环境，维护市场竞争公平、正义。

实践证明，中国的体制创新是成功的、有效的。不管是后凯恩斯学派，还是奥地利学派，实际上都对"两只手"的优势给予肯定。中美贸易战以来，美国政府遏制中国经济发展与正常贸易的各种手段与做法，使许多国家的学者、公众普遍产生怀疑，认为"真正的自由经济"是否存在？实际上这些事实反而证明中国经济体制创新至少是符合中国国情的。

市场机制与政府作用的高效协同，是社会主义市场经济体制的重要特征，是40年经济快速发展的成功秘诀。2017年12月22日美国政府发布的《国家安全战略报告》认为，中国的发展冲击了西方传统发展理念，这也从侧面证明了我们的社会主义市场经济体制是有生命力、有影响力、有潜力的经济体制，保持未来经济高质量发展，"两只手"结合总比"一只手"效率高。

当前，中国在发挥市场的作用，而西方国家在加强政府的作用。实践再次证明，"政府失灵"是客观存在，"市场失灵"也是普遍现象，只有市场与政府"两只手"高效协同才是真正有效的经济体制，不同国家、不同地区、不同发展阶段，市场与政府结合的模式、方法、效果不同。脚不同，也就不可能只穿一种鞋。自由市场经济体制没有把西方经济搞上去,也不可能把中国经济搞上去。40 年的实践证明,中国特色社会主义市场经济体制不但是独特的,而且是成功的、有效的。当然,发挥政府作用要不断探索方式与方法,要使"两只手"高效协调,要防止政府干预过多,偏离经济规律,造成不必要的经济损失。

美国政府管理经济的行为,并不是其标榜的自由市场经济,不但经常干预本国企业的经营活动,而且动员国际联盟对他国企业,特别是对华为、中兴等中国企业进行不择手段的打压,甚至动用"绑架"人质等手段遏制华为公司,是彻头彻尾的霸权主义、经济恐怖主义行为,是继 2008 年引发的全球性金融危机导致世界经济低迷 10 年以来,对世界经济的秩序与规则又一次的巨大破坏,彻底撕掉了美国自由、民主的遮羞布。

三、产业结构创新,农业大国建成了制造业大国

产业结构创新的核心,是解决"干什么"的问题,依靠哪些产业推动经济发展,是以粮食为纲,以钢为纲,还是以第三产业作为新的经济增长点?改革开放 40 年来,农业占比大幅下降,第二产业占比迅速提升,第三产业已经成为新的经济增长点。农业增加值占 GDP 的比重由 1978 年的 28% 下降到 2018 年的 7.2%,第二产业增加值占 GDP 的比重 2018 年降为 40.7%;2012 年第三产业增加值超过了第二产业,成为占 GDP 比重最大、增长最快、潜力最大的产业。

产业结构创新的巨大成就是中国由农业大国成为工业大国,正在向第三产业大国迈进,这是经济高质量发展的重点,也是未来的发展方向。长期以来,有关产业结构优化的讨论从未停止过,但什么样的产业结构符合中国国情(图 12-2),当前第一产业、第二产业、第三产业的 1:4:5 结构应该调整到哪里?第二产业占 GDP 比重下降到 40% 是"脱实向虚",究竟第二产业占比多少符合国情?发达国家第三产业占 GDP 的 70% 以上,这是不是中国未来发展的方向?每年第三产业占 GDP 的比重提高 1 个百分点是不是适合中国国情?这些问题都是经济高质量发展中需要正确回答的理论与现实问题。产业结构创新的任务仍然繁重而艰巨,首先是认清目标与方向。

差距经济学：中美经济与省区经济的差距及走势

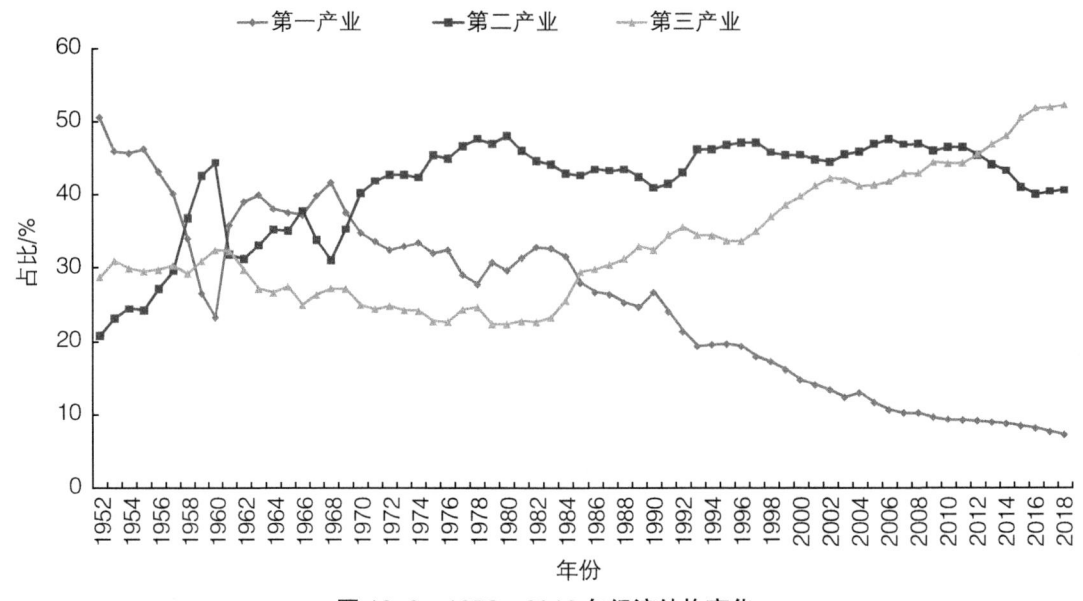

图 12-2　1952—2018 年经济结构变化

长期以来，中国农业发展"一靠政策、二靠投入、三靠科技"，1978—2018 年，在播种面积仅增加 2.22 亿亩、农村就业人员下降 2.3 亿人的情况下，粮食产量增加了 35 312.72 万吨，肉类产量增长了 7562.63 万吨，农业增加值增加了 63 715.5 亿元，占比下降 20.5 个百分点。2018 年 1 亩地生产的粮食相当于 1950 年 4 亩地的产量，节约出大量土地支持了城镇化、工业化发展。根据中国国家统计局数据计算，1981—2016 年，城市建设用地累计达 13.43 亿亩，平均每亩按照 10 万元计，累计积累 130 多万亿元。城市地膜覆盖技术与植物组织培养技术，解决了北方 7 亿人口冬天吃不到蔬菜的问题。中国粮食产量、肉类产量、农村劳动力数量均居世界第 1 位，是名副其实的农业大国。

无粮不稳是千年古训，以粮食为纲是由当时的中国国情决定的。粮食问题是农业问题、经济问题、社会问题，也是政治问题。回顾历史，哪次朝代更迭与农民起义无关？哪次农民起义与粮食短缺无关？目前，中国人民群众"不愁吃"的问题已基本解决，但是还没有根本解决。2017 年中国口粮自给率为 98%，而粮食隐性自给率仅为 70%，也就是说，每年需要进口近 9 亿亩耕地生产的粮食，对这个问题我们不能视而不见。产业结构优化中，粮食的重要性始终不能忽视、不能放松，"饭碗一定要端在自己手中"。农村教育、住宅、医疗卫生、交通、文化等方面全面落后于城市，巨大的城乡差距使大多数年轻人不愿回乡务农，未来14亿人口吃什么？这个问题同样不能回避。乡村振兴战略，不仅仅是为了如何使7亿人口工作、生活的农村共享改革开放的成就，而且事关整个国家和民族的发展。

发展工业，以钢为纲也是国情决定的。无工不富，工业化是一个国家现代化的必经之路，补上工业化的短板，是中国40年经济高速增长的核心。中国经济40年高速增长的本质是补上工业化的短板，40年走完了发达国家100～150年走完的工业化道路，短期内释放了巨大的经济潜力，实现了长时间、高速度的增长，实现了由农业大国向工业大国的转型。2010年中国500多个工业产品产量已居世界第1位，取代了美国占据长达110年的工业大国地位，成为第一工业大国。

2012年以来，工业产能出现普遍过剩，增速下降，导致GDP增速下降，从侧面也说明补上工业化的课是40年经济高速增长的主要源泉，起了引领性、带动性的作用。当然，这并不排除城镇化、信息化、房地产、服务业等对经济增长的贡献。

尽管中国经济结构调整取得了明显的进步，但2018年中国第三产业增加值占GDP的比重仅为52.2%，明显低于发达国家的70%以上的水平，这表明中国调整经济结构的空间仍然很大。

四、强化科技创新，依靠科技创新驱动经济发展

40年来，落实"科学技术是第一生产力"的指导思想，实施科教兴国战略，建设创新型国家，实施创新驱动发展战略，建设世界科技强国，中国科技创新取得超出预期的巨大成就，一系列的科技创新与突破，对经济社会发展、民生改善、生态建设、国防建设、文化建设发挥了不可替代的作用。未来要实现经济高质量发展，在人口红利、土地红利逐年减少的情况下，必须依靠创新红利，走出一条经济高质量发展之路。

（一）创新能力迅速提升，已成为重要的创新大国

中国主要创新指标已经进入国际前列，创新数量不多的问题已经基本解决，质

量不高成为主要矛盾,未来科技创新的核心任务是提高创新质量,促进经济高质量发展与社会进步。2017年,中国科技创新12个主要指标中,有9个指标已经跃居世界前2位,其中,研发人员数量、专利申请量、专利授权量,高科技产品出口额等4个指标已居世界第1位;研发费用、国际科学论文、论文被引数、PCT专利数、世界500强企业数等5个指标居世界第2位;其余3个指标排在世界第5位以后,世界500强品牌数第5位、世界100强大学数第6位、创新指数第17位。由此可见,中国创新数量问题基本解决,创新质量不高成为主要矛盾。

(二)科技在经济社会发展中发挥了不可替代的作用

在"两弹一星"之后,中国近年来取得了一大批科研成果,载人航天工程、"歼十"飞机、超级计算机、核心软件、集成电路装备、超级稻育种技术、新药创制等领域取得重大突破,为经济发展、民生改善提供了有力支撑。

第一,科技为中国成为世界第一农业大国做出了巨大贡献。中国粮食单产由1949年的67千克/亩,增加到2018年的375千克/亩,增长了4.6倍,农业科技发挥了决定性作用。经过70年的发展,在工业化、城镇化导致耕地减少的情况下,中国解决了吃饭问题,实现了丰衣足食;取消了农业税,减轻了农民负担;告别了耕地"二牛抬杠"的历史,实现了农业机械化,成为世界第一农业大国。

第二,科技为中国成为制造业第一大国做出了重要贡献。中国在引进、消化吸收、再创新方面取得了举世瞩目的成就,建立了世界上体系最完整、规模最大的工业体系,500多种工业产品的产量居世界第1位,告别了持续数百年的工业产品短缺的历史,工业产品出现全面过剩。2010年中国制造业已经取代美国占据了110多年的制造业大国的地位,成为世界第一制造业大国。工业化不仅极大丰富了中国人民的生活,而且价廉物美的中国产品已经为世界人民的生活改善做出了重要贡献。一个典型的农业大国,仅仅用了40多年就成为"世界工厂",走完了发达国家100~150年才走完的工业化道路,世界上人口最多的国家,成为经济增长最快的国家,中国已成为世界第二大经济体,成为农业大国、制造业大国、贸易大国、外汇储备大国,科学技术在其中发挥了不可替代的核心作用,科技体制改革为科技的发展奠定了重要的基础和保障。例如,在移动通信技术方面,中国在2G时代处于跟随水平，3G时代实现突破，4G时代实现赶超，5G则达到引领与跨越发展阶段，5G新型网络框架等技术已经纳入国际标准体系。华为、阿里巴巴、京东、腾讯等一大批科技创新企业已经位列国际大型创新企业前列。

2017年中国工业增加值是美国的1.4倍；2018年中国工程科技论文42.6万篇，是美国的1.04倍；中国国内发明专利申请量为120.5万件，发明专利授权量为30.2万件，分别是美国的4.1倍和2.1倍，其中，PCT专利4.8万多件，是美国的82%。科技在推动工业化发展中发挥了不可替代的作用，工业化初期，发达国家技术溢出发挥了一定作用，但工业技术自主创新能力支撑了行业门类最大、生产规模最大、产业体系最完善的工业体系，加速中国制造向中国创造、中国智造的转变，加速工业大国向工业强国的转变。中国制造改变了中国，也改善了世界人民的生活。

第三，科技为平均预期寿命提高42岁做出了重要贡献。新中国成立初期，中国平均预期寿命只有35岁。随后，疟疾、天花、鼠疫、麻疹、脊髓灰质炎等10多种重大疾病得到控制或消灭，艾滋病、肝炎等重大传染病得到有效控制，2018年中国平均预期寿命已经达到76.7岁，70年来增长了近42岁，科技发挥了不可替代的作用。另外，历史上黄河28年一改道，2~3年一泛滥，新中国"一定要把黄河治好"，黄河泛滥问题提到有效控制；举世闻名的长江三峡，使持续千年的长江洪涝灾害得到有效控制；三北防护林则成为新时代的绿色长城。

（三）创新驱动已成为国家发展战略

1978年开始改革开放，中国GDP增速由1981年的5.2%上升到1984年的15.2%，形成了第一个经济增长波；1992年邓小平视察南方之后，中国GDP增速由1990年的3.8%上升到1992年的14.2%，大量增加经济要素投入，大批知识分子与机关干部下海经商，形成了第二个经济增长波；2001年，中国加入WTO，对外出口明显增加，形成了第三个经济增长波，但由于亚洲金融危机，特别是2008年全球性金融危机的影响，2012年中国GDP增速降至7.8%。党的十八大报告明确提出实施"创新驱动发展战略"，成为事关未来几十年国家发展的又一重大战略（表12-2）。

差距经济学：中美经济与省区经济的差距及走势

表 12-2　1949 年以来中国经济发展主要理念与策略

时期	1949—1977 年	1978—1991 年	1992—2002 年	2003—2011 年	2012 年至今
体制	计划经济，论十大关系	商品经济，计划为主，市场为辅	市场经济，计划与市场统一	市场经济，政府调控，市场调节	市场经济，市场起决定性作用
国际形势	第二次世界大战结束，恢复经济	亚洲四小龙腾飞	后苏联时代	金融危机	金融危机，遭遇陷阱
国内需求	建设新中国	以经济建设为中心	防止西化，经济翻番	深化改革，实现小康	填平陷阱，实现中国梦
发展理念	农业是基础，工业是主导	改革开放，私有经济	科教兴国，转增长方式	科学发展观，和谐社会	创新、协调、绿色、开放、共享
对策	农业 40 条，工业 60 条	联产承包，乡镇企业，私有经济	综合改革，国企改革	新兴产业	供给侧改革，高质量发展
措施	四个现代化	体制机制改革	财税、外汇、金融、投资、外贸等改革	新兴产业、房地产	三产崛起，三大攻坚战
成就	独立自主，GDP 增长 6.9 倍	改革开放，GDP 增长了 5.0 倍	经济翻番，加入 WTO	基本小康，农民免税，第二经济大国	全面小康，GDP 有望超 100 万亿元

创新驱动发展绝不仅仅包括科技创新，还包括体制创新、机制创新、理论创新、发展方式创新、文化创新等，而科技创新在经济发展中发挥着越来越重要的作用，科技进步贡献率由改革初期的 50% 左右提高到 2018 年的 58.5%。当前，中美贸易战的核心是科技战、人才战，中国综合国力、经济实力、科技能力、教育水平与美国比较最大的差距是教育的差距，首先是顶尖人才的差距，其次才是科技创新能力的差距。

五、强化理论创新，创新经济发展理念及其方式

中国是世界第二大经济体，2018 年占世界经济总量的 15.8%，对世界经济增量的贡献超过 30%，但中国在经济学概念、理论、方法、模型、公式等方面的贡献，得到国际同行认同或写入大学教材的研究成果还不多，迫切需要在经济发展理论、模型、方法、实践等方面的大胆探索与实践。

第四篇　战略与对策

第十二章　不动摇，强化支撑40年发展的六大支柱

新中国成立以来，随着社会主义经济建设与社会进步，中国经济在经济理论、发展理念、政策方针、主要措施等方面都进行了一系列的探索。

第一，计划经济阶段（1949—1977年）。当时面临的国际形势是，第二次世界大战刚刚结束，世界各国都在积极恢复经济。国内经济发展的核心任务是建设独立自主的社会主义新中国，提出了"多快好省地建设社会主义"的发展目标，经过多年的反复讨论，形成了《论十大关系》，农业为基础、工业为主导的发展理念，形成了"农业60条""工业70条""商业40条"发展的政策体系，使GDP在29年的时间里增长了6.9倍，创造了"两弹一星"等重大科技成就，奠定了新中国的和平基础。

第二，社会主义商品经济过渡时期（1978—1991年）。当时的国际形势是世界各国经济迅速发展，特别是亚洲四小龙的崛起，引起世界广泛关注。国内的形势是以经济建设为中心，大力发展经济，改善人民生活，建设中国特色社会主义。1982年党的十二大提出了"计划经济为主、市场调节为辅"的发展理念，第一次使市场调节在经济体制中拥有一席之地。1987年党的十三大报告提出"社会主义有计划商品经济的体制""国家调节市场，市场引导企业"。主要政策措施是引入市场机制，开展所有制改革，逐渐改变成为以公有制为主体、多种经济成分并存的所有制结构，改革运行机制，计划、投资、财政、流通、价格、分配和社会保障制度都进行了以引进市场机制为主要内容的改革。发展商品经济，农村实行联产责任承包制，部分企业实行扩大自主权改革。主要成就是极大地解放了思想，扩大了开放，大量海外资本、技术、管理模式进入中国，促进了经济发展，改进了企业管理，GDP增长了5.0倍。

第三，社会主义市场经济探索阶段（1992—2002年）。当时的国际形势是苏联解体后社会主义阵营发展遇到了空前的困难。国内形势既要防止西化、和平演变，又要确保经济翻番、不断改善人民生活。1992年党的十四大报告第一次明确提出，经济体制改革的目标是建立社会主义市场经济体制；提出了科教兴国战略，转变经济增长方式。发展经济的主要政策措施是开展财政、税收、外汇、金融、投资、外贸及流通体制等综合改革。经济发展的主要成就实现了GDP在1980年的基础上翻两番的目标。同时中国加入了WTO，为今后的经济发展奠定了良好的基础。

第四，社会主义市场经济完善时期（2003—2011年）。这一阶段面临的国际形势是亚洲和全球性金融危机相继爆发，世界经济增长进入低迷的时期。国内重大需求是防范金融危机、确保实现小康的目标。2003年党的十六届三中全会通过了《中共中央关于完善社会主义市场经济体制若干问题的决定》，对完善社会主义市场经济体制做了全面部署。随后又提出了"科学发展观""五个统筹""和谐社会""社会主义新农村建设"等发展理念，进一步完善了社会主义市场经济理论。这一时期的主要政策措施是发展高新技术产业，加强基础设施建设，促进房地产事业的发展。2005年12月，十届全国人大常委会第十九次会议决定，废止《中华人民共和国农业税条例》，持续两千多年的古老税种宣告终结，结束了农民交农业税的历史。2010年中国GDP超过日本，成为世界第二大经济体。同年，制造业增加值超过美国，成为世界第一制造业大国，取得了一系列划时代意义的历史成就。

第五，新时代社会主义市场经济时期（2012年至今）。这个时期面临的国际形势是金融危机影响持续，世界经济低迷，单边主义、保护主义、民粹主义有所抬头。美国为遏制中国崛起，制造新的"第二经济大国陷阱"。国内经济发展的重大需求是填平"第二经济大国陷阱"，确保中国梦的顺利推进。党的十八大报告明确指出，市场经济在资源配置中起决定性作用，加强政府调控，进一步完善了社会主义市场经济理论，提出了"创新、协调、绿色、开放、共享"的五大发展理念，推进供给侧改革、打赢三大攻坚战，加速经济从高速度向高质量发展，推进"一带一路"、建设"人类命运共同体"，得到国际社会的广泛赞同与响应。在国际、国内经济下行压力持续增加的情况下，经济发展取得了可喜的成就。一是在制造业过剩的情况下，及时把第三产业作为新的经济增长点来培育，优化了经济结构，保持了经济的中高速发展；二是在经济增速"破8""破7"的情况下，大力推行"创新创业"活动，不仅确保了充分就业，而且增强了经济发展的动力；三是精准扶贫，2012年年末至2018年全国累计减少贫困人口8239万人。

六、强化市场创新，加速推进全球化新时代

改革开放以来，市场创新的成就是推动全球化，使国内市场转变为国内外两个

第四篇 战略与对策
第十二章 不动摇，强化支撑40年发展的六大支柱

市场，形成了日趋完善的国际市场体系，以及与其相适应的产业体系、消费体系、政策法规体系等，使中国成为世界第一贸易大国。

市场创新就是创造消费，不断扩大市场规模，特别是扩大国际市场规模，建立国际贸易体系，提高贸易对经济增长的贡献。改革开放40年来，特别是加入WTO以来，中国对外贸易取得了历史性的跨越，对经济增长做出了巨大的贡献。1978年，中国进出口总额仅355亿元，贸易对GDP增长的贡献仅为9.7%。到2001年加入WTO时，中国进出口总额是1978年的118.8倍。2008年全球性金融危机，贸易对GDP增长的贡献由56.0%下降到34.0%。尽管美国特朗普政府制造的贸易摩擦不断升级，但中国贸易仍然保持了较好的增长，2019年上半年，货物和服务净出口对GDP增长的贡献达到20.7%，高于投资1.5个百分点。

中国加入WTO之后，经济取得了巨大的进步，贸易发挥了重大作用。中国制造的价廉物美的产品，不仅增加了中国出口额，丰富了许多国家人民的生活，更重要的是使中国综合国力大幅提升。

改革开放以来，中国GDP在世界排名不断提高，从1978年的第11位，上升到1992年的第10位，1994年超过俄罗斯、巴西居第8位，1996年超过加拿大上升到第7位，2000年超过意大利居第6位，2005年超过法国成为第5位，2006年超过英国到第4位，2008年超过德国居第3位，2010年超过日本居世界第2位（表12-3）。1991—2010年，不足20年的时间，中国GDP先后超过9个国家，跃居世界第2位。2010年中国GDP分别为美国、日本的40.7%和107%，到2018年，中国GDP分别为美国、日本的64.4%和261%，表明中国GDP增速明显快于美国和日本，中国用8年的时间再造了一个半日本的GDP。

表12-3 改革开放40年来中国经济地位变化

排名	1978年	1992年	1994年	1996年	2000年	2005年	2006年	2008年	2010年	2018年
1	美国	美国	美国	美国	美国	美国	美国	美国	美国	美国
2	日本	日本	日本	日本	日本	日本	日本	日本	中国	中国
3	德国	德国	德国	德国	德国	德国	德国	中国	日本	日本
4	法国	法国	法国	法国	英国	英国	中国	德国	德国	德国

差距经济学：中美经济与省区经济的差距及走势

续表

排名	1978年	1992年	1994年	1996年	2000年	2005年	2006年	2008年	2010年	2018年
5	英国	意大利	意大利	英国	法国	中国	英国	法国	法国	英国
6	意大利	英国	英国	意大利	中国	法国	法国	英国	英国	法国
7	加拿大	西班牙	加拿大	中国	意大利	意大利	意大利	意大利	巴西	印度
8	巴西	加拿大	中国	巴西	加拿大	加拿大	加拿大	俄罗斯	意大利	意大利
9	西班牙	俄罗斯	巴西	西班牙	巴西	西班牙	西班牙	巴西	加拿大	巴西
10	荷兰	中国	西班牙	加拿大	西班牙	巴西	巴西	西班牙	俄罗斯	加拿大
11	中国	巴西	墨西哥	韩国	俄罗斯	俄罗斯	韩国	加拿大	西班牙	韩国

第十三章
抓机遇，用好"六期叠加"

中国经济发展还有没有潜力，有多大潜力？潜力在哪个产业？在哪些地区？直接影响着投资人的信心与积极性，影响着经济发展的速度与质量。2018年，中央经济工作会议指出，"中国发展仍处于并将长期处于重要战略机遇期"。我们研究认为，重要战略机遇期的基本特征是"六期叠加"，即"工业化中后期、信息化中中期、城镇化中前期、新科技革命前期、乡村振兴加速期、美国遏制加速期"。"六期叠加"的主要内容已经在《填平第二经济大国陷阱：中美差距及走向》一书中做了详细阐述，本书只更新数据，做简要介绍。

一、工业化中后期

中国工业化处于中后期，还是后期？政府有关部门及学术界有不同的观点。一种观点认为，工业化已经进入后期，主要理由是工业产能普遍出现过剩，有些产品甚至使国际市场过剩；另一种观点认为，中国人均工业品消费不高，工业产能过剩是相对过剩，工业化仍然处于中期。我们研究认为，中国工业化进入了中后期，主要理由如下。

（一）产业结构：进入工业化后期

从产业产值、增加值占比分析，中国都进入了工业化后期。2001年，工业产值（不含建筑业）为43 569.8亿元，第三产业产值为45 507.2亿元，工业产值已小于第三产业，表明已进入工业化后期；从增加值看，2013年工业增加值占GDP比重为43.7%，第三产业占比为46.9%，第三产业占比超过第二产业，说明已进入工业化后期；再从第一产业占比分析，2009 年第一产业占比为 9.9%，小于 10%，也已达到进入工业化后期的标准。从就业结构分析，中国也已进入工业化后期，2014 年，中国第一产业就业人口占比为 29.5%，第一次低于 30%，达到了国际上常用的进入工业化后期的标准（表 13-1）。

表 13-1　工业化主要阶段的主要特征与划分标准

指标	初期	中期	后期	后工业阶段
产业结构	第一产业＞第二产业	第一产业＜第二产业＞第三产业	第一产业＜10%，第二产业＞第三产业	第一产业＜10%，第二产业＜第三产业
主导产业	轻工业	重工业	高端制造业	新兴产业、服务业
工业体系	体系创建	体系完善	结构调整	
发展动力	资金、劳动	资金、技术、劳动	技术、土地	技术
发展特征	快速增长	高速增长	增速下降	稳定增长
发展方式	产业形成	外延增长	内涵增长	创新驱动
经济形态	短缺经济	供需基本平衡	过剩经济	创新经济

（二）产业规模：超过工业化后期国家

中国已经建立了全球规模最大的工业体系，2010 年已超过美国成为制造业第一大国（图 13-1），不但传统工业规模与产能超过美国，高科技产品出口额也远远超过美国，无论是工业生产能力还是工业体系，中国都超过了美国并进入工业化后期的水平。因此，从产业规模分析，中国已经跨过规模扩张的阶段，进入结构优化、技术创新、效益提升的新阶段，这是中国进入工业化后期的最重要标志。

中国已经建立了世界上最完善的工业体系，已经建成拥有 41 个工业大类 207 个中类 666 个小类的工业体系，是全世界唯一拥有联合国产业分类中全部工业门类的国家[①]。从工业体系建设的角度分析，中国已经跨过了体系构建阶段，工业正在加速向中高端发展，发展新兴产业已经成为重要的任务。

---

① 推行供给侧改革，实现从制造大国向制造强国转型 [EB/OL]. [2016-02-04]. 中国政府网. http://www.gov.cn/guowuyuan/vom/2016-02/04/content_5039182.htm.

第四篇　战略与对策
第十三章　抓机遇，用好"六期叠加"

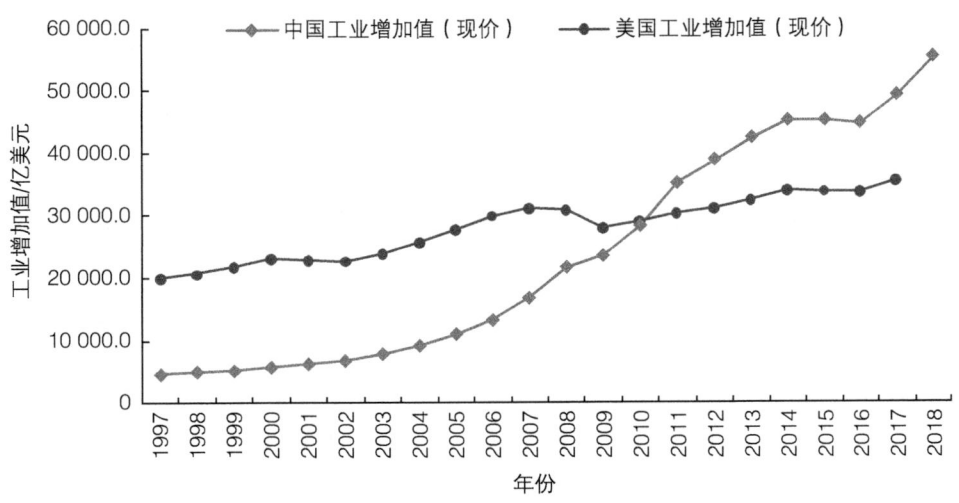

图 13-1　1997—2018 年中美工业增加值

数据来源：世界银行，2019 年 10 月。

（三）发展速度：具有工业化后期特征

中国工业化经历了迅速崛起、调整、高速发展的扩张阶段，增长速度已经由 10% 以上降到 6%～7%，增速明显下降，这是工业化后期的重要特征（图 13-2）。从工业发展方式分析，依靠资金、土地、廉价劳动力等要素驱动的阶段基本结束或已经结束，外延式增长正在向内涵式增长转变，创新成为推动工业持续发展的最重要的动力。

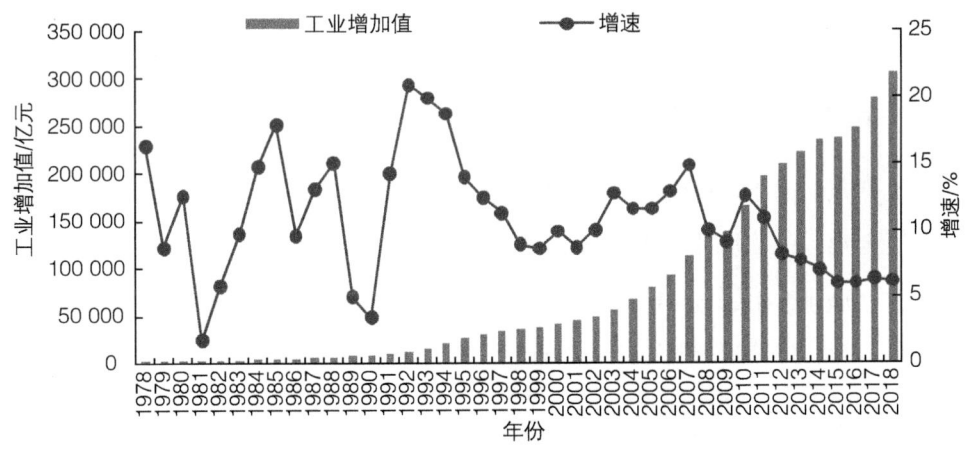

图 13-2　中国工业增加值变化（1978—2018 年）

数据来源：国家统计局，2019 年 10 月。

（四）城镇化率：处于工业化中期

城镇化率超过60%是工业化后期的重要指标。根据中国国家统计局《统计公报》显示，截至2018年年底，中国大陆总人口139 538万人，城镇常住人口83 137万人，占总人口比重（常住人口城镇化率）为59.58%，其中，户籍人口城镇化率为43.37%（图13-3）。若按照常住人口城镇化率判断，中国处于工业化中期阶段；但若按户籍人口城镇化率分析，中国要达到工业化后期还需要15～20年的时间。

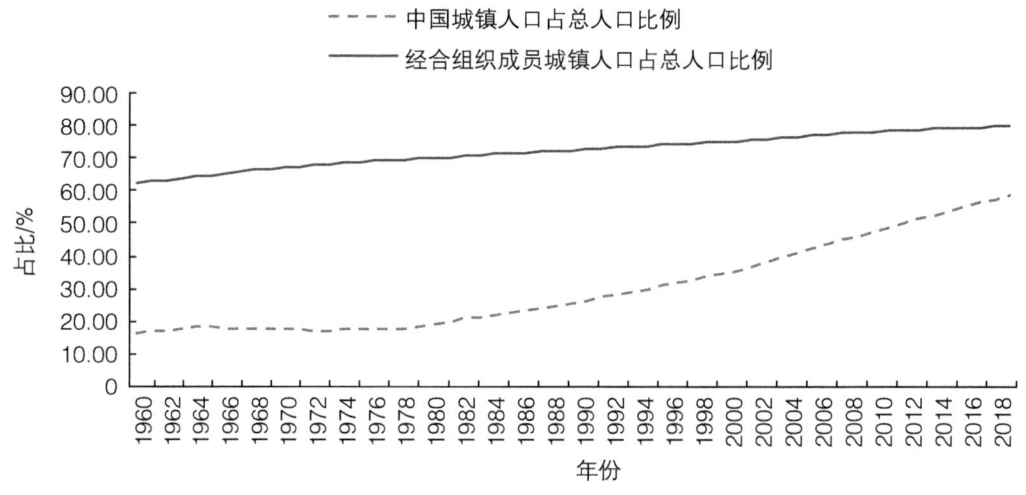

图13-3　中国城镇人口和经合组织成员国城镇人口占比

数据来源：世界银行，2019年10月。

（五）供求关系：处于工业化中期

产能过剩是工业化后期的一个重要特征。中国工业部门普遍出现了产能过剩，有些产品甚至出现了相对国际市场需求的产能过剩。从市场供求关系分析，中国已经进入工业化后期。但是，中国工业产能过剩很大程度上是相对消费能力的过剩，占户籍人口一半以上的农村人口对工业产品的需求还没有得到满足，汽车、空调、冰箱，甚至抽水马桶还没有广泛进入广大农村家庭。因此，传统工业产能相对城市需求过剩，农村需求还没有饱和，而高端产品的城市、农村需求都没有饱和。因此，从市场长远供求关系分析，中国仍然处于工业化的中期。

（六）技术水平：处于工业化中后期

工业化是一个动态的现代化过程，不同阶段、不同国家都有不同的优势与困难。中国工业体系在国际的比较优势是规模大、体系全，劣势则是技术水平低、效益低、竞争力下降、环境问题突出，中国工业2.0、3.0的基础还不是十分牢固，要迎接工业4.0的挑战，需要采取工业2.0、3.0、4.0齐头并进的技术路线。因此，从工业技术水平、效益分析，中国还处于工业化中后期，需要补上工业2.0、3.0的课，在此基础上加速推进工业4.0。

当前，美国提出"重建制造业"，德国推进"工业4.0"，中国进入工业化后期的任务极其繁重。工业化后期绝不意味着工业任务基本完成，而是面临着更新、更高、更紧迫的任务，旧的发展思路、发展方式、发展动力都不能持续，需要体制创新、技术创新、商业模式创新、发展战略创新，走出一条具有中国特色的新型工业化道路。加速中国制造向中国创造转变，建设制造业强国。

二、信息化中中期

信息技术引领的科技革命与产业革命方兴未艾，特别是人工智能、区块链正在把信息技术、数字经济推向更高的发展阶段，一些专家认为人工智能是信息之后的又一次科技革命，还有专家认为区块链可能会颠覆当前的货币体系，有的专家甚至认为未来机器人可能会统治人类。我们赞同多数专家把信息化分为"数字化、网络化、智能化"3个阶段，初期为个人计算机发展阶段，中期为网络化阶段，分为互联网、物联网两个分阶段，后期为智能化与机器人阶段（表13-2）。

表13-2 信息化阶段划分的主要指标

主要指标	初期 （数字化时代）	中期 （网络化时代）	后期 （智能化时代）
主要标志	个人计算机普及率50%左右	网络普及率50%以上	智能化设备普及率50%左右
所处时间	1946—1980年	1980—2030年左右	2030—2050年前后

续表

主要指标	初期 （数字化时代）	中期 （网络化时代）	后期 （智能化时代）
核心技术	数字化、集成电路、软件开发	网络传输、无线传输、传感器、大数据、物联网	人工智能（AI）、虚拟现实（VR）、脑机接口
主导产品	个人计算机、笔记本电脑、大型计算机	服务器、计算机、智能手机、超级计算机	E级计算机、智能机器人、智能家电、智能可穿戴设备
主要作用	提升计算能力	信息互联，催生新业态	倍增人类脑力、体力
经济效益	计算机制造成为支柱产业之一	网络经济成为支柱产业，互联网+、+互联网、物联网	智能机器人、智慧城市、智慧医疗、智慧农业等
社会效益	工作效率提高	引发文化、伦理变化，催生新社会治理体系	引发就业结构，促进治理变革

关于信息化阶段划分及其标准，目前还没有统一、公认的指标体系与阶段定位。我们研究认为，中国正处于信息化中期的中期，网络化基本完成前半程，正在进入物联网崛起的阶段。

（一）计算机基本普及，增速下降

2006—2015年，全球个人计算机的出货量累计达30.97亿台，全球平均每两人一台计算机。国际数据公司（IDC）研究报告显示，个人计算机出货量已经处于下降通道：2018年全球个人计算机出货量约为4.07亿台，下滑大约3.9%。IDC《2018年个人计算设备及2022年的预测》报告还显示：未来4年里，传统个人计算机出货量将下跌0.9%，平板电脑出货量将下滑3.5%。计算机出货量持续下降，表明个人计算机高速发展的阶段已基本结束，产业拐点已经形成，已经进入平稳增长阶段，计算机已经广泛应用于工作、生活、社会等各个领域，信息化第一阶段的任务已经完成。

（二）互联网普及率超60%，物联网正在崛起

判断信息化阶段的重要指标之一是网络化水平。《"数字2018"互联网研究报告》显示，全球网民总数已超40亿人（约为40.21亿人），占全球76亿人口的

52.9%①。中国已成为全球第一互联网大国，中国互联网络信息中心（CNNIC）发布的第 44 次《中国互联网络发展状况统计报告》显示，截至 2019 年 6 月，中国网民规模达 8.54 亿人，较 2018 年年底增长 2598 万人，互联网普及率达 61.2%；手机网民规模达 8.47 亿人，较 2018 年年底增长 2984 万人，网民使用手机上网的比例达 99.1%；IPv6 地址数量世界第一。这些数据显示，中国已经进入信息化中期阶段，即互联网阶段，但中国物联网还处于起步阶段，还没有广泛进入生产、生活，远远没有到"物联网+"时代，各种物品与人类还没有形成互动、联动的新格局。因此，信息化还处于中中期。

（三）智能化不断突破，信息化迈向高级阶段

当前，网络时代的第二阶段——物联网阶段正在来临，正在进一步推动经济、社会、文化等领域的深刻变革，而以机器学习、深度学习、人脸识别、语言再现、图像再现、智能机器人、智能家电、智能穿戴设备等技术，特别是意识控制机器、脑机接口、人体芯片等智能技术不断取得重大突破，必将给农业、工业、医疗、科研、金融、公共安全，乃至国防带来极其深远的影响，人工智能技术正在把信息化推向第三阶段。也有专家认为智能化是信息化之后的又一个科技革命，我们认为智能化的核心技术仍然是"硅基（片）"上按照"01"规则，是信息化的第三阶段或高级阶段，而下次科技革命应该是在"碳基"上按照"AGCT"排列规则进行的科技革命。

三、城镇化中前期

城镇化是国家现代化的标志，是工业化的必然产物。许多发达国家工业化与城镇化是同步进行的，但中国走出了一条差异化发展的道路，工业化过程中长期雇用 2 亿～3 亿名农民工，形成了一个特有群体，工业化先行、城镇化滞后，工业化处于中后期，而城镇化还处在中前期。

---

① 全球网民人数已超 40 亿 [EB/OL].[2018–01–31]. 搜狐科技 .http://www.sohu.com/a/220117169_465976.

差距经济学：中美经济与省区经济的差距及走势

国际上通常把城镇化分为初期、中期、后期3个阶段，城镇化率30%以下为初期，30%～70%为中期，70%以上为后期。根据国家统计局公布的数据，中国2018年常住人口城镇化率为59.58%，按此指标中国处于城镇化中期水平，但户籍人口城镇化率只有43.37%，低于发达国家80%的平均水平，也低于类似发展中国家60%的平均水平，实际上处于城镇化的中前期。

以北京市为例，我们测算，北京市城镇化的一些指标是全国平均值的2～4倍。未来20年，若全国地级城市基础建设达到北京市目前的水平，全国城镇化率每年提高1个百分点，将达到72%～75%，中国城镇化将拥有30万亿元左右的潜力（表13-3）。

表13-3 中国城镇化潜力分析（2017年）

	指标	全国	北京	北京/全国
土地	人均耕地面积/亩	1.46	1.49	1.02
	人均住房面积/平方米	40.8	32.38	0.79
	人均公园绿地/平方米	14.01	16.2	1.16
	每万人拥有公共厕所/座	2.77	2.81	1.01
交通	人均城市道路面积/平方米	16.05	7.44	0.46
	每万人道路长度/公里	2.86	3.87	1.35
	每万人拥有公共交通车辆/标台	14.73	26.55	1.80
能源	人均天然气生活消费量/立方米	26.2（2015）	75.17（2016）	2.87
供水	人均日生活用水量/升	178.89	188.01	1.05
教育	每百万人拥有普通高等学校/所	1.89	4.24	2.24
	每百万人拥有高中学校数/所	9.75	14	1.44
	每百万人拥有普通小学学校数/所	120.14	45.32	0.38
生态	建成区绿化覆盖率	40.9	48.4	1.18
医疗	每万人拥有卫生机构/个	7.1	4.6	0.65
	每万人拥有执业（助）医师数/人	24	43	1.79
	每万人拥有注册护士数/人	27	48	1.78

续表

	指标	全国	北京	北京/全国
医疗	每万人拥有医疗机构床位数/张	57.22	55.58	0.97
	人均卫生总费用/万元	3783.83	9429.73	2.49
	人均预期寿命/年	76.7	82.15	1.08
收入	人均消费性支出/元	18 322.15	37 425.34	2.04
	人均储蓄/万元	3.49	13.34	3.82

四、新科技革命前期

信息科技革命之后，什么技术、哪个国家将引领新科技革命？新科技革命对经济社会发展，乃至人类自身有什么影响？国内外有几种不同的观点（表13-4）。

一是认为信息技术、生物技术、材料技术等技术共同引领的新科技革命正在形成；二是认为智能化将引领新科技革命；三是认为知识经济是网络经济之后的新经济增长点；四是认为材料科学将引领新科技革命，但近年来持这种观点的专家明显减少；五是认为低碳经济、绿色经济是未来经济发展方向。我们在2000年就提出"生物技术将引领下一次科技革命，第四次浪潮（生物经济）即将来临"，生物经济将是网络经济之后的又一个经济增长点，生物经济的市场规模将是网络经济的10倍左右。兰德公司2006年也提出生物技术将引领新科技革命。这一观点已经得到联合国、联合国教科文组织、联合国粮农组织、世界卫生组织等国际组织和学术界的广泛认同，美国、德国、英国、日本等政府先后发布《国家生物经济蓝图》等文件。

差距经济学：中美经济与省区经济的差距及走势

表 13-4　国内外有关新科技革命与产业革命的主要观点

内容	主要观点
信息（网络、数字）经济	托夫勒：第三次浪潮（1970 年） 塔普斯科特：数字经济（1990 年） 尤瓦尔：算法统治人类（2016 年）
知识经济	经合组织：知识经济（1996 年） 彼得·斯旺：创新经济学（2012 年）
新工业革命	德国：工业 4.0（2010 年） 里夫金：第三次工业革命（2012 年） 施瓦布：第四次工业革命（2014 年）
生物经济	王宏广：生物技术将引领第四次浪潮（2001 年） 兰德公司：生物技术将引领新科技革命（2006 年） 德国：生物经济研发战略 2030（2011 年） 美国：生物经济蓝图（2012 年 6 月） 欧盟：欧洲生物经济的可持续创新发展（2012 年 2 月） 日本：生物产业立国（2006 年）
低碳经济	罗马俱乐部：增长的极限（1972 年） 林肯·西蒙：没有极限的增长（1981 年） 联合国：可持续发展（1987 年） 布莱尔：低碳经济（2003 年） 循环经济 绿色经济

五、乡村振兴加速期

近 7 亿人口居住的城市发展了，但是，近 7 亿人口居住的农村怎么办？农村空心化、农业萎缩化、农民老龄化、农田荒芜化等问题在许多地方已经十分突出，亟待解决。2017 年，党的十九大报告提出乡村振兴战略，明确了"产业兴旺、生态宜居、乡风文明、治理有效、生活富裕"的总要求，对统筹推进农村经济建设、政治建设、文化建设、社会建设、生态文明建设做出了全面部署，开启了农业农村工作的新篇章。2018 年 2 月，中共中央国务院发布了《关于实施乡村振兴战略的意见》，明确提出了乡村振兴的"七个之路""五个振兴"，进一步指明了未来农村发展的方向与重点。2018 年 9 月，中共中央国务院印发《乡村振兴战略规划（2018—2022 年）》，明确了中国到 2020 年全面建成小康社会和 2022 年召开党的二十大时的乡村振兴目标任务，细化实化工作重点和政策措施，部署重大工程、重大计划、重大行动，确保乡村振兴战略落实落地。在 2019 年 2 月的中央一号文件发布会上，中央农村工作领导小组办公室主任、农业农村部部长韩长赋提出了要围绕实施乡村振兴战略已经明确的时间表、路线图和任务书，逐项明确阶段性工作举措，推动乡村振兴一年一个新进展。2019 年 6 月，国务院又发布了《关于促进乡村产业振兴的指导意见》，提出了"力争用 5～10 年时间，农村一二三产业融合发展增加值占县域生产总值的比重实现较大幅度提高，乡村产业振兴取得重要进展"的目标任务。这个文件是以往政策的集成、延伸、拓展、细化和实化，标志着中国乡村振兴已全面进入加速发展的好时期。

六、美国遏制加速期

美国遏制中国崛起已进入加速期，贸易战是序幕，国力战是目标，科技战是本质，人才战是核心，网络战、货币战、粮食战、石油战、军事战等都是可能的手段。美国遏制中国崛起的力度可能会逐步加大，一要遏制中国崛起成为第一经济大国，二要遏制中国社会主义市场经济体制颠覆美国发展理念与模式。美国一些政客正在运用一切可能的途径，包括贸易、科技、人才、意识形态，以及对中国香港、台湾、新疆等问题横加干涉，制造新的"第二经济大国陷阱"。美国不会容忍超越，中国不会放弃发展，中美竞争将是长期、复杂、反复的过程。美国政府要"全政府"遏制中国崛起，我国必须要贸易战真相不误判、走向不幻想、应对不懈怠、措施不疲软。毫无疑问，改革开放以来，中国面临的巨大挑战是应对美国发动的贸易战。压力就是动力，贸易战打醒了我们：核心技术买不来，丛林法则仍然存在，当今世界不可能独身自好。但从另一个角度讲，贸易战也是促使中国大幅度提升科技创新，进一步改革开放的一个机遇，迫使中国走出一条差异化发展道路，绝不能像其他第二经济大国那样衰落下去，而是要成为 129 年来第一个不衰落的第二经济大国，这是一条事关民族伟大复兴的差异化发展道路。

第十四章
找差距，寻找经济质量短板

中国经济总量已居世界第2位，经济数量不足的问题基本解决，经济质量不高的问题成为主要矛盾，然而造成质量不高的原因是多方面的，不同机构、专家从不同角度给出了不同的研究结果。第一种观点认为工业化、全球化、劳动力等三大红利减弱是根本原因；第二种观点认为科技创新等新动能不足，转变发展方式想法多、办法少是主要原因；第三种观点认为工业产能过剩、利润下降、投资减少、速度下滑，进入了低效率、低投入、低速度的不良循环，是经济质量不高的重要原因。

我们的研究表明，经济质量不高主要有3个原因：一是创新能力不足，高效益的产业占比低；二是经济要素匹配失衡、浪费严重、效率下降；三是盲目跟风，产业雷同、产品雷同，差异化发展意识不强、能力不够。经过40年快速增长之后，经济新阶段不但面临工业产能过剩、技术创新能力弱、政府债务增加、金融风险增加、民间投资下降、就业压力增大等内部问题，也面临全球性金融危机持续、中美贸易摩擦、稳定人民币汇率难度加大、高科技产业合作受阻、出口贸易增速下降等国际问题。

一、供需不平衡，第二产业过剩、第三产业滞后

产能过剩导致大量经济资源浪费是造成当前经济质量不高的主要原因之一。当前，中国各产业供需矛盾的基本格局是：第一产业不足、第二产业过剩、第三产业滞后。第一产业不足，是指中国进口国外大豆等产品，相当于国内近9亿亩耕地的产量；第二产业过剩，是指第二产业主要产品相对过剩，500多种工业产品产量世

界第一,许多产品已经出现国际市场饱和;第三产业滞后,是指第三产业短板明显,许多第三产业行业人均消费量仅为美国的 5% 左右。经济增速与效率的下降,主要是第二产业增速、效益的下降,第二产业增速与利润率均进入 6% 的时代,约为工业发展高峰期的速度与效益的一半。

2012 年中国经济进入新常态以来,经济增速由 2012 年的 10%,下降到 2018 年的 6.8%,下降了 3.2 个百分点。从三次产业分析,第一产业持续保持中低速增长,第三产业增长速度有所提升,导致经济下降的主要原因是第二产业增长下降,制造业产能过剩,房地产行业转型,土地财政的不可持续使一些地方出现财政危机,地方债务持续增长,依靠转移支付维护"吃饭财政"(表 14-1)。

表 14-1 2011—2018 年中国产业结构变化

年份	第一产业占比	第二产业占比	第三产业占比	第一产业增速	第二产业增速	第三产业增速
2011	9.2%	46.5%	44.3%	4.2%	10.7%	9.5%
2012	9.1%	45.4%	45.5%	4.5%	8.4%	8.0%
2013	8.9%	44.2%	46.9%	3.8%	8.0%	8.3%
2014	8.7%	43.3%	48.0%	4.1%	7.4%	7.8%
2015	8.4%	44.1%	50.5%	3.9%	6.2%	8.2%
2016	8.1%	40.1%	51.8%	3.3%	6.3%	7.7%
2017	7.6%	40.5%	51.9%	4.0%	5.9%	7.9%
2018	7.2%	40.7%	52.2%	3.5%	5.8%	7.6%

(一)农业产能明显不足

根据世界银行统计,中国已成为世界第一农业大国。但是,从中国当前的农业制度上来看,农业制度从最开始的家庭联产承包责任制到农业税的取消,再到实施"三补贴"政策(农资补贴、种粮直补、良种补贴),在农业制度的供给上,中国采取的是渐进式的模式,但是这种模式会造成路径依赖和产生滞后性;农业技术创新力度仍然不够,对农业科研成果的推广重视不够、经费投入主体单一;农业劳动力素质整体偏低,农村劳动力初中及以下文化者占比高达 88.3%,中专、大专及以上文化者仅占 0.5% 左右，中国农村劳动力平均受教育年限仅为 7 年。因此，相对于高质量的农产品需求，现代农业产能不足问题也越加凸显。

（二）工业产能相对过剩

工业产能过剩、效率下降是限制当前经济高质量发展的主要因素。国际货币基金组织的国别评估报告显示，中国工业产能利用率在 2008 年金融危机之前稍低于 80%，危机中政府推出 4 万亿元财政刺激计划以后，工业产能利用率降到约 60%。《2012 年中国工业经济运行上半年报告》的数据显示，中国制造业平均有近 30% 的产能闲置，约 35.5% 的制造业企业产能利用率低于 75%。造成中国工业产能过剩的主要原因是供给侧的投资过度、投资结构性失衡，需求侧的消费不足、出口减少[1]。然而，中国经济增速、效益的下降，主要是第二产业增速、效益的下降，导致第二产业增速、效益"双降"的直接原因是产能过剩，而间接原因是多方面的，有消费增长低于生产增长的问题，有出口贸易增速下降的问题，也有发展不平衡、低收入人群消费能力低的问题，更有技术创新慢、产业升级慢的问题。因此，对这些问题进行定量分析，找出问题的根源，对症下药，是当前经济发展最迫切需要解决的问题。

（三）服务业发展明显滞后

中国国家统计局数据显示，2018 年第三产业占 GDP 的比重达 52.2%，远超第一产业和第二产业占比 7.2% 和 40.7%。目前，服务业已成为中国第一大产业，各种新业态、新商业模式层出不穷，但相关的监管措施并没有动态跟进，服务领域的供给不足成为制约中国居民幸福指数提升、产业转型升级的重要"瓶颈"。

作为产业结构演化的主要方向，服务业承载未来经济增长和吸纳就业的重要任务。服务业发展的滞后严重制约中国经济转型和产业升级。国务院 2014 年出台的《关于加快发展生产性服务业促进产业结构调整升级的指导意见》明确提出，生产性服务业发展相对滞后、水平不高、结构不合理等问题突出，亟待加快发展。加快发展

---

[1] 张林. 中国式产能过剩问题研究综述 [J]. 经济学动态，2016（9）：90–100.

生产性服务业，是向结构调整要动力、促进经济稳定增长的重大措施，既可以有效激发内需潜力、带动扩大社会就业、持续改善人民生活，又有利于引领产业向价值链高端提升。

（四）新兴产业巨大潜力未能释放

新兴产业占GDP比重低，是经济质量不高、效益不高的重要原因。2018年规模以上工业中，战略性新兴产业增加值比上年增长8.9%，规模以上服务业中，战略性新兴服务业营业收入比上年增长14.6%。新能源汽车产量115万辆，比上年增长66.2%；智能电视产量11 376万台，增长17.7%。全年网上零售额90 065亿元，比上年增长23.9%。

二、区域不协调，省区差距仍然在扩大

区域发展不平衡、不协调，经济要素过多集中在部分地区，导致运输成本、消费成本、劳动力生活成本的大幅度上升，是导致经济质量不高的又一个重要原因。

（一）经济要素过多集中在东部

区域发展不平衡，落后地区增长潜力未能充分挖掘是限制经济高质量发展的主要因素。改革开放后，东部沿海地区抢占了先机，资金、技术、人才、优惠政策等经济增长要素长期向东南沿海地区集中，东西差距、南北差距不断扩大，西部地区许多地方财政基本上是依靠转移支付的"吃饭财政"，造血功能很弱，区域不平衡、不协调已成为中国经济高质量发展的最重要限制因素之一。

经济大省占全国GDP的比重持续增长（表14-2）。广东省GDP占全国GDP的比重由"八五"期间的7.80%，增加到2017年的10.59%，增加了2.79个百分点；同期江苏省由7.90%增长到10.14%，增加了2.24个百分点；浙江省由5.10%上升到6.11%。广东、江苏、山东三省GDP总和占全国GDP的比重则由"八五"期间的23.60%，增长到2017年的29.30%，上升了5.70个百分点。表明经济大省GDP占全国GDP的比重大幅增加，相反，经济总量较小的10个省区的GDP总和占全

差距经济学：中美经济与省区经济的差距及走势

国 GDP 的比重，由"八五"期间的 14.00%，下降到 2017 年的 10.63%，下降了 3.37 个百分点。

表 14-2 "八五"以来不同省市区 GDP 占全国 GDP 的比重

序号	省市区	"八五"	"九五"	"十五"	"十一五"	"十二五"	2017年
1	广东	7.80%	10.00%	10.40%	11.20%	11.00%	10.59%
2	江苏	7.90%	8.60%	8.70%	9.00%	9.40%	10.14%
3	山东	7.90%	8.40%	8.50%	8.80%	9.20%	8.57%
4	浙江	5.10%	5.80%	6.20%	6.70%	6.50%	6.11%
5	河南	5.20%	5.00%	5.20%	5.10%	5.30%	5.26%
6	四川	4.70%	4.40%	4.10%	3.80%	3.80%	4.37%
7	湖北	4.50%	3.90%	3.70%	3.40%	3.50%	4.19%
8	河北	4.80%	4.90%	5.10%	5.00%	4.80%	4.02%
9	湖南	4.00%	3.70%	3.70%	3.40%	3.50%	4.00%
10	福建	2.60%	3.40%	3.80%	3.50%	3.30%	3.80%
11	上海	4.60%	4.30%	4.60%	4.70%	4.20%	3.62%
12	北京	2.80%	2.60%	2.90%	3.50%	3.40%	3.31%
13	安徽	3.50%	3.00%	3.00%	2.80%	2.70%	3.19%
14	辽宁	6.10%	5.40%	4.70%	4.20%	4.10%	2.76%
15	陕西	2.20%	1.90%	1.80%	1.90%	2.20%	2.59%
16	江西	2.30%	2.10%	2.10%	2.00%	2.10%	2.36%
17	重庆	1.80%	1.80%	1.90%	1.80%	1.70%	2.29%
18	广西	2.20%	2.60%	2.30%	2.00%	2.10%	2.19%
19	天津	1.80%	1.60%	1.70%	1.90%	2.00%	2.19%
20	云南	2.10%	2.20%	2.20%	1.80%	1.70%	1.93%
21	内蒙古	1.80%	1.60%	1.50%	1.80%	2.50%	1.90%
22	黑龙江	3.90%	3.60%	3.30%	2.90%	2.50%	1.88%
23	山西	2.20%	1.90%	1.90%	2.00%	2.10%	1.83%
24	吉林	2.40%	2.10%	1.90%	1.90%	1.90%	1.76%
25	贵州	1.40%	1.20%	1.10%	1.00%	1.00%	1.60%
26	新疆	1.30%	1.50%	1.30%	1.30%	1.20%	1.28%
27	甘肃	1.40%	1.10%	1.10%	1.00%	0.90%	0.88%

第四篇 战略与对策
第十四章 找差距，寻找经济质量短板

续表

序号	省市区	"八五"	"九五"	"十五"	"十一五"	"十二五"	2017年
28	海南	0.50%	0.70%	0.50%	0.50%	0.50%	0.53%
29	宁夏	0.30%	0.30%	0.30%	0.30%	0.40%	0.41%
30	青海	0.40%	0.30%	0.30%	0.30%	0.30%	0.31%
31	西藏	0.20%	0.10%	0.10%	0.10%	0.10%	0.15%

省区之间发展不平衡、不协调，既限制了落后地区经济潜力的释放，又制约了经济的高质量发展。例如，珠江三角洲历史上是中国重要的粮食产区，属于一年三熟耕作区，粮食亩产量是东北、西北一熟耕作区的3倍左右，也就是说，针对粮食产量而言，珠江三角洲占用1亩耕地，就相当于东北、西北减少了3亩耕地。珠江三角洲地区大量耕地被征用，一方面导致粮食安全压力进一步增大；另一方面大量制造业集中在东南沿海地区，造成大量人口迁徙。据《中国流动人口发展报告2017》的数据显示，2016年中国流动人口2.45亿人，其中，跨省流动人口1.34亿人。父母一方外出务工的农村留守儿童曾经达到6100多万人，2016年父母双方外出务工的农村留守儿童为902万人，2018年降为697万人。大量流动人口导致交通、住房、留守儿童、空穴老人、医疗及社会保障等众多社会问题。如果进一步加大对中西部省区制造业发展的支持，则能够缓解区域发展不协调、不平衡的问题，一定程度上能够缓解交通、就业、上学等社会问题，更重要的是能够促进全国经济要素的合理匹配，提高经济发展质量。

人均收入不平衡，低收入人群消费潜力未能充分释放是经济高质量发展的重要限制因素。国家统计局资料显示，2002年中国高收入人群与低收入人群的人均现金消费支出分别为13 040.7元和3453.6元，相差3.8倍。2012年高收入人群与低收入人群的人均现金消费支出分别为37 661.7元和7301.4元，相差5.2倍，十年间差距扩大了1.4倍。占户籍人口一半以上的农民，人均可支配收入刚刚达到14 617元，这其中不仅包括了吃、住、行、医、上学、养老、人情等生活费用，而且包括了购买种子、化肥、农机等生产费用。2018年城镇居民与农村居民人均可支配收入分别为39 251元和14 617元，城乡差距近3∶1。而城市纯收入基本是生活费用，如果

农村居民生产费用占纯收入的1/3，城乡纯收入差距实际上在4∶1左右。因此，低收入人群消费能力低是导致工业产能过剩的一个重要因素。当前工业产能过剩是相对购买力的过剩，是相对过剩，不是绝对过剩。

（二）西部与东部差距仍在扩大

1999年，为促进西部地区的经济发展和缩小东西部地区之间的经济差距，实现共同富裕，我国政府开始实施西部大开发战略。但是，实施西部大开发战略20年以来，除云南、四川、新疆、重庆、贵州、广西和陕西GDP增速提高以外，西部地区其余省份增长缓慢且全国排名普遍下降。东西部地区的恩格尔系数虽然整体有所下降，但是差距并没有缩小，也就是说，东西部地区居民生活水平差异并未出现大幅度改善，东西部地区差距仍然逐年扩大。

省区经济发展差距仍在扩大。2017年广东省GDP占全国GDP的10.59%，相当于经济总量较小的10个省区的总和（10.63%）。1978年广东、江苏两省的GDP分别是甘肃省的2.9倍和3.9倍，2017年扩大到11.5倍和12.0倍（图14-1）。2008年金融危机以后，甘肃省与广东、江苏两省的经济差距曾经出现缩小趋势，但2014年之后，差距进一步加大。

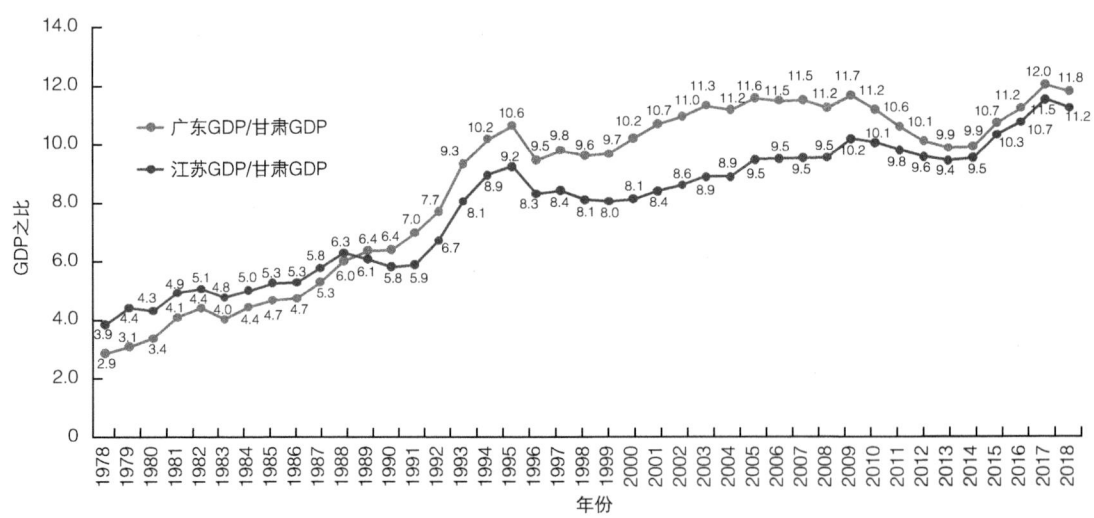

图14-1　广东、江苏两省与甘肃省GDP比较

（三）东北振兴遭遇发展瓶颈

作为中国老工业基地，东北地区工业下滑和服务业发展缓慢，导致东北地区经济增速与地位明显下滑。东北地区经济增速放缓幅度明显大于其他地区且呈现断崖式下降。1978—2017年，辽宁省、吉林省和黑龙江省的GDP增长倍数均低于东部、中部和西部地区。长期以来，在计划经济模式下，东北地区干部群众的思想观念、改革创新意识远远落后于形势发展的需要。改革创新意识不浓，许多改革举措没有积极争取先行先试，即便有的改革举措在沿海发达地区已经积极推广，东北地区在运用方面依然滞后，缺乏改革创新意识。东北地区开放程度也偏低，营商环境和国际先进水平与发达地区相比仍有明显差距。

三、原始创新能力弱，新产品开发弱

创新是一个国家和民族的灵魂，是经济发展的真正源动力。尽管中国的创新能力显著提高，但是仍存在较大的提升空间，很多核心技术仍然未能掌握在自己手中，面临被制约的窘境。中国在自然科学领域的诺贝尔奖获得者仅有1人，与美国、日本等国家相差甚远。调整创新目标导向，提高创新质量是未来一个时期创新发展的一项重要任务。

（一）论文和专利数量多、质量低的问题仍然很突出

中国的研发投入总量已经居世界第2位，据《中国科技统计年鉴》显示，2018年全国研究与试验发展经费19 677.9亿元，比上年增加2071.8亿元，增长11.8%；研究与试验发展经费投入强度（投入经费与GDP之比）为2.19%，比上年提高0.04个百分点。全社会研发经费占GDP的比重早已高于发展中国家，但是需要清醒地认识到，中国目前整体的创新质量和水平仍有待进一步提高，在创新领域方面存在重数量、轻质量的现象。2016年中国发表的科技论文数量超过美国，居世界第1位，但是相当多论文的科学水平和创新价值较低。据统计，国际上那些收取高额版面费的SCI刊物，主要作者大多来自中国。另外，据《2018年世界知识产权指标》报告显示，2017年中国商标、工业品外观设计、专利等各类知识产权的申请量均居世界

第1位，中国国家知识产权局受理的专利申请数量达到了创纪录的138.2万件。但是，中国专利质量总体水平还不高，大部分专利集中在电子通信领域，而光学、运输、半导体、基础通信程序、医学技术等领域的专利分布量并不大，专利未能有效保护科技创新成果，对产业转型升级和经济社会发展的有效支撑力度还不够。

（二）企业创新能力弱，大量技术仍然受制于人

企业是技术创新的主体，中国企业创新能力大幅度提升，企业创新意识明显增强、投入明显增加、能力明显增强、效率明显增强，但企业创新能力仍然不高，是经济质量不高的最重要原因。

1998年，中央国有机关机构改革，10个工业部门所属的科研机构整体向企业转制，带动了科研院所向企业转制，中央级民口院所已有一半完成了企业化转制，地方也有近900家开发类院所完成了企业化转制。与此同时，大量企业投入资金创办、合办科研机构，外资企业在中国创办研发机构，极大地推动企业转变为技术创新的主体。目前，企业已经成为研发投入的主体、成果转化的主体、成果分享和风险承担的主体、专利的主体。

第一，企业已成为研发投入的主体。2019年，中国企业研发经费占全社会研发经费的75.9%，这一比例已经超过美国（74%）、日本等发达国家，中国已经成为世界上企业研发投入占全社会研发投入比重最高的国家。

第二，企业已成为成果转化的主体。随着中国经济体制、科技体制的不断完善，科技成果基本上都是通过企业转化的，通过非企业单位转化的极少。高等院校、科研院所、小微企业的科研成果通过技术转让，或者创办、合办公司等方式进行转化；大型企业在自主、合作研发的同时，面向社会收购科技成果并进行转化。

第三，企业已成为技术发明的主体。企业与科研院校合作研发，科研院校牵头发表学术论文，企业负责研发投入、承担投资风险。以企业为主申报发明专利，并负责成果转化，已成为科技创新的新模式。2017年中国发明专利申请量为138.2万件，企业所占比重已达63.3%；同年国内发明专利授权量为32.7万件，企业占66.4%。

第四，企业已成为科技投入和实施的主体。一是从高科技投入总量看，2018年

全国共投入研究与试验发展经费19 677.9亿元,其中,各类企业经费支出15 233.7亿元;政府属研究机构经费支出2691.7亿元;高等院校经费支出1457.9亿元。企业、政府属研究机构、高等院校经费支出所占比重分别为77.4%、13.7%和7.4%。二是从投资主体来看,2018年中国研究与试验发展经费投入的三大主体,企业、政府属研究机构和高等院校对研究与试验发展经费投入增长的贡献分别为75.9%、12.4%和9.3%,企业依然是全社会研究与试验发展经费投入增长的主要拉动力量。三是从研发项目承担单位看,企业逐步成为研发的主体。《国家重点研发计划2017年度实施情况》报告显示,中国2017年新立项的1310个重大研发计划项目中,企业承担了334个,占总数的25.5%。由此可见,企业已经成为科技项目的执行主体。

虽然中国高技术产业发展总量持续攀升,产业规模不断扩大,但在全球产业价值链分工体系当中,中国高技术产业却位于全球产业价值链的中低端。同时,高技术产业的高端人力资源较为匮乏,研发经费投入强度与发达国家相比也处于较低水平,无法向产业价值链高端攀升,加上美国利用贸易摩擦,加紧对中国的技术封锁与"脱钩",目标是使中国企业在产业价值链处于"低端锁定"状态,这是阻碍中国经济质量提高的重要瓶颈因素。

四、经济要素配置不合理,浪费导致低效

当前,导致经济质量不高的主要原因有3个:一是要素缺乏,要素数量不足,经济发展动能不足,如科技创新能力不足;二是要素配置不科学,导致大量要素浪费,投资过高,重复建设;三是不掌握要素配置方法,不知道要素配置的数量关系与比例,如各地区都在优化经济结构,但对最合适的经济结构还缺乏准确的答案。因此,经济要素配置不均衡,正在成为经济发展质量不高的最重要原因。

随着供给侧改革、企业创新能力提高、精准扶贫、缩小区域差距等一系列政策与措施的出台与落实,产能过剩、创新能力不强、贫富差距偏大、区域差距扩大等制约经济发展的主要问题已经得到逐步解决或缓解,经济要素配置不合理、不科学、不均衡的问题正在成为发展不平衡、不协调的重要原因,并逐渐成为限制经济高质量发展的最重要因素,必须引起高度重视。炸油条一定要知道几公斤面粉需要几公

斤油，否则就会造成浪费。但经济活动往往比炸油条要复杂得多，人们往往不知道推动经济增长需要哪些要素？各要素之间的比重如何？经济要素匹配不合理，必然导致有限资源的浪费、效益低下、增长质量不高等问题。但是，要素配置不合理造成的浪费没有引起重视，主要体现在以下3个方面。

（一）产业结构不合理

近年来，中国经济快速发展，产业结构升级也取得了一定进展，三次产业的比例关系不断改善，第三产业所占比重持续上升。但是，随着社会进步、产业结构演变，产业结构演化呈现出"三、二、一"的"轻型化"形态。发达国家第三产业占GDP的比重一般高达60%～80%，第一产业占GDP的比重仅在3%之内。而中国作为世界第二大经济体，产业结构与经济发展水平之间的相称度仍需进一步提高。据国家统计局数据显示，2018年中国三次产业比重为7.2∶40.7∶52.2，产业结构总体上还处于较低水平，第三产业比重偏低，第二产业层次偏低。从地区上看，中国有些发达地区的产业结构确实已经到了很高的发展水平，服务经济不存在"滞后"的现象，第三产业比重过低还是因为产业结构的不合理，产业结构需要在经济高质量发展过程中逐步进行完善和升级。

（二）产品结构不合理

在社会生产过程中，产业结构不合理，其他结构也就难以合理化。例如，产业结构不合理，产品结构就会不合理；产品结构不合理，要素配置和供求结构也会不合理。中国产品结构以低端劳动密集型产品为主，高端技术密集型产品主要依赖进口。所以，产品结构的调整对当前来说也是紧迫与现实的课题。

（三）要素配置不合理

经过40年的改革开放，中国已经确立了社会主义市场经济的地位，但是在很多领域仍存在着市场化程度不高、要素配置不合理的现象。中国经济增长前沿课题组认为，从1992年以后，中国经济增长率中来自全要素生产率的贡献占比在不断减少,从 1992 年的 40% 下降到 2008 年的 10% 左右①。劳动要素配置受到户籍、社会保障等制度的影响,其流动受到极大限制;中国的城乡二元结构,导致劳动力市场出现分割,劳动资源大部分集中于东部地区,而东北和西部地区劳动力特别是高技术人才十分匮乏;用工荒、产能过剩、库存过量等无不折射出现阶段中国生产要素配置的不合理,并对经济社会发展造成不必要的浪费。

五、贸易增速下滑、贸易收入下降

(一)贸易增速下降

2018 年以来,由于贸易保护主义政策的实施及其他风险,全球贸易增速放缓,WTO 最新预测表明,2018 年全球贸易增速为 3.9%,相比 2017 年的 4.7% 有较大幅的放缓。展望 2019 年世界贸易走势,由于影响贸易全球化、自由化的因素仍未消除,贸易保护主义风险尚存,世界贸易仍面临挑战,增速可能还会进一步放缓。外贸是驱动经济增长的"发动机",所以外贸增速下降甚至出现负增长,将意味着外贸无法继续发挥其带动经济发展的作用。据国家海关公布的最新数据显示,2019 年 1—4 月,中国对外贸易进出口总额增长 4.3%。若以美元计价,2019 年前 4 个月,中国对外贸易进出口总额达 1.4 万亿美元,下降 1.1%。其中,出口 7446.1 亿美元,增长 0.2%;进口 6552.1 亿美元,下降 2.5%。

(二)贸易秩序受破坏

自特朗普总统上台以来,美国政府以"美国优先"为由,先后退出了如 TPP、TTIP 等多个贸易组织,并扬言要退出 WTO,同时向中国乃至全球多个国家发起贸易战,随意加征关税。美国发起的全球贸易战,不仅使中国产生损失,而且对诸多间接国家都会产生负面影响。中美贸易摩擦的起因之一是由于中国一直在货物贸易上与美国之间具有较大顺差,而很多货物的生产并不只属于中国,据《经济学人》

---

① 蔡昉. 中国经济增长如何转向全要素生产率驱动型 [J]. 中国社会科学,2013(1):56-71.

杂志测算，中国对美国的商品出口中，30%的附加值由其他向中国出口中间产品的国家取得，日本、韩国、泰国、马来西亚、新加坡、沙特，乃至智利等国都间接受益于中国对美出口，这部分由中美贸易带来的间接收益占到这些国家GDP的1%～2%。2018年7月，美国开始向原产于中国的340亿美元商品加征25%的进口关税，同年9月，美国对原产于中国的2000亿美元商品加征10%的进口关税。美国发起的贸易战，影响了中国相关企业的正常生产经营，增加了企业的经营风险与成本，这种行为给中国和全球多边贸易体制带了极坏的影响，并致使贸易体制受到破坏。

（三）贸易体系面临重构

第二次世界大战结束以来，美国通过主导自由竞争与贸易秩序来维护其经济霸权和实现国家利益。国际贸易体系虽在美国的主导下历经两次调整，但体系中的内生结构性矛盾日益突出，目前贸易体系正面临重构。以WTO为核心的现行国际贸易体系是历史上最深远、最重要的全球经济合作体制，为全球范围内的贸易自由化、世界经济的稳定和发展发挥了非常积极的作用。但是2008年次贷危机对美国经济金融及整个社会造成了严重冲击，由其所引发的逆全球化和美国优先的贸易保护主义思潮日益抬头，尤其是特朗普政府以来，美国政府意识到中国未来会对全球贸易格局造成较大影响，开始着手抛弃WTO多边框架。特朗普政府对国际贸易体系的整体策略是"先破后立，以退为进"，首先激发与美国盟国的经贸矛盾，并对盟国采取贸易摩擦等手段进行施压，以此颠覆现行的WTO贸易框架；然后与每个盟国进行贸易谈判，各个击破，达成双边自由贸易协定，试图构建一个将中国排除在外的国际贸易体系。

第十五章
"新三步",跃居巩固保持世界第一

中国是一个拥有 14 亿人口、人均 GDP 超过 10 000 美元的消费大国,经济体制独特、市场潜力巨大、社会稳定和谐、科技进步提速,只要中国发展不犯颠覆性错误、美国不独享新科技革命成果,中国经济总量超过美国只是时间问题。填平"第二经济大国陷阱",必须长期保持第二大经济体地位,或者跃居世界第一大经济体。我们研究认为采取"新三步"战略,就能填平"第二经济大国陷阱",即发展第三产业"跃居第一",发展新兴产业"巩固第一",建设科技强国长期"保持第一"。

一、发展第三产业,跃居世界第一

第三产业是中国当前及未来 15～20 年占 GDP 比重最大、增长速度最快、市场潜力最大的产业。第三产业有多大潜力?能支撑经济中高速发展多久?我们 2014 年曾预测,到 2020 年,中国第三产业将拥有 20 万亿元的潜力[①]。2019 年进一步预测表明,到 2030 年,第三产业的潜力将在 2020 年的基础上再翻一番半。

2013—2018 年,中国第三产业增加值由 27.79 万亿元增加到 42.59 万亿元,增加了 14.8 万亿元,年均增速为 11%。按此速度,到 2020 年,第三产业增加值将达到 57.9 万亿元,比我们 2014 年的预测数据高 23%。但如果按物价年上涨 3% 计算,则与我们的预测仅相差 4%。与此同时,第三产业占 GDP 的比重由 46.9% 增加到

---

① 王宏广,张俊祥,王革,等.第三产业:差距明显,潜力巨大[N].经济日报,2014-08-18(理论版).

52.2%，增加了 5.3 个百分点，平均每年增加 1.06 个百分点，比我们 2014 年预测的每年 1 个百分点的增长速度仅高了 0.06 个百分点，表明 2014 年我们预测第三产业拥有 20 万亿元的潜力，是比较准确的。

我们预测到 2030 年，即使第三产业年均增速比过去 5 年的年均增速下降 2 个百分点，第三产业仍然拥有近 90 万亿元的潜力，到 2035 年将有 158 万亿元左右的潜力。大力发展第三产业，中国经济不但能够保持未来 15～20 年的中高速增长，而且经济总量有望跃居世界第一。但依靠人口多、消费量大来支撑的第一大经济体，是经济大国，还不是经济强国，更不能认为经济总量超过美国就是综合国力超过美国。

我国第三产业的基本特征如下。

（一）增长最快、比重最大

据国家统计局数据显示，2018 年中国 GDP 达 919 281 亿元，比 2017 年增长 6.6%。其中，第一产业增加值 64 745 亿元，增长 3.5%；第二产业增加值 364 835 亿元，增长 5.8%；第三产业增加值 489 701 亿元，增长 8.0%。第三产业增速是第一产业的 2.3 倍，是第二产业增速的 1.4 倍。2013 年以后的这 5 年，第三产业一直保持最快增速。

2013 年是中国产业结构变化的转折点，第三产业占 GDP 的比例达到 46.9%，第一次超过第二产业成为第一大产业（图 12-2）。根据国家统计局数据，2018 年三次产业占 GDP 的比重分别为 7.2%、40.7% 和 52.2%。从对经济增长的贡献率来看，2018 年三次产业的贡献率分别为 4.2%、36.1% 和 59.7%，三次产业分别拉动经济增长 0.3、2.4 和 3.9 个百分点。第三产业对经济增长的贡献率比第二产业高 23.6 个百分点，比上年提高 0.1 个百分点。

（二）政府关注度高、民众需求量大

无论是从政府、企业的角度，还是从亿万民众需求的角度分析，当前，第三产业都是最受关注的产业。为了调整产业结构，促进经济持续发展，许多省市区把发展第三产业作为调整经济结构的重点来抓。第三产业已经成为政府高度重视、民众真心期盼、企业争相投资的热点产业，健康、金融、保险、电子商务、旅游、休闲、养老等已成为民间投资的重点。

根据中国政府网站的数据，2014年国务院共发布11个涉及第三产业的文件，这是不多见的。近5年来，国务院连续发布了涉及旅游、体育、科技服务、养老、保险、文化、职业教育、贸易流通、投融资等领域的文件，其中，医疗、养老、教育、保险、体育、文化等都是民众迫切需求的行业。针对第三产业产业政策的密集出台，为第三产业发展指明了方向与重点，建立了更加良好的发展环境与政策保障，更重要的是增强了民间资本投资第三产业的信心。在政府加大对第三产业支持的同时，健康旅游、共享经济、现代物流已经成为民间投资最多的领域，极大地促进了第三产业的快速增长。

（三）有望支撑经济增长15～20年

自从2013年第三产业占GDP比重超过第二产业以来，第三产业成为占GDP比重最大、增长速度最快的产业，也是对经济增长贡献最大的产业。在第三产业占GDP比重超过70%之前，第三产业占GDP比重能够保持每年增长1个百分点左右，也就是说，在2035年之前，第三产业将一直是中国经济增长的主要推动力。

（四）能够支撑中国成为第一大经济体

2017年中国第一产业增加值为8300亿美元，是美国2011亿美元的5.4倍，第二产业增加值为37 268.15亿美元，是美国33 202亿美元的1.4倍，第三产业增加值为31 643.5亿美元，是美国125 604亿美元0.42倍。由此可见，中美目前经济总量的差距主要是第三产业的差距，若补上第三产业的差距，中国经济总量就能够超过美国。

国内外有关估算、预测产业发展潜力的方法很多，结果也有所不同。2014年，我们采取GDP增长法、国际类比法、人均消费法等方法进行预测与分析，通过对全国60个行业、7个战略性新兴产业、31个省市区，以及美国等10个国家的经济发展趋势的研究表明，到2020年，中国第三产业将拥有20万亿元的潜力。2019年，我们用同样的方法进行预测，到2030年、2035年，中国第三产业的市场潜力分别为90万亿和158万亿元左右。

第三产业潜力较大的行业是什么？国务院有关文件已经明确了2020年第三产

业部分行业的市场潜力，为未来第三产业的发展指明了重点与方向。其中，2020年健康产业为8万亿元，科技服务业为8万亿元，体育产业为5万亿元（2025年），旅游业为5.5万亿元，信息服务业为3.2万亿元等（表15-1）。我们预测研究表明，到2035年前后，中国第三产业占GDP的比重将达到69%左右，第三产业将会迎来快速发展的"机遇期"，市场潜力较大的行业主要有健康产业、科技服务业、信息服务业、金融业、养老产业、房地产业等。

表 15-1　2020 年中国第三产业主要行业市场潜力

单位：万亿元

行业	2020年潜力	来源	2030年潜力
健康产业	8	国发〔2013〕40号	16
信息服务业	3.2（2015年）	国发〔2013〕32号	10
科技服务业	8	国发〔2014〕49号	16
体育服务业	5（2025年）	国发〔2014〕46号	7
旅游产业	5.5	国发〔2014〕31号	10
养老产业	1.0	作者估算	8

（五）第三产业差异化发展对策与措施

尽管近五年来中国第三产业已经成为发展最快、占GDP比重最大的产业，但总体上讲，第三产业发展处于"落后与滞后并存"的局面。一是不仅远远落后于美国等发达国家，而且落后于印度、南非等发展中国家。发达国家第三产业占GDP的比重都在70%以上，一些发达国家占比已达75%以上，印度2012年第三产业占GDP比重就达到53%，高于中国2017年的水平。二是生产性服务业滞后于第一、第二产业的发展，生产性服务业的潜力远远没有被挖掘出来。三是生活性服务业滞后于人民生活和生态环境改善的需求。加速第三产业快速、持续发展，需要出台一系列差异化发展政策与措施，既要不同于中国改革开放前40年重点支持第一、第二产业的经济政策，又要不同于发达国家采用完全市场化的机制发展第三产业的做法，而是采取政府引导、市场主导的新方式，大幅加速第三产业的发展，使中国在城镇化过程中，依靠第三产业成为世界第一大经济体。

1. 制定第三产业中长期规划，动员全社会力量

发达国家第三产业占 GDP 的比重都超过了 70%，美国第三产业占 GDP 比重超过 80%，出现了产业空心化的问题。中国第三产业占 GDP 多大比重比较适合中国的国情？这是一个需要认真研究的问题。建议在《"十三五"现代服务业发展规划》的基础上，研究制定《国家第三产业中长期发展规划纲要》，明确更长远时期的发展方针、目标、重点、政策与措施，引导第三产业健康发展，增强民间资本和外资长期投资第三产业的信心。第三产业投资周期短、见效快、市场潜力大，对吸引民间投资十分有利，政府在做好规划引导的同时，积极调动民间资本投向第三产业。

2. 大力发展生产性服务业，持续优化经济结构

借鉴国外第三产业发展的做法与经验可以发现，中国生产性服务业发展滞后十分明显，必须大幅提高生产性服务业的水平与规模，优化经济结构，提高经济发展的效率与质量。运用新一代宽带技术、大数据、云计算、人工智能等现代信息技术，大幅提高生产性服务业的科技水平与能力，以生产性服务业为突破口，加速经济结构的根本性转变，提高科学生产、科学生活、科学决策的水平，大幅提升生产性服务业的规模与水平。

3. 大力发展生活性服务业，提高人民幸福指数

在吃、穿、住、行问题基本解决之后，人民生活幸福需求的重点已经转向医疗、旅游、养老、文化、娱乐等领域，要不断创造新产品、新服务、新业态，满足人民不断增长的美好生活需要，这是未来经济发展的主动力。加速制定生活性服务业的标准与规范，把改善民生、缩小贫富差距作为发展生活性服务业的战略措施来抓。建议把健康、信息、科技服务、养老等与民生相关的行业作为第三产业发展的重点，建议像补贴家电消费一样，适当加大对大病救治、养老、低收入人口住房等方面的补贴，既有利于改善民生，又能推动经济发展。同时，切实降低恩格尔系数，缩小贫富差距，释放消费能力。

4. 挖掘 16 万亿元科技服务业的潜力

到 2020 年，科技服务业与健康产业的市场潜力都是 8 万亿元，是当前中国市场潜力最大的两个行业，到 2035 年，科技服务业潜力有望再翻一番，达到 16 万亿元。

迫切需要加速挖掘科技服务业的潜力，盘活海内外"两个科技资源"，大幅提高科技服务业水平与规模。建议实施"新产品战略"，将400万名研发人员保留100万人从事基础研究，调动其余300万人直接为经济发展、民生改善服务，不再考核论文与专利数量，只考核开发新产品的数量及质量。建议千方百计吸引一批"洋人"来华创新创业，缓解中国顶尖人才不足的问题；建议改革人事制度，加速人才流动，允许科技人员"一人多岗"，按岗取酬；建议试行"弹性工资制"，借鉴美国一些大学对从事应用研究的教授只保证9个月工资的做法，鼓励事业单位科研人员兼职兼薪，通过技术服务在其他单位获得工资，并不受工资总额限制。

5. 挖掘500多亿平方米房地产资源的潜力

改革开放以来，中国用13亿亩土地发展建筑业及城镇化，1985—2018年，建筑业房屋施工面积1476.1亿平方米，建筑业房屋竣工面积554.1亿平方米。许多省市区，特别是地级以下政府依靠出让土地的"土地财政"，已经面临难以维持的困难局面，而用活、用好房产资源，不仅能满足人民对住房的需求，而且能够通过房产的出租与转让，形成巨大的房地产服务业，增加政府税源。要改变住房理念，不求所有，但求所用，"房子是用来住的，不是用来炒的"。通过一系列房地产政策创新，使"房源逐步变成税源"，形成稳定、持续的税源，减轻企业税收压力，增加经济整体竞争力，特别是在"土地财政"之后，解决地方政府税收稳定的来源问题。

盘活"城乡两大房产资源"，大幅提高房地产业的规模与质量。一要提高城市空置房屋利用率，以解决农民工住房为突破口，通过征收房地产税、设立农民工住房专项基金、征收空置房产稀缺资源占用税、对低收入无房家庭增加租房补贴等方式，盘活城市房地产资源；二要充分利用农村房产资源，鼓励城市人口到农村租房、购房，短期休闲、长期养老，提高农村房产商品化率，在减少城市人口压力、养老压力的同时，增加农民收入；三是盘活进城2亿农民的住宅，包括房产与地产，大幅提高房地产服务业的规模与水平。

6. 挖掘近200万亿元货币的金融潜力

中国人民银行的数据显示，截至2019年10月末，中国广义货币（M2）余额达到194.56万亿元，同比增长8.4%；本外币贷款余额156.22万亿元，同比增长11.8%；人民币贷款余额150.59万亿元，同比增长12.4%。中国国家外汇管理局公布数据显示，中国外汇储备在 2019 年 10 月末达到 3.1 万亿美元。进一步提高资金利用效率，中国完全有可能、也必须建成与第二大经济体相适应的、世界一流的金融服务业，使资金优势、外汇储备优势进一步促进经济社会发展。近年来，大量金融专业的留学人才回国，大量企业期待融资，金融业发展具备"天时、地利、人和"的条件，建议大力支持民间金融业发展，鼓励民间设立各类"专业基金"；在科创板示范试验的基础上，进一步加大上市企业由"审批制"转为"注册制"的比重，大幅提高资金利用效率，在保障金融安全的同时，扩大对境外、国外金融机构的开放，吸引海外金融资源支持中国经济与科技创新的发展，挖掘金融业的巨大潜力。

7. 加强对第三产业的政策、资金支持力度

在政策、技术、人才、资金等方面进一步加大对第三产业的支持。政府要发挥"营改增"等税收政策作用，鼓励民间资本投资。例如，教育部门要针对第三产业人才的需要，调整学科设置、培养专门人才，同时支持社会力量创办各类职业培训机构；科技部门可以增列"第三产业科技专项"，重点支持第三产业急需技术、行业标准、产品与设备的研发；尽快成立若干行业协会，完善行业标准，加速第三产业管理的规范化、标准化、国际化；改进第三产业的统计工作，尽量减少遗漏，借鉴国际经验，完善第三产业统计指标，规范统计方法，提高数据质量，同时做好现代商务、金融、文化、体育、养老等新兴服务业的统计工作。

二、发展新兴产业，巩固世界第一

大力发展第三产业，开发近 14 亿人口的巨大消费市场，中国就能够成为世界第一大经济体，但人口多、消费多而形成的经济大国，还不是经济强国，必须依靠大力发展战略性新兴产业，力争到 2035 年使新兴产业占 GDP 的比重达到 25% 以上，才能真正巩固世界第一经济大国的地位，并逐步向经济强国迈进。

1986 年，国家启动 863 计划、火炬计划（高科技产业计划）等重大科技与产业计划的目标是发展高科技、实现产业化。2010 年，国务院发布《关于加快培育和发展战略性新兴产业的决定》（国发〔2010〕32 号），从科技、财政、税收、金融、土地、教育等方面引导和支持，极大推进了战略性新兴产业的发展。

差距经济学：中美经济与省区经济的差距及走势

2010 年，中国制造业增加值超越美国，成为世界第一制造业大国。在几乎一穷二白的基础上，建立起门类齐全的现代工业体系，实现了由一个贫穷落后的农业国成长为世界第一工业制造大国的历史性转变。工业增加值从 1952 年的 120 亿元增加到 2018 年的 305 160 亿元，按不变价格计算增长 970.6 倍，年均增速高达 11.0%；2017 年中国制造业增加值占世界的份额高达 27.0%，成为驱动全球工业增长的重要引擎。2018 年，中国纱产量 2958.9 万吨，比 1949 年增长 89.5 倍；手机、计算机和彩电等产品产量分别达 18 亿部、3.1 亿台、1.9 亿台，占全球总产量的比重在 70%～90%；汽车产量为 2781.9 万辆，连续多年蝉联全球第一；高速铁路总公里数超过其他国家的总和；发电设备、输变电设备、通信设备、钟表、自行车、缝纫机、家具等 500 多种工业产品的产量居世界第一。

2017 年，中国规模以上工业有效发明专利数 93.4 万件，比 2004 年增长 29.8 倍，已经成为第二大国际专利申请国。中国战略性新兴产业已进入增速全面回升、结构不断优化、投资不断增加、创新不断涌现的新阶段，未来发展潜力巨大。根据国务院发布的《"十三五"国家战略性新兴产业发展规划》，到 2020 年，战略性新兴产业的市场规模将达到 48 万亿元。按照新兴产业发展的中低速度增长计算，即每 10 年翻一番，到 2030 年，战略性新兴产业的总体规模将达到 96 万亿元，到 2035 年战略性新兴产业占 GDP 比重有望达到 27%（表 15-2）。

表 15-2 "十三五"战略性新兴产业发展目标与预测

产业领域	2020 年目标与重点任务	2035 年目标与重点任务
信息产业（数字经济）	总规模为 12 万亿元，重点是网络基础设施、"互联网+"、大数据战略、信息核心产业、人工智能、网络管理	规模达到 30 万亿元，重点发展数字经济、物联网、"人工智能+"等
生物产业（生物经济）	规模 8 万亿～10 万亿元，重点是生物医药、生物医学工程、生物农业、生物制造、生物服务、生物能源	规模达到 30 万亿元，重点是生物医药、医疗器械、生物农业、生物制造、生物能源、生物服务、生物安全等
高端装备与新材料产业	规模超过 12 万亿元，重点是智能制造高端品牌、航空产业、卫星产业、轨道交通装备、海洋工程装备、新材料	规模达到 25 万亿元，重点是航空航天产业、卫星产业、轨道交通装备、海洋工程、新材料

续表

产业领域	2020年目标与重点任务	2035年目标与重点任务
绿色低碳产业（新能源汽车、新能源和环保产业）	规模达到10万亿元以上，重点是新能源汽车、新能源产业、节能产业、环保产业、能源循环利用	规模达到20万亿元，重点是新能源汽车、新能源产业、节能产业、环保产业、能源循环利用
数字创意产业	规模达到8万亿元，重点是文化创意、设计、产业融合	规模达到15万亿元，重点是文化、设计、产业融合等

数据来源：作者在《"十三五"国家战略性新兴产业发展规划》基础上进行的预测。

2012年以来，中国各省市区实施创新驱动发展战略，战略性新兴产业发展速度明显加快。中国拥有41个工业大类207个中类666个小类，是全世界唯一拥有联合国产业分类中全部工业门类的国家，形成了一个举世无双、行业齐全的工业体系。根据中国国家统计局的数据，2018年，中国500多种工业品产量居世界第一，制造业净出口居世界第一，制造业增加值占世界20.8%，其中，钢铁产量11亿吨、水泥22.07亿吨、汽车2781.9万辆、家用空调2.05亿台、手机18亿台，均居世界第一。截至2016年，中国高新产业园区达146个，营业收入达28.3万亿元，工业总产值达20.5万亿元。

加速实现高科技创新与产业化，到2035年，高科技产业占GDP的比重有望在现在的基础上翻一番左右，加速实现经济由数量增长向质量飞跃的根本性转变，加速经济大国向经济强国的战略性转变，将有效巩固中国世界第一大经济体的地位。

三、建成科技强国，保持世界第一

人类历史上，第一经济大国都曾引领过一次科技革命。农业经济时代的中国、工业经济时代的欧洲、数字经济时代的美国都是如此。中国要达到并长期保持世界第一经济大国地位，必然要引领，至少要共同引领信息科技革命之后的新科技革命，最好能够共同引领信息科技革命、产业变革的后半程，在5G之后的通信技术、物联网、人工智能、区块链等新一代信息技术方面，跃居世界前列，并且绝不能与信息科技革命之后的新科技革命再次失之交臂。

差距经济学：中美经济与省区经济的差距及走势

（一）第一经济大国都曾经是科技强国

中国是世界文明古国，农业经济时代曾领跑世界经济 1600 多年，但由于与两次工业科技革命失之交臂等多种原因，中国由占世界经济总量 33% 的经济大国，沦为半殖民地半封建的国家。1949 年 10 月 1 日，毛泽东主席向全世界庄严宣布"中华人民共和国中央人民政府成立了"，中国人站起来了。毛主席号召"向科学进军"，"两弹一星"等大批科技成就震惊世界，奠定了和平的基础；改革开放以来，贯彻"科学技术是第一生产力"的指导思想，实施科教兴国战略，建设创新型国家，奠定了发展的基础。2010 年中国成为世界第二大经济体，中国人富起来了；2016 年习近平总书记提出"建设世界科技强国"，中国人迈开了"强起来"的坚实步伐。

建设世界科技强国不仅是中国科技发展的里程碑，更是民族进步、国家发展的里程碑。新中国成立 70 年来，中国人实现了"站起来""富起来"两大历史跨越，中国一定能够填平"第二经济大国陷阱"，用和平崛起粉碎和平演变，创新驱动、和平共赢，中国正在进入"强起来"的新时代，中华民族必将进入世界先进民族之林。

（二）完善世界科技强国的指标体系

《国家创新驱动发展战略纲要》提出了"建成世界科技创新强国"的目标，这是中国科技史上前所未有的宏伟目标，也是保持世界第一大经济体、实现民族伟大复兴的战略举措，是发展的需要，也是历史的必然。

怎样才能实现科技强国？是未来 30 年中国科技发展、经济发展必须要正确回答、努力完成的目标。我们研究认为，世界科技强国的基本特征是国富民强、科技领先、经济发达、文化繁荣、人才辈出，世界科技强国的指标体系由国家目标、经济目标、科技投入与产业、体制机制、创新文化与生态等 5 个一级指标共 36 个二级指标构成。

第一，国家富强，建成富强、民主、文明、和谐、美丽的国家。主要指标包括党的十九大提出的"两个百年目标"，2035 年基本实现社会主义现代化，2050 年建成富强、民主、文明、和谐、美丽的社会主义现代化强国，以及《国家创新驱动发展战略纲要》提出的"2020 年进入创新型国家行列""2030 年跻身创新型国家前列""2050年建成世界科技创新强国"的目标。科技创新目标必须紧紧围绕国家发展目标提供科技支撑与服务。

第二，经济发达，建成世界第一大经济体、经济强国。主要指标包括不同时期的 GDP 总量与人均 GDP 指标。例如，到 2020 年、2035 年、2050 年 GDP 总量分别达到 100 万亿、220 万亿、400 万亿元，人均 GDP 分别达到 10 700、22 000、40 000 美元左右。2035 年前后成为世界第一大经济体等。

第三，科技先进，成为世界科技的六大中心。建设成为世界顶尖科技人才聚集中心、科学发现与技术发明中心、新产品开发中心、技术转移与转化中心、新产品制造与贸易中心、创新方法与文化传播中心，成为科技革命、产业变革的引领者或共同引领者。主要指标包括顶尖人才数量、国际论文、发明专利、新产品、高新技术企业数、高新技术园区、研发投入占 GDP 比重、科技进步贡献率、全要素生产率、大型研发设施、世界 100 强大学数量、创新指数等，其中，顶尖人才、国际论文数、新产品产值占 GDP 比重、颠覆性技术发明数、研发投入等七大指标，均居世界前 3 位。

第四，创新体系健全、体制机制良好。主要包括八大体系、六大制度的建设，即知识创新体系、行业创新体系、企业创新体系、国防创新体系、国际协作创新体系、创新服务与管理体系、教育与人才保障体系、知识产权保护体系等八大体系，以及人事制度、职称制度、经费制度、成果转化制度、奖励制度、评估制度等六大制度建设。

第五，崇尚科学的创新文化与生态。主要包括科技系统内部文化与社会公众的科技素养两部分，如尊重知识、应用科技，尊重人才、重用人才，注重诚信、宽容失败等，以及人均阅读图书数量、公众对科技人员职业喜欢程度、科技人员平均收入等。

（三）当今世界科技发展的十大热点领域

建设世界科技强国，首先要找准未来科技发展的重点或热点领域，找准科技发展的方向与重点。重点领域、关键技术是什么？如何确定重点领域？国内外关于研究科技重点领域（学科）、关键技术的方法主要有 5 类：一是文献计量方法。科

差距经济学：中美经济与省区经济的差距及走势

信息领域的专家通常用论文关键词的词频统计及专利分析方法研究并确定热点与技术。二是德尔菲法（专家问卷法）。国内外技术预测工作常用德尔菲法，通过大量专家问卷确立未来技术发展方向与重点。三是头脑风暴法。国内外一些学会、协会通常用专题会议的方式确定热点领域与技术。四是研发投资分析法。风险投资领域通常用不同技术的研发投资来分析热点领域与技术。五是政府规划计划分析法。通过对政府科技创新规划、专项计划等政府文件有关内容的分析，确定热点领域与技术。

由于对不同学科的研发投入很难取得准确、全面的数据，本研究运用不同学科论文被引次数、高被引论文数量、篇均引用次数等指标来定量研究热点学科。我们采用科睿唯安公布的2006—2015年科学论文数据库，从1556.1万篇科学论文中，检索出被引数较高的200篇高被引论文，按不同学科（或领域）进行统计分析，得出近10年不同学科（或领域）的总被引数和论文数，再将总被引数和论文数由高到低排序，得出近10年世界十大热点学科（或领域）。

1. 从被引次数看，前10个热点学科分别是生物、医药、材料、信息、化学、新能源、物理、天文、数学和地理

对2006—2015年200篇高被引论文的被引数统计表明，总被引数为588 784次，其中，生物学科为236 615次，占40.2%，居第1位；医药学科为106 501次，占18.1%，居第2位；材料学科为93 570次，占15.9%，居第3位；信息学科为41 431次，占7.0%，居第4位；化学、新能源、物理分别居第5、第6、第7位，总被引数依次为31 342次、28 676次和21 446次，占总被引数的比例分别为5.3%、4.9%和3.6%；被引次数居第8、第9、第10位的学科分别是天文、数学和地理，总被引数分别为14 530次、11 350次、3323次，占总被引数的比例分别为2.5%、1.9%和0.6%。生物与医药领域被引数超过了总被引数的一半，占58.3%（表15-3）。

表15-3 世界十大热点领域（2006—2015年）

领域	被引次数			高被引论文数量			篇均引用次数	
	位次	次数	占比	位次	篇数	占比	位次	次数
生物	1	236 615	40.2%	1	62	31.0%	2	3816.4

第四篇 战略与对策
第十五章 "新三步",跃居巩固保持世界第一

续表

领域	被引次数			高被引论文数量			篇均引用次数	
	位次	次数	占比	位次	篇数	占比	位次	次数
医药	2	106 501	18.1%	2	54	27.0%	8	1972.2
材料	3	93 570	15.9%	3	26	13.0%	5	3598.8
信息	4	41 431	7.0%	5	11	5.5%	4	3766.5
化学	5	31 342	5.3%	7	6	3.0%	1	5223.7
新能源	6	28 676	4.9%	4	22	11.0%	10	1303.5
物理	7	21 446	3.6%	6	8	4.0%	6	2680.8
天文	8	14 530	2.5%	7	6	3.0%	7	2421.7
数学	9	11 350	1.9%	9	3	1.5%	3	3783.3
地理	10	3323	0.6%	10	2	1.0%	9	1661.5
合计		588 784	100.0%		200	100.0%		2943.9

2. 从论文数量看,生物、医药、材料、新能源、信息居前5位,物理、化学、天文、数学和地理居第6至第10位

在200篇高被引论文中,生物学科为62篇,占31.0%,居第1位;医药学科为54篇,占27.0%,居第2位;材料、新能源分别为26篇、22篇,分别占13.0%和11.0%,居第3、第4位;信息、物理学科为11篇和8篇,占5.5%和4.0%,居第5、第6位;化学和天文均为6篇,占3.0%,并列第7位;数学和地理分别为3篇和2篇,占1.5%和1.0%,居第9、第10位。生物与医药领域高被引论文数占58.0%(表15-3、图15-1)。

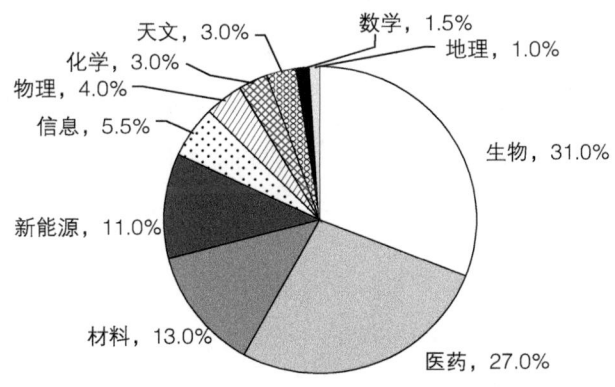

图15-1 世界十大热点领域论文数量占比

(四)当今世界科技发展的十大热点技术

什么是热点技术?国内外也没有统一的标准与界定,不同机构、专家有不同的理解与观点。我们认为,热点技术通常是指科技界关注度最高、研发投入最多的技术(或方向),可运用一定时期不同技术相关论文被引次数、全社会研发投入等指标进行定量分析,被引次数越高、投入研发经费越多,表明关注度越高,反之亦然。

由于很难获得不同技术研发投入的准确、系统的数据,我们采用不同学科论文被引次数、高被引论文数量、篇均引用次数等指标来定量研究热点技术或方向。我们运用科睿唯安公布的2006—2015年科学论文数据,从每年150多万篇论文中检索出被引数较高的200篇论文,将得到的200篇高被引论文的被引次数按不同技术(或方向)进行分类汇总,得出近10年不同技术(或方向)的总被引数和论文数,再将总被引数和论文数由高到低排序,得出世界十大热点技术(或方向)。

1. 从被引次数看,前5个热点技术是基因组、石墨烯、生物计算、癌症与肿瘤、算法与软件技术,居第6至第10位的热点技术是干细胞、化学计算、太阳能电池、心脏病与中风、蛋白质技术

这10项热点技术中,生物与医药技术占6项。从2006—2015年连续10年的科技论文中检索出200篇高被引论文,按照不同技术(或方向)进行汇总,研究发现,200篇论文共涉及42个技术(或方向),其中,前10项技术(或方向)的被引次数为460 627次,占200篇论文总被引次数588 784次的78.2%。其中,基因组、石墨烯、生物计算、癌症与肿瘤技术的被引数分别为101 628次、82 322次、63 023次和41 824次,分别占前10项技术总被引次数的22.1%、17.9%、13.7%和9.1%;算法与软件、干细胞和计算化学的被引数分别为41 431次、31 977次和31 342次,分别占9.0%、6.9%和6.8%;太阳能电池、心脏病与中风、蛋白质技术的被引数分别为24 179次、21 901次和21 000次,分别占5.2%、4.8%和4.6%(表15-3)。在10个热点技术(或方向)中,生物与医药领域6项,材料与能源领域2项,信息和化学领域各1项。

第四篇 战略与对策
第十五章 "新三步",跃居巩固保持世界第一

2. 从论文数量看,前5个热点技术为基因组、太阳能电池、石墨烯、癌症与肿瘤、心脏病与中风,第6至第10位的技术是算法与软件、生物计算、蛋白、干细胞、计算化学

200篇高被引论文涉及42个技术(或方向),前10项技术(或方向)的论文数为145篇,占72.5%,也就是说10项热点技术(或方向)论文数也占明显优势,23.8%的热点技术(或方向),占了72.5%的论文。其中,基因组、太阳能电池、石墨烯的论文数分别为32篇、21篇和20篇,分别占145篇论文的22.1%、14.5%和13.8%;癌症与肿瘤、心脏病与中风、算法与软件的论文数分别为18篇、13篇和11篇,分别占12.4%、9.0%和7.6%;生物计算和蛋白技术的论文数均为9篇,占6.2%;干细胞和计算化学的论文数均为6篇,占4.1%(表15-4、图15-2)。

与被引次数排序结果不同的是,太阳能电池上升到第2位,而生物计算退到第7位。说明太阳能电池论文数量多,但被引量相对较低。相反,生物计算论文数少,但被引次数高。

表15-4 世界十大热点技术分析(2006—2015年)

技术	被引次数			高被引论文数量			篇均引用次数	
	位次	次数	占比	位次	篇数	占比	位次	次数
基因组	1	101 628	22.1%	1	32	22.1%	6	3175.9
石墨烯	2	82 322	17.9%	3	20	13.8%	4	4116.1
生物计算	3	63 023	13.7%	7	9	6.2%	1	7002.6
癌症与肿瘤	4	41 824	9.1%	4	18	12.4%	8	2323.6
算法与软件	5	41 431	9.0%	6	11	7.6%	5	3766.5
干细胞	6	31 977	6.9%	9	6	4.1%	2	5329.5
计算化学	7	31 342	6.8%	9	6	4.1%	3	5223.7
太阳能电池	8	24 179	5.2%	2	21	14.5%	10	1151.4
心脏病与中风	9	21 901	4.8%	5	13	9.0%	9	1684.7
蛋白	10	21 000	4.6%	7	9	6.2%	7	2333.3
合计		460 627	100.0%		145	100.0%		3176.7

差距经济学：中美经济与省区经济的差距及走势

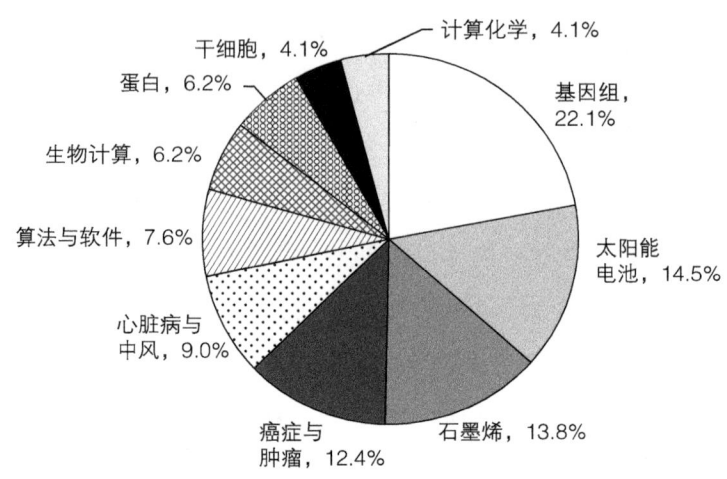

图 15-2 世界十大热点技术论文数分布

在国际科技前沿学科或技术，特别是十大热点领域、热点技术方面，中国的竞争力究竟如何？目前还缺乏定量、系统的比较研究。我们运用文献分析的方法做了一些初步的定量分析。

从 10 个热点领域（或学科）分析，中国还没有一个学科处于世界领跑地位。在近 10 年检索出的 200 篇高被引论文中，论文数量处世界前 5 位的分别是美国 93 篇、英国 27 篇、德国 11 篇、法国、瑞士 8 篇、中国 7 篇（居第 6 位）。从不同学科竞争力分析，中国的 7 篇论文中，材料学科为 5 篇、生物与医药学科各 1 篇，其他 8 个学科均为空白。再从材料、生物与医药学科国际竞争力分析，中国明显落后于美国、英国。因此，10 个热点学科中中国还没有一个学科处于领跑地位，相对而言，材料、生物与医药最接近领跑地位。从中国科学技术信息研究所公布的"2015 年中国科技 SCI 论文统计结果"看，中国科学论文总数处于世界第 2 位的学科有数学、化学、材料科学、计算机科学、工程技术、农业科学、药学与毒物学等 7 个学科，表明这些学科整体论文数量已居世界前列，但缺乏世界顶尖的科学家和高水平论文；处在世界第 3 位的学科有物理、环境和生态，处在第 5 位的有生物与生物化学、地学；所列 21 个学科中整体差距较大的学科是精神病学和心理学（第 14 位）、免疫学（第 12 位）、临床医学（第 10 位）、神经科学（第 10 位）。由此可见，中国最需要加强的学科是与健康产业相关的学科，健康产业缺乏强有力的科技支撑。

第四篇　战略与对策
第十五章　"新三步"，跃居巩固保持世界第一

从10个热点技术（或方向）看，中国还没有一个热点技术处于世界领跑地位。10个热点技术共涉及145篇高被引论文，论文通讯作者来自20个国家，另外26个国家的科学家参与了合作研究。以美国学者作为通讯作者国籍的论文为66篇，占45.5%，居世界第1位；英国为21篇，居第2位；德国为8篇，居第3位；中国为6篇，居第4位，只占论文的3.4%。中国论文数量仅为美国的1/11、英国的1/4，差距十分明显。从不同技术方向分析，中国6篇论文中，3篇为太阳能电池技术、1篇为基因组技术，另外中国台湾有1篇为太阳能电池技术，中国香港有1篇为小细胞肺癌诊疗技术，其余6项技术中国还没有进入前200位的高被引论文。而从太阳能电池、基因组技术竞争力分析，中国与美国仍然有明显差距。基因组方面，中国华大基因的测序能力已经居世界第1位，但测序技术设备、功能基因发现等核心技术与国外还有一定差距。太阳能电池方面，虽然中国产品国际市场占有率居世界第1位，但是硅片制造、太阳能转化效率、传输介质等方面与技术先进国家仍然有差距。

（五）国外技术预测中关注度最高的100项技术

信息化后半程还将出现什么技术？人工智能、区块链将产生什么影响？未来什么技术将引领新科技革命？世界上许多国家政府与智库都在不断进行技术预测，提出了不同的技术重点与方向，值得关注。

中国已经进行了5次国家技术预测；美国政府与智库开展了多次专项预测，兰德公司曾经因为准确预测中国志愿军会参与朝鲜战争而出名；日本已经开展了11次预测，前5次预测结果有70%已成为现实；英国技术预测提出了11个技术领域、28个技术群；德国开展了8次技术预测，并出台生物经济、工业4.0、人工智能等多份国家技术发展报告；俄罗斯预测并提出了2030年七大技术领域的发展方向；韩国利用多次技术预测结果确立国家技术方向；加拿大对六大重点领域技术进行了预测；OECD出台若干信息、生物、材料等多份专项技术预测报告；欧盟预测并提出了13个技术路线图、117个创新重点方向。国际著名智库麦肯锡预测得出12项颠覆性技术，并估算了经济效益；兰德公司则提出56项影响未来的技术清单；科睿唯安公布12项影响未来的技术；麻省理工学院每年提出10项有望改变未来世界

的技术。此外，越来越多的大学与企业也开始启动技术预测工作，为人类正确把握未来技术发展的重点与方向提供了大量的基础资料与信息。

尽管不同国家、不同机构对未来技术及其作用的预测有不同的结果，但对未来技术大趋势的判断是基本一致的。我们根据欧盟提出的技术路线图、日本第10次技术预测、英国"面向2030至关重要的技术清单"、麦肯锡提出的颠覆性技术、汤森路透的技术发展报告、麻省理工学院提出的改变未来世界的技术，根据不同机构对技术关注的重要程度，研究提出国外技术预测中关注度最高的100项热点技术。

在国外技术预测中关注度最高的100项热点技术中，7个重点机构均关注的技术是服务机器人技术；6个机构关注的技术是工业机器人、太阳能和大数据；5个机构关注的技术有9项，主要是物联网、基因筛选、安全数据传输、干细胞、基因治疗、药物设计、储能技术、先进材料、云计算；4个机构关注的技术有14项，主要是量子计算机、3D打印、人机交互、人造肌肉、靶向给药、混合动力汽车、可穿戴设备、自动化计算界面、氢燃料汽车、植入型芯片与身份识别、脑植入芯片、国防机器化、后代基因选择等。另外，模拟药物临床试验、室温超导、机器人科学家、动物胚胎器官移植、再生听觉与视觉等技术都值得关注。

（六）广泛关注的20项颠覆性技术

颠覆性技术是引发技术革命、产业变革、社会变迁、文明转型的核心力量。种植、养殖、化肥等技术颠覆了狩猎农业，引发了农业文明；蒸汽机、电力、信息等技术颠覆了手工业，引发了3次工业革命，创造了工业文明、信息社会。什么技术将引发第四次工业革命？工业文明之后又将是什么文明？什么技术将颠覆世界技术格局、经济格局、军事格局、外交与政治格局？什么技术将颠覆人类当今的生产方式、生活方式，乃至改变人类自身？国内外许多机构对颠覆性技术进行了预测与分析。

什么是颠覆性技术？国内外尚无公认、统一的概念，关于"颠覆"的3种理解：一是认为颠覆就是改变。古书《诗经·大雅·抑》明确写到"颠覆厥德，荒湛于酒"，表明颠覆就是与众不同、改变现状。二是认为颠覆就是颠倒。《墨子·非儒下》写

第四篇 战略与对策
第十五章 "新三步",跃居巩固保持世界第一

到"颠覆上下,悖逆父母",罗贯中《三国演义》第十一回"今汉室陵迟,海宇颠覆,树功立业,正在此时",这里提到的颠覆实质上就是上下颠倒、本末倒置。三是认为颠覆就是灭亡。孙中山在《三民主义与中国前途》中指出"从颠覆君主政体那一面说是政治革命",《现代汉语词典》对颠覆的解释为"采取阴谋手段从内部推翻合法的政府"[①]。由此可见,颠覆从政治上理解的含义是灭亡、推翻、替代。

国内外关于颠覆性技术有不同的观点。美国哈佛商学院克里斯滕森(Clayton M. Christensen)教授于1995年在《颠覆性技术的机遇浪潮》一文中首次提出颠覆性技术。1997年《创新者的窘境》指出颠覆性技术是指以意想不到的方式取代现有主流技术的技术,"它们往往从低端或边缘市场切入,以简单、方便、便宜为初始阶段特征,随着性能与功能的不断改进与完善,最终取代已有技术,开辟出新市场,形成新的价值体系"。美国海军研究局在2003年发表的《颠覆性技术路线图》中提出,颠覆性技术既可以是新兴技术,又可以是既有技术的整合,这些技术产品理论发生根本变化或创造出全新的技术产品;美国DARPA在2005年的《颠覆性技术:不确定的未来》报告中指出,颠覆性技术的本质特征是从既定的系统和技术体系中,"衍生""进化"出新的主导性技术,取代已有技术,使军事力量结构、基础及能力平衡发生根本性变革;德国弗劳恩霍夫协会在2006年的研究中认为,颠覆性技术就是指能够"改变已有规则"的技术,即那些与现有技术相比,在性能或功能上有重大突破,其未来将逐步取代已有技术,进而改变作战模式或作战规则的技术。

我们认为,颠覆性技术是指能够改变或部分改变科技、经济、生态的现状与格局,以及对民生事业具有重大影响的技术。颠覆性技术需要具备4个基本特征:一是科学性,属于前沿或核心技术,不包括商业模式的创新;二是具有颠覆性,有望替代1~2个主导产品或颠覆整个行业的技术,如数码相机、电动汽车、平板显示、电子邮件等;三是重大性,具有巨大的经济与社会影响,如具有1000亿元以上的市场潜力,或者对生态、民生有重大的作用,如集成电路、系统软件、癌症疫苗等;四是可行性,能够取得重大技术突破并产业化。

许多国家和智库对颠覆性技术进行预测。2012年英国政府科学办公室发布了

[①] 现代汉语词典[M]. 7版. 北京:商务印书馆,2016.

差距经济学：中美经济与省区经济的差距及走势

《技术和创新的未来：2020—2054年英国的增长机遇》、美国国防部发布了《2016—2045年新兴科技趋势》、2015年日本完成的第10次技术预测、2015年俄罗斯教育科学部发布了《俄罗斯面向2031年的技术预测》、2017年美国国家情报委员会发布了《全球趋势2035》等战略研究报告。兰德公司发布《全球技术革命2020》、麦肯锡公司发布《颠覆性技术：改变生活、商业和全球经济的先进技术》、埃森哲公司发布《技术趋势与展望》、毕马威公司发布《改变现状的颠覆性技术》等都对颠覆性技术进行了预测与分析。

通过对国内外政府与智库有关颠覆性技术预测的汇总与分析，我们发现颠覆性技术主要分布在五大技术领域，即信息领域、生物和健康领域、材料和制造领域、能源资源环境领域、空间和运输领域，涉及20项颠覆性技术（表15-5）。

1. 癌症疫苗

传统的放疗和化疗等治疗手段成本高、治疗率低，患者十分痛苦。癌症疫苗通过利用肿瘤细胞相关抗原，来唤醒人体针对癌症的免疫系统，进而来预防和治疗癌症，有望彻底颠覆传统的放疗和化疗等癌症治疗手段，减少患者痛苦，提高治愈率。

2. 智能数据处理

融合人工智能、脑与认知科学等多学科优势，研究认知脑模型，实现类脑信息处理、智能机器人、类脑机器人等，有望使机器能够像人类一样思考。

3. 石墨烯制备与应用技术

石墨烯具有独特的二维结构和优异的力、热、电、光性能，是新型能源和新一代信息技术中一种重要的新型材料，石墨烯技术的突破有望带来信息、能源产业的革命性变化，正在从实验室走向产业化，在储能器件、改性材料、智能穿戴等产品上已经开始应用。

4. 智能机器人

智能机器人将有可能颠覆制造、医疗、服务、航空航天、国防等多个行业，各国高度关注。未来智能机器人将重点发展传感器、人工智能、人机交互、人机合作、环境感知、智能控制等关键技术。据麦肯锡公司预测，预计2025年智能机器人潜在年度市场影响力为1.7万亿～4.5万亿美元。

表15-5 国外技术预测中关注度最高的100项热点技术（前20项）

序号	技术名称	欧盟：2015年技术路线图	日本：第10次技术预测	英国：面向2030年至关重要的技术	兰德公司：《全球技术革命2020》	麦肯锡：颠覆性技术	汤森路透：《2015年全球创新报告》	美国《MIT技术评估》：可能改变世界的技术（2010—2015年）	热点程度
1	服务机器人技术	√	√	√	√	√	√	√	7
2	太阳能收集、转化和储存技术	√	√	√	√	√		√	6
3	大数据		√	√	√	√	√	√	6
4	工业机器人技术	√	√	√	√	√	√		6
5	物联网			√	√	√	√	√	5
6	基因筛选	√		√	√	√		√	5
7	安全数据传送	√	√	√	√		√		5
8	干细胞研发基础之上的治疗	√	√		√	√		√	5
9	基因治疗			√	√	√	√	√	5
10	根据基因组成进行药物发明和设计	√	√	√	√	√			5
11	储能技术	√		√	√	√		√	5
12	先进材料	√	√	√	√			√	5
13	云计算	√	√	√			√	√	5
14	量子计算机	√	√	√		√			4
15	3D打印	√	√		√		√		4
16	人机交互（脑机接口）	√		√	√		√		4
17	人造肌肉、组织、器官				√		√	√		4
18	靶向给药			√	√		√	√	4
19	混合动力汽车	√		√	√		√		4
20	可穿戴设备	√			√	√		√	4

5. 无线充电技术

无线充电技术使充电器与用电装置之间以无线方式传送能量,当前无线充电技术正在颠覆传统输电技术。

6. 量子计算机

量子计算机是一类遵循量子力学规律进行高速数学和逻辑运算、存储及处理量子信息的物理装置,其计算速度有望达到电子计算机的数千倍。目前,世界上许多国家都在量子计算机研发方面取得进展,但还没有真正意义上的量子计算机。

7. 超级电池

充电和放电速度比普通电池快 1000 倍左右,并能够存储更多电能的高性能、高品质的电池。

8. 干细胞定向培育器官

干细胞技术最显著的作用就是能再造一种全新的、正常的,甚至更年轻的细胞、组织或器官。可以用自身或他人的干细胞和干细胞衍生组织、器官替代病变或衰老的组织、器官,利用干细胞定向培养人类器官有关研究不断取得新进展,随着技术的不断成熟,干细胞有望彻底颠覆现代临床器官移植技术。

9. 抗旱耐盐碱植物

通过转基因等技术获得抗旱耐盐碱植物新品种,有望在防止土壤荒漠化的同时,在中国提高 10 亿亩旱地的粮食产量,使 5 亿亩盐碱地成为可耕地,保障粮食安全。

10. 无人驾驶电动汽车

以无人驾驶的电动汽车为主体的新能源汽车是未来汽车发展的方向,颠覆传统的燃油汽车及其服务体系。

另外,无线输能、超级光纤、氢能常态应用、细胞衰老调控、卫星重复利用、合成生命、登陆火星、"超 5 岁"机器人、生物计算机、真空管道运输等 10 项颠覆性技术也值得重点关注。

(七)建设科技强国的主要措施

新中国成立 70 年以来,我国不断调整、优化科技发展战略目标、方针、重点、措施等,取得了举世瞩目的成就,如表 15-6 所示,未来科技创新要重点抓好 4 项工作。

表 15-6 新中国科技发展战略目标、方针、重点、措施、成就

年份	1949—1977 年	1978—1988 年	1989—2001 年	2002—2011 年	2012 年
国际形势	第二次世界大战结束、经济科技腾飞	信息科技革命兴起	信息产业变革崛起	信息产业方兴未艾	新旧科技革命转换
国内需求	社会主义四个现代化	改革开放、发展经济	防止西化、经济翻番	深化改革、实现小康	填平陷阱、实现崛起
科学思想	科技现代化是四化关键	科学技术是第一生产力	创新是民族进步灵魂	科学发展观	创新、人才、发展
目标	向高科学进军	科学技术现代化	科教兴国	创新型国家	科技强国
方针	重点发展、迎头赶上	面向、依靠	面向、依靠、攀高峰	支撑发展、引领未来	紧扣发展、激励创新
重点	国防科技现代化	农业、工业、高科技	信息化为主	信息为主、重视生物	信息、生物、智能
体制	举国体制	断粮断奶、科经结合	企业创新	加强自主创新	创新驱动
措施	引进尖子人才	863 计划、高新区	973 计划	12 个重大专项	16+9 项目
成就	两弹一星奠定和平基础,工农产业体系形成发展格局	体制改革迎来科学春天,对外开放造就大量人才	推动企业创新,科技经济加速融合	树立科学发展观,国家发展注重科学	建科技强国,奠大国基石

1. 突破"四大瓶颈",切实提高原始创新能力

中国原始创新能力弱已成社会共识,讨论了近 40 年,为什么仍然无法解决?有观点认为是缺乏科学积累、科技投入,还有观点认为是缺乏稳定良好的科技体制机制、顶尖人才等。我们研究认为,切实提高原始创新能力,迫切需要突破 4 个瓶颈。

第一,创什么?我们不应该"什么都创",要找准原始创新的重点与方向。中国基础研究从低水平重复发展到高水平重复,至今仍然处于重复、跟踪、模仿的"亚创新状态"。据中国国家自然科学基金委员会统计,基金资助项目中真正属于原始创新类的项目仅占 10% 左右,绝大多数专家提不出原始创新的题目,找不到原始创新的重点与方向。自然科学基金学科设置面面俱到,重点不突出,而不同时期科技

差距经济学：中美经济与省区经济的差距及走势

规划中基础研究的重点总是五年一变，缺乏明确的主攻方向与重点。建议国家自然科学基金提高原始创新项目的比例，借鉴北京生命科学研究所的做法，即不支持非原始创新的项目。建议正在制定的国家"十四五"科技规划，根据世界科技发展前沿、中国经济社会发展需要，以及中国的工作基础，认真凝练未来原始创新的重点与方向，避免创新的重点与方向漂浮不定。不是会什么就研究做什么，而是国家发展需要什么技术才做什么，要尽快形成中国基础研究的重点科学体系，广种薄收的时代应该尽快结束。

第二，谁来创？原始创新不应该"人人都创"。基础研究是一项创新性、复杂性、竞争性极强的工作，只有世界第一，没有世界第二，不是人人都能做好的。中国基础研究经费本来就不多，而资助项目偏多、养人项目偏多，对顶尖人才的支持力度又不够，这是原始创新能力弱的根本原因。许多研究者缺乏创新思维、创新方法、创新仪器与设施，根本不适合从事原始创新工作。

解决谁来创的问题，要重点解决3个问题：一是下决心压缩基础研究项目数量，加大对顶尖人才的支持力度，稳定支持一批有潜力的青年人才，切实提高原始创新能力。二是制定诺贝尔奖级顶尖人才培养计划，加速顶尖人才的培养。日本2000年制订诺贝尔奖人才培养计划，近19年获得了19个诺贝尔奖，成效十分突出。中国研发经费已居世界第2位，已有一定的科学积累，可适时制定诺贝尔奖人才培养规划。三是针对基础研究的重点领域与方向，进行技术预测、人才预测，研断中国不同领域与发达国家的差距，找不同技术领域、方向的顶尖人才、领军人才，每个重大技术方向重点支持5～10名顶尖人才、领军人才从事创新活动。

第三，怎么创？用从别人手中买来的仪器，很难做出超越别人的科技成果。中国缺乏世界独一无二的仪器与设备，创新手段落后是原始创新能力弱的又一个重要原因。我们在美国得州大学两位诺贝尔奖获得者实验室调研时看到，他们的仪器、设备有1/3是独创的，因此做出的研究结果必然是世界独一无二的。中国高端仪器、设备90%以上依赖进口，许多试验试剂，甚至试验动物如白鼠、线虫都需要进口，绝大多数实验室没有自己开发的新方法、新仪器。全球科技竞争日趋激烈，发达国家不可能把最先进的仪器、设备卖给我们，中国不可能用别人卖给我们的二流的仪器、设备，做出超过竞争对手的科技成果。

第四篇 战略与对策

第十五章 "新三步",跃居巩固保持世界第一

在一定程度上,没有仪器方法创新,中国基础研究薄弱的瓶颈就很难打破,建设科技强国的目标可能因缺乏创新思维、创新仪器、创新设备而滞后,甚至落空。建议尽快设立"科学仪器、设备创制重大科技专项",早日补上中国科学仪器缺乏的短板。中国研发经费已超过2万亿元,每年约6000亿元用于购置科学仪器与试剂,若拿出5%～10%的资金支持方法、仪器的创制,将可能尽快改变科学方法、仪器、设备受制于人的被动局面。

第四,用什么机制创?保障基础研究的良好体制机制是什么?中国历次科技体制改革的文件与方案中都明确提出"分类改革",将基础研究与应用研究区别对待,重点支持一批顶尖人才从事基础研究,绝大多数研发人员进入经济主战场。但长期以来,"分类改革"未能全面、彻底落实,形成了"人人做基础、个个写论文"、广种薄收的局面。

基础研究方面,要稳定支持一批顶尖人才心无旁骛地去探索科学奥秘。将中国400多名万全时研发人员,留100万人从事基础研究,以引领新科技革命为主要目标,从事原始创新,仍然以高质量论文为考核指标;其余300万人进入经济主战场,以"新产品开发"为主要考核指标,直接为经济建设服务。北京生命科学研究所创新体制机制,仅仅用了不足10年时间就进入国际一流的经验表明,中国能够创新体制机制,建立国际一流的从事基础研究的科研机构。建议在北京生命科学研究所的体制机制上进一步完善,"铁打的营盘流水的兵",全球招聘、全员合同,能者进、弱者出,高标准、严要求、多支持、少干预。

2. 针对国家安全科技重大需求设立国家实验室

国泰民安是人民群众的最基本需求,是一切经济活动、人民生活的基本前提与保障。国家安全是国家既没有外部威胁和侵害,又没有内部混乱与疾患的客观状态。按照中央国家安全委员会公布的内容,国家安全包括国民安全、领土安全、主权安全、政治安全、军事安全、经济安全、文化安全、科技安全、生态安全、信息安全等10个方面,几乎每个安全都需要科技的支撑与服务,而经济安全中的能源安全、粮食安全、金融安全、信息安全、生态安全、生物安全等六大安全则更加需要科技创新的支撑与引领。

科技创新保障国家安全,"两弹一星"的举国体制是成功的经验。当前迫切需

差距经济学：中美经济与省区经济的差距及走势

要发扬"两弹一星"精神，探索社会主义市场经济体制下举国体制的运行机制，"国家重大科技专项"无疑是新形势下举国体制的一个成功实践，取得了一系列重大科技突破，推动了经济与社会发展。但是一些技术难题仍然没有解决，大量关键技术制约经济高质量发展与国家安全，如高端芯片、系统软件、飞机发动机、高效药物、高产优质动植物品种等，迫切需要探索更加协调、高效的科研模式，建议根据国家安全需求，每个重大安全问题组建一个"国家实验室"，变"两弹一星"的"集中"为新形势下的"集成"，集成全球创新资源，解决国家安全的核心技术短缺问题。"国家实验室"要因事"设庙"，一个实验室就为国家办成、办好一件事，不同于国家重点实验室的因学科"设庙"，甚至因人"设庙"，也不同于综合性科技机构，学科全，什么研究都做，重点不突出、优势不明显，既不能顶天立地，填补国内外科学空白，又不能铺天盖地，大幅度推广应用。建议以信息安全、粮食安全、能源安全、金融安全、生态安全、生物安全等六大安全问题为试点，创办国家实验室，以解决国家安全重大问题为目标，集成全球可用科技资源，攻克科学难题，解决实际问题。国家实验室的管理可借鉴国家体育队的管理方式，"铁打的营盘流水的兵"，谁有技术谁参与，不论资排辈、不吃老本、不养闲人、只养能人。围绕国家目标，建一流机构、养一流人才、出一流成果。

组建国家信息安全实验室。在实施新一代宽带移动通信、国家空间安全等项目的基础上，进一步加强智能、高效、安全的新一代芯片、软件、网络的开发，同时加强信息安全相关法规建设，全面保障信息安全。

组建国家粮食安全实验室，解决或缓解粮食依赖国外9亿亩耕地的问题。建议由袁隆平院士等粮食优质高产著名专家牵头，在集成全球有关粮食高产优质人才与技术的基础上，用现代生物技术改造传统农业，用基因编辑技术、海水稻、耐盐碱植物、生物肥料、生物防治等技术，使粮食单产再增加20%左右，为国家多生产2亿亩耕地的粮食。开发人造肉、转基因鱼、动物生物激素、功能食品等新型食物与饲料，缓解粮食消费压力。与此同时，研究粮食海外基地建设，以及储粮于技、储粮于外、储粮于海（海洋渔业）等重大粮食战略问题，为保障粮食安全提供全方位的支撑与保障。

组建国家能源安全实验室，建立多元化能源保障体系。一是大型油气田的勘探

第四篇 战略与对策
第十五章 "新三步",跃居巩固保持世界第一

与开发,力争使中国油气田探测技术进入国际领跑地位,并发现一批大型油气田,并在可燃冰的利用上取得重大突破;二是大力发展智能电动汽车、绿色能源汽车,逐步减少对燃油汽车的高度依赖,防止石油短缺导致交通瘫痪的问题;三是大力发展核电,研制开发第五代核能,使中国在核能技术研究与应用方面达到国际领先水平;四是太阳能利用达到国际领先水平,太阳能是未来世界能源发展的主要方向,目前华人科学家在太阳能的利用方面已经走在了国际前列,抓住这一优势,力争使中国太阳能电池和太阳能硅片世界领先;五是水电技术与应用领跑世界,水电是中国最主要的能源之一,中国水电发电机组的技术水平和大型水电工程的综合建设水平已经进入国际前列,继续支撑中国发电技术和工程技术;六是煤炭高效利用实现新突破,重点支持煤炭液化利用技术和装置的开发;七是进一步开发智能低耗电网。

组建国家金融安全实验室。针对数字银行、移动支付、金融专用服务器与数据库、金融专用软件、金融监控、智能金融等对技术的需求,特别是区块链、数字货币对未来金融的影响,开展金融安全技术与设备的开发,保障金融安全。

组建国家生态安全实验室。重点围绕生态环境保护,开发废水、废气、废渣处理的技术与应用,研发生态环境的修复、灭绝生物的生物合成、气候变化的治理等技术,保障生态安全。

组建国家生物安全实验室。重点做好两方面工作:一是针对150多种有可能成为生物战剂的病原菌,开发相应的疫苗、药品和防护设备,确实保障发生"生物战"时的国家安全问题;二是防止外来生物入侵,为外来生物的检疫、检验与防控提供技术保障与服务,开展国际生物安全合作与交流。

3. 打造国际一流顶尖人才队伍

人才是第一资源,是科技、经济乃至综合国力竞争的核心,是一个国家、民族屹立世界的基石。顶尖人才是人才中的人才,是科技巨匠或奇才,是国际社会竞相争夺的第一资源。制约基础研究能力提高的五大瓶颈,最核心的是缺乏顶尖人才,要把打造一流国际顶尖人才队伍作为建设科技强国的突破口,作为经济高质量发展的根本出路。有了顶尖人才,就能创新研究方法,进而才能开发相应仪器、设备,建立重大研究基地,从根本上解决缺思路、缺方法、缺仪器、缺积累的问题。

近年来,中国科学顶尖人才(论文被引指数进入各学科领域世界前1%)数量

差距经济学：中美经济与省区经济的差距及走势

不断提升，已排名世界第 3 位，有望进入前 2 位。

关于人才的内涵与定义。国内外对人才没有公认的定义，也没有明确的标准。人才也称人材，通常是指有品德、有才能、有特长的人。人才标准因国家、时代的不同而变化。新中国成立前，状元、举人、秀才是人才；建国初期，中学、中专毕业生是人才；恢复高考后，通常把国家正式安排的大中专毕业生统称为人才，也称知识分子；21 世纪以来，大中专毕业生总数超过了 8000 万人，尽管国家统计局仍把大中专毕业生统计为人才资源，但现今企事业单位招聘中通常把研究生毕业或有特殊技能的人看作是人才。英语中没有与"人才"完全对应的词，国外人才研究中多用天才、天赋、创造性、英雄、精英、杰出人物等。

关于顶尖人才、杰出人才、优秀人才的内涵与定义。顶尖人才还没有明确的定义，学术界还没有公认、定量化的定义。顶是指物体最高、最上的部分，尖是指物体锐利的末端或细小的部分，顶尖顾名思义就是顶部的尖端，顶尖人才则是指人才中的人才，是指能够从事只有极少数人能够胜任的特殊工作的人才，包括科学、技术、企业、管理、文体和艺术人才等。为了科学、准确地评价，因才施用，我们建议对各类人才试行定量分类，顶尖人才是指其成就进入全球同行业前 1% 的人才，杰出人才是指其成就进入全球同行业前 5% 的人才，优秀人才是指其成就进入全球同行业前 15% 的人才。

顶尖科学人才是指不同学科领域科学成就进入世界前 1% 的科学家。由于不同学科科学研究与发现具有特殊性，对科学成就的定量测度还没有世界统一、公认的指标体系，我们采用科睿唯安"高被引科学家"的数据，将"顶尖科学人才指数"进入不同学科世界前 1% 的科学家确认为顶尖科学人才。

顶尖技术人才是指不同技术领域技术发明成就进入世界前 1% 的科学家或技术专家。由于不同技术领域技术发明具有不同的特点，对技术发明的定量测度还没有世界统一、公认的指标体系，我们认为目前可用发明专利数量与质量指标来衡量技术发明成就，将"顶尖技术人才指数"进入不同技术领域或行业世界前 1% 的发明家确定为顶尖技术人才。

顶尖企业创新人才是指不同行业企业创新管理成就进入世界前 1% 的企业家。不同行业企业管理创新具有不同的特点，但国际上通常对不同行业的大型国际企业进行排序,有一个相对统一、公认的企业评价指标体系。我们认为采用国际大型企业排序结果,将不同行业企业的主营业收入与增长率综合计算得到企业成长、创新指数,并对企业成长、创新指数进行排序,将指数排名连续5年进入世界前1%且其企业负责人连续管理该企业5年及以上的企业家确定为顶尖企业创新人才。

建设科技强国需要大批顶尖人才,但顶尖人才的培养需要很长时间,千军易得,一将难求。因此建议充分利用国际科技资源,吸引国际顶尖人才来中国创新创业。

第一,制定科技强国人才发展规划,打造与第二大经济体、科技强国相适应的、国际一流的创新队伍。建设科技强国必然要打造一支拥有大量顶尖人才的国际一流的创新队伍,在加大培养力度的同时,必须大幅吸引大量外籍顶尖人才,针对不同学科发展及不同行业对技术、人才的需求,明确需要顶尖人才的重点学科、行业、机构,以及重点培养与引进的顶尖人才,制定培养与引进顶尖人才的重大政策与措施。

第二,开展人才预测,长期跟踪顶尖人才队伍变化动态,为政府与企业开展人才工作提供支撑。政府与企业都应开展人才预测,跟踪研究顶尖科学人才、技术人才、企业人才、管理人才的动态变化与趋势,把握顶尖人才地区分布、学科分布、行业分布与竞争的现状与趋势,为企业、大学与科研机构引进人才提供服务。人才预测要面向国家重大需求,一是针对经济安全、粮食安全、能源安全、网络安全、国土安全等对科学、技术、企业与管理等4类人才的重大需求,分行业、分产品发现、引进、聘用掌握核心技术的国际顶尖人才,特别是针对信息、生物、能源、材料、航空航天等战略性新兴产业对人才的需求,按照重点产品寻找、引进掌握核心技术的顶尖人才;二是对重点技术、重点人才进行科学评估与经济评估,为造就国家战略人才提供科学依据。

第三,加强技术预测,面向世界科技前沿,造就顶尖人才。中国曾经与几次科技革命失之交臂,实现"中国梦"绝不能再错过下一次科技革命的机遇,因此迫切需要建立健全国家技术预测机制,准确把握国际科技最新动态,特别是新科技革命、产业变革的趋势,选准技术突破口、抢占颠覆性技术的制高点,确保中国能够走在新科技革命的最前沿。

对已经拥有顶尖人才的学科采取培养与引进相结合的方式,打造国际一流创新

差距经济学：中美经济与省区经济的差距及走势

队伍，在用好已有顶尖人才的同时，大力培养和引进顶尖人才，扩大科技竞争优势。对尚没有顶尖人才的学科，尽快启动重点引进计划，填补顶尖人才空白，逐一制订顶尖人才培养与引进计划。一方面通过多种渠道让中国的科研人才融入世界高水平研究队伍，有条件的单位还可以与国外共建合作研究中心；另一方面要实行特殊政策，精准引进顶尖人才。

第四，开展产业预测，"面向经济主战场"，遴选造就顶尖人才的产业与行业。中国经济已经进入新常态，迫切需要对不同产业、重点产品进行"发展拐点"的系统、长期跟踪研究，针对不同行业与产品，研判竞争对手是哪个国家？哪个企业？哪个产品？哪个技术？哪个专家？有针对性地发现人才、引进人才。

第五，建立健全一批顶尖人才创新创业的基地。结合北京全球科技创新中心、上海世界科技创新中心、雄安新区、粤港澳大湾区、国家高新区等建设，特别是依托大型企业与企业集团，营造全球最好的创新创业环境，打造一批国际化、多元化的国际顶尖人才"创新创业高地"，使之成为国际顶尖人才的聚集中心、学术交流中心、技术交易中心，新产品、新经济的发祥地。

第六，建立"政府引导、企业主体、社会参与、市场运作"的人才工作新机制。按照国际人才引进与培养的惯例，政府的重点任务是制定人才工作的方针、政策、规划，人才培养、引进、使用等工作主要由用人单位负责，大学、研究机构、企业应根据自身发展需要，开展人才的培养、引进与使用工作，动员社会力量参与赞助，坚持"谁引进、谁出资，谁聘用、谁受益"的原则。

4. 深化科技体制改革，竖立两个里程碑

中国科技创新体系及其运行机制是计划经济体制下形成的，科研机构依托行政机构设置，科研人员参照行政人员管理。科技与经济脱节、民用科技与国防科技脱节的问题相当突出。改革开放40年来，科技体制机制的改革一直没有停止过，改革的目标一直是解决科技与经济脱节的问题，先后提出要科技"面向经济""长入经济""融入经济"，围绕机构设置、人事制度、立项制度、评审制度、经费管理、分配制度、知识产权管理制度等方面采取了一系列的改革措施，促进了科技与经济的结合。但是客观地讲，科技与经济脱节的问题还没有从科技体制、经济体制机制方面根本性解决。

第四篇 战略与对策
第十五章 "新三步",跃居巩固保持世界第一

第一个里程碑是"断粮断奶",推动科技服务经济。1985年《中共中央关于科学技术体制改革的决定》,改革拨款制度,开拓技术市场,改变研究、设计、教育、生产脱节,军民分割、部门分割、地区分割的状况,通过"断粮断奶"鼓励、引导科研人员投入经济主战场,为经济建设做贡献,先后启动了支撑农村经济发展的"星火计划"及为工业发展提供科技支撑的"火炬计划",建立了"国家高新技术开发区",为加速科技与经济的结合起到了良好的推动作用,开辟了良好的局面。1995年《中共中央、国务院关于加速科学技术进步的决定》,提出了"稳住一头,放开一片"的科技改革方针,"放开一片"就是放开与经济建设、社会发展相关的应用研究和技术开发,使广大科研人员有更加灵活的政策环境为经济建设服务。

第二个里程碑是"院所转制",加速企业成为创新主体。1999年中共中央、国务院发布《关于加强技术创新,发展高科技,实现产业化的决定》,推进科研机构分类改革,应用型科研机构和设计单位向企业化转制,加速企业成为技术创新的主体、科技投入的主体、科技成果转化的主体、科技项目提出和研发的主体,科技效益与风险承担的主体,极大地推动了企业科技活动,提升了企业的科技创新能力。随后,国家先后出台支持企业建立研发机构、应用性研究课题由企业牵头、企业研究经费"加计扣除"等一系列政策,加速企业成为创新主体。2016年,全国共投入研究与试验发展经费15 676.7亿元,其中,企业研发经费支出12 144亿元,占全社会科技投入的77.5%。企业创新意识、创新能力的提高,使经济发展逐步进入创新驱动的发展轨道,华为、腾讯、格力、海尔等一批创新型企业已经进入国际前列,引领全国企业加速成为创新主体。

此外,近年来,中国在科技管理体系、计划体系、经费保障体系、人才管理体系,以及分配制度、科技评估与评价制度等方面已经进行了一系列重大改革。在科技管理体制方面,将国家自然科学基金委员会划归科技部管理,将国家外国专家局并入科技部,加强了基础研究、应用研究、技术创新与人才引进的一体化布局;在科技计划管理改革方面,将国家及部门的100多个科技计划合并为五大科技计划,建立专业化科技项目机构,提高科技工作效率;在分配体制改革方面,建立以知识为基础的分配体系;在科技经费管理方面,进一步扩大科研人员的自主权等。这些改革举措,正在推动中国科技体制的优化与完善,促进军民科技融合发展。

5. 创新科技运行机制，应对美国技术封锁

美国发动的贸易战已经演变为科技战、人才战。这对中国科技工作提出了前所未有的挑战，亟待调整科技工作思路、方法和重点，创新科技运行机制，切实为打赢科技战作准备。以论文和专利为主要目标、以高校院所为主要对象、以经费分配和基地建设为主要手段的传统科技工作方式，已经明显不适应当前科技工作的需要，亟须以习近平新时代中国特色社会主义思想为统领，以习近平科技创新思想为指导，创造科技运行机制，开创新时代科技工作的新局面。

一要改革立项制度，打破小循环，建立大循环。改革立项制度，第一，要打破科技小循环，建立经济大循环。改科学家出题，为政治家、企业家、科学家共同出题。坚决贯彻习近平总书记提出的"面向世界科技前沿、面向经济主战场、面向国家重大需求"。科技前沿由科学家出题，应用研究遵循"课题从生产中来、成果到生产中去"，由企业家出题，国家重大需求则由政府或政治家出题。彻底打破"专家出题、专家评审、专家解题、专家验收"的科技小循环，建立"企业出题、企业出钱、专家解题、政府引导"的经济大循环。第二，坚持国家目标、需求导向。国家需要什么就做什么，彻底改变"会什么、做什么"，改变"课题立项时100%缺钱、验收时100%完成目标"的旧模式，"鼓励创新、允许失败"。第三，改变每个五年计划结束，研究项目部分"推倒重来"的做法，以完成任务为目标，鼓励提前结题、允许延时结题，保障研究工作，特别是基础研究的连续性、稳定性。防止中断研究项目造成的巨大浪费，实行目标管理，明确立项指标与标准，达到目标随时结题，达不到目标继续研究工作，经费原则不增加。

二要改革科研模式，变单学科写为交叉学科创产品。科研模式（也叫科技范式）是指开展科研工作的方式。长期以论文为主要考核目标的科技导向，形成了单一学科集中力量写论文的科研模式，不适应开发新产品的需求。应用研究目标是开发新产品，要坚决改革以单个学科、单一机构写论文、报专利的科研模式，建立"多学科联合开发新产品"的科研新模式。应用研究不再支持单学科承担的项目，必须建立产学研结合、多学科交叉的联合攻关，以新产品开发或改进为目标；以"军令状"形式确立各学科的任务、目标和时间，并要求限期完成任务。

三要改革奖励制度，逐步由申请制改为"提名制"。严格执行《中华人民共和国科学技术进步奖励条例》，奖励对科学技术做出重大贡献的全体公民，而不仅仅是科学家。对于基础研究、应用研究和技术创新，要采取不同的奖励标准。建议国家科技奖励由"申请制"改为"提名制"，科学类奖励以科学发现为导向，根据论文"大数据"，在不同学科遴选顶尖人才，提出拟奖励名单，经过公示无异议后直接奖励，以节约专家申报时间，防止评奖不正之风；对于技术发明与应用类奖励，应以发明专利、专利转让收入，以及新产品所产生的效益作为奖励和考核指标，在不同行业选择贡献大、无争议的项目直接进行奖励，不再组织申报。与此同时，对为科技人才创造条件的企业家、政府部门也要给予管理奖励，鼓励其继续为科研人员创造条件；要特别加大对工人、农民、解放军战士等一线公民创新工作的奖励力度，使他们的创新性劳动也能得到尊重和奖励。切实营造人人尊重科学、人人崇尚科学、人人从事创新的良好氛围。

四要改革科技人事制度，应用研究要把开发新产品作为新导向。经过40年的发展，中国科技人事制度已经取得重大成绩，但与当前形势和需求还有明显差距，必须进一步深化改革。人事制度改革的核心内容包括：第一，改革科技评价导向。坚决停止以论文作为一切科技工作评价导向的做法，要对不同工作采取不同的评价标准，基础研究可仍以论文质量为导向，应用研究应以新产品数量和销售额为导向。实施"新产品战略"，对从事应用研究的机构、人员和科技项目，必须以开发新产品的数量、质量作为最终考核指标，引导400万研发人员中的300万人进入经济主战场，集中力量开发新产品，十年之后，中国必将成为产品创新大国。第二，改革职称制度。从事应用研究的科技人员的职称晋升、年度考评、奖励发放必须要以专利或新产品为导向。

五要加强企业创新主体建设，组建行业创新中心。应用性研究必须以企业为主体，力争企业在技术开发中做到"六个主体"：科技项目提出的主体、执行的主体、投入的主体、成果转化的主体、利益分享的主体、风险承担的主体。政府要为企业创造公正、公平、公开的科技竞争环境，要使"引导大专家、进入大企业、攻克大技术、开发大产品、占领大市场、发展大产业"成为新时期科技应用研究的主导模式。凡是企业不支持、不参与的应用研究项目，政府就应慎重立项或不立项；企业提出的项目，企业必须是投入的主体，政府进行适当补贴和资助。与此同时，政府还要

差距经济学：中美经济与省区经济的差距及走势

加大对没有能力开展创新活动的企业，特别是中小企业提供科技支撑与服务，建立行业技术创新中心。近年来，山东等地根据行业发展需求建立了区域性行业技术创新中心，减少了企业重复研究的浪费，取得了很好的效益，有力地促进了经济高质量发展。

六要设立国家"应急科技专项"，应对突发性科技问题。建议每年在中央科技经费中拿出15%左右的经费，设立"应急科技专项"，专门研究各种紧急、重大、关键性的科技任务。对于应急科技项目，以"揭皇榜"的形式尽快立项，力争做到"当月立项、当月启动、当年见效、长年奏效"。建议设立"国家应急重大管理办公室"，形成一支应急的科技队伍，密切跟踪国内外科技、经济发展的最新动态，采取相应的对策与措施，切实改变对科技、经济事件不敏感、不关心的现状，做到遇到大事有建议、有行动、有效果。

七要改革科技资源配置制度，"推倒两堵墙，建立五条链"。科技资源配置制度的核心是加速科技与经济的结合，提高全要素生产率。具体做法是"推倒两堵墙，建立五条链"。"推倒两堵墙"就是要推倒阻碍科技与经济结合的"墙"，推倒阻碍民用科技与国防科技融合的"墙"，科技政策、规划、项目、经费、人员、设备、基地等科技要素必须围绕"三个面向"进行配置，建立起科技与经济融合发展的新型科技资源配置方式；"建立五条链"就是根据经济建设、国防建设、生态建设、民生改善的重大需求，构建需求链、产品链、技术链、人才链、政策链，形成一批围绕不同需求的若干支国际一流创新体系或基础，不断出成果、出产品、出人才、出机制。

八要加速构建"现代创新管理制度"。改革以"管项目"为主体的科技管理方式，建立以"优化创新生态"为核心的新的管理方式。坚决贯彻刘鹤副总理提出的"加快政府科技管理职能转变，更好发挥市场机制的作用，努力形成科技创新、实体经济和现代金融间的良性循环""坚持问题导向""坚持成果导向"等要求，"开短会、讲短话、办实事"，在国家重大科技专项、国家重点研发计划、创新调查制度、成果报告制度、国家高新园区等基地建设的基础上，进一步完善科技决策专家咨询制度等科技管理制度法规与规章体系，建立严格的办事规则与程序，切实实现从科技管理向创新管理的根本性转变。科技管理人员要"懂科技、善管理、有担当"，做到 4 个熟悉，即熟悉国际科技动态、熟悉国内重大需求、熟悉科技方针政策，熟悉同行顶尖专家。

九是把技术、人才、产业"三大预测"作为创新管理的工具手段。技术预测是把握未来技术发展方向与重点的重要手段，是美国、日本、德国、英国、韩国等许多国家政府，以及兰德、麦肯锡等国际著名智库的经常性工作，是找准新科技革命与产业变革突破口和着力点不可缺少的工作；人才预测是在技术跟踪与预测的基础上，预测未来的技术突破将掌握在哪个或哪些科学家手中，预测哪些科学家将引领未来科技的发展；产业预测则是预测未来的新产业、新业态及其对社会经济发展、人民健康、生态环境及对国防建设的影响。由此可见，技术预测、人才预测、产业预测是一个完整的预测体系，对未来技术、产业发展及人才培养具有重要的指导意义，建议把技术预测、人才预测、产业预测作为创新管理的日常性、基础性工作，作为创新管理的基本工具。行业科技发展、企业创新同样需求开展"三大预测"，准确把握发展方向，掌握竞争对手与合作对象，做到有的放矢。

6. 企业高质量发展是经济高质量的基石

企业均衡发展包括广义、狭义两个方面。狭义的企业均衡发展是指企业内部研发、生产、流通、管理的协调、高效、持续的发展。也就是说，没有明显短板的发展就是企业的均衡发展。均衡发展的企业，单独改善任何一个要素或环节都很难明显提升企业效率，而需要全面、系统的综合性措施才能明显提升企业效率。例如，苹果、华为等企业的管理创新、技术创新、市场创新均为世界一流，研发、生产、流通、管理等环节协调、高效、规范、持续地运行，不依靠任何一个人，不依靠单一环节，不依靠单一技术或措施，而是一个高效、有序运行的系统。苹果没有因为失去乔布斯而倒闭，任正非先生说华为离开谁都会正常运行，这是企业均衡发展的重要标志。中国绝大多数企业的发展处于非均衡态发展，有的企业缺乏研发环节，没有研发机构、研发人员，依赖收购别人的技术或委托研究支撑企业发展；有的企业没有生产环节，依靠委托生产的方式运营，有的流通环节依靠专业流通企业，有的管理一言堂、家族化，往往一人退休，企业倒闭。当然，企业均衡发展不可能只有一个模式，但有其基础性规律，加强企业均衡发展仍然需要进一步研究与探索。

广义的企业均衡发展是指行业内、区域内企业的布局与格局科学、协调、高效与可持续的发展。不仅涉及行业内部企业布局，而且涉及企业与市场、社会等因素的匹配与协调发展的问题。例如，中国医药行业处于非均衡发展状态。一是数量多，企业竞争十分激烈。全国拥有药品生产质量管理规范（GMP）的企业超过5000家，由于多数药品为专利过期的仿制药，许多企业都能生产，同一种药品往往上百家，甚至几百家企业生产，政府招标采购时，竞相降价，低成本中标，难以持续发展，经常出现先中标、后停产，许多好药在招标后消失，老百姓也因此失去了一批好药。二是生产型企业多、研发型企业少。许多药企只有质量控制，没有实质的研发能力，研发环节十分薄弱，重生产、重流通、轻研发的问题普遍存在。三是一些研发型企业，不适应"流通规则"，销售不畅。

加速企业均衡发展是经济高质量发展的基础，没有企业的高质量发展，就没有经济的高质量发展。企业均衡高质量发展还需要专门、深入的研究，本书只是提出企业均衡高质量发展的理念与想法。在社会主义市场经济条件下，如何评价、引导、服务企业实现均衡高质量发展，还需要进一步认真研究，探索科学、有效的理论方法与政策体系，需要市场无形之手与政府有形之手的高效、协调，政府要着力创新一个企业公平竞争、科学发展、均衡发展的良好生态，营造良好的营商环境，企业则要明确自身发展的优势与短板，逐步提升均衡发展指数。

第十六章
均衡发展、差异化发展"双腿"走路

人类对经济发展思想、理论、战略、对策的探索从来没有停止过，每一个经济思想、理论、战略、对策都不同程度地推动了经济发展、社会进步、人类文明，而每个经济思想、理论、战略、对策都没有，也不可能解决经济发展中的全部问题。不同国家、不同区域、不同行业、不同时代都有不同的矛盾，旧的矛盾解决了，新的问题又诞生了。运用市场规律、发现"市场失灵"，探索政府作用、研究"政府失灵"，依靠科技进步、应对颠覆性创新，推进全球化、保护本国利益。经济思想、理论、战略、对策，以及模型、公式一直处在不断创新、不断完善之中。

差距经济学研究的核心问题就是科学运用均衡发展、差异化发展"双腿"的作用，调控经济差距，促进经济发展，其难点、重点是研究什么条件下需要均衡发展，什么情况下运用差异化发展。在经济学活动中，除了用好市场无形之手、政府有形之手"双手"的同时，必须科学发挥"双腿"的作用。

一、经济发展要均衡发展与差异化发展"双腿"走路

（一）均衡发展的概念与类型

均衡发展是指资源与要素匹配合理、浪费最少的高效率、高质量发展，是人类追求物质与财富文明的一种集约、高效的发展方式，是经济发展迈上中高级阶段的必然过程。均衡发展包括狭义均衡与广义均衡两种发展方式。狭义的均衡发展是指经济活动中所涉及的经济要素数量充足、结构合理、匹配科学、协调高效的发展。

换句话说，狭义的均衡发展就是浪费最少的发展，就是高效率、高质量的发展。但是，经济活动中，往往经济要素数量不充足，难以科学匹配，巧妇难为无米之炊，难以实现真正的均衡发展，只能向均衡发展的方向努力。

广义的均衡发展则是国家之间、区域之间、产业之间、行业之间、社区之间、群体之间的均衡发展。通过国家之间的劳动力、资金、技术、产品、管理、贸易、交流与合作，促进国家之间的均衡发展，如劳动力密集、资源密集的产业由发达国家向中等收入国家、低收入国家梯度转移，实际上推动了国家之间的均衡发展。同样，一个国家内部区域之间、产业之间、群体之间的均衡发展，通过财政政策、税收政策、产业政策、创新政策、分配政策等，调控土地、劳动力、资金、技术、物资等经济要素的流动，加速实现区域之间、行业之间、群体之间的均衡与协调发展。

（二）差异化发展的概念与内涵

差异化发展是指不同经济体（国家、区域、行业、企业）因地制宜、强化优势，采用独特的经济理论或经济要素组合模式，实现经济发展、社会进步、生态文明、国际友好的发展方式。差异化发展有两个基本特征：一是发展路径不同，经济理论、体制机制、经济结构与要素组合模式具有差异性；二是发展目标相同，实现经济发展、社会进步、生态文明、国际友好的多重目标。差异化发展的核心是因地制宜、错位发展，既要避免只讲共性规律、不讲客观现实的简单化、模式化、"一刀切"所造成的损失，又要避免盲从跟踪、错失发展机遇。

人类经济活动过程中充满了差距，国家之间、区域之间、行业之间、企业之间都有各种各样的差距。当理想的发展方式不能实现时，差异化发展是必然的选择、正确的选择。因而，制定因地制宜的差异化发展对策与方案就成为差距经济学的核心任务。

为了科学制定不同经济体调控经济差距、促进差异化发展的战略与对策，我们探索从市场、政府、科技、社会、生态、全球化等6个方面入手，用90个指标衡量不同经济体的经济差距，根据不同经济体的优势与劣势，科学制定差异化发展的对策与措施。

（三）经济高质量发展的关键是用好"双手"与"双腿"

经济发展有共性规律，也有不同经济体的个性差异。遵循共性规律要求均衡发展，找差距、补短板、促发展。尊重个性差异则要差异化发展，找长板、强优势、求进步。

均衡发展与差异化发展关系的本质是共性与个性的关系。均衡发展的核心是遵循共性规律、客观规律。例如，不同经济体要发挥市场机制在资源配置中的决定性作用，要充分考虑经济活动生态能否承受、社会能否接受、国际市场能否利用等问题，要重视科技创新的作用，要以人为本等。经济发展的共性规律就像"高速公路"，谁利用谁发展、谁偏离谁吃亏、谁不遵守交通规则可能会"车毁人亡"。所以，经济发展必然要均衡发展、协调发展，要不断研究、探索均衡发展的规律与方式、方法，学会制订均衡发展的对策与方案。

差异化发展的核心是尊重个性特点，因地制宜、殊途同归。不同经济体、同一经济体的不同发展阶段，所适用的发展理念、体制机制、要素组合模式都不相同。例如，中国经济发展采用社会主义市场经济体制，探索无形之手与有形之手"双手并用"的协调机制，取得了40年名义GDP增长250倍的辉煌成就。又如，贵州省依靠大数据与旅游产业实现了快速发展，华为公司则依靠"备份战略"成功抵御美国制裁。差异化发展的本质是根据不同经济体的自身特点，因地制宜地确定发展战略与措施。差异化发展往往比均衡发展更难，因为均衡发展某种程度上讲是向发达经济体学习，而差异化发展不但要走自己的路，而且要成功。因此，研究差异化发展的规律、战略与路径的任务更难、更重。

（四）用好"双腿"是社会主义市场经济体制的组成部分

社会主义市场经济体制的核心是发挥"双手"的作用，市场在资源配置中起决定性作用，发挥政府作用。不同省市区、不同城市、不同行业的省情、市情、行情不同，在用好"双手"的同时，必须发挥自身优势，科学运用均衡发展与差异化发展"双腿"的作用。没有均衡发展，经济要素匹配失调、要素浪费，就难以提高经济效率。然而，绝大多数国家或地区总是缺乏某种经济要素，难以实现要素理想、

差距经济学：中美经济与省区经济的差距及走势

均衡配置，差异化发展则成为多数国家、地区、行业的被迫选择、正确选择。科学用好"双手""双腿"的作用，已经成为完善社会主义市场体制面临的重要理论问题，是促进经济高质量发展的现实问题，也是世界许多国家或地区面临的经济发展理论与现实问题。

客观地讲，宏观经济学诞生以来，在如何正确运用"双手"的问题上始终存在不同观点。理论上讲，"两只手总比一只手强"，但就如何平衡"双手"作用的争论从未停止过。一种观点认为，政府不能干预经济活动，"政府无用论"、"闲不住的手"、政府干预过多等类似观点比比皆是；另一种观点认为，市场机制与政府作用能够高效协调，中国经济持续40年发展就是成功的例子。市场经济不是万能的，中国经济发展成就是管理者不愿意采用西方自由市场经济理论而形成的；还有一种观点认为，随着经济不断发展、体制不断完善，市场机制与政府作用的界限将逐步清晰，政府管什么、放什么将更加明确，政府作用与市场机制高效协调的经济体制与运行机制将逐步完善、成型、定型。我们研究认为，完善社会主义市场经济体制，既要做到"双手"的高效协调，又要做好均衡发展、差异化发展"双腿"的高效协调。

"双手"高效协调的核心是政府应该发挥什么作用，如何发挥作用。政府经济体制的作用是显而易见的，中国政府创办的高新技术区、经济开发区、保税区、产业园区等都是经济发展的发动机，对经济发展起了重要的推动作用。美国号称是自由市场经济最发达的国家，不但经常发布高科技及其产业发展规划与指南，而且时常通过抓捕别国的企业家深度干预别国经济活动，甚至破坏国际经济秩序。未来经济发展过程中，如何用好"双手""双腿"，需要在经济活动中不断探索与完善，需要人类共同的智慧与力量，也许需要数十年的探索与争论。

差距经济学提出了用好"双腿"的理念，并用省区经济质量差距为例进行了初步探索，用好"双腿"作用的研究与探索才刚刚开始。不同国家、不同区域经济质量差距有多大？导致差距的根源是什么？支配经济差距变化的规律是什么？差距变化的趋势是什么？如何调控经济差距？这些都是需要认真研究并逐步解决的问题，也是差距经济学研究的核心内容。

二、均衡发展应成为新的国策,缓解"不平衡"

脱贫攻坚战打赢之后,缩小区域发展差距、实现区域均衡发展应该成为新的国策。长期以来,西部、东北地区等经济欠发达省区的劳动力、资金、人才、技术等经济要素向东部地区转移,互联网、人工智能等新产业、新业态向东部地区聚集,甚至金融、保险、医疗、养老等产业也不断向东部发达省区集中,区域差距仍然呈现扩大态势。几千万人口大省的财政收入不如一个大型公司的利润,百万人口的县级财政收入不如一个中小型公司的利润,一个养活近千万人口城市的财政可支配收入不如一个中型投资公司。区域均衡发展已经成为脱贫攻坚战之后,又一个需要理论攻坚、实践攻坚的重要课题。在高度保障民营企业财产安全与人身安全的同时,应该把提高欠发达地区地方财政可持续发展能力作为新时期经济高质量发展、社会进步的战略目标。许多欠发达地区在"土地财政"之后,依靠"什么财政"支撑发展需要认真研究并加以解决。2019 年,中央对地方一般性转移支付预算高达 67 763.1 亿元,其中,转移支付最多的四川是转移支付最少的天津的 8.5 倍。这迫切需要探索不同省市区均衡发展的新体制与机制,增加经济压力大省市区经济的自身发展能力。

(一)研究均衡发展、差异化发展战略是差距经济学的使命

均衡发展不仅是社会稳定、文明进步的重要标志,而且是促进经济发展的重要举措。当前,富裕人群的消费基本满足,消费能力有所下降,而从全人群平均消费水平来看,2018 年每千人拥有汽车仅 170 辆,每千人执业(助理)医师仅 2.59 人,人均医疗支出仅 4148 元。根据《2019 年中国航空服务行业分析报告》的数据,2018 年全国航空客运 6.6 亿人次,按人均 2 次算,约 3 亿人乘坐了飞机,全国近 11 亿人口 2018 年没有坐过飞机。在满足富裕人群对旅游、健康、养老、文化等消费需求的同时,提高全人群消费能力,特别是低收入人群的消费能力,是促进经济发展、社会稳定、文明建设的战略举措。

邓小平同志当年提出让一部分人先富起来,让一部分地区先富起来,先富帮后富。经过 40 年的发展,贫富差距、区域差距存在是客观现实。贫富差距、区域差距的合理区间是多少?是继续允许差距不断扩大,还是到了"先富帮后富"的时候?

差距经济学：中美经济与省区经济的差距及走势

先富帮后富，除了税收、公益、捐赠等多种方式之外，还有什么新途径、新办法？我们调研发现，绝大多数富起来的地区和人群，多年来一直在以不同方式努力帮助欠发达地区与贫困人口，需要研究"先富帮后富"的新法则、新途径与新办法，依法治理，促进均衡发展、共享发展成果。

改革开放40年来，允许一部分人、一部分地区先富起来，先富帮后富，极大地调动了广大劳动者的积极性，经济建设取得了巨大成就，但又出现了贫富差距、城乡差距、区域差距拉大等问题。当前，中国社会的主要矛盾已经转化为人民日益增长的美好生活需要和不平衡、不充分的发展之间的矛盾。既有贫富之间、城乡之间不平衡、不充分的问题，也有区域之间、行业之间不平衡、不充分的问题，解决"不平衡、不充分"的矛盾，亟待探索新的发展战略、发展方式。实现全面小康，需要创新驱动发展、区域协调发展、行业均衡发展、贫富共享发展、生态文明发展、国际和谐发展，进而保障经济由高速度向高质量发展的根本性转变，开辟经济发展的新阶段。

省区差距、城乡差距、贫富差距、行业差距等，是否需要一个合理的区间？如何科学确定合理的阈值？如何调控经济差距？已经成为新时期经济发展、社会稳定、生态文明、治理现代化的一个重要理论课题与紧迫现实问题。研究均衡发展的策略与措施，是差距经济学研究调控差距的重要使命。

（二）区域均衡发展要成为新国策

工业化150年来，工业化加速了经济发展不平衡，财富向富国、富地区、富人聚集的效应日益明显。国家之间、地区之间的信息鸿沟正在被填平，而人才鸿沟越来越深，导致财富鸿沟越来越深。改革开放40年来，中国东西部地区经济社会发展都取得了举世瞩目的巨大成就，但西部与东部地区的经济差距仍在扩大。脱贫攻坚任务完成后，缩小区域差距应成为新的国策。

从国际上看，财富出现向富裕国家、富裕地区与富裕人群聚集的趋势。如果把世界经济总量分成4份，2006年，美国独占1/4（27%），中国、德国、日本3个国家占1/5（20%），法国、英国、印度、巴西、加拿大、韩国、澳大利亚、俄罗斯、西班牙、墨西哥等11个国家占1/3（29.7%），其余209个国家或地区占1/4（23%）。

2018年，美国独占1/4（23.9%），中国、德国、日本3个国家占1/4（26.3%），英国、法国、印度、俄罗斯等11个国家占1/4（24.9%），其余209个国家或地区占1/4（24.9%）。中国、美国、德国、日本4个国家占世界经济的比重，从2006年的47%增加到2018年的50.2%。随着人才、技术、资金不断向经济发达的国家或地区聚集，富裕国家与地区占世界GDP的比重仍将进一步提高。

从中国不同省市区看，财富同样出现向发达省区、城市、富裕人群聚集的趋势。省区差距、城市差距均有扩大趋势。广东省GDP占全国的比重1980年、2018年分别为5.44%、10.58%，39年增加了5.14个百分点。江苏省GDP占全国的比重1980年、2018年分别为6.97%、10.07%，39年增加了3.10个百分点。广东、江苏两省GDP之和占全国GDP的比重，由1980年为12.41%上升为2018年的20.65%。

甘肃省与江苏省比较，1980年江苏省GDP是甘肃省的3.4倍，1990年为5.8倍，2000年为8.1倍，2010年为10.1倍，2018年增加到11.2倍。1978—2018年，江苏省GDP增长了344.65倍，甘肃省GDP增加了118.65倍，甘肃省GDP增长速度仅为江苏省的1/3。2018年，江苏省GDP增长率为6.7%，甘肃省为6.3%，两省经济差距仍在拉大。

展望未来，世界经济发展面临诸多不确定因素，中国经济增长压力不断增加，经济增速可能进入"5%"时代，甚至更低。经济发展的限制因素，除了美国遏制中国经济发展等国际因素外，还有制造业产能过剩、效益滑坡的问题，也有贫富差距大、区域差距大、城乡差距大的问题等。减少或消除贫富之间、区域之间、城乡之间的"不平衡"，将进一步释放消费潜力、发展潜力，促进经济持续增长。因此，在脱贫攻坚、消灭绝对贫困之后，要把"区域均衡发展"作为新的国策，通过缩小区域经济差距、行业发展差距，释放经济潜力，促进社会和谐稳定发展。

（三）实现均衡发展需市场、政策、技术、文明"四管齐下"

实现均衡发展，就是既要锦上添花，又要雪中送炭，从治理理念、共享发展的高度，采用市场、政策、技术、文明等配套措施，促进区域、城乡、行业，以及人群之间的均衡发展。一要充分发挥市场机制在资源配置中的决定性作用，促进区域均衡协调发展，逐步减少人为将资金、技术、人才、优惠政策过多向部分地区聚集。

二要提高治理水平，发挥政策的调控作用，逐步减少政策不平衡、发展基础不平衡引发新的区域、行业、城乡的"不平衡"，尽量减少东部发达省区从西部、东北地区吸引人才、技术与资金，促进发达地区与欠发达地区的均衡发展。三是全面实施创新驱动发展战略，要加大对经济落后省区的技术支持与扶持。资源有限、创造无限，欠发达地区、经济效益低的行业要把创新作为跨越发展的战略措施，作为均衡发展的突破口，而政府则要对相对落后的区域、行业开展"技术支持"，欠发达地区、经济效益低的行业由国家有关部门进行"专项技术支持"，通过提高自身创新能力，走出一条新的发展道路。建议国家对经济欠发达省区的科技创新要有专门的扶持计划，既要给东部省区"锦上添花"，更要给西部、东北省区"雪中送炭"。对于西部大开发、东北振兴战略等有关省区，建议采取财政转移支付、科技创新专项支持"双管齐下"，在转移支付"输血"的同时，提高经济欠发达地区的"造血功能"。四是要全社会共同承担生态文明的责任。从"增长的极限"到"没有极限的增长"，再到"可持续发展"，人类逐渐认识到不可持续的发展就是"自杀式"发展，人类与自然的关系必须遵循可持续发展的原则，建设生态文明已经成为全社会的共识。国家应进一步加大对生态保护区相关省区的支持，如加大对青海、甘肃、宁夏、内蒙古等生态脆弱地区的支持。

三、差异化发展应成为新发展理念，减少"不协调"

21世纪以来，特别是党的十八大以来，国家加速推进区域协调发展，先后出台了西部大开发、东北振兴、中部崛起等战略，取得了显著成就，对促进区域均衡发展、差异化发展，发挥了十分重要的作用。但从整体上看，东南部与西北部地区的经济发展差距扩大的势头没有得到完全遏制，区域发展不均衡的问题仍然比较突出。当前，中国区域经济发展的基本格局是不平衡，呈现"东强、西快、中稳、北退"的格局。东部地区经济实力、创新能力强，转移过剩产能、腾笼换鸟，发展高新产业；西部省区科技创新能力弱，承接东部转移产能，一些省区在中央支持下，呈现快速追赶势头；东北三省人才、资金等经济要素继续外流、发展遭遇瓶颈；中部崛起正在另辟蹊径、稳步追赶。总体而言，中国东部与西部省区的差距仍然呈现扩大势头。

（一）差异化发展应成为新发展理念

理念上讲，经济基础决定上层建筑、经济要素决定经济发展方式，不同经济体不可能采用同样的发展方式。从现实看，许多国家、地区的发展方式，在其他国家、地区却不一定适用。例如，青海省经济要发展必须在改革开放方面跟广东一样，在科技创新方面与江苏一样。但学广东的对外开放，一没有沿海地理优势，二没有华侨资源优势；学江苏的科技创新，一没有人才基础优势，二没有引进人才的资金优势。因此，青海省的经济发展必须走出一条不同于广东、江苏的差异化的发展道路，这是被迫选择，也是正确选择，差异化发展要成为新的发展理念。

寻找差距，精准定位，制定差距发展对策，走差异化发展道路，已经成为不同产业、不同省区，甚至不同企业经济高质量发展的必然选择。经济进入新阶段，差异化发展必须遵循经济规律、因地制宜，动员各省区、各行业，动员全社会的力量，寻找差距、精准定位，制定适合本地区、本部门、本行业、本企业的发展方式，不照搬别人的模式，走别人的路走不通，只能另辟蹊径，走差异化道路。

差异化发展与均衡发展并不矛盾，而是矛盾的两个方面。经济要素充足，能够做到经济要素科学匹配时，就采用均衡发展的方式；而经济要素缺乏，无法实现经济要素科学配置的地区、行业、企业，必然要选择差异化发展方式。科学运用均衡发展、差异化发展两种发展方式，既不能盲目照搬别人的经验，无条件追求均衡，又不能不顾经济客观规律，标新立异，追求差异化发展，而是要均衡发展、差异化发展"双腿"走路。

（二）差异化发展需要找准发展短板与突破口

差异化发展，首先要找准差距产生的主要根源或短板，找准差异化发展的突破口。国内外关于导致贫穷差距、区域差距原因的研究很多，观点莫衷一是。差距经济学在总结国内外经济增长模型的基础上，在市场、政府、科技、社会、生态及全球化6个方面，寻找经济差距，并定量分析90个指标的差距与优势。我们测算了31个省市区的经济质量差距，正在研究80个国家或地区的经济差距，同时还在研究不同行业、企业经济质量差距。

差距经济学：中美经济与省区经济的差距及走势

在市场机制方面，核心是市场体制与机制、政策与法律体系，测算市场机制在资源配置中的作用及其效率，主要在土地市场化、资本市场化、劳动市场化、技术市场化、消费市场化、就业市场化、企业市场化等七大市场化及其效率方面找差距。

在政府作用方面，重点分析财政政策、产业政策、税收政策、价格政策、分配政策、就业政策、社会保障政策、区域经济政策等八大政策体系及其效率方面的差距。当前，干部是否敢于担当、敢于作为，政府工作效率已成为衡量政府作用的重要指标。一般来讲，导致经济差距的主要原因有生产要素、经济结构与增长方式等3个方面。在经济欠发达国家、地区，推动经济增长的生产要素是土地、劳动力、资本等传统生产要素，经济结构是以第一、第二产业为主体，第三产业占GDP比重少于50%，经济增长方式是"高投入、高消耗、高成本、低效益"的外延式经济增长方式；而发达国家、地区经济发展主要依靠技术、人才、资金等现代经济要素，经济结构是以第三产业为主，第三产业占GDP比重通常都在70%以上，经济增长方式则是创新驱动的"低投入、高效益"的内涵式经济增长方式。

从科技创新的角度分析，经济差距形式上是产品质量、效益，以及产业结构的差距，而经济差距的本质是科技创新能力的差距，核心是人才，特别是顶尖人才的差距。富裕的国家、地区、人群容易得到技术、人才、资金等现代生产要素，财富向富裕国家、地区、人群聚集。国家之间、地区之间的信息鸿沟逐步被填平，而人才鸿沟越来越深，导致财富鸿沟越来越深。当今世界，顶尖人才已经成为最重要、最活跃的经济要素，许多国家、地区、城市都已经把争夺人才作为促进经济发展的突破口，人才争夺战正在成为经济的主战场。由于缺乏创新生态、创新基础、创新资金等因素，广大发展中国家、经济欠发达地区在新一轮经济要素的争夺中将再次处于弱势地位，这是经济差距进一步拉大的根源所在。2018年华为公司研发经费达1015亿元，而2017年甘肃省全社会研发经费仅为88.4亿元，不到华为的9%。

从社会学角度分析，导致经济差距的主要原因有自然因素与人为因素两类。自然因素包括地理位置、生态环境、资源禀赋、交通条件等，西部地区自然条件差、生态脆弱，吸引企业、资金、人才、海外投资等经济要素的能力弱；人为因素主要有民风民俗、公平正义、诚信与道德、文化与理念、失业率等。

以甘肃省为例分析，导致经济落后的主要原因有6个，既有生态环境差、地理位置偏、经济基础弱等先天不足，又有观念保守、改革偏晚、政策偏软的后天失调。观念保守、策略错位，改革慢了一小步、经济差了一大截。改革开放以来，乡镇企业、外资企业、高科技产业的"三趟快车"都没有赶上，是造成甘肃与东部地区经济差距连续3次被拉大的主要原因。也就是说，思想保守导致改革滞后，改革滞后导致经济落后，经济落后造成人才流失，而人才流失又加剧了经济落后，陷入了恶性循环。落后的根源在人才流失，人才流失的根源是争夺人才的政策力度不够。

（三）允许欠发达地区把发达地区优惠政策使用5～10年

当今世界，人类物质生产已经基本能够满足全人类物质生活的需求，而经济体制机制、分配政策、就业政策、文明程度等造成物质与需求不匹配，形成了10亿人口饥饿与大量土地闲置并存的局面。从国际上讲，弱肉强食的"丛林法则"仍然主导国际关系，随着物质文明水平的提高，霸权主义、单边主义、民粹主义丝毫没有减弱的趋势。从国内讲，不同地区、不同行业、不同人群共享发展成果还需要进一步制度化、规范化、程序化。

理论上讲，一个国家、地区、行业、企业，乃至家庭、个人的发展不能牺牲、损害他人的利益，而实践中，不损害他人利益，难以形成快速的资本积累，这就需要政策与法则来规范经济行为。经济要素向一个国家、地区、行业、企业，乃至家庭、个人集中的情况屡见不鲜，导致不同经济体、不同人群之间的经济差距不断扩大，引发经济不平衡、不协调，社会不稳定，甚至改朝换代。因此，调控经济差距不仅是经济问题，而且是社会问题、政治问题、人类文明问题。

我们对中国31个省市区的经济质量差距分析与趋势预测表明，在当前的政策体系与框架下，要缩小经济质量差距、人均收入差距，或者遏制省市区之间经济质量差距进一步扩大，面临着许多瓶颈与制约因素，必须把"区域均衡发展"作为新国策，把"差异化发展"作为新的发展方式，支持不同省市区走出一条协同发展、共同发展的新路子，实现全国经济高质量发展的目标。而实现这一目标的核心是消除经济差距继续扩大的瓶颈性制约因素，特别是要避免欠发达地区经济要素如资金、人才、技术要素向东部地区转移。

从根本上，解决省市区经济差距扩大的问题，欠发达地区不仅要"输血""造血"，更重要的是"止血"，首先要防止经济欠发达地区经济要素外流。建议将东南沿海地区当年使用的优惠经济政策，如税收减3年、免2年的政策，允许西部、东北部地区使用5～10年，彻底扭转欠发达地区经济要素外流的局面。与此同时，在建设国家自由贸易区、自主创新示范区、高新技术开发区、保税区等试验、示范区方面，加大对经济欠发达地区的支持，防止出现"孔雀东南飞、麻雀东南飞"，东部地区试验成功的经验要尽快向欠发达地区推广。

（四）不同区域干部考核既要统一，又要差异化

巧妇难为无米之炊，与东部发达地区相比，经济欠发达地区在市场机制、经济基础、科技创新、社会环境、全球化等方面都有明显差距。经济欠发达地区在引进顶尖人才、技术、企业投资等方面，既没有地理优势，又没有资金优势，很难形成政策优势。因此，在干部考核方面，要充分考虑不同地区的特殊性、差异性，政治上、思想上、行动上统一考核，工作业绩考核则要差异化，采取不同的考核体系，实行目标管理，注重结果，防止"一刀切"。

实践证明，经济发达的地区、经济效益好的企业，都是差异化发展的实践者。北京市第三产业占GDP比重居全国首位，广东省全球化水平居全国首位，江苏省创新能力居全国首位，贵州省依靠大数据、旅游产业实现了快速追赶，甘肃省第三产业占GDP比重居全国第6位，旅游业发挥了重要的支撑作用；华为依靠管理创新、技术创新顶住了美国及其盟国的疯狂打压，中国高速铁路走出了集成创新、集约发展的新路子，阿里巴巴商业模式创新、技术创新走向世界。技术创新、管理创新、商业模式创新，加速了不同地区、不同行业、不同企业的差异化发展，调控差距，走差异化发展的道路，正在成为新的发展方式，必将成为越来越受推崇的发展方式，与众不同，方能各显神通、共同发展。

四、产业差异化发展满足不同需求，缓解"不充分"

产业差异化发展就是针对不同产业建立健全不同的、完善的法规体系、生产体

系、技术体系、流通体系、消费体系等产业体系，实现稳定、高效、协调、可持续的发展。产业差异化发展的核心是明确发展什么产业、限制什么产业、淘汰什么产业，既要充分发挥市场的调节作用，又要防止政府干预过多或不作为，根据不同产业市场供需动态，采用不同的发展方式，随时满足各种市场需求，保持经济高质量发展。

（一）产业差异化发展是当今世界经济发展的重要命题

政府要不要出台产业政策？产业选择、产品选择是企业行为还是政府行为？这些是经济发展中有争议的理论问题，也是实践中需要正确处理的问题。美国、德国等资本主义国家也出台了人工智能、生物经济等产业发展规划与政策，中国政府、美国政府近期都在加速区块链技术与产业的发展。但国内外都有专家不赞同政府出台产业政策。因此，如何正确运用产业政策，促进不同产业差异化发展，是差距经济学促进产业差异化发展迫切需要研究的问题，更是经济活动中迫切需要解决的实际问题。对于一个省或一个城市，遴选重点产业与产品十分重要、十分迫切，是发展对经济带动较大的房地产、通信、汽车产业，还是发展利润率较高的金融、保险产业？是发展人民需求迫切、未来潜力大的产业，还是会生产什么就发展什么？这是产业差异化发展需要解决的理论与现实问题。

（二）产业差异化发展要改变"一缺、二多、三滞后"的产业格局

当前，中国产业发展还处于"欠均衡"状态，第一产业产能明显不足，第二产业产能相对过剩，第三产业供给明显滞后。2018年，中国产业结构的现状是第一、第二、第三产业增加值分别占GDP的7.2%、40.7%和52.2%。政府与学术界都提出要优化产业结构，但首先需要回答的问题是什么样的产业结构最适合当前国情？如果1:4:5不合理，是1:5:4合理？还是1:3:6合理？差距经济学研究认为，必须根据产业供给与需求的差距，确定不同产业差异化发展政策，大力发展市场需求尚未满足的产业，如第一产业要限制或淘汰市场过剩的产业，第二产业要加速发展产能滞后的产业。促进产业差异化发展，切实改变"一缺、二多、三滞后"的格局。

（三）第一产业要完成四大任务

中国口粮自给率在98%以上，但粮食（包括饲料粮、工业用粮）的隐性自给率仅70%，进口粮食相当于9亿亩耕地的产量。要养活、养好未来15亿人口，第一产业要完成保障粮食安全、食品安全、乡村振兴、农村人口转移等四大核心任务。

保障粮食安全已经成为未来农业发展的首要任务。建议启动"国家粮食安全工程"：一是依靠科技提高现有土地产量。培育亩产600千克超级大豆、1200千克超级稻、1700千克玉米、800千克小麦等高产优质的新品种，提高粮食产量。发展转基因编辑、转基因动植物、生长激素、大厦农业、人造肉等高新技术，提高粮食与食物产量。二是加强国际合作。在南美洲、南亚、独联体国家，采取承租、合作建设等多种方式再建一批海外粮食基地。三是开展"土地整理行动"。力争增加5000万亩可耕地，对进城落户农民的宅基地、弃耕地进行土地整理，利用现代生态修复技术恢复被严重污染、不宜耕种的5000万亩农田，缓解粮食生产压力。四是推进第二次农业绿色革命。力争在杂交大豆、转基因大豆等技术方面取得重大突破。五是利用300多平方千米海洋、南方10亿亩草山草坡、北方15亿亩草原，增加新的食物来源。

食品安全问题是困扰人民健康的又一大难题。迫切需要建立健全从实验室、田间到餐桌的六大体系，即食品安全技术体系、生产体系、供应体系、消费体系、监管体系、应急处理体系。

乡村振兴战略要把7亿农民生产、生活的农村建设好，稳住农业、养好农民。中国7亿人口居住的农村，在生态环境、饮水、交通、医疗、教育、文化等许多方面全面滞后于城市发展，导致很多农村青年不愿意在农村工作与生活，必须把乡村振兴战略，作为解决未来农业、农村问题的根本性、基础性的措施。

加速农村人口向城镇转移，促进城镇化进程。第一产业发展必须解决好农民收入稳定的来源与农村人口向城市转移的问题。要探索新时代农村经营方式，组建新型农业经济体，推进农业规模化、产业化、商品化、绿色化、生态化等"新五化"，大幅提高农业效率，解决好农业发展面临的四大难题。

（四）第二产业要加速实现制造业大国向强国的战略性转变

美国保持世界制造业大国地位 110 多年，中国 2010 年第二产业增加值超过美国，成为制造业大国，工业化已进入中后期，传统工业产业产能普遍过剩，高科技产业缺乏技术支撑，核心技术仍然依赖进口，缺乏国际竞争力。第二产业发展的核心任务是加速制造业大国向制造业强国的转变。

首先，要解决好第二产业产能过剩与不足并存的问题。一方面，中低端工业产品的产能严重过剩，不仅远远超过国内市场的需求，甚至超出国际市场的需求，如钢材、水泥、玻璃、服装等；另一方面，高科技工业产品产能明显不足，严重依赖进口，如高端芯片、药品、飞机、高品质钢材等。因此，第二产业差异化发展，要深化供给侧改革，淘汰超越"产业拐点"的过剩产能，大力发展高科技产业。当前，第二产业产能过剩、利润下降、投资减少，进而导致经济下降，这是经济进入新常态、增速下降的主要原因。

其次，发展"中国牌"的产品。中国处于工业化的中后期，人均工业产品消费远远没有达到发达国家的水平，工业产品消费仍然具有巨大的空间。据麦肯锡研究数据（McKinsey China AutoConsumer Insights 2019）显示，2019 年中国每千人拥有汽车 173 辆，为美国的 1/5，不到日本的 1/3、巴西的 1/2，甚至少于伊朗和南非。在满足国内市场需求的同时，实施"品牌战略"，创造"中国牌"产品，将高铁、智能电动汽车、智能化家电、飞机、芯片、药品等高科技产品推向国际市场，加速中国由制造业大国向制造业强国迈进。

最后，找准产业发展的拐点，差异化发展。中美贸易摩擦以来，美国对中国高科技的封锁更加严格，技术脱钩的风险明显增大。实现制造业强国目标，迫切需要找准 41 个工业行业的产业拐点，根据不同行业所处的阶段，采取差异化发展对策。2019 年 1—10 月，全国规模以上工业企业营业收入利润率为 5.87%，低于银行商业贷款五年利息 4.9% 的行业有 16 个，投资者不愿意投资制造业的根本原因是产能过剩、利润下降，投资不是亏本，就是为银行打工，金融脱实向虚的问题难以从根本上解决。促进制造业发展，一要实行供给侧改革，"三去一降一补"。计算 41 个工业行业的产业拐点，找到产品供给与市场需求的差距，对超过产业发展拐点的产业,加大"去"产能的力度。对接近产业拐点的产业,加大"降"成本的力度,通过减税增加利润空间,通过技术进步降低成本。对于尚未满足市场需求、处于拐点之前的产业,则要加大"补"的力度,加速发展。二是进一步加大减税、降费力度,使处于利润"临界点"的行业进入稳定赢利区间,救活一批企业。三是加速行业技术创新,制造业强国的根本出路在于科技创新,制造业强国必须首先是制造业技术强国,是制造业人才强国。因此,必须从制造业人才入手,长远部署制造业强国建设。

(五)补上第三产业短板,改善民生、发展经济一举两得

第三产业是支撑未来15～20年经济增长的核心产业。长期以来,中国重视第一、第二产业的发展,第三产业相对发达国家落后,相对人民需求滞后。差距就是潜力,2018年中国第三产业占GDP比重达到52.2%,与发达国家的平均水平70%比较,仍然有超过17个百分点的差距。按每年增加1个百分点测算,第三产业至少能够推动未来17年经济持续增长。利用好这个"机遇期",大力发展第三产业,特别是贸易、医疗、教育、养老、文化、保险、租赁等服务,不仅能够有效解决"不充分"的问题,提高人民幸福指数,促进经济高质量发展,而且能够有效缓冲美国发动贸易战、技术战对中国经济发展的冲击。

当然,解决产业发展之间的不均衡问题不可能一蹴而就,满足人民不断增长的物质生活与精神生活需要,解决"不充分"问题更不容易,加速制造业大国向制造业强国转变则是更加艰巨的任务。

五、创新驱动四大新经济崛起,努力根除"不高效"

人类历史上的经济大国都曾经引领过一次科技革命,农业时代的中国、工业时代的英国、信息时代的美国都是如此。当今世界,政府的创新管理正在重新定位政府在经济中的作用,"政府无用论"的声音在减弱,而政府不作为、不能有效作为,甚至政府无能的抱怨声,在许多国家,特别是在发达国家、中等收入国家不断增强。许多国家,特别是发达国家纷纷制定创新政策,通过出台规划、建立园区、争夺人才、抢占专利等各种措施,加速抢占高科技产业的制高点。

第四篇　战略与对策
第十六章　均衡发展、差异化发展"双腿"走路

（一）当前创新管理需要抓住 4 个着力点

政府不能过多干预经济，但政府必须管理创新，政府可以通过促进科技创新，进而推动经济发展，这也已经是国际竞争的新特点。市场经济国家，政府在经济发展中扮演的角色正在被重新定义，政府不仅仅通过创新政策的制定营造良好的创新环境，更是义不容辞地直接推动创新工作。

当今世界，旧的金融危机未退，新的金融危机可能再次爆发，信息科技革命方兴未艾，新的科技革命正在加速形成，世界各国，特别是发达国家的政府，不仅是创新环境的营造者，更是创新活动的推动者，抓创新就是抓经济、抓未来。

创新驱动发展战略是推动经济长期发展的重要战略措施，经济高质量发展的根本出路在于科技进步，在于具有国际竞争力的高质量的创新。经济高质量发展首先需要高质量的科技创新，而高质量科技创新的根本标志是技术水平世界第一、产业模型世界第一，不仅要论文、发明专利权，而且要有产品价格的国际话语权。要把提高科技创新质量作为未来科技发展的目标，作为提高经济质量的突破口，作为决定国家未来的战略性举措。

中国要成为并保持世界第一大经济体地位，必然要成为世界科技强国，必须要引领一次科技革命。中国创新质量不高的重要原因是基础研究薄弱、原始创新能力弱，这是建设科技强国的最大瓶颈。也就是说，经济质量不高的主要原因是创新能力弱，创新能力弱的主要原因是基础研究薄弱，那么，基础研究薄弱的主要原因是什么？如何才能消除基础研究薄弱的瓶颈因素建设科技强国？我们认为，新形势下，政府创新管理必须紧紧抓住 4 个着力点，解决 4 个"失灵"。

一是解决"市场失灵"问题，切实提高原始创新能力。基础研究创新难度大、投资风险高，企业与社会投资积极性不高，存在"市场失灵"问题，提升基础研究能力、抢占新技术制高点是政府义不容辞的责任。目前，中国基础研究较薄弱，一些观点把加强对基础研究投入、提高创新能力的希望寄托在企业身上，这有一定误导，企业基础创新能力弱是客观事实，但提升全社会基础创新能力的责任主要在政府。

二是解决"政府失灵"的问题，建立健全能够支撑第二大经济体的国家创新体系。目前，中国创新指数居世界第 17 位，要支撑世界第二大经济体保持比发达国家快

2~3倍的经济增长速度,是典型的"小马拉大车"。迫切需要从国家发展的高度,构建国家创新体系。国家创新体系不仅是隶属中央部门的创新体系,还要包括区域创新体系、行业创新体系等,体系完善才能解决"政府失灵"的问题。对于创新体系建设究竟是政府行为还是市场行为一直争论不止,但有一点是明确的,体系重叠、体系缺失者不利于创新活动,而仅仅依靠市场机制,不可能解决"系统失灵"的问题。因此,国家创新体系的设计与构建,重大创新设施(基础、中心)的建设与开放、大型科技仪器共享共用、科技数据对外开放等,都是政府创新管理的重要内容,需要创新管理者担起责任,这项工作比发布科技指南、发放科研经费更为迫切、更为重要。企业科技投入已经占全社会科研投入的80%左右,政府创新管理的责任需要转向提高全社会创新质量、支撑经济高质量发展上来,重点抓好制定创新政策、完善创新体系、明确创新方向、营造创造环境、弘扬创新文化等方面的工作。

三是解决"创新失灵"的问题,明确创新的重点与方向。中国创新数量指标,如人员、经费、论文、专利,甚至高科技产品出口、独角兽企业数量均进入世界前2位,但创新质量不高,创新对经济、社会发展支撑力不够的问题还相当突出。有些科学或领域,国际论文、发明专利数量高居世界第一,但却没有转化为现实生产力,缺乏有国际竞争力的产品,甚至没有形成上规模、出效益的产业。中国创新质量不高成为未来科技创新面临的最突出的问题。创新质量不高的原因是多方面的,缺乏顶尖人才、缺乏原始创新、缺乏高端仪器设备等,但也存在创新方向不明、创新重点不清的问题。"一哄而上,一挥而下"的局面在创新领域屡见不鲜。例如,在全球新能源领域,太阳能是最具潜力、最环保的新能源之一,但中国在太阳能领域申请的专利与美国、日本、德国的明显不同,重合率不到10%,说明中国企业没有找准创新的重点与方向。两个曾经走在世界前列的太阳能企业相继倒下,不得不引起重视。又如,当前生物医疗领域的竞争热点,有200多家企业针对肿瘤免疫PD-1、PD-L1靶点进行研发与产业化,已有100多家企业从事免疫细胞治疗CAR-T疗法的研发与产业化,但成功率可能只有20%左右,80%的创新资源只能白白浪费。因此,迫切需要政府在技术预测、产业预测、人才预测等方面,不断发布新的信息,解决信息不对称问题,切实减少浪费,节约有限创新资源,提高创新效率。

四是解决"人才失灵"问题,防止顶尖人才"变废"。中国科技人力资源数量世界第一，但人才队伍的质量不高，顶尖人才数量只有美国的1/6。十年树木、百年树人，引进、培养一个顶尖人才十分不容易，但一些顶尖人才回国以后，学术地位开始下降，并逐步失去顶尖地位。顶尖人才"引不来、留不住、用不好、能力降"等问题比较突出。例如，一些顶尖人才没有长期坚持在科研一线，一些顶尖人才转行从事管理工作，一些转向企业，还有一些忙于"走穴"兼职。如何把人才，特别是顶尖人才留在科研一线，长期保持创新活力，使顶尖人才不"变废"，已经成为创新管理中的又一个重要任务。特别是当前，"抢人比育人、养人有效"的情况下，人才政策需要进一步深化、创新。

（二）攻克经济高质量发展关键技术

经济高质量发展迫切需要高科技的支撑与引领，没有科技的重大突破与广泛应用，很难实现经济的高质量发展，而科技创新要解决好创什么、怎么创、谁来创的问题。首先要回答创什么的问题。迫切需要针对当前经济高质量、国家安全对技术的需求，特别是针对美国对中国的技术封锁、"技术脱钩"等问题，遴选一批制约当前或今后经济高质量发展、影响国家安全的关键性、战略性、前沿性核心技术与重大产品，以及重大科学问题，发扬新时代"两弹一星"精神，组建应急攻关团队，攻克关键技术。各行业、区域也要针对本行业、本地区经济建设、生态建设、民生改善，以及国防建设对技术的需求，遴选急需的重大技术需求，明确科技创新的重点与方向。

急需增补的重大核心技术是指国家、行业或地区经济社会发展迫切需求、无法引进替代、重大科技项目中尚未部署的重大技术或科学问题。根据当前及未来10年中国经济发展、民生改善、国家安全及科学发展对未来科技的需求，我们从第一产业、第二产业、第三产业、国家安全和前沿科技等5个方面，遴选了一批急需攻克的核心技术、急需开发的重大产品。

第一，农业科技创新要重点解决粮食安全、食品安全、农村生态安全、农民增收与乡村振兴等对技术的需求问题。

粮食安全、食品安全问题事关人民健康与社会稳定，要把粮食增产技术，特别是大豆增产技术作为重中之重。2017年中国进口粮食的数量已经相当于近9亿亩农

差距经济学：中美经济与省区经济的差距及走势

田的产量，粮食安全问题再次出现。粮食自给率98%是口粮自给率，真正的粮食自给率包括玉米、大豆在内，我国隐性粮食自给率只有70%。应对粮食安全问题科技必须及早部署，建议重点支持亩产600千克超级大豆、1200千克超级稻、1700千克超级玉米、800千克高产小麦等新品种培育，切实保障中国粮食安全。特别要加强农产品替代进口技术的研究。针对中国进口大豆9553万吨的现实，建议把"亩产600千克大豆品种培育"作为第一批"揭皇榜"的项目。同时，要加强从田间到餐桌的农产品安全技术体系，形成从农产品生产、加工、流通、储藏、监测等一系列技术体系和相关设备的开发，确保食品安全对技术的需求。新中国成立以来，中国粮食产量由1949年的1131.8亿千克提高到2018年的6578.9亿千克，增长了4.8倍。当前1亩地生产的粮食相当于解放初期6亩地的产量，节约出至少3亿亩耕地支援工业化与城镇化，若按照每亩商业用地20万元估算，仅粮食增产技术一项产生的价值近60万亿元。

科技支撑乡村振兴，一要开发农产品加工技术，力争农业增加值翻一番，提高农业综合效益，不断增加农民收入；二要支撑农村交通、通信、医疗、教育、饮水等条件的改善，使年轻人能够安居农村、安心农业、愿做农民。另外，依靠科技改善农业生态环境，一要加强土地整理工作。改革开放以来，近5亿农民进城的宅基地有1.5亿～2亿亩，通过土地整理能新增1亿亩耕地，极大地缓解了耕地减少的矛盾。二要依靠科技使5000万亩被污染农田恢复农业使用的问题。

第二，要加速制造业大国向制造业强国的根本性转变，确保制造业高质量发展。制造业是中国的经济支柱，目前已经进入了产能过剩、产业进入拐点的关键时期，制造业高质量发展的根本出路在于科技创新。一是实现高档数控机床、基础制造装备的重大突破，提高先进制造水平。二是力争使交通相关制造业技术尽快进入国际领先水平。力争使航空发动机、燃气轮机达到国际并跑的水平，研发每小时600～900公里的高速列车，保持中国在高速列车领域的领跑地位。力争使电动汽车换道超车，欧洲国家已经提出在2040—2050年不再销售燃油汽车，中国电动汽车产销已经达到世界第1位，只要在电池密度和自动驾驶领域取得重大突破，中国汽车工业有可能实现换道超车，建议重点支持600～1000 Wh/kg的高密度电池，同时攻克自动驾驶技术。三是加速家电产品智能化，进一步提升中国家电产品的国际竞争力。加速家电制造业与人工智能技术融合发展，开发智能家电产品，抢占国际高端家电市场。四是发展高端医疗器械与可穿戴健康监测及诊断设备，实现核磁、PET-CT、数字 X 光、大型生化设备、穿戴设备的国产化，替代国外进口，形成万亿元产业规模。五是大力发展智能机器人，使中国智能机器人研究与开发进入国际领先水平，提高工业、农业、环保、治安、医疗、家政等领域的智能化水平。六是开发一批新型材料，重点是 3 层以下石墨烯的制备与应用、1600 MPa 超级钢和 70 年长寿水泥，在基础材料、基础工艺方面取得突破，补上工业 2.0、3.0 的课。

第三，科技创新要促进服务业信息化、智能化、标准化。重点支持科技金融、电子商务、共享经济和现代物流等新业态、新模式急需的关键芯片、专用软件，以及相应的网络体系，突破一批核心技术，使中国在共享汽车、共享房产、共享医院等稀缺资源的共享方面走在世界的前列，在现代物流、物流相关机器人、物流专用软件等方面走在世界的前列。

（三）创新驱动"四大新经济"崛起，缓解"不高效"

解决经济质量不高的问题最终要靠科技创新，靠高科技创造新的经济增长点。从国际科技发展、经济发展的态势分析，未来的经济增长点越来越聚焦在数字经济、生物经济、海洋经济、空间经济等四大领域，中国经济要实现高质量发展，要率先在这 4 个领域的科技创造进入国际领先行列。数字经济是当前科技革命、产业变革国际竞争的热点与焦点，生物经济则是下一次科技革命竞争的焦点。海洋、空间将是未来人类竞争，特别是科技大国竞争的重点领域，必然会引起未来世界格局的变化。未来世界，不同国家、不同区域竞争力的差距，将很大程度上取决于四大新经济的竞争力。

1. 数字经济，信息化后半程可能改变国际科技、经济格局

信息科技革命、产业革命方兴未艾，正在进入中期的中期，物联网、智能化正在加速信息科技革命、产业革命进入高级阶段。围绕智能化与智能社会，区块链与下一代货币霸权，5G、6G 与新一代通信技术，大数据与数字霸权等新技术、新业态的国际竞争日趋激烈，毫无疑问，信息化后半程是当今世界科技竞争、经济竞争、军事竞争，乃至综合国力竞争的主战场，并可能改变世界科技、经济格局。因此，

差距经济学：中美经济与省区经济的差距及走势

许多国家，特别是发达国家加速抢占信息化后半程科技制高点与产业话语权。

大力发展物联网，推进智能化，中国完全能够引领或共同引领信息化后半程。一是力争人工智能研发水平国际一流，产业规模世界第一。尽快落实部署国家新一代人工智能规划的重点任务和目标。重点支持机器学习、脑机接口、意识控制机器的研究与开发，重点发展人工智能3.0和4.0，促进人工智能在农业、工业、服务业、国防、治安、生态等方面，特别是在通信、金融、医疗、教育、家政等领域的研发与应用，到2030年形成2万亿元新兴产业，带动10万亿元产业的高质量发展。二要集中力量开发高端通用芯片、工业芯片和专业芯片，逐步替代国外产品。在集成电路的制造方面，中国集成电路22纳米、14纳米先导技术研发取得突破，14纳米芯片装备、工艺、封装、材料将全面进入产业化，7纳米集成电路的设计也已完成，但仍然没有摆脱受制于人的被动局面。三是开发国产化系统软件、智能软件。针对国家网络安全、智能化的需求，开发基于中文的系统软件、智能软件、工业软件和专业软件，特别是在文字、数字、图像、语音等处理、智能控制方面开发出一批具有自主知识产权的软件并产业化。四是力争物联网阶段进入国际前列。针对物联网对控制系统、智能系统及监测系统的需求，开发相应的设备、芯片和软件，使中国物联网的产业规模与技术水平实现世界"双一流"。五是加速5G的产业化并着手6G的研究。针对美国对中国华为、中兴公司的技术封锁与打压，有应对性地提出中国5G、6G及未来网络化、智能化的应对策略，切实保障中国在5G及下一代通信技术研发和应用方面的优势地位。六是开发下一代计算机和通信技术，开发每秒100亿亿次计算机和量子计算机，力争用15年左右时间使量子通信和量子计算机进入实质应用阶段。

2. 生物经济，将延长人类寿命，重构世界格局

每一次科技革命都引发了世界科技格局、经济格局、综合国力格局的变化。机械化、电气化增强了人类的体力，信息化、智能化增强了人类的脑力。然而，未来生物技术引领的新科技革命，将大幅延长人类寿命，科学家已经能够将哺乳动物的生命延长30%甚至几倍，美国、中国的科学家都发现了延长人类健康工作时间的新机制、新方法，能延长健康工作时间30%左右，部分人群退休年龄延长至75~80岁将会逐步成为现实。"有钱、没病"是人类最普遍、最一致的追求，未来世界，谁掌握了生物经济的制高点，谁就将引领世界科技、世界经济的发展，也可能会改变人类。

第四篇 战略与对策
第十六章 均衡发展、差异化发展"双腿"走路

美国前总统小布什曾经说过"美国要领导未来世界，必须依靠生物技术"。中国要缩小与发达国家的差距，成为并保持世界第一大经济体的地位，必然要引领或共同引领新科技革命，必须在生物技术的若干领域取得世界领先的成果。

第一，以延长人类健康工作时间10～15年为总目标，发展生物与医药技术，推进第4次医学科技革命。生物医药产业是生物经济的重点，要从4个方面重点突破：一是新药开发。重大新药创制要进一步集中力量在国际竞争的前沿癌症疫苗、抗体药物开发、药靶和合成药物方面取得新的突破，力争到2030年形成8万亿元左右的支柱产业。二是重大疾病防治，延长人类健康工作时间，大幅提高劳动生产率。在艾滋病与病毒性肝炎重大传染病防治的基础上，增加肿瘤、心血管等重大疾病的防治技术，建议在"十四五"期间将传染病重大专项扩展为重大疾病防治重大专项。三是加速推进中医药现代化。2015年美国人均医疗支出达到9535.9美元。中国仅为425.6美元，人均医疗支出相差9110.3美元。很显然我们不能走美国高投入的健康模式，必须创出一条中西医结合、中国特色的健康模式，建议推动以"中医理念、现代技术、未来医学"为核心的中医药现代工程。四是在与生物医药相关的癌症疫苗与抗体药物、重大疾病基因编辑、干细胞与器官再生、代谢组与疾病诊断、抗衰老与延长健康工作时间等方面取得重大突破，进入国际前列，并加速产业化应用，切实使中国在现代医学领域进入世界并跑行列。

发展医药科技对经济高质量发展至少有4个方面的作用：一是直接形成一个新兴产业，推动经济增长；二是发展高端医疗，可以防止高收入人群到海外就医造成的财富流失；三是可以吸引海外患者到中国就医，增加国民医疗与旅游收入；四是延长健康工作时间，直接减轻养老金、医疗费的压力。国外一些研究机构提出能延长人类寿命30%，我们综合国内外有关研究资料，保守估算在未来30年内，部分人群延长10～15年健康工作时间是可行的。

第二，以人类告别饥饿为总目标，发展农业生物技术，推进第二次农业绿色革命。当前，全球还有10亿人口营养不良，未来还要再出生20亿人，没有农业生物技术的重大突破与广泛应用，不但这30亿人会营养不良，地球上其他70亿人口的生活质量必然受到影响。因此，农业生物技术与医学一样，都是人类赖以生存的技术。一要加强转基因动植物品种重大专项实施，特别是针对中国10亿亩旱地和5亿亩

盐碱地，攻克抗旱、耐盐碱植物新品种的培育，使旱地、盐碱地增产，不但能够形成一个近万亿元增加值的大产业，而且使中国有望彻底解决粮食安全问题；二要大力发展生物肥料、生物农药，替代或部分替代化学肥料、化学农药，减少农产品农药残留与环境污染；三是开发一批动植物生长激素、人造肉、转基因动物等新产品，应对人类可能出现的粮食与食物危机。

第三，以中国由发酵工业大国变为发酵工业强国为目标，发展生物工业技术。重点突破发酵菌种改良和发酵过程控制技术，力争使中国维生素、抗生素、生物材料、酒类、酱油、醋等发酵产品产量世界第一、技术国际一流，大幅促进化工业的高质量发展。

第四，以再造 3～5 个绿色大庆为目标，发展生物能源。充分利用 7 亿吨农作物秸秆、南方 10 亿亩草山草坡，以及荒地资源，发展生物能源技术，加速能源的多元、分散化，应对可能出现的石油短缺危机。

第五，以发展万亿元功能食品、保健食品为主要目标，开发利用好生物资源。充分挖掘中国 12 000 多种中医药生物资源的优势，开发一批新型保健品和第五代食品，培育一个新产业。

第六，生物服务。建立国家临床中心、药品食品安全评价中心、高端药物代工中心等一系列生物服务体系，形成生物服务新业态。

3. 海洋将成为科技、经济，乃至军事竞争的新阵地

随着陆地资源的深度开发及科技水平的不断提高，海洋正在成为国际科技、经济、军事竞争的新领域。中国保护和开发 300 平方千米海洋资源，缩小海洋科技差距已是十分迫切的任务，需要紧紧围绕保卫与保护海洋、开发海洋两大目标，开展科技创新，在民用领域重点发展海洋检测与探测技术及设备、海洋开发相关机械设备，以及海洋资源开发设备，如大型海洋油气钻井平台，1 万米水下机器人，20 万吨运货轮船和汽轮机、高端海洋渔业船舶等，力争形成 10 万亿元以上的海洋产业。

4. 空间经济将拓宽人类活动空间，将成为新的竞争高地

随着空间技术的进步，特别是美国空间军的成立，人类对空间资源的竞争将更加激烈，空间经济将成为一个新业态。建议中国切实加强空间技术的研发与应用，一是突破航空发动机的技术瓶颈，加快大飞机计划，减少大飞机对国外的依赖，发

第四篇 战略与对策
第十六章 均衡发展、差异化发展"双腿"走路

展私人小飞机,努力培育万亿元新兴产业;二是高分辨率、快速、稳定的对地观测系统,力争达到0.1米的高精度导航,逐步减少对国外导航系统的依赖;三是实施天地一体化信息网络系统,重点支持脉冲星导航系统的前期研发和准备,形成独特的信息网络系统;四是加强航空航天与探月工程,开展对火星及其他星球、宇宙的科学探索;五是加强空间站的部署,发展空间观测、空间体验、空间探险、空间旅游等新业态,加速空间经济的发展。

回顾历史,中华民族曾经创造辉煌,也有被八国联军侵略的屈辱经历。在长达1700多年的农业经济时代,我们引领世界经济的发展。在工业经济时代,我们错过了机械化、电气化两次工业科技革命的机遇,中国与工业化国家的差距迅速拉大,占世界经济的比重由32.8%下降到1949年的4%。中华人民共和国成立之前的128年,中国GDP仅仅增长了7.1%。

目睹现状,中国采用差异化发展战略,走社会主义市场经济道路,用市场无形之手、政府有形之手的"双手",用均衡发展、差异化发展的"双腿"走路,70年走完了工业化国家150年走完的工业化道路,短期内释放了巨大的经济潜力。新中国成立后,平均预期寿命延长了42岁,70年名义GDP增长了1971.7倍,成为世界第二大经济体。中华民族第一次有了工业产品过剩的烦恼。

展望未来,中国经济发展面临国内矛盾、国际问题双重制约。从国内经济形势看,不平衡、不充分的矛盾仍然十分突出,工业普遍产能过剩之后,需要培育新的经济增长点。从国际环境看,美国成为第一经济大国的129年来,世界第二经济大国无一例外地遭遇经济衰退,并失去了第二经济大国地位,中国能不能成为第一个不衰退的第二经济大国,需要中华民族再创经济奇迹。未来中国经济的发展,必然要应对美国制造的"第二经济大国陷阱",贸易战真相不误判、走向不幻想、应对不懈怠,坚持改革开放,实施创新驱动发展战略,经济发展必须以高质量、高效益为目标,以均衡发展为新国策,逐步消除不平衡,以差异化发展为新理念,减少"不充分",以技术创新为突破口,缓解"不高效",中国不仅能够减少"不平衡、不充分、不高效"的矛盾,缩小省区之间、城乡之间、产业之间的经济差距,而且能够缩小与发达国家的差距。发展第三产业跃居世界第一,发展高新技术产业巩固世界第一,建设科技强国保持世界第一。

后 记

我没有奢望过要创立一门经济学，从理论基础到实践积累都远远不够，但36年来，我一直在思考：经济差距从哪里来？到哪里去？一直在探索研究经济差距及缩小经济差距的理论与方法。

为什么中国改革开放40年经济发展那么迅速？还能持续吗？改革开放第一个40年与后40年有什么差别？为什么工业化150年来，富裕国家、富裕地区、富裕人群越来越富，而穷国、穷地区、穷人越来越穷？为什么美国拥有世界一流的工业体系、创新体系、金融体系、教育体系、贸易体系，并号称拥有世界最完善的市场经济体制，而美国的GDP增长倍数近70年、近40年分别为中国的1/9和1/11？为什么40年来，上海市是中国重要的工业基地、金融中心、创新中心、人才中心，是高新区、免税区、自由贸易区等优惠政策聚集中心，而上海GDP增长倍数全国倒数第三？经济差距形成的规律是什么？差距要不要调控？能不能调控？

世界充满了差距，经济差距无时不在、无处不在。国家之间、地区之间、行业之间、企业之间、家庭之间都存在各种各样的经济差距，研究差距形成原因，寻找差距形成规律，探索差距调控策略，是未来经济学迫切需要研究的重大理论问题，特别是经济欠发达国家和地区亟待解决的现实问题。

尽管我至今不完全明白经济差距从哪里来、到哪里去、变化有什么规律，但我深深地感到研究经济差距、调控经济差距是一种使命，使命呼唤我们探索差距经济学的理论与方法，开发一个测算省区经济差距的工具，期待抛砖引玉，期盼更多政

差距经济学：中美经济与省区经济的差距及走势

府机构、经济学家、企业家更加重视经济差距、研究经济差距、调控经济差距，促进人类文明进步。

本书出版之际，十分感谢十三届全国政协副主席、致公党中央主席、中国科学技术协会主席万钢曾要求我研究中国区域经济与科技竞争力、中国产业发展拐点，为差距经济学的研究起了基础性作用。特别感谢十一届全国人大常委会副委员长桑国卫，他对我写的每一本书都给予悉心指导并作序，他严谨治学、仁慈待人的做事、做人的高尚品德，一直是我心目中的榜样。十分感谢十届、十一届全国政协副主席黄孟复多年的悉心指导与关心，他给我提供了多次与中国著名企业家交流、学习的机会。感谢甘肃省委副书记、省长唐仁健结合甘肃省经济实际给予的指导。感谢《经济日报》副总编孙世芳建议我重视经济高质量研究。感谢北京生命科学研究所所长、美国科学院院士王晓东严谨治学的精神对我的感染，以及提供的良好研究氛围。感谢清华大学五道口金融学院、北京大学经济学院4年来给我提供了与近2000名优秀企业家深入学习与交流的机会，使我能倾听企业家的见解与心声。感谢科技部中国科学技术发展战略研究院的同事们在过去9年为我提供的研究环境，使我有大量的时间去研究、思考问题。

特别要感谢著名经济学家黄江南教授，著名经济学家朱嘉明教授的悉心指导与支持，正是在他们的指导与鼓励下，我将书名由《中国省区经济高质量研究》改为《差距经济学：中美经济与省区经济的差距及走势》。

"经济质量差距模型"涉及6类要素90个指标，如何进行数学计算是本研究的核心问题，也是我面临的最大难题，电子科技大学数学学院武德安教授、吴磊教授及研究生金秋、汪马玲、谭文金等，连续5年努力，终于探索出一套新模型与算法。天津大学图书馆副馆长李文兰教授及其团队6年来为本书科技创新差距的研究做了大量工作。感谢南方科技大学商学院为差距经济学的研究提供了良好的条件。

我的助手们为本书做了大量卓有成效的工作。从确定模型、讨论提纲到数据收集、文字整理等，他们做出了特别的贡献。张俊祥研究员经过多年努力，整理了31

个省市区、80多个国家或地区的经济数据，摸索了快捷、准确的数据处理方法。尹志欣副研究员、朱姝博士、由雷博士参与了第四至第十章的撰写。另外，他们还在数据处理、图表制作、文字加工方面做了大量仔细认真的工作。

2019年12月7日于北京三里河